KB181625

一百個人的十年

백 사람의 십 년

1판1쇄 | 2016년 7월 20일
1판2쇄 | 2018년 1월 2일

지은이 | 펑지차이
옮긴이 | 박현숙

펴낸이 | 정민용
편집장 | 안중철
책임편집 | 정민용
편집 | 강소영, 윤상훈, 이진실, 최미정
표지 디자인 | 박대성

펴낸곳 | 후마니타스(주)
등록 | 2002년 2월 19일 제300-2003-108호
주소 | 서울 마포구 양화로6길 19, 3층 (04044)
전화 | 편집_02.739.9929/9930 영업_02.722.9960 팩스_0505.333.9960

블로그 | humabook.blog.me
트위터, 페이스북, 인스타그램 | @humanitasbook
이메일 | humanitasbooks@gmail.com

인쇄 | 천일문화사_031.955.8083 제본 | 일진제책사_031.908.1407

값 17,000원

ISBN 978-89-6437-252-4 03300

이 도서의 국립중앙도서관 출판시도서목록(CIP)은 e-CIP홈페이지(http://www.nl.go.kr/ecip)와
국가자료공동목록시스템(http://www.nl.go.kr/kolisnet)에서 이용하실 수 있습니다.
(CIP제어번호: CIP2016016293)

문화대혁명, 文化大革命
그 집단 열정의 부조리에 대한 증언

백 사람의

십 년

펑지차이 馮驥才 지음 | 박현숙 옮김

후마니타스

차례

일러두기

1. 이 책은 다음 저서의 편역본으로, 지은이의 양해를 얻어 29편 가운데 17편의 글을 엮었다.
   冯骥才, 『一百个人的十年』(文化艺术出版社, 2014)

2. 원저는 1986년 말부터 『수확』(收穫), 『당대』(當代), 『시월』(十月), 『보고문학』(報告文學),
   『소설가』(小說家), 『문회월간』(文匯月刊) 등에 연재된 글들을 엮은 것이다. 톈진에서 발행되는
   『금만보』(今晚報) 등의 신문에 문화대혁명 경험담을 공모하는 광고를 냈고, 그 뒤 중국 내 주요
   신문에 소개되면서 독자들로부터 4천 통이 넘는 편지를 받았다. 그 가운데 수백 명을 인터뷰해서
   취합한 뒤 1백 명의 사연을 연재했다. 여기서 다시 29편을 묶어 1996년 단행본으로 출간했으며
   2014년에 개정판이 나왔다. 영국·프랑스·독일·일본 등에서 번역, 출판되었다.

3. 한글 전용을 원칙으로 했다. 고유명사의 우리말 표기는 국립국어원의 외래어 표기법을 따랐다.
   그러나 관행적으로 굳어진 표기는 그대로 사용했으며, 필요한 경우 원어를 병기했다.

4. 이 책의 각주와 맨 끝에 실은 '문혁 일지'는 옮긴이가 추가했고, 본문에 첨가한 내용은 대괄호([ ])로
   처리했다.

5. 단행본·정기간행물에는 겹낫표(『 』)를, 논설·기고문 등에는 큰따옴표(" ")를, 노래 제목,
   공연·상영물, 예술 작품 등에는 가랑이표(〈 〉)를 사용했다.

시대를 기록한다는 것

이 책은 원래 중국 독자들을 위해 쓴 것이라 한국 독자들에게 무슨 말을 하면 좋을까 고민했다. 내용은 모두 책 속에 있으니, 이 책과 관련해 중요한 이야기를 몇 가지 해보려고 한다.

문학에는 여러 기능이 있는데 이것이 곧 작가의 창작 동기가 된다. 어떤 작가들은 독자들과 함께 인생을 이해하기 위해 글을 쓰고, 어떤 작가들은 인간의 본질을 드러내기 위해, 또 어떤 작가들은 독특한 이야기를 들려주기 위해 글을 쓴다. 그리고 또 하나 아주 중요한 문학의 기능은 시대를 기록하는 것이다. 나는 심지어 시대를 기록하는 것이 작가의 사명이라고 믿고 있다. 작가와 역사가는 모두 자신의 시대를 기록하는 사람이다. 역사가는 역사적 사실과 사건·문헌·실증에 기반을 두고, 작가는 자신이 창작한 인물과 그 인물의 운명, 자신이 직접 경험한 시대의 장면, 분위기에 근거해 그 시대를 영원히 보고 느낄 수 있도록 책에 기록한다. 독자는 역사가가 쓴 책에서 역사를 '읽을' 뿐이지만, 작가가 쓴 책에서는 역사를 '볼 수' 있고, 나아가 역사 속으로 '들어갈 수' 있다. 작가와 역사가는 서로 대체할 수 없지만 공통점도 있는데, 바로 시대의 진실에 충실하다는 것이다.

덧붙이자면, 한 시대를 묘사할 때 작가는 허구와 비허구라는 두 가지 방법을 사용한다. 허구는 소설에 많이 사용되고 비허구는 구술 방식을 기반으로 할 수밖에 없다. 허구는 고도의 포괄성과 전형, 개성적인 형상, 작가의 비범한 상상력과 창조력을 필요로 한다. 하지만 비허구는 실제 삶을 바탕으로 하며, 그에 대한 작가의 깊은 인식과 날카로운 발견 및 포착, 그리고 이를 문학작품으로 채집하고 구성해 내는 과정을 필요로 한다. 일부 특수하고 극단적인 시대적 배경이나 사건 가운데는 종종 작가의 상상을 뛰어넘는 경우도 있다. 비허구 문학의 장점은 이때 더 잘 발휘된다.

나는 기록을 핵심으로 하는 '비허구의 문학'으로써, 내가 경험했던 20세기, 특히 1960년대의 생활과 시대상을 기록했다. 이제 그 시대는 까마득한 과거가 되었지만 여전히 의미 있고 소중한 교훈을 준다.

2016년 6월
펑지차이

역사의 잘못은 얻기 힘든 재산이다

20세기 인류 역사에서 가장 비극적인 사건은 파시스트 폭력과 문화대혁명(문혁)이다. 이 비극을 직접 경험한 사람들 모두가 잊으려고 노력하지만 결코 잊을 수 없는 기억이기도 하다. 문학가와 역사학자는 서로 다른 방식으로 역사를 기록한다. 역사학자는 비극의 역사적 사실에 주목하는 반면, 문학가는 비극을 겪은 사람들의 영혼에 관심을 갖는다. 이 책은 백 사람의 보통 중국인들이 문혁 과정에서 겪었던 영혼의 역정을 진실하게 담아 낸 기록이자, 전대미문의 재난이었던 문혁의 진상을 보여 주는 글이다.

끊임없이 흐르는 역사 속에서 10년이라는 시간은 눈 깜짝할 순간에 불과하다. 하지만 한 세대 중국인들에게 그 10년의 삶이란 마치 한 세기를 견뎌 낸 것과 다름없었다. 옛 문명의 기적이 파괴되었고, 원시 시대의 야만이 연출되었다. 선과 아름다움은 숨어 버렸고, 악함과 추함의 세상이 되었다. 수많은 가정이 파괴되고 무수한 생명이 사라졌다. 그 사나운 파도 밑에 가라앉든 그것과 맞서 헤쳐 나갔든 모두가 희생자였다. 아무리 현명한 사람이었더라도 그 시대에는 다른 사람이 될 수밖에 없었다. 강인했던 사람은 겁 많고 유약한 사람으로, 진실했던 사람은 교활한 사람으로, 침착했던 사람은 미치광이로, 쾌활했던 사람은 어두운 사람으로 변했다. 인간적인 것, 인간의 윤리, 인권, 인간의 존엄, 인간의 가치 등 인간다움과 관련된 모든 것이 유린되었다. 전쟁은 아니었지만, 아무리 끔찍한 전쟁도 그토록 잔인하게 영혼을 학살하기란 힘들 것이다. 파시스트 폭력이 어마어마하게 많은 시체를 남겼다면, 문혁이 남긴 것은 겉으로는 보이지 않지만 겹겹의 상처를 끌어안고 있는 무수한 영혼들이다.

재난은 지나갔지만, 이 무고한 피해자들에게 누가 책임질 것인가? 살아남은 사람이든 죽은 사람이든, 그들에게 최선의 배상은 비극의 근원을 밝혀 그 싹을 잘라 버리는 것이다. 한 세대 사람들이 그렇게 가혹한 대가를 치렀다면, 마땅히 앞으로 그 같은 전철을 밟지 않으리라는 보장을 받아야 한다. 그러기 위해서는 문혁을 투명하게 인식하는 것이 우선이다. 과거에 얼마나 황당하고 부끄러운 야만의 상태를 겪었든, 그것을 분명하게 인식하는 것은 미래를 향해 큰 걸음을 내딛는 것이다. 모든 세대의 사람들은 다음 세대의 사람들을 위해 살아가고, 또 그들을 위해 죽는다. 만일 후대 사람들이 이로 인해 경각심을 갖게 된다면, 우리 세대가 겪었던 고난은 다시는 반복되지 않을 것이며, 우리는 큰 불행을 당하기는 했지만 가치 있는 삶을 산 것이리라.

나는 우리 중국 민족이 쉽게 잊는 것 같아 슬픔을 느낀다. 문혁이 끝난 지 10년도 채 지나지 않았는데, 그때 일에 대해 말하는 사람이 거의 없다. 한때 모든 사람의 얼굴에 내려앉았던 어두운 그림자는 지금 어디로 갔을까? 아마도 수천 년간 봉건 지배를 받으면서, 힘없는 백성들은 기억을 지우는 방식으로 고난에 대처했을 것이다. 하지만 그런 낙관적 태도가 반드시 좋다고만 할 수는 없으며, 그저 일종의 '귀여운 무지'라고 할 수는 있겠다. 역사의 잘못은 얻기 힘든 재산이다. 그 재산을 잃어버린다면 새로운 맹목에 빠지게 될 것이다.

이 책을 쓰는 동안 새롭게 깨달은 것이 있다.

문혁 때 자신이 겪었던 일들을 내게 들려줬던 사람들은 나와 일면식도 없는 사람들이다. 그들은 내가 문혁 경험담을 기록한다는 얘기를 듣고는 한달음에 나를 찾아오기로 결심했다. 그런 절박함이 내게 강렬한 충격을 줬다. 내가 그들에게 요구한 것은 단 한 가지였다. 마음속 비밀을 솔직하게 말해 달라는 것. 하지만 그것은 결코 쉬운 일이 아니다. 내 경험에 비추어 볼 때, 모든 사람은 마음속에 자신만 아는 비밀을 하나씩 갖고 있으며 영원히 다른 사람에게 털어놓지 않는다. 고통이 깊을수록 더 깊게 숨기는 법이다. 하지만 그들이 눈물을 쏟아 내며 마음속 깊이 숨겨 두었던 비밀을 내게 털어놓았을 때, 나는 비로소 알게 되었다. 세상에서 가장 무거운 것은 역시 사람의 마음이라는 것을. 그들은 그 고통을 감내할 수 없었고 그것을 걷어 내고 싶어 했다. 그래서 영원히 침묵할 수 없었던 것이다. 그것은 고통에서 벗어나는 것, 위로, 화풀이, 복수에 대한 갈망이자, 나아가 진정한 이해를 갈망하는 것이다. 문혁 당시 서로가 서로를 해치고 상처 줌으로써 타인에 대한 믿음을 잃어버렸지만, 나는 그들의 이야기로부터 믿음을 다시 확인한 것에 깊은 위안을 받았다.

그들의 프라이버시를 보호하고 귀찮은 일에 휘말리지 않도록, 이 책은 지명과 인명을 숨겨야 했다. 하지만 구술은 사실에 입각해 기록했으며 어떤 가공이나 허구를 섞지 않았다. 나는 독자들에게 오늘날 우리 가운데 일부 사람들이 문혁의 비극을 통과해 지금까지 생존해 왔다는 사실을 일깨우고 싶다. 또한 다음 세대에게, 지구상에 한때 이렇게 믿을 수 없는 삶을 살았던 사람들이 있었다는 사실을 알려주고 싶다. 이들은 소설가가 창작해 낸 인물들이 아니라, 문혁이 만들어 낸, 살아 있는 진짜 사람들이다.

한바탕 재난이 지나간 뒤, 악행을 저질렀던 사람들은 지금 어디로 숨었을까를 늘 생각했다. 파시스트가 통치했던 독일이나 일본에서, 당시 나쁜 일을 했던 사람들 가운데에는 양심의 가책을 이기지 못하고 자살한 사람들이 많다. 그렇다면 문혁의 경우에는 어떨까. 나는 운 좋게도 일부 사람들에게서 양심의 불안을 느낄 수 있었고, 내가 오랫동안 기대해 왔던 묵직한 반성의 소리를 들었다. 악이라는 두꺼운 얼음이 선이라는 봄물로 변해 맑은 소리를 흘려보낸 것이다. 인간의 약점과 질투, 겁약, 자아, 허영, 나아가 인간 본성의 장점, 용기, 성실함, 진실 등이 모두 동원된 것이 바로 문혁이다. 그것은 내게 정치가 일단 휴머니즘을 벗어나면 사회적 비극은 반복될 수밖에 없으리라는 사실을 확인시켜 주었다.

문혁은 우리의 정치, 문화, 민족의 뿌리 깊은 문제들이 한꺼번에 분출한 것이므로 하루아침에 정리할 수는 없을 것이다. 시대는 어떤 한 사건으로 말미암아 끝나거나 단절되는 것이 아니며, 어제와 오늘은 이

어져 있다. 모든 것을 밝혀내려면 여전히 용기가 필요하고 오랜 시간
도 필요할 것이다. 완전한 진실 규명은 후대에 가서야 이루어질지 모
른다. 따라서 이 책은 독자들에게 어떠한 현명한 결론을 내리라고 강
요하거나 기대하지 않는다. 그저 사실 그대로를 알게 되고, 문혁 경험
자들의 이야기를 통해 좀 더 깊은 고민을 갖기를 바란다. 깊이 파고드
는 사고가 없으면 진리라는 답안에 다가갈 수 없다. 그리고 답안이 없
는 역사는 영원히 평화로울 수 없다.

　백 사람의 서로 다른 경험으로 10년간 문혁의 모습을 보여 주려고
최선을 다했지만, 그 복잡하고 다양한 문혁의 온전한 모습을 그려 내
기란 불가능에 가까운 일이다. 나는 일부러 보통 사람들의 경험을 기
록했다. 밑바닥 민초들의 진실이 바로 역사의 진실이기 때문이다.

1996년

"나중에 태어난 사람들은 우리가 이렇게 살았다는 걸 알 수 있을까?
앞으로 세월이 흘러 우리가 모두 죽으면 우리 세대가 겪었던 일들을
누가 알 수 있겠어? 그렇게 되면 우리는 헛고생만 한 것 아니겠어?
지금 이런 일들을 기록하는 사람이 있기는 한 거야?"

_지은이 후기 중에서

세상의 모든 종이를 주워
남편을 구하려 한 여인의 이야기

◆ 1973년 / 35세 / 남자 / S성 E시 주둔군 좌파 지원 임무 수행 군인[●]

◆ 1973년 / 31세 / 남자 / S성 Y현 모 [인민]공사 초등학교 국어 교사

그 당시 나는 X성에 주둔하고 있던 X 부대 탱크 2사단 소속 선전 간부로 일하고 있었습니다. 1973년 상급 기관은 내게 산둥 성(山東省) 서남 지역의 한 현(縣)으로 가서 '좌파를 지원하라.'는 명령을 내렸어요. 그 무렵 문화대혁명은 비교적 잠잠해졌고, 살인과 폭력도 잦아들었으며 계급 청산 대오 운동[●●]의 광풍도 지나갔습니다. 우리 임무는

● 차례대로 '이야기의 배경이 되는 연도, 구술자의 당시 나이, 성별, 지역 및 직업'이다.

●● 계급 청산 대오 운동(請理解及隊伍運動) : 1968년 베이징(北京)의 신화 인쇄공장에서 군사 관리위원회와 노동자선전대(工宣隊)가 군중을 조직해 공장 내 각종 반동 세력을 색출하는 운동을 전개했는데, 중앙문화혁명 소조의 핵심 일원이었던 야오원위안(姚文元)이 이를 마오쩌둥 주석에게 보고했다. 마오 주석이 이 운동을 전국적으로 확대하라고 지시함으로써,

대부분 지난 5년간의 동란 시기에 남겨진 각종 문제를 해결하는 것이 었죠.

그 현은 [『수호전』의 옛 활동 무대인] 량산포*로 유명한 곳입니다. 전설에 따르자면, 이 현의 초대소**는 [『수호전』 108두령의 우두머리인] 송강(宋江)이 살았던 오룡원(烏龍院) 자리이며, 처참하게 무너진 탑 역시 당시의 유물이라고 하더군요. 우리 '좌파 지원' 수행 인원은 총 108명으로, 량산의 108두령과 같았습니다. 우리는 108두령이 량산으로 돌아간다며 낄낄댔어요. 누군들 『수호전』의 배경을 보고 싶지 않겠습니까? 어쨌거나 출발할 때는 모두들 즐거웠습니다.

8백 년 전만 해도 풀숲이 무성했고 영웅호걸이 출몰했던 곳입니다. 하지만 막상 가보니 황량하고 궁벽하더군요. 이곳은 황허 강가에 위치한, 염분이 많은 소금 땅입니다. 지난해 홍수가 발생해 진흙이 떠내려와 쌓였는데, 봄에 가뭄이 들자 땅 위에 온통 커다란 진흙 조각 부스러기들이 가득 차 있었어요. 버드나무 움은 잎사귀를 틔우지 못하고 가지

계급 청산 대오 운동은 1968년 이후 문혁 기간 중 가장 중요한 정치 운동이 되었다. 이 운동으로 말미암아 당시 중국 전역에서 이른바 '비정상적으로 사망'한 사람이 50만 명이 넘었고 반동 세력으로 몰려 비판당한 사람들도 3천만 명 이상이었다고 한다.

● **량산포**(梁山泊) : 중국 산둥 성 지닝 시(濟寧市) 량산 현(梁山縣)에 있으며, 지금은 '수이포 량산'(水泊梁山)으로 지명이 바뀌었다.

●● **초대소**(招待所) : 중국 내 각종 공기업과 사기업, 정부 조직 등에서 공무 출장 및 손님 접대 등을 위해 전국 각지에 설립한 호텔. 일반 여행객의 이용은 제한된다.

위에서 말라 죽어 있더군요. 어찌나 황량했는지 모릅니다. 지형도 뭔가 잘못되었는지 『수호전』에서 묘사된, 높고 가파른 산봉우리는커녕 작은 언덕들만 있었습니다. 하지만 이곳 사람들은 여전히 그 량산포 패거리의 기백이 남아 있는지 헐렁한 바지 앞섶을 한 자락 걷어 올리고 허리는 질끈 묶은 채, 품 안에 개고기와 술을 넣고 다니면서 내키는 대로 어디든 퍼질러 앉아 개고기를 뜯고 술을 퍼마셔 댔습니다. 성격도 아주 거칠고 야만적이었어요. 하루는 어떤 가족이 싸움이 났는데, 아들이 전기톱을 들고 나오더니 순식간에 아버지 머리를 두 동강 내버리더군요. 내가 실제로 처리했던 사건입니다.

문혁 초기에는 두 파벌 간 무장 폭력 사태(武鬪)가 살벌했습니다. 업무상 편의를 위해, 우리는 현 정부 소재지에 거주했고 나는 군(軍) 대표로서 현 혁명위원회 지도자 그룹에 들어가 임시 상무위원이 되었습니다. 며칠 지나지 않아, 억울함을 호소하는 고소장이 엄청나게 날아들었어요. 여러분이 상상도 못 할 일이 많았어요. 왜, 옛날에 『고금기관』*이라는 책이 있었잖아요. 그런 책에나 나올 법한 이야기들이었죠. 내가 보기에 어떤 사건은 그 책의 속편으로 넣어도 될 만했어요.

하루는 숙소에 있는데 둥근 안경을 쓴 아주 깡마른 남자가 들어오더니 땅바닥에 엎드려 머리를 조아리는 겁니다.

* 『고금기관』(今古奇觀) : 명나라 시대에 나온 단편소설집. 당시 시민 계층의 생활상과 남녀 간의 애정 등 다양하고 기이한 소재의 이야기들이 수록되어 있다.

"뭘 하는 겁니까?"

"당신이 이 문제를 해결해 준다면 말하겠소. 먼저 분명히 해두겠는데, 만일 당신도 대충 넘어가면 괜히 절했다 생각하고 일어나 가겠습니다."

정말 성깔 있어 보이더군요.

"난 매사에 진지한 사람이니 당신 일도 대충 처리하지 않을 거요."

"제 일은 처리하기 아주 힘든 일입니다."

"일단 솔직하게 말하기나 하시오."

그는 회색 눈동자로 나를 뚫어지게 한 번 바라본 다음, 의자에 앉더니 난생처음 들어 보는 아주 기이하고 억울한 사연을 털어놓더군요. 이야기를 다 듣고 보니 정말 억울한 사건이었습니다.

그 남자는 이씨 성으로, 현 정부 소재지에서 12~16킬로미터쯤 떨어져 있는 [『수호전』과 『금병매』의 여주인공인] 변금련(潘金蓮)의 고향 집 근처 한 [인민]공사 초등학교에서 국어 선생을 하던 사람이었습니다. 그는 말을 아주 재미있게 잘했답니다. 들은 이야기든 책에서 본 이야기든 죄다 기억해서 배 속에 가득 채우고 다녔죠. 입을 열면 바로 쏟아져 나왔고 같은 이야기를 하는 경우는 드물었습니다. 그는 아주 열정적으로 강의를 했고, 아는 것도 무궁무진해서 모든 학생이 그의 수업을 좋아했습니다. 수업을 마치는 종소리가 울릴까 봐 걱정할 정도였다고 해요. 어린아이들은 대체로 수업 종료를 알리는 종소리를 가장 좋아하는 법인데, 그 소리를 싫어할 정도면 그의 이야기가 얼마나 재미있었겠습니까!

1965년 중국은 사회주의 교육 운동*을 전개했습니다. 문혁의 전 단계였죠. 사람들은 경쟁적으로 마오 주석에 대한 충성을 표현했고, 돌아서서는 누가 마오 주석에게 충성하지 않는지 샅샅이 캐고 다녔어요. 반우파 운동** 당시, 각 단위***에서는 우파 분자를 잡아들였는데

● 사회주의 교육 운동/사청 운동(四淸運動) : 1963년부터 1966년까지 전국적으로 전개된 정풍 운동. 처음에는 농촌의 기층 간부들을 대상으로 진행되다가 차츰 도시로 확대되었다. 주로 사청 운동의 형식으로 전개되었는데, 사청 운동이란 초기에는 주로 농촌 간부들을 대상으로 '노동 점수, 장부, 창고, (공공)재산' 등 네 가지 면에서 부정 여부를 조사했으며, 나중에는 도시와 농촌 전 지역에서 '사상, 정치, 조직과 경제' 등의 분야로 확산되었다. 사청 운동은 이후 문혁으로 넘어가는 연결 고리 기능을 했다.

●● 반우파 운동 : 1957년, 자산계급 우파를 반대한다는 명목으로 전개된 정치 운동. 1956년 11월에 열린 중국 공산당 제8기 제2차 중앙위원회 전체회의는, 1957년부터 당내 정풍 운동을 전개하기로 결정했다. 1957년 4월 27일 중앙정부는 "정풍 운동에 관한 지시"를 통해, 인민 내부의 모순을 처리하고, 관료주의·종파주의·주관주의에 반대하는 것을 핵심 내용으로 하는 당내 정풍 운동을 전개한다고 발표했다. 주로 대명(大鳴)·대방(大放)·대자보(大字報)·대변론(大辯論) 등의 방식으로 군중을 동원해 주변의 우파 분자를 고발하고 색출하게 했다. 이로 말미암아 수많은 당원과 지식인이 우파 분자로 몰려 농촌으로 하방되었고 노동 개조 교육을 받았다. 이들은 문혁 기간에 또다시 박해의 대상이 되었다.

●●● 단위(單位) : 1949년 사회주의 신중국 건국 이후, 중국 정부는 사회를 효율적으로 통제하고 관리하고자 모든 인민을 '단위 체제'로 편입시켰다. 농촌에서는 인민공사의 형태로 조직되었고, 도시에서는 각 개인이 소속된 기업과 사업체 등이 단위의 근간이 되었다. 개인은 각자가 속한 단위에서 기본적인 의식주 및 의료와 연금 등 모든 경제적 복지를 제공받았다. 개혁 개방 이전까지 중국의 단위 체제는 '요람에서 무덤까지' 개인의 모든 것을 책임지고 통제하는 종합적·복합적인 자원 분배 기능을 담당했다. 개혁 개방 이후 중국이 사회주의 시장경제 체제로 변하고, 소유제 및 국유 기업 개혁 등이 잇따르면서 전통적인 방식의 단위 체제는 사실상 해체되었다.

지위 고하를 막론하고 잡아들여야 할 우파의 숫자가 전체 인원수에 비례해 할당되었습니다. 우파 분자를 적발하지 못한 사람들은 성과가 없는 것으로 간주되었기에, 운동이 진행될수록 점점 적발 건수도 많아졌고 성과도 커졌습니다. 학교에서 야단법석을 떨며 우파 분자 색출 작업에 나섰던 일들을 모두 기억하고 있답니다.

이 선생은 화를 잘 내는 성격이라 동료 선생 몇 명에게 미움을 샀다고 해요. 한번은 어떤 선생이 이 선생의 수업 내용을 듣고 문제를 제기했습니다. 마오 주석이 류양(瀏陽)에서 백군에게 쫓겨 도랑 속에 엎드려 숨어 있었다는 내용인데, 그 내용이 아주 적나라해서 마오 주석을 중상모략 했다는 거예요. 어떻게 위대한 지도자가 적들에게 쫓겨 밭고랑 사이 도랑 속에 숨을 수 있느냐며, 일부러 마오 주석의 위대한 모습을 왜곡한 것이라고 했답니다. 곧바로 학생들의 노트를 뒤져 수업 내용 필기 기록을 조사하기 시작했고, 드디어 한 학생의 국어 노트에서 당시 그 수업을 기록했던 내용 한 줄을 찾아냈습니다.

"마오 주석이 도랑 속에 몸을 숨겨 적들의 추격을 따돌렸던 재치 있는 이야기였다."

증거가 확실해지자 '아주 중대한 반혁명 사건'으로 현 위원회에 보고되었습니다. 곧바로 현 공안국에서 그를 잡아갔죠. 하지만 그는 인정하지 않았어요.

"내가 그 이야기를 한 것은 마오 주석이 담력과 모략이 남다르고 기민하며, 지혜로운 책략을 가진 사람이었다는 사실을 설명하기 위해서였습니다. 나는 진심으로 마오 주석을 찬양했습니다. 게다가 맘대로 지어낸 이야기가 아니라 책에서 본 것입니다."

공안국이 어떤 책에서 봤는지 말하라고 했지만, 도무지 생각이 나지 않았어요. 확실한 근거가 없었기 때문에 그 내용은 지어낸 것이 되었고, 책에서 봤다는 말은 교활한 변명으로 간주되었습니다. 아주 신속하고 간단한 절차를 거쳐, 그는 징역 8년을 선고받고 감옥에 갇혔답니다.

그의 아내는 시골 여자였어요. 결혼한 지 1년이 갓 넘었고 당시 임신 6개월이었습니다. 배불뚝이 몸으로 면회를 갔을 때 그는 아내에게 말했어요.

"8년은 짧은 세월이 아니에요. 당신이 견딜 수 없다면 이혼해도 좋소. 원망하지 않아요. 하지만 사실을 말하자면, 나는 절대 거짓말을 하지 않았어요. 그 이야기를 분명히 책에서 봤단 말이오."

그 말을 들은 아내는 바로 현으로 뛰어가서 억울함을 호소했어요. 현 지도자는 이렇게 약속했습니다.

"당신이 증거를 찾아오면 바로 남편을 풀어 주리다."

그 시골 여인은 순진해서 그 말을 철석같이 믿고 사방으로 증거를 찾으러 다니기 시작했어요. 당시는 문혁이 이미 시작되었을 때라 현 읍내의 작은 서점에는 마오 주석의 저서 말고 다른 책은 전혀 없었습니다. 도서관도 폐쇄되었고요. 그녀는 도서관 직원을 찾아가 애걸했습니다. 하지만 일개 도서관 직원이 무슨 배짱으로 봉인 딱지를 풀어서, 금지된 자료들을 꺼내 볼 수 있단 말입니까. 그는 마을에서 책을 가장 많이 읽었지만 그런 이야기는 본 적이 없었어요.

여인은 사방팔방 책을 찾아 나섰고, 뭔가 인쇄된 종이라도 주우면 그 이야기가 있는지 찾았습니다. 글을 몰랐기 때문에 종이를 주워 주변의 친척이나 친구 또는 초등학생에게까지 읽어 달라고 부탁했어요. 어떤 때는 문혁 소자보를 주워서 사람들에게 보여 주기도 했습니다. 그녀는 가난한 산간벽지에 사는 부녀자였고 교육을 받지 못했던지라 세상에 도대체 책이 얼마나 많은지, 글자가 대체 무슨 내용을 담고 있는지 알지 못했어요.

종이를 받아 든 사람이 과학기술과 정치, 문화 등 이해하기 어려운 내용을 읽어도 그녀는 꼼짝도 하지 않고 한쪽에 선 채 끝까지 미련스럽게 들으면서 그 이야기가 나오는지 안 나오는지를 기다렸습니다. 어떤 사람은 읽는 것도 지겨워 그냥 한 번 쓰윽 훑어보고는 "그런 얘기는 없어!"라고도 했어요. 그러면 그녀는 그 말을 믿고 다시 종이를 찾으러 다녔습니다. 어떤 사람은 그녀를 말렸어요.

"종이를 줍는다고 그 이야기를 찾을 수 있을 것 같아? 글자도 모르고, 글자가 적힌 종이가 세상에 얼마나 많은데 네가 어떻게 그걸 다 주울 수 있겠어?"

하지만 아무도 설득하지 못했고 그녀는 매일 낡은 바구니를 들고 길거리에서 종이를 주워 담았습니다. 한 글자라도 적혀 있는 종이를 발견하면 마치 보물을 얻은 것처럼 기뻐했어요. 다른 사람의 손에 있는 글자 종이를 달라고 간청해도 손에 넣지 못하면 무슨 내용이 써있는지만 읽어 달라고 부탁했고, 그 사람이 거절하면 무릎을 꿇고 제발 읽어 달라고 할 정도였습니다. 심지어 화장실에서 발견한 종이에 글씨가 써있으면 깨끗하게 씻어서 사람들에게 보여 주었어요. 날마다 주워서 날마다 사람들에게 읽어 달라고 부탁했지만 번번이 그 이야기는 찾지 못했습니다. 아침에 품었던 희망이 밤이 되면 무너졌지만 결코 포기하지 않았어요. 그녀는 그 이야기가 남편이 지어낸 것이 아니라며 언젠가는 찾을 수 있으리라 굳게 믿었습니다. 세월이 흐르면서 그녀는 자연스럽게 정신이 좀 나갔습니다.

아이가 어릴 땐 아이를 들쳐 업고 종이를 주웠으며, 아이가 커서는 데리고 다니면서 주웠어요. 종이에 그 이야기가 없다는 것을 알게 되면 팔아서 입에 풀칠을 했습니다. 당시 그 마을에 살았던 사람이라면 누구나 아이를 데리고 폐지를 줍는, 반쯤 미쳐 있고 사방을 두리번거리는 그녀의 아득하고 막막해 보이는 두 눈을 본 적이 있답니다. 하지만 그녀가 입에 풀칠하기 위해서가 아니라, 오직 남편을 구하겠다는 일념으로 매일 낡은 바구니에 폐지를 주워 담는다는 사실을 모두 아는 건 아니었어요.

해가 가고 계절이 변하고 비바람과 눈보라가 쳐도 그녀는 하루도 멈추지 않았습니다. 간절한 마음이 반드시 하늘을 감동시키는 것은 아닌가 봅니다. 꼬박 7~8년 동안 종이를 주웠고 남편의 형기 만료를 반년 앞둔 어느 날 밤, 아궁이에서 불이 나 집 안 가득 쌓여 있던 종이에 불이 옮겨 붙어 큰 화재가 되었습니다. 결국 그 여자와 아이는 불에 타 죽고 말았어요.

감옥에서 이 소식을 들은 이 선생은 더는 살고 싶지 않아 몇 번이나 자살을 시도했지만 성공하지 못했습니다. 감옥 안에는 아무것도 없었

24

어요. 가난했기 때문이기도 하지만 죄인들이 혹여 자살에 사용할까 염려했기 때문이었지요. 밥그릇조차 먹자마자 바로 치웠는데, 죄인들이 밥그릇을 깨서 그 조각으로 목을 그을까 봐 그랬던 거죠.

한번은 화장실에 갔는데 바닥에 삼베 조각이 떨어져 있었어요. 그것을 들보 위에 건 다음 두 손으로 들보를 잡고 몸을 위로 올려 목을 매달아 죽으려고 했습니다. 하지만 삼베 조각이 '툭' 하고 끊어지면서 땅바닥으로 자빠졌고 눈에 불꽃이 번쩍했어요. 다시 정신을 차리고 고개를 들었을 때 기적이 일어났습니다. 글자가 등사된 종이가 눈앞에 있었는데, 그 종이에 그의 운명을 바꿨던 바로 그 이야기가 인쇄되어 있었던 겁니다. 도저히 믿기지 않는 일이었지요. 그야말로 소설보다 더 공교롭고 절묘했으며, '죽으라는 법은 없다.'라고 할 만한 일이었습니다. 못 믿겠다고요? 하지만 사실입니다. 그 종이는 너덜너덜했고 이야기도 군데군데 끊어졌다 이어졌다 했어요.

"…… 그를 쫓던 사람들은 '도망가라, 도망가!' …… 라고 큰 소리로 외쳤고 마오쩌둥 동지는 급하게 산을 내려와 도랑 속에 몸을 숨겼고 ……"라는 문장이 분명히 있었습니다. 완전하지는 않지만 자신이 지어낸 이야기가 아니라는 사실을 증명할 수는 있었던 거죠. 그는 종잇조각을 들고 화장실을 뛰쳐나와서 외치고 또 외쳤습니다.

"찾았어! 내 억울함이 풀렸다고!"

그는 흥분해서 이리저리 날뛰어 다녔어요. 간수는 그가 미친 줄 알고 감옥에 가두었죠. 그는 종잇조각을 들고 크게 웃다가 다시 통곡을 했습니다. 7~8년 동안 부질없이 종이만 줍다가 오늘 같은 날을 기다리지 못하고 죽은 불쌍한 아내와 아무것도 모른 채 불 타 죽은 아들이 생각났을 겁니다.

그는 곧바로 상소장을 써서 그 종이 쪼가리와 함께 부쳤어요. 누명을 벗고 출옥할 수 있으리라 기대하면서 말이죠. 하지만 며칠 지나지 않아, 현 정부는 그 종이 쪼가리가 등사기로 인쇄된 것이라 출처가 없어서 증거로 삼을 수 없다며 상고를 기각한다는 답변을 보내왔습니다. 하지만 이번에는 절망하지 않았을뿐더러 오히려 믿음이 생겼어요. 그 종이 쪼가리가 있으면 언젠가는 이야기를 찾아낼 수 있으리라는 믿음이었죠. 감옥에 있는 동안 불현듯 두려웠던 것은 자신의 기억이 정말 잘못된 것은 아닐까, 누군가 자신을 함정에 빠뜨리려고 그 이야기를 들려주었던 게 아닐까 하는 생각이 드는 것이었습니다. 그렇다면 영원히 증거를 찾을 방법이 없으니까요. 이제는 그런 의심이 그를 괴롭히지 않았고 마음속에 희망이 생겼습니다.

그가 나를 찾아온 날은 8년 형기를 마치고 석방된 지 얼마 되지 않았을 때였고, 판결은 아직 뒤집어지지 않았습니다. 그가 근무했던 초등학교에서는 반혁명죄로 복역했다는 이유로 복직을 거부했어요. 그는 소득이 없어서 그 이야기가 적혀 있는 책을 찾으러 돌아다닐 돈도 없었습니다. 집도 직장도 없는 외로운 신세였어요. 가난해서 입을 거라고는 홑옷 한 벌뿐이었는데, 그것으로는 봄의 한기를 견디지 못해 항상 벌벌 떨며 지냈습니다.

이야기를 다 들은 뒤 그에게 말했습니다.

"돌아가세요. 내가 해결해 줄 수 있어요."

그는 내가 그렇게 빨리 대답하는 걸 보고는, 자신을 내쫓으려 한다고 생각했어요. 하지만 내가 그 이야기를 읽은 적이 있고 어느 책에 써 있는지도 알고 있다는 사실을 그는 꿈에도 몰랐을 겁니다. 나는 그가 8년 동안 짊어지고 있었고 지금까지도 그를 무겁게 짓누르고 있던 거대한 돌덩이를 치울 수 있는 힘이 내게 있다는 걸 알았습니다.

다음 날, 현 혁명위원회에 가서 사건 파일을 펼쳐 봤어요. 그의 말은 모두 사실이더군요. 혁명위원회 회의 석상에서 나는 그 사건에 대한 이야기를 꺼냈습니다. 어떤 이가 "그 사람은 어떤 방법으로 처벌해도 굴복하지 않는 사람"이라고 말했습니다. 나는 "법은 사람의 성격을 다스리는 것이 아닙니다. 그 이야기는 사실이고 억울한 판결이었기 때문에 반드시 누명을 벗겨야 합니다."라고 주장했어요. 나는 군 대표였고 권위가 있었으므로 그들은 쉽사리 내 말을 반박하지 못했지만, 침묵한 채 아무런 의견이나 태도도 보여 주지 않았습니다. 나는 화가 나서 당장 차를 부대로 보내 그 책을 가져오게 한 다음 혁명위원회 회의 탁자에 놓고 그들에게 보여 주었어요.

자홍색 표지로 덮인 그 혁명 회고록은 문혁 전 해방군 문예출판사에서 출판된 책으로, 제목은 『추수 투쟁과 우리 군의 초창기 시기』였습니다. 책을 펼치면 그중 한 편이 바로 그 "류양에서 맞닥뜨린 위험"이라는 이야기고, 저자는 세줴자이(謝覺哉)입니다. 마오쩌둥이 어느 날 장시 성(江西省) 혁명 근거지로 가는 도중에 류양을 지나게 되었고, 백군의 추격을 따돌리려고 기지를 발휘해 도랑에 몸을 숨겨 안전하게 위험을 벗어날 수 있었다는 일화였어요. 당시 혁명위원회 우두머리들은 그 책을 보고는 얼이 빠져서 할 말을 잃었어요. 한 사람만이 혼잣말로 이렇게 중얼거릴 뿐이었죠.

"세 작가가 왜 저런 이야기를 썼지?"

한 산촌 마을 교사가 바로 이 마오 주석을 찬양한 책 속의 일화를 인용했다가 오히려 그를 욕보였다며 8년 동안 감옥살이를 했습니다. 그 탓에 가정이 박살나고 가족들도 죽었다면 이보다 억울한 일이 어디 있겠습니까? 나는 사건의 심각함을 고려해 최대한 빨리 그의 누명을 벗겨 주었어요. 누명이 벗겨진 날, 이 선생은 우리 집에 와서 땅바닥에 무릎을 꿇고 또다시 내게 머리를 조아렸습니다. 그는 끊임없이 머리를 조아렸어요. 생명의 은인에게 감사 인사를 하는 것 같았지요. 나는 두렵고 당혹스러웠습니다. '마침 우연히 그 책을 본 적이 있었을 뿐인데, 내가 무슨 덕과 능력이 있다고 이렇게 불행한 남자에게 절을 받을 수 있단 말인가.'라는 생각이 들어서요. 나는 오랫동안 침묵했고, 무슨 말을 해야 할지 몰라서 그저 "그렇지요……."라는 말만 되풀이할 따름이었습니다.

그는 절을 한 다음, 이미 죽어 장례를 치른 아내와 8년 동안 감옥살이를 한 자신에게 그 책을 줄 수는 없는지 간곡히 부탁했습니다. 나는 그 책이 어떤 의미인지를 잘 알았기에 떨고 있는 그의 두 손에 묵직하게 올려놓았어요. 나중에 듣기로, 그는 책을 태워 재를 아내의 무덤에 뿌렸다고 합니다. 아마도 박복한 운명을 타고난 아내의 영혼이 부디 안녕을 얻기를 바라는 마음이었을 겁니다.

이 선생의 누명이 벗겨지자 나를 찾아와 하소연하며 누명을 벗겨 달라고 부탁하는 사람들로 매일같이 문전성시를 이뤘어요. 나중에 나는 고향 안후이(安徽)로 다시 복귀했고, 성 위원회는 나를 위에시(岳西) 지역으로 발령해 명예 회복 정책*을 수행하도록 했습니다. 작은 현 정부 안에 그토록 많은 억울한 사건이 산더미처럼 쌓여 있으리라고는 정말 상상도 못 했답니다. 온갖 억울한 사연을 가진 사람들이 밤새 나를 찾아왔고, 내가 다른 곳에 부임해 떠날 때까지 하루도 발길이 멈춘 적이 없었습니다. 하지만 이 선생 사건처럼 쉽게 해결할 수 있는 일은 다시는 없었어요. 기이하고 특이한 갖가지 억울한 사건들은 손쓰기가 좀체 힘들었고, 어떻게 손쓰려 해도 내 손까지 끌려들어 갈 판이었지요. 이 시대가 만들어 낸 거대한 비극을 내 힘만으로 해결할 수 없다는 사실을 그제야 깨달았습니다. 매일 몇 시간밖에 자지 못했지만, 해결할 수 있는 일이라면 결코 포기하지 않았어요. 해결하기 힘든 사건은 성 위원회 조직부에 보고했습니다.

내가 느낀 바로는, 큰 인물들이 아무리 비극적인 일을 겪었다 할지라도 일반 인민들이 겪는 비극과는 비교할 수 없습니다. 큰 인물의 누명은 쉽게 해결할 수 있지만 일반 인민은 사람을 잘못 만나거나 기회를 얻지 못하면, 마치 량산의 이 선생이 마침 그 이야기를 읽어 본 적이 있는 나를 우연히 만난 것처럼, 운명이 트이는 날을 맞이하기가 쉽

---

* **명예 회복 정책**(落實政策) : 문혁 기간에 박해받고 감옥에 갔거나 직장과 당 조직 등에서 해고시킨 사람들을 대상으로 전면적인 재조사를 통해 누명을 벗기고 명예를 회복시킨 정책.

지 않습니다. 죽은 사람이든 산 사람이든, 얼마나 많은 사람들이 아직
도 누명을 벗지 못하고 있을까요?

인민의 경험이야말로 시대의 경험이다.

혁명과 사랑, 그리고 숭배의 대가

◆ 1967년 / 21세 / 여자 / B시 모 대학 졸업생
◆ 1967년 / 25세 / 남자 / B시 작가협회 간부

1

나는 작가들을 별로 존경하지 않습니다. 작가들은 대체로 자의식이 아주 강하지만 종종 너무 쉽게 말하거든요. 예를 들면, 어떤 작가는 이런 말을 썼어요.

"숭배는 가장 사심 없는 감정이다."

그는 결코 누구를 숭배해 본 적이 없는 게 분명합니다.

숭배는 자신을 다 퍼서 다른 사람에게 주는 감정입니다. 그가 그것을 마음대로 버리거나 잃어버리면 어떻게 될까요? 아마도 당신은 빈 껍데기만 남게 되고 그것으로 끝일 거예요. 인생은 한 번뿐이니까요.

숭배는 인생 최고의 모험이고 생명을 담보로 하는 일입니다. 그래서 저는 독서를 별로 좋아하지 않아요. 나 자신의 인생 경험을 더 믿는

편이죠. 작가들의 그런 가짜 깊이를 신뢰하지 않거든요. 혹시 내 말이 실례가 되었나요? 뭐라고요? 내 말이 맞다고요? 정말인가요? 당신이 어떻게 생각하는지는 상관없지만 어쨌든 들려줄 얘기가 있답니다.

2

내가 한때 숭배했던 인물은 마오쩌둥입니다. 나만 그런 게 아니에요. 우리 세대 사람들에게, 스무 살 때 누구를 숭배했는지 한번 물어보세요. 장담하는데, 주저 없이 곧바로 '마오쩌둥'이라고 대답할 겁니다. 그런 숭배가 얼마나 순진했는지……. 이런 일도 있었답니다.

마오의 딸 리민과 나는 대학 동기였어요. 12월 26일은 마오쩌둥의 생일이랍니다. 23일 밤, 기숙사 동기들 아홉 명은 마오 주석에게 무슨 선물을 하면 좋을까 의논했어요. 선물은 리민을 통해 보내기로 하고요. 어떤 친구는 큰 목도리를 짜서 그 위에 '마오 주석 만세'라는 글자를 수놓자고 했고, 또 어떤 친구는 색실로 한 사람이 꽃 한 송이씩 수를 놓아 꽃다발을 만들자는 둥 모두들 밤새도록 흥분에 들떠 눈을 반짝거리며 재잘거렸습니다. 그렇게 12시가 넘도록 의논했지만 우리의 마음속 열정을 모두 꺼내 보여 줄 만한 적당한 선물을 찾지 못했어요. 숭배는 표현하기 아주 어려운 감정이랍니다.

그러자 리민이 이렇게 제안했어요.

"우리 다 같이 사진을 찍어서 편지와 함께 선물하자."

모두들 박수를 치며 찬성했습니다. 마오 주석이 나중에 우리를 직접 만나게 되면 사진 속의 인물을 알아볼 수 있을 테니까요.

다음 날 수업을 마친 뒤 우리는 학교를 나와 사진관 앞에서 만났습니다. 소문이 나지 않도록 일을 크게 떠벌리지 않았어요. 행복한 일은 은밀할수록 더 행복해지는 법이니까요. 사진관에서는 빨리 사진을 인화해 주지 않지만, 우리가 마오 주석에게 선물할 거라고 하자 마치 중대한 정치 임무를 하달받은 것처럼 다음 날 바로 인화해 주었습니다. 친구들은 내게 마오 주석에게 보낼 편지 초안을 작성하라고 했어요.

내 인생에서 가장 쓰기 힘든 편지였답니다. 단 몇 자를 쓰는 데도 꼬박 하룻밤이 걸렸고, 바닥에는 잘못 써서 구겨진 종이 뭉치들이 가득했답니다. 다 쓴 편지를 리민이 가져간 뒤에야 더 아름답고 절절한 표현들이 생각나더라고요.

일주일 뒤에 리민이 돌아와 우리에게 소식을 알려 주었습니다. 마오 주석이 사진을 보고 매우 기뻐했고 게다가 나를 가리키면서 "이 아가씨는 어려 보이는구나."라고 했다지 뭐예요! 리민 말에 따르면, 당시 궈모뤄(郭沫若) 선생이 생일 인사를 하러 갔는데 마오 주석이 그 사진을 사무실 책상 유리 밑에 끼워 놓고 있었다고 합니다. 정말이지 무엇과도 비교할 수 없을 만큼 행복했어요. 내가 매일 마오 주석과 함께 있는 것이고, 마오 주석 역시 매일 나를 볼 수 있을 테니까요. 교실 칠판 위에 걸려 있는 마오 주석의 사진을 바라보자 그 온화하고 자상한 눈빛이 마치 햇볕처럼 나를 비추는 것 같았습니다. 그것은 정말 어마어마한 정신적 힘이었어요! 대학 시절, 내 성적이 왜 항상 우수했는지는 따로 설명할 필요가 없겠죠.

3

그 당시 나는 또 다른 사람을 숭배하고 있었습니다. '그'입니다.

그때는 사회주의 교육 운동을 전개하고 있었고, 우리는 모두 국영 방직공장 3공장에 파견되어 공장의 역사를 기록하는 학생이었어요. 자본가들이 부를 축적해 온 역사와 노동자들의 피눈물 나는 역사를 쓰면서 우리는 머릿속에서 계급투쟁의 활시위를 더욱 강하게 당겼습니다. 그는 같은 학교 학생은 아니었어요. 나는 베이징 사범대학(北京師範大學) 2학년 화학과 학생이었고, 그는 베이징 대학(北京大學) 중문과 졸업반이었지요. 키가 그리 크지는 않았지만 차림새가 소박하고 단정했습니다. 믿음직스럽고 똑똑하며, 야위었지만 고상해 보이는 인상이었죠. 나 같은 이공 계열 학생의 눈에 그는 문인 학사 같은 분위기를 풍겼다고나 할까요.

그는 우리가 일하던 공장 역사 기록조의 조장이었고, 말은 많지 않았지만 매우 다정하고 살뜰했답니다. 밤에 모두들 글을 쓰다가 배가 막 고프기 시작할 때면, 미리 준비해 둔 먹을거리를 우리 앞에 살짝 내놓곤 했어요. 주말이 되어 무료해질 때쯤, 살며시 웃으며 영화표를 한 장씩 나눠 주기도 했죠. 그는 큰오빠 같은 사람이었답니다. 나는 겉으로도 어려 보였지만 순진하기 짝이 없어서, 내가 그의 여동생이라면 얼마나 좋을까 생각했어요. 공장의 역사를 다 쓰고 나자, 그는 나를 학교에 데려다주었습니다. 어깨에 메고 있던 내 짐들을 기숙사 앞에 내려놓을 때 조금 특별한 눈빛으로 갑자기 이렇게 말하더라고요.

"앞으로도 볼 수 있을까?"

그 말이 아주 이상해서, 나는 바보처럼 이렇게 대답했어요.

"왜 못 보겠어요? 아무 때나 오면 되죠."

얼마나 바보 같았는지. 그때 나는 그런 아이였어요.

그 무렵 사랑은 책 속에서나 볼 수 있었지만 매혹적이긴 했죠. 하지만 나와는 상관없는 낯설고 먼 이야기라고 생각했답니다. 이유는 모르겠지만 그 사람은 아주 자연스럽게 한 발 한 발 내 마음속으로 걸어 들어왔습니다.

많은 이야기를 나누면서, 그가 매우 가난하다는 것을 알았어요. 그의 고향 집은 쑤베이(蘇北) 난퉁(南通)이었고, 그곳은 당시 천이* 장군이 이끌던 신사군**의 옛 근거지였습니다. 삼촌들은 모두 지하당원이었으며, 아버지는 일본인들에게 살해당했고, 어머니는 과부가 되어 자식들을 고생해서 키웠는데, 그는 셋째였어요. 중학교부터 대학교까지

● 천이(陳毅, 1901~72) : 중국 10대 원수(元帥) 중 한 명. 국무원 부총리와 중앙군사위원회(군사위) 부주석, 전국 정치협상회의(정협) 부주석, 제7기·제8기 중앙위원회와 제8기 중앙정치국 위원을 역임했다.

●● 신사군(新四軍) : 1937년 국공합작 이후 설립된 국민당 산하의 국민혁명군. 실질적으로 공산당이 지휘·통제했다.

국가에서 지급하는 월 19.5위안의 장학금으로 공부를 했다고 하더군요. 나는 그의 가족사를 존경해 마지않았습니다. 가족사 덕분에 그는 특별히 중용되었어요. 줄곧 베이징 대학 학생 지도원을 담당했고, 타고난 혁명 청년의 순수한 포부와 이미지를 가지고 있었죠. 그것은 바로 내가 추구하던 것이기도 했습니다.

그는 자신의 '졸업생 지원서'를 보여 주었는데, 얼마나 심장을 뛰게 만드는 맹세였는지 모른답니다. 원시 삼림, 황폐한 산촌 그리고 사람이 살지 않는 변경 지역이나 초원으로 가서 그곳을 개척하는 데 일생을 바치겠다고 했어요. 나는 정말 감동했고, 마음속으로 가만히 이렇게 말했어요.

'당신이 어디를 가든 따라가겠습니다.'

그런데 정말 뜻밖에도, 그는 나와 아주 가까운 곳에 배치되었습니다. 그가 "왕푸징(王府井)에 배치받았어."라고 알려줬을 때, 나는 왕푸징이 서남 지역에 있는지 서북 지역에 있는지도 몰랐어요. 그러자 그가 웃으면서 이렇게 말하더군요.

"베이징 말고 왕푸징이 또 어디 있단 말이니?"

그는 왕푸징의 중국 작가협회에 배치받은 거였어요. 학교 친구들은 모두 그를 부러워했죠. 나중에야 알았지만 작가협회 같은 중요한 이데올로기 부문 조직은 그 사람처럼 정치적으로 믿을 수 있고 성적이 우수한 학생만 파견될 수 있었습니다.

우리 관계가 학업에 영향을 주지 못하도록 규칙을 정해 보름에 한 번만 만나기로 했고, 장소는 [톈안먼 근처에 있는] 베이하이(北海) 공원으로 정했어요. 데이트를 할 때면 거의 온종일 그는 말하고 저는 들었습니다. 그는 아는 것이 많았기 때문에 그의 이야기를 듣고 있으면 나도 성장하는 것 같았고 앞으로 더 열심히 살 수 있으리라는 믿음이 생기곤 했어요. 나의 정치적 이상과 그의 모습은 살아 움직이는 생명체처럼 하나가 되었지요. 정말 행복했답니다.

1966년 5월에 대학원 입학시험을 봤고, 성적이 꽤 괜찮아서 속으로는 아주 자신이 있었어요. 하지만 그해 6월에 문화대혁명이 일어났어요. 학생들은 모두 미쳐서 "대학원생 제도를 깨부수자!"라고 외치며 푸런 대학*의 커다란 동판을 마당 한가운데로 끌고 와 우리가 썼던 대학원 입학시험지와 함께 불태워 버렸습니다. 기숙사 3층 창문 난간에 올라가 아래를 내려다보니, 마치 토지개혁 때 농민들이 토지 계약서를 불태우는 장면 같았어요. 모든 희망이 끝났다는 걸 알았습니다. 이 갑작스러운 일로 나는 얼이 빠져 버렸어요. 문혁은 점점 폭력적으로 변해 갔고, 학교 당 위원회 사람들이 한 사람 한 사람 끌려 나가 비판을 당했습니다.

작가협회 쪽의 비판 투쟁은 더 지독했습니다. 유명 작가들이 모두 반혁명 분자로 몰렸고, 일반 간부들 역시 이런저런 문제에 연루되었지만 오직 그 사람만은 정치적으로 깨끗했기 때문에 혁명 군중 조직은

---

* 푸런 대학(輔仁大學) : 1925년 베이징에 설립된 천주교 대학으로, 1952년 중국 정부의 대학 조정 정책이 시행되면서 베이징 사범대학으로 개편되었다.

그를 대장으로 선출했어요. 그는 남다른 가정사와 살아온 이력 때문인지 늘 진중하고 점잖은 기질이 몸에 배어 있었어요. 그는 거듭 내게 이렇게 당부했습니다.

"당을 믿고 조직을 의지해야 해. 마오 주석의 최근 지시를 주의 깊게 학습하고 큰 방향을 봐야지, 절대 휩쓸려 소란을 피워서는 안 돼."

학교 안에서 돌아다니는 각종 구호의 영향으로 내 사상이 혼란스러워져도 일단 그를 만나면 이내 평온해졌고 모든 것이 분명해졌습니다. 나는 우리가 순수한 마음과 당에 대한 충성심만 갖는다면 그 어떤 큰 폭풍이 불어온다 해도 절대 배가 뒤집히지 않으리라 생각했지요.

혁명 경험 교류 활동* 때 나는 쓰촨(四川) 고향 집에 가서 그와의 관계를 집안사람들에게 알렸고 부모님도 아주 기뻐했습니다. 어머니는 솜옷과 솜바지, 양말에 고향 특산품인 귤까지 사서 작은 가방을 한가득 채워 주셨고, 나는 만원 기차를 타고 사흘 밤낮을 달려왔습니다. 베이징에 도착하자마자 작은 가방을 끌고 기쁨에 들떠 그를 찾아갔어요. 우리 부모님이 주신 선물들을 본다면 어떤 표정을 지을지, 얼마나 좋아할지 생각하면서요.

• 혁명 경험 교류 활동(大串聯) : 1966년 문혁이 발발한 이후, 전국 각지의 학생들이 다른 지역으로 내려가 현지 민중과 혁명 경험을 교류하고 전파한 활동. 이 기간에 모든 교통 및 숙박 시설, 음식 등이 무료로 제공되었다.

4

작가협회 기숙사 건물 앞에서 나는 베이징대 동창을 우연히 만났습니다. 그는 늘 친절했고 농담도 잘했는데, 이날은 평소와 달리 냉담한 표정으로 "왔니?" 한마디만 하고는 바로 쌩하고 가버리는 겁니다. 불길한 예감이 들었어요. 나중에 한 생각이지만, 그런 예감을 느꼈기에 망정이지 그렇지 않았다면 그다음 장면을 절대 받아들일 수 없었을 겁니다. 나는 문을 두드렸습니다.

문이 열렸는데, 그는 완전히 다른 사람이 되어 있었습니다! 그 모습이란 기괴? 비참? 아니면 미친 사람? 그 모습을 정확히 묘사할 수는 없지만 너무 충격적이어서 지금까지도 잊을 수가 없답니다. 머리는 헝클어져 있고 얼굴에는 온통 얻어맞은 자국이 나 있었는데, 나를 보자 눈물을 왈칵 쏟아 냈어요. 그가 글씨가 등사된 소자보를 한 장 건네주었습니다. 종이에는 다음과 같은 문구들이 적혀 있었습니다. "누구든 마오 주석을 반대하는 사람은 바로 타도할 것이다. 반혁명 분자 ○○○를 타도하자!" 바로 그를 타도하자는 내용이었어요. 다른 글자들은 도무지 눈에 들어오지 않았어요. 머리가 어질어질했고 몸이 축 늘어졌습니다. 가방을 '쾅' 하고 바닥에 던져 버렸습니다.

조금 뒤 그가 상황을 설명하기 시작했어요.

그는 대학 시절 마오 주석의 저작과 시집을 읽었는데, 손이 가는 대로 책 말미에 감상평을 적었다고 합니다. 대부분은 문학적인 측면에서의 평가였는데 어떤 것은 "좋음", "매우 좋음"이라고 적었고 어떤 것은

"보통", 또 어떤 것은 "안 좋음" 또는 "잘못되었음"이라고 평한 것도 있었다고 해요. 감상평을 쓸 때 그다지 깊이 고민한 것도 아니고 나중에는 까맣게 잊어버렸다고 합니다. 같은 기숙사에 사는 동료 하나가 그의 마오 주석 저작을 넘기면서 어록을 찾다가 그 감상평을 발견했고, 작가협회에서 그 사실을 공표했습니다. 그것은 당시 아주 어마어마한 사건이었고, 순식간에 들끓기 시작했어요.

이야기를 다 듣고 나자 머릿속이 뒤죽박죽이었어요. "어떻게 그런 일을 저질렀단 말이에요!"라고 말하고 싶었지만 그를 쳐다보면서 원망만 할 뿐이었습니다. 나는 한마디도 하지 않고 불쑥 일어나 가방을 들고 결연한 표정으로 기숙사를 나왔습니다.

그가 따라 나와 배웅해 주었는데, 자전거 뒤에 내 가방을 싣고 동청(東城)에서 시청(西城)까지 가는 동안 한마디도 하지 않았습니다. 우리를 연결해 주던 그 무엇보다 단단하고 듬직했던 다리가 끊어졌으며, 그사이에는 세찬 격류가 흐르고 있었죠. 나는 반대쪽 물가에서 등을 돌린 채 걸어간 거예요. 그 사람은 어땠을까요?

나를 학교 문 앞까지 데려다준 뒤 그가 말했습니다.

"이번 내 문제는 마오 주석에게 저지른 잘못이니 희망이 있을 것 같지 않아요. 당신을 사랑하지만 이제는 그럴 자격이 없습니다. 우리 끝냅시다. 다시는 연락도 하지 말고요. 그 대신 당신이 어디로 가더라도 주소 정도는 난퉁의 큰형에게 남겨 줄 수 있겠죠?"

그는 내 앞에서 한 번도 그렇게 초라한 모습을 보여 준 적이 없었습니다. 솔직히 말해 그의 말이 귀에 잘 들어오지 않았어요. 기숙사에 돌아가 가방을 한쪽에 던져 놓고 무려 사흘 동안이나 침대에서 내려오지 않았습니다. 머릿속에서 모든 것이 격렬하게 싸우고 있었어요. 무엇보다 그가 원망스러웠답니다. 어떻게 마오 주석의 저작에 그따위 불결한 말을 쓸 수 있단 말입니까! 평소에 내게 한 말들은 뭐냐고요. 평소에 내게, 당이 어떻게 자신을 기르고 가르쳤으며, 마오 주석에 대한 자신의 감정이 얼마나 진지한지, 그리고 평생 변함없는 충성으로 혁명 문예 작업에 매진하겠다는 이야기를 들려주었거든요. 나는 '그에게 사기를 당한 것은 아닐까? 아니면 홀렸던 걸까?' 하고 생각했습니다. 그는 정말 반혁명을 하려 했던 걸까요? 그가 지난 2년 동안 했던 말들을 되새기며 자세히 돌이켜 보았습니다. 내게 은연중에 반혁명적인 내용을 설파한 적이 있는지 곰곰 생각해 보았지만, 아무리 해도 생각나지 않았어요. 정말 괴로워서 미칠 지경이었어요. 설마 그가 나를 이렇게까지 철저히 속일 수 있단 말인가? 나는 그의 단위에서 열리는 비판 대회에 직접 참가해 다른 사람들이 그에 대해 어떻게 말하는지를 듣고 그의 진면목을 확실히 알아봐야겠다고 생각했어요.

나흘째 되는 날 나는 침대에서 일어나 작가협회로 갔습니다.

5

내게는 두 종류의 숭배가 있었습니다. 하나는 마오 주석에 대한 숭배였고 다른 하나는 그에 대한 것이었어요. 마오 주석에 대한 숭배는 이상에 대한 지고지순한 숭배였지요. 반면에 그에 대한 숭배는 살아 숨 쉬는 사람에 대한, 서로 감정이 녹아 있는 숭배였어요. 하지만 그에 대한 숭배는 마오 주석에 대한 숭배를 전제로 했고, 마오 주석에 대한 무한한 숭배의 일부였어요.

다시 말해, 마오 주석에 대한 숭배는 무조건적이었고, 그에 대한 숭배는 조건이 있었습니다. 그가 정말 마오 주석에 반대한다면 마음을 다잡고 헤어져야겠다고 결심했어요. 그날 가방을 들고 과감하게 그의 기숙사를 빠져 나온 것도 그래서였어요. 하지만 사랑하는 이를 냉정하게 마음속에서 몰아내는 게 어디 그리 쉬운 일인가요? 그렇지만 도저히 용서할 수 없는 그의 행동은 또 어떻게 해석해야 한단 말입니까?

6

작가협회 5층 건물은 꽤 높아서 벽을 타고 올라갈 수 없어 보였는데, 그를 타도하자는 거대한 표어들이 외벽에 걸려 있었습니다. 나는 곧바로 섬뜩한 분위기 속으로 휘말려 들어갔어요. 5층 회의실로 올라가 그에 대한 비판 투쟁 대회*에 참가했습니다. 대회는 열흘간이나 계

---

* 비판 투쟁 대회(批鬪) : 비판 대상으로 지목된 사람들을 광장이나 학교 등 공공장소나 거리로 끌고 나와 대중 앞에서 공개적으로 비판을 하는 행위로, 문혁 때 사용되던 용어이다.

속되었고, 나는 매일 참가했어요. 몇몇 작가협회 사람들은 내가 누군지 알고 있었지만 모두 외면하더군요. 하지만 진실을 찾으려는 나의 의지와 경건한 태도에는 경의를 표했습니다. 나는 회의장 끝줄 한쪽에 조용히 앉아 모든 비판자의 발언을 열심히 경청했고 복도에 붙어 있는 대자보를 샅샅이 읽어 보았어요. 그리고 그가 내게 알려 주었던 그 일 말고는 별다른 내용이 없다는 걸 발견했습니다. 비판자들의 말은 일리가 있었지만, 정치적 노선과 원칙의 관점에서 가해지는 비판과 서슬 퍼런 언사들은 나를 납득시키지 못했어요.

비판 투쟁 대회 후 그는 팻말을 목에 걸고 매일 작가협회 건물을 청소했습니다. 나는 그를 찾아가지 않았어요. 비록 대학 시절의 일이며 한 건에 불과했지만 아직 판단을 내릴 수 없었기 때문입니다. 깊은 고뇌와 곤혹, 격렬한 감정 충돌과 사상 투쟁이 나를 잠시도 내버려두지 않았어요. 누구도 대신 해결해 줄 수 있는 문제가 아니었죠. 그래서 그의 고향 집인 난통으로 가서 그가 어떤 사람인지 조사해 보고, 과연 그의 말이 맞는지 알아보기로 결심했습니다.

7

때마침 '일월폭풍'●이 발생했고, 학생들은 모두 상하이(上海)로 혁명 경험 교류 활동을 하러 몰려갔습니다. 나도 동창들을 따라 상하이까지 갔어요. 그러고는 상하이에 사는 고모가 병이 났다는 핑계를 대고 남아 있다가, 친구들이 돌아가자 바로 배표를 사서 난퉁으로 향했습니다. 그가 예전에 알려 준 주소를 들고 먼저 그의 고향에 있는 [인민]공사를 찾아갔습니다. 혁명 경험 교류 활동을 할 때 사용했던 '베이징 사범대학 징강산(井岡山) 홍위병' 소개 서한을 내밀면서, 어떤 사람에 대해 알고 싶다고 말했어요. 뜻밖에도 그의 집은 아주 유명했습니다. 말을 꺼내자마자 공사 간부는 그의 집안은 혁명 가정이며, 부친은 항일운동을 하다가 일본인에게 살해당했고, 삼촌 두 명은 모두 신사군 시기에 베테랑 지하당원이었다는 등의 이야기를 들려주었습니다. 그가 해준 이야기와 조금도 다르지 않았어요. 공사 간부의 이야기를 들으면서 마음이 움직이기 시작했습니다.

그의 큰형은 그 공사 초등학교에서 교사로 아이들을 가르치고 있었고, 나는 그를 찾아갔습니다. 한눈에 봐도 순박하고 성실한 사람 같았어요. 동생보다 말랐고 얼굴형과 눈매, 몸짓이 아주 닮았더군요. 내가 누구라고 말해야 할지 망설이는데, 큰형수가 먼저 나를 알아봤어요.

• 일월폭풍(一月風暴): 1967년 이후 문혁에 노동자들이 본격적으로 참여하기 시작했으며, 당내 권력을 쥐고 있는 당권파들을 겨냥해 '탈권'을 목표로 하는 투쟁 방식으로 전환되었다. 변화가 가장 먼저 시작된 상하이에서는 1966년 8월 9일, 처음으로 노동자 조반파가 결성되었으며, 그 뒤 각 조반파 그룹이 연합한 '상하이 노동자 혁명 조반 총사령부'(공총사)가 만들어졌다. 공총사 내 조반파를 중심으로 상하이에서는 기존의 당과 국가기구를 직접 장악하고 권력을 대체하는 상하이 인민공사(상하이 코뮌)가 성립되었다. '일월폭풍'은 이 기간에 상하이에서 벌어진 탈권 투쟁을 가리킨다.

큰형 집에 내 사진이 있었던 거예요. 그분들은 나를 각별히 반갑게 맞아 주었습니다. 농촌 사람들의 정은 솔직하고 착해서 거절할 수가 없답니다. 그저 진심으로 받아들이면 되지요.

다음 날 아침, 큰형은 나를 데리고 어머니를 뵈러 갔는데 그 집은 그가 태어나고 자란 곳이라고 했어요. 공사에서 40킬로미터 넘게 떨어진 곳이었죠. 큰형은 나를 자전거에 태우고 논밭 가운데 고불고불한 오솔길을 이리저리 가로질러 갔습니다. 자전거를 운전하는 큰형의 솜씨는 정말 최고였고, 그렇게 질러가다 보니 고향 집에 다다랐습니다.

그의 어머니는 미리 연락을 받고, 초가 앞에서 멀리까지 걸어 나와 선 채로 나를 기다리고 있었습니다. 나는 평생 그 장면을 잊을 수가 없답니다. 그의 어머니는 머리를 작게 쪽을 졌고, 푸른색 천으로 만든 마고자를 입고 있었으며, 헐렁한 바지 밑으로는 발목이 드러나 있었어요. 전족을 한 두 발과 큰 키에, 마르고 꼿꼿했는데, 두 볼에 핀 주름은 마치 한 땀 한 땀 조각한 것 같았어요. 어떻게 불러야 하는 걸까, 깊이 생각하기도 전에 감정을 억제하지 못하고 "어머니!" 하고 부르고 말았습니다.

노모는 야윈 두 손을 내밀었고 몸을 떨면서 나를 머리끝에서부터 발끝까지 만져 보았습니다. 나를 아끼는 마음이 전해졌어요. 다섯 자녀 가운데 그는 유일하게 장래가 촉망되는 자식인 데다가, 베이징이라는 대도시에서 대학을 다니고 직장까지 구했으니……. 하지만 그녀는 아들이 반혁명 분자가 되었다는 사실을 알 리가 없었습니다. 저 역시 감히 말도 꺼내지 못했고, 그저 그가 바빠서 대신 나를 보내 안부를 전하는 것이라고만 말했어요.

노모는 다른 지방에 사는 그의 형제자매들을 모두 불러 닭 한 마리를 잡았습니다. 이 소식이 삽시간에 마을에 퍼졌고, 남녀노소 가릴 것 없이 아이를 들쳐 업고 지팡이를 짚은 채 모두들 '결혼도 하기 전에 시댁을 찾아온 며느릿감'을 보러 몰려들었어요. 아마 그때까지 마을 사람들은 베이징에서 온 여대생을 본 적이 없었을 겁니다. 모두들 나를 에워싸고 쳐다보면서 웃고 농담을 했는데, 이미 그 집 사람이 된 것 같았어요. 그날 밤, 어머니는 밤새도록 나를 껴안다시피 하면서 쉴 새 없이 재잘재잘 그의 어린 시절 이야기를 들려주었어요. 어머니 입에서는 자식의 아무리 작은 사연도 진한 애정으로 포장되어 나오기 마련이죠. 어머니 이야기를 들으면서 나도 모르게 그가 '반혁명'을 했다는 사실을 믿지 않게 되었어요. 다음 날 작별할 때 어머니는 작은 땅콩 보따리를 건넸습니다. 나는 그 보따리를 들고 상하이로 돌아왔고 곧바로 베이징에 가서 그를 찾아갔어요. 촌스러운 작은 땅콩 보따리를 내밀자 그는 모든 걸 알아차렸습니다. 그가 울더군요. 아마도 자신을 힘들게 키운 박복한 노모에게 미안했던 게지요. 그렇게 가여운 모습은 그때까지 한 번도 본 적이 없었습니다.

그렇게 나는 다시 그를 만나기로 결정했고, 결혼까지 했습니다. 결혼식은 1967년 12월 1일에 올렸어요. 우리의 신혼 첫날밤은 다른 사람들과 달랐어요. 우리 두 사람은 밤새도록 서로 껴안은 채 통곡을 했더랍니다.

8

결혼 후, 학교는 나를 옌베이(燕北)로 발령을 냈어요. 하지만 산시(山西) 지역에 무장투쟁이 일어나는 바람에 발령을 따를 수 없어서 집에서 쉬고 있었습니다. 그의 문제는 문혁이 끝난 뒤에야 해결을 기대할 수 있는 상황이었어요. 문혁은 방향을 잃어버린 것 같았고 끝이 보이지 않았어요. 어느 날, 과학원 학부에 대자보가 걸렸는데, [인민해방군 장군인] 양청우(楊成武)의 "큰 나무 특별한 나무 마오 주석의 절대 권위"(大樹特樹毛主席的絕對權威)라는 구호가 적혀 있었고 여기저기에 그 표어가 크게 걸려 있었습니다. 이상하게 긴장되는 것이 꼭 무슨 일이 터질 듯했어요.

집에 돌아와 날이 어두워질 때까지 기다렸지만 그는 돌아오지 않았습니다. 그런데 갑자기 "콰당!" 하면서 문이 열리더니, 작가협회 조반파*에 속하는 두 사람이 그를 끌고 들어왔어요.

"책을 뒤져야겠소."

---

* 조반파(造反派) : 홍위병의 한 종류. 1966년 베이징의 칭화 대학(淸華大學)에서 처음 결성된 홍위병은 크게 고위 관료 출신 자녀들로 구성된 보황파(保皇派, 보수파)와, 주로 노동자·농민 계급의 자녀들로 구성된 조반파로 나뉘었다. 보황파는 주로 마오쩌둥과 기존 당 조직 및 관료 조직을 옹호하고 보위하려는 성격이 강한 반면, 조반파는 마오 사상을 옹호하고 기존 당 조직 및 관료 조직을 반대했다. 조반파에는 나중에 일명 '흑오류'(구 지주, 악질 반동 세력, 우파 분자 등의 자녀)로 분류되어 홍위병에 참여할 수 없었던 사람들도 참가했다.

이 말은 가택수색과 가산 몰수*를 하겠다는 이야기였어요. 그들은 서재에 있던 마오 주석의 저작들을 전부 들고 나갔습니다. 그러면서 이렇게 말하더군요.

"당분간 당신 남편은 집에 돌아오지 못할 것이오. 내일 아침 비판 투쟁 대회가 열려요."

말을 끝내자마자 바로 그를 끌고 가버렸습니다. 나는 침대 위에 멍하니 앉아 쫓아갈 엄두도 내지 못했어요. 이번에는 큰일이 벌어질 것 같은, 그리고 그가 무사하지 못할 것 같은 불길한 예감이 들었어요. 휑한 빈방에 밤새 앉아 있다가 동트자마자 작가협회로 갔습니다.

5층 회의실을 찾아 한쪽에 앉아서 그에 대한 비판 투쟁 대회를 지켜보았습니다. 양청우의 연설 내용은 매우 극단적이었고, 비판 투쟁 대회 분위기도 예전과 달랐어요. 나 역시 예전처럼 그가 정말 '반혁명'을 했는지 확인하기 위해서가 아니라 그의 곁을 지키기 위해 왔고요. 그가 외롭지 않도록, 그가 나를 볼 수 있게 하고 싶었습니다. 내가 그와 고통을 함께하고 있다는 것을 알 수 있도록요. 비판 투쟁 대회에서는 구호들이 요란하게 쏟아졌지만 한마디도 귀에 들어오지 않았고 속이 뒤집혔습니다. 비판 대회가 끝난 뒤 나는 작가협회 조반파 무리들에게 불려 갔는데, 그들은 내 동창들까지 불러서 나를 설득하게 했습

---

* 가택수색 및 가산 몰수(抄家) : 문혁 기간에 반혁명 분자나 계급의 적 등으로 몰린 사람들의 집 안을 뒤져 가산을 몰수했던 행위.

니다. 나는 마음을 단단히 먹고 한마디도 하지 않았어요.

바로 그때, 갑자기 복도가 시끄러워지더니 요란한 발소리가 들렸어요. 무슨 일이 벌어진 듯했습니다. 나도 모르게 소리를 질렀어요.

"큰일 났어요! 투신이라고요!"

그러고는 소파에서 벌떡 일어나 문을 열고 나가려고 했습니다. 그러자 몇 사람이 문 앞을 가로막고 못 나가게 하더군요. 무슨 일이 일어났는지 누구도 알려 주지 않았지만 나는 모든 일을 다 안다는 듯이 나무처럼 꼿꼿이 서서 움직이지 않았습니다. 20분쯤 지나 회의실 저쪽에서 다시 비판 대회가 시작되었는데, 종전과는 달리 성토대회로 변해 있었어요. 간간히 강도를 높여 가던 구호 소리가 갑자기 높아졌다가 낮아졌으며, 멀어졌다가 가까워지기도 했습니다. 한동안은 벼락 치는 것처럼 커지다가 한동안은 어렴풋하게 멀어져 갔고요. 그때 난 이미 아무런 감각이 없는 상태였습니다. 뇌는 완전히 정지해 울지도 웃지도 못했고 아무것도 할 수 없었습니다.

사람들이 잔뜩 들어와 나를 둘러쌌고, 뭔가 할 말이 있는 것처럼 보였지만 누구도 입을 떼지 않았습니다. 작가협회 사람들은 얼마나 간사했던지, 내가 미치면 책임지게 될까 봐 말을 빙빙 돌렸어요. 나는 꼼짝도 하지 않았고, 나를 향하고 있는 수많은 눈빛과 뭐라고 떠들어 대고 있는 입들만 보일 뿐이었어요. 죽기 직전에 그런 느낌이 들지 않을까 싶었어요.

그들은 나를 한 노작가의 집으로 데려갔습니다. 그 집에는 노작가의 아내와 딸, 두 사람만 살고 있었는데, 아내는 [반혁명 분자로 몰린] 노

작가와 [정치적] 선을 분명하게 긋고자 이혼했다고 하더군요. 작가협회
는 여성 간부를 한 사람 보내 나를 지키도록 했는데, 내가 무슨 일을
저지를까 봐 그랬겠죠. 하지만 나는 아무것도 할 수 없었어요. 마치 바
보가 된 양 어떤 것도 이해할 수 없는 상태였거든. 생각도 할 수 없
었고 시간도 모르고, 심지어 그가 죽었는지 살았는지조차 알 수 없었
어요. 그저 흐리멍덩했고, 몸을 움직이는 것도 힘들었어요.

나중에야 안 사실인데, 그는 5층 창가에서 투신했습니다. 피와 살
이 범벅이 된 채 형체를 알아볼 수 없었으며 뼈가 모두 부러져서 아주
비참한 몰골이었다고 합니다. 그는 출신 성분이 좋았고 정치적으로도
줄곧 인정받아 왔기 때문에 그런 경멸과 모멸감을 견디지 못했던 거
죠. 자존심에 큰 상처를 입고 자살을 선택한 거예요. 작가협회는 큰형
에게 전보를 쳐서 뒷일을 처리하게 했지만, 큰형은 차마 동생의 시체
를 볼 수 없었습니다. 장례가 끝나고 보름이 지났을 무렵 큰형이 나를
보러 왔어요.

그날 아주 이상한 기분이 들었어요. 나는 그때도 멍한 채였는데, 큰
형을 보자마자 순간 정신이 들었고 모든 상황이 분명해졌어요. 큰형에
게 달려가 붙잡고 통곡하기 시작했습니다. 그가 죽었다는 것을 그제야
이해했던 거예요.

큰형은 야위어서 피골이 상접해 있었고 눈이 두드러지게 커 보였어
요. 눈물이 줄줄 흘러내렸는데 눈매가 그와 똑같았어요. 순간 그의 눈
매에 머물렀던 갖가지 표정이 큰형의 눈매 위에 겹쳐 보였습니다. 그
때 내가 미치지 않은 게 이상할 정도였어요. 물론 진짜로 미쳤다면 앞

으로 겪게 될 그런 고초는 당하지 않았을지도 모릅니다.

내게는 이미 아무것도 남아 있지 않았습니다. 집은 철거되었고 가재도구는 모두 헐값에 팔아 넘겼습니다. 그는 반혁명죄로 처벌되는 것이 두려워 자살했다고 해 장례비도 지원되지 않았어요. 큰형은 농촌의 노동 점수*로 먹고살았던지라 고향에 돌아갈 차비도 없었습니다. 나는 가진 돈의 절반을 큰형에게 주었고 눈물의 이별을 했습니다. 한시라도 빨리 벗어나고 싶었어요. 베이징을 벗어나고 싶었고, 그가 죽은 장소를 벗어나고 싶었고, 모든 것에서 벗어나고 싶었습니다. 빠를수록 좋았지요. 바로 짐 보따리를 메고 아는 사람이 아무도 없는 옌베이로 쓸쓸히 향했습니다.

9

생활이 내게 준 첫 번째 교훈은, 순진한 것은 우매한 것보다 더 나쁘다는 것입니다.

나는 다퉁(大同)의 옌베이 지역에 가서 전속 발령 신고를 한 뒤, 산

• 노동 점수/공분(工分) : 각자 일한 만큼 노동량을 계산해 소비 물품과 임금 등을 분배했던 제도. 일한 노동일이 노동 점수를 계산하는 기준이 되었다. 즉 하루 노동일은 10공분으로 계산되었다.

인 현(山陰縣) 제1 중학교 교사로 배치받았다는 사실을 알았어요. 그래서 인원 배치를 담당하는 처장을 찾아가 '내게 이러저러한 사건들이 일어나서 교사를 할 수 없습니다.'라고 말한 뒤, 그에게 내 이야기를 낱낱이 보고했습니다. 내가 오랫동안 받아 온 공산당 교육의 결과였지요. 모든 일을 조직에 숨김없이 말해야 한다는 것 말입니다. 조직에 말해야 비로소 마음이 가벼워지고 편안해진다고 생각했거든요. 나는 아침에 이 사실을 털어놓았는데, 바로 오후에 심상치 않은 분위기를 느꼈습니다. 각지에서 옌베이로 발령받아 온 대학생들 모두 나를 무슨 희귀 동물처럼 쳐다보았거든요. 어떤 사람은 얼굴을 돌리고 수군거렸어요. 나는 불안해져 고개를 숙인 채 초대소로 돌아왔습니다. 초대소에서 나는 서른 살이 넘어 보이는 아주 호쾌한 현지인 여자와 방을 함께 쓰고 있었는데, 그녀가 물었습니다.

"네 남편이 죽었어?"

깜짝 놀라 어떻게 알았냐고 물었더니, 점심때 전속 배치를 담당하는 그 처장이 발령 대기 중인 대학생들을 모두 소집해 놓고 말했다는 겁니다.

"새로운 여자는 위험한 인물이니 모두들 경계해야 하며, 그 여자가 하는 행동에 주의해야 한다."

그는 내가 조직에 보고했던 이야기를 전부 까발렸던 거예요. 나는 감히 문밖을 나설 수 없었고 침대에 누워 벽과 천장을 보면서 밥도 먹지 않았습니다. 이제 내 인생은 완전히 끝났다고 생각했어요. 내 나이 불과 스물한 살이었는데 말이죠!

이튿날 아침, 나는 그 처장을 찾아가 얘기를 좀 해야겠다고 생각했습니다. 초대소 대문을 열자마자 한 어린 아가씨가 나를 향해 날카로운 목소리로 이렇게 외쳤어요.

"반혁명! 반혁명! 어린 과부! 어린 과부!"

그길로 나는 옌베이를 떠났습니다. 화가 나서 바로 기차표를 산 뒤 시안(西安)의 언니네 집으로 갔어요. 하지만 언니의 그 전형적인 (공산)당원의 낯빛을 보자마자, 오지 말았어야 했구나 하고 뼈저리게 후회했습니다. 나는 산시 지역의 무장투쟁으로 발령 수속을 하지 못해 이참에 언니 집에 들렀다고 둘러댔어요. 언니는 매일 출근했고, 나는 수중에 있는 돈이 다 떨어질 때까지 길거리를 정처 없이 떠돌아다녔습니다. 오가는 인파 속에 망연하게 서서 어디로 가야 하나 생각했지요. 쓰촨에 사시는 부모님 집을 떠올렸지만 안 될 일이었습니다. 석유 기술자였던 아버지 역시 고초를 겪는 중이었는데, 내 고통까지 그분들에게 지울 수 없었어요. 그런데 문득 그의 큰형이 베이징을 떠나면서 했던 말이 생각났어요. "제수씨, 진짜 견딜 수 없어지면 그때 오세요. 한 사람 먹을 밥, 제수씨 먹을 밥은 있답니다."

나는 수중에서 가장 값나가는 물건이었던 시계를 팔았고, 그 돈 70위안으로 난퉁행 차표를 샀습니다. 그러고는 기차역에 앉아 내가 겪었던 모든 불행한 일을 편지에 써서 언니에게 부쳤어요. 나중에 언니는, 내 편지를 보고 밤새 울었고 내가 가장 필요로 할 때 위로할 기회를 주지 않았다며 원망하는 답장을 보내왔습니다.

10

큰형 집에 도착했을 때 그의 어머니가 마침 그곳에 계셨습니다. 내가 왔다는 소식을 듣자마자 집 안에서 뛰어나오셨어요. 키가 크고 삐쩍 마른 노부인의 머리는 백발이 성성했고 전족을 한 작은 두 발로 성큼성큼 급하게 뛰어나오시다가 그만 넘어져서 온몸이 흙투성이가 되고 말았습니다. 나는 달려가 그녀를 안았고 시어머니와 며느리는 그렇게 서로 끌어안고 대성통곡했습니다. 큰형이 말했어요.

"제수씨가 원한다면 고생스럽지만 함께 삽시다!"

그렇게, 나는 시어머니와 함께 그의 시골 고향 집에서 살게 되었습니다.

그가 옛날에 태어나고 자랐던 초가에서 나는 마치 작은 새가 둥지를 찾고 나그네가 집에 돌아와 안정을 찾은 것 같았어요. 월급과 직업, 대학생 대우 따위는 전혀 필요 없었어요. 죽어도 여기서 죽겠다고 생각했어요. 매일 고향 사람들을 따라 들에 나가 열심히 일했습니다. 김매고 땅을 갈아 보리를 수확했는데, 노동 점수도 요구하지 않았답니다. 그의 어머니와 함께 있을 때면 그가 죽지 않은 것 같았고 내가 바로 그 사람이라는 생각이 들었어요. 그런 착각은 아주 큰 위안이 되었지요. 고향 사람들은 아주 친절했습니다. 그에 관한 일들을 대충 알고 있었지만 한 번도 내게 묻지 않았어요. 나는 생사를 넘나드는 아주 위급한 상황에서 발버둥을 치다 살아남은 뒤 모래 위에 누워 햇볕을 쬐는 것처럼 무한한 평화로움과 위안을 얻었답니다. 어떤 때는 쑤베이

지역의 연기와 구름, 비와 나무들, 논에 거꾸로 비친 그림자, 거대하게 펼쳐져 있는 샛노란 유채꽃들을 멍하게 쳐다보면서 나는 그가 어릴 때 물소 등 위에 앉아 소년들과 논두렁 가운데서 장난을 치는 그림자를 상상할 수 있었어요.

그 무렵 옌베이에서는 내가 실종되었다는 걸 알았고 사방으로 나를 탐문하기 시작했습니다. 베이징과 시안, 쓰촨으로 전화가 걸려 왔고 결국에는 내가 난퉁에 있다는 것이 알려져 돌아오라고 나를 종용했어요. 나는 돌아가지 않겠다고 마음을 굳히고 있었으나, 얼마 지나지 않아 농촌에도 문화대혁명이 시작되었습니다. 특히 '공안 6조'*가 하달된 뒤, 나는 반혁명 분자 가속이고 관의 단속을 받는 처지였기 때문에 상황이 급박하게 변했답니다.

어느 날 밤, 큰형이 공사에서 자전거를 타고 아주 화급하게 달려와서는 촌 간부가 했다는 말을 전하더라고요.

"네 제수는 도망 중인 반혁명 가속이라서 내일 아침 끌어내 비판투쟁을 할 예정이니까 이 사실을 빨리 전해."

이 소식을 들은 어머니는 너무 화가 나 뺨을 덜덜 떨며 말했습니다.

"이 아이는 못 건드린다. 나부터 죽이라고 해!"

• 공안 6조: 1967년 1월 13일 중앙정부와 국무원은 "무산계급 문화대혁명 중 공안 업무 강화에 대한 약간의 규정"(關於無産階級文化大革命中加强公安工作的若干規定)을 발표했다. 총 여섯 개 조항으로 이루어져 있어서 공안 6조라고 부른다.

하지만 더는 버틸 수 없다는 걸 알았어요. 그때 그의 삼촌 두 명도 '반역도'로 몰렸고 집안 분위기가 심상치 않았거든요. 그리고 농촌 사람들이 비판 투쟁을 하는 방식은 아주 야만적이어서 걸핏하면 함부로 몽둥이질을 해댔어요. 나는 옌베이로 돌아가는 것이 무서웠고 그 처장과 사람들의 시선도 두려웠습니다. 모든 세계가 나를 다그치고 있었고 빠져나갈 길이 없었으므로 죽을 생각을 했습니다.

'이렇게 된 바에야 그에게 가지, 뭐!'

이제 내가 갈 수 있는 길은 죽는 길밖에 없다고 생각했어요. 하지만 그의 집에서 죽을 수는 없었습니다. 결심을 굳히고, 먼저 상하이로 가서 잠시 숨어 있겠다고 하자 그제야 어머니가 허락했습니다.

그날 밤 큰형은 나를 자전거에 태우고 사람들이 볼까 봐 칠흑 같은 들판을 이리저리 돌아간 끝에 날이 밝아서야 난퉁 부두에 도착했습니다. 헤어질 때 큰형은 내가 챙겨 온 게 없다는 것을 알았어요. 사람은 본래 빈손으로 왔다가 빈손으로 가는 법이니, 아무것도 필요하지 않았어요. 하지만 그가 어떻게 내 결심을 알 수 있었겠어요. 나는 아주 홀가분한 마음으로 배에 올랐습니다.

11

사람은 죽으려고 할 때에야 비로소 살고자 하는 욕망이 생겨나는 것 같아요. 배가 바다 위를 나아가고 있을 때 나는 미끌미끌한 갑판 위를 배회하고 있었어요. 그날은 하늘이 유독 어두웠고, 거대하고 짙은 안개로 배가 거의 뚫고 나가지를 못했지요. 앞이 잘 보이지 않았고, 보이는 거라고는 어쩌다 간혹 반대편에서 다가오는 배의 희미한 모습과, 뱃고동을 울리는 큰 배의 그림자, 그리고 갑자기 나타난 갈매기가 그대로 축축한 해무 속으로 사라져 가는…….

출로가 없을수록 더 간절하게 출로를 찾고 싶은 법입니다. 나는 죽는 게 두려워지는 나 자신의 나약함을 증오했답니다. 죽어야겠다고 굳게 다짐하고 있는데, 갑자기 확성기에서 혁명 가극 〈백모녀〉*의 한 소절이 흘러나왔습니다. "나는 죽지 않아! 나는 살 거야!" 한 자 한 자 정확한 발음은 귀청이 떨어질 듯 날카롭고 또렷했으며, 내 마음을 아주 강하게 파고들었어요. 갑자기 그런 생각이 들었습니다. 백모녀는 그렇게 큰 수모를 당하고 깊은 숲속에서 야생 과일을 따먹으면서도 살려고 했는데 나는 왜 죽으려고 할까? 갑자기 내 안에서 이런 목소리가 들려왔어요.

"나는 살 거야!"

비록 내가 왜 살아야 하는지는 잘 모르겠지만, 살아오면서 '구생'

---

* 〈백모녀〉(白毛女): 1945년 항일 전쟁 말기, 옌안(延安) 루쉰(魯迅) 예술학교에서 만든 혁명 가극. 산시와 허베이(河北) 지역에서 구전되던 민간 전설을 바탕으로 한다. 주인공은 '시얼'(喜兒)이라는 농촌 아가씨로, 봉건사회에서 갖은 박해를 받은 나머지 머리가 백발이 되어 버렸다 해서 '백모녀'라는 이름을 갖게 되었다. 지금도 공연되고 있다.

(求生)이라는 두 글자에 그렇게 큰 용기를 얻기는 처음입니다. 나는 혼란스럽고 망연자실한 상태에서 상하이에 도착했어요. 인파를 이리저리 비집고 배에서 내려 상하이에, 그리고 세상으로 돌아왔습니다.

문혁의 수난자인 나를 문혁 예술을 대표하는 혁명 모범 가극인 '양판희'(樣板戱)가 구해 줬다는 사실은 얼마나 얄궂은 일인지요.

12

다퉁에 도착하자 그들은 징벌의 의미로 옌베이의 가장 가난하고 고생스러운 지역인 O현으로 나를 보내 교사 일을 하라고 했습니다.

O현은 매우 폐쇄적인 곳이었어요. 하지만 폐쇄적일수록 소식은 더 빨리 전해지는 법입니다. 내가 그곳에 도착하기도 전에 마을 사람들 모두가 나에 대해 잘 알고 있었어요. 거리를 걷다 보면 행색이 형편없는 사람들조차 내게 손가락질하며 떠들어 댔습니다. 현 군사관리위원회(군관회) 정치공작조는 이렇게 말하더군요.

"우리는 당신에 대해 벌써 알아봤어요. 딩자줴(丁家窯) 공사에 가서 중학교 선생을 하시오. 기억해요. 당신은 가난한 농민들에게 재교육을 받아야 하며, 함부로 말하고 행동해서도 안 되고, 외출할 때는 반드시 허락을 받아야 합니다."

이제 나는 이런 말들에 스트레스를 받지 않았고, 아무 생각 없이 머리를 끄덕였습니다.

다음 날, 발령받은 학교로 가기 위해, 딩자줴 공급 수매 합작사*의 물건을 운반하는 트럭에 올라탔습니다. 트럭은 이틀에 한 번씩, 딩자줴 산골 주민들이 캔 감초 뿌리와 농산품을 싣고 와서는 다시 볼품없는 생필품들을 싣고 돌아갔습니다. 나는 짐을 차 위에 던지고 뛰어올랐어요. 차가 현청(縣城)을 벗어나자마자 기분이 좋아졌습니다.

그 지역은 산시와 네이멍구(內蒙古)가 교차하는 곳에 있었고 평평하고 단조로운 구릉지였습니다. 길이 없어서 트럭 바퀴가 풀밭을 밟고 지나간 자국만 살짝 보였어요. 차를 운전하는 노인과는 말이 잘 통하지 않아 거의 대화가 없었고, 마을까지 70~80킬로미터를 가는 동안 사람이 보이지 않아 어떤 때는 혼자 있는 것 같았답니다. 크고 텅 빈 풍경이 조용하고 편안하기까지 해서 세상을 벗어났다는 사실이 전혀 적적하지 않았어요. 앞에는 한 노인이 말 세 마리를 끌고 느긋하게 지나가고 있었고, 좌우로는 내게 절대로 상처를 입히지 않을 대자연이 펼쳐져 있었습니다. 길게 자란 풀잎이 트럭에 스르륵스르륵 스치는 소리도 아주 듣기 좋았고요. 차 안에서 이리저리 흔들리면서 나는 내가 노래를 부르고 있다는 것도 알아차리지 못했어요. 한 곡이 끝나면 또 다음 곡을, 가는 길 내내 아무런 근심 없이 아는 노래를 전부 불렀습니다. 아무것도 생각하지 않으려 했고, 그저 모든 것을 즐기고 싶었습니

• **공급 수매 합작사(供銷社)** : 농촌에서 농민들에게 필요한 생산도구와 생활필수품 등을 생산하고 농산물을 구매해 주는 기관.

다. 정말이지 그 길이 끝나지 않기를, 수만 리, 수십 년이라도 달렸으면 했어요.

　오후 5~6시쯤 어느 산간의 평지에 도착했어요. 트럭을 운전하던 노인이 다 왔다고 말하는데, 나는 깜짝 놀랐습니다. 칠흑 같은 큰 산 그림자 속에 외딴 빈 벽돌집 두 채만 있을 뿐 주변에는 마을이 없었습니다. 묻기도 전에 노인은 "여기가 학교"라고 말했어요. 그러고는 나를 귀머거리에 벙어리인 노인에게 인계했습니다. 노인은 풀무를 끌어와 거기에 감자를 몇 개 쪄서는 소금물 한 사발과 함께 식사로 내놓았어요. 그리고 어둡고 추운 작은 방으로 나를 데려가더니 그곳에서 자라고 했습니다. 교장도 없고 교사도 없고 학생도 없는데 그게 무슨 학교란 말입니까? 나는 당황스럽기도 하고 두렵기도 해서 마치 미궁에 빠진 듯했습니다. 그날 밤 나는 빈산과 빈방 안에서 너무 무서웠고 낮에 느꼈던, 세상을 벗어났다는 해방감이 완전히 사라졌어요. 이야기를 나눌 누군가, 특히 여성이 절실하게 필요했습니다. 나는 노인한테 가서 문을 두드리며 얘기할 여자를 찾아야겠다고 말했어요. 하지만 소리를 지르고 손짓 발짓을 해봐도 그는 귀머거리에 벙어리인지라 그저 손을 흔들 뿐 이해를 못 하더군요.

　모두들 18층 지옥*을 이야기하는데, 나는 지금 몇 층에 있는 걸까

* 중국의 전설에 따르면, 지옥의 수장은 염라대왕이고 그 아래 열여덟 판관이 각자 한 개 층의 지옥을 관리한다. 이승에서 지은 죄의 종류와 정도에 따라 그에 맞는 층으로 떨어진다.

요? 혹시 가장 밑바닥에 있는 건 아닐까요? 나는 밤새 마음속으로 외쳤습니다.

'인생이여! 도대체 얼마나 더 재수 없는 일이 남아 있는 거야! 가장 나쁜 일부터 겪게 하면 안 되겠니?'

13

내가 묵었던 숙소의 바로 앞집에는 공사 혁명위원회가 있었습니다. 그곳에는 혁명위원회 주임과 부주임이 있었고, 비서, 약을 짓고 우편물을 보내는 통신원, 수의사, 귀머거리·벙어리 요리사가 있었는데 대부분 노인이었어요. 그 뒷집이 학교였는데, 공사는 중학교를 세우기 위해 각 촌의 초등학교에서 학생을 모으려 했지만 문혁이 터지는 바람에 아이들이 모이지 않았던 거죠. 그래서 학교는 모두 텅텅 비어 있었습니다. 혁명위원회 주임이 내게 말했어요.

"당신이 촌마다 다니면서 학생들을 동원해 보도록 해요. 한 명을 데려오면 그 아이를 가르치면 되고, 학생이 없으면 당신은 할 일이 없는 거죠."

그러고는 귀찮다는 듯이 덧붙였어요.

"후차이꺼우(胡柴沟)에 가서 연합 지구 교장을 만나도록 해요. 성이 왕씨인데, 그가 하라는 대로 하면 됩니다."

나는 왕 교장을 만나면 말이 통하겠거니 생각하고 20킬로미터 산

길을 더듬어 후차이꺼우에 도착했습니다. 하지만 그를 보자마자 내 생각이 틀렸다는 것을 깨달았어요. 왕 교장은 키가 작았고, 면도를 하지 않아 턱밑에 수염이 가득했으며, 험상궂은 두 눈으로 나를 쳐다보았습니다. 마치 베이징에서 온 대학생에게 뼛속 깊이 원한이라도 품고 있는 것처럼, 본때를 보여 줘야겠다는 식으로 얘기를 꺼냈어요.

"당신 이야기는 벌써 들어서 알고 있소. 당신의 주요 임무는 가난한 농민들에게 재교육을 받으면서, 중학교를 세우는 것이니 스스로 알아서 학생들을 동원하시오."

다른 말은 없었습니다. 내가 아무 일도 해내지 못하기를 바라는 투였어요. 공사가 이렇게 큰데 어떻게 학생들을 동원하러 다닐 수 있을까요? 다행히도 비서는 아주 착했고, 종이를 찢어서 연필로 약도를 그려 주었습니다. 나는 그 지도를 들고 떠돌이 거지처럼 낯선 마을을 돌아다니면서 집을 찾아다녔습니다. 그런데 내가 학생들을 동원해 내기도 전에, 현에서 갑자기 긴급 통지가 내려왔어요. 현 소속의 모든 교사 6백 명은 즉시 현으로 가서 [마오쩌둥 사상] 학습반을 꾸려 계급 청산 대오를 만들라는 지시였어요. 다시 재난이 임박한 것입니다.

14

계급 청산 대오 운동은 분위기가 아주 거칠고 험악했어요. 이번에는 아무래도 무사히 넘어가지 못할 듯해 차라리 현의 무장부 정치위원을 찾아가는 것이 좋겠다고 생각했습니다. 그는 교육 계통의 운동돌 직접 책임지고 있었거든요. 그에게 자초지종을 이야기했습니다. 지난번 엔베이에서 순진하게 조직에 모든 것을 털어놓았던 것과는 달리, 이번에는 내가 누구에게도 유린당할 수 있는 처지임을 아주 명확하게 알고 있었습니다. 하지만 무서울 게 없었어요. 어떻게 되든 차라리 모든 것을 털어놓고, 가능하면 빨리 숙청당하는 것이 낫겠다고 생각했죠. 그런데 뜻밖에도 그는 동정하는 눈빛을 보였어요. 나는 용기를 내어 물었습니다.

"학습반에도 이런 이야기를 해야 하나요?"

"그건 당신의 문제가 아니므로 얘기해도 되고 안 해도 됩니다. 그리고 얘기하든 하지 않든, 우리 현과는 직접적인 관계가 없습니다."

말하지 않아도 된다는 뜻임을 알아차렸습니다. 높은 분이 그렇게 말해 주니 한결 마음이 편해졌어요. 하지만 학습반에 돌아오니 마치 고기 분쇄기 안으로 걸어 들어가는 것 같았어요. 왕 교장은 항상 나를 말로 두들겨 팼고, 다른 사람을 아주 사납게 족칠 때면 일부러 내게 그 장면을 보여 주면서 겁을 주곤 했어요. 나는 순진해서 당했던 예전의 경험을 반복하고 싶지 않았기 때문에, 이를 악물고 한마디도 대꾸하지 않았습니다.

산간벽촌에서 문혁은 대도시에서보다 훨씬 더 야만적이었답니다. 어떤 때는 현장이나 현 위원회 서기 같은 사람들을 끌고 나와서 비판 투쟁 대회를 열곤 했는데, 수십 킬로그램이나 나가는 큰 똥통을 철사로 묶어서 목에다 걸게 했어요. 비판 투쟁을 진행하면서 똥통 안에 돌

을 집어 던졌는데, 똥물이 온몸과 얼굴에 튀었지요. 어떤 사람은 수모
를 견디지 못하고 자살했어요. 어떤 사람은 똥뒷간에 몸을 던져 죽기
도 했습니다. 보름 뒤, 왕 교장의 배후 조종으로 비판의 화살이 점점
나를 향해 다가오고 있었어요. 너무 긴장해서 내 심장은 매일매일 벌
렁거렸답니다. 하루는 모두 방 안에서 마오 주석의 저작을 학습하고
있었습니다. 나는 온돌 위에 앉아 있었는데 왕 교장이 갑자기 내게 소
리를 지르는 겁니다.

"일어나시오!"

나는 벌떡 일어났습니다.

"감히 그렇게 높이 서있을 수 있단 말이오! 벽에 걸려 있는 마오 주
석 사진보다 더 높다니 간도 크군요!"

나는 온돌에서 펄쩍 뛰어내려 와서는 이렇게 대꾸했습니다.

"당신이 나보고 일어서라고 하지 않았습니까!"

왕 교장은 나를 발로 차면서 문 앞까지 몰아갔습니다. 왜 그랬는지
모르지만, 나는 지난번 그 정치위원회 간부를 찾아가려고 밖으로 뛰어
나왔어요. 그 사람이 마치 내 보호자라도 되는 양 말이죠. 왕 교장은
나를 붙잡으며 말했어요.

"어딜 도망가려고!"

도망친다는 것은 엄청난 형벌을 자처하는 것이었죠.

어디서 그런 용기가 났는지, 그에게 따졌습니다.

"우리의 최고 지도자는 무장부 정치위원 아닙니까? 좋아요. 당신이
가서 물어보십시오. 그가 내 과거 이력을 말하라고 하면 하겠습니다!"

뜻밖의 반응에 그는 당황했습니다. 그들은 내가 무장부 정치위원과 잘 아는 사이가 아니라는 걸 모르고 있었으니까요. 하지만 나 또한 그 정치위원이 나를 보호해 줄 수 있는 사람인지 아닌지 알 수 없었어요. 그저 한 번 만났고, 나를 약간 동정했으며, 애매한 말 몇 마디 해주었을 뿐입니다. 그 시절에 동정이라는 게 얼마나 나약하고 믿을 수 없는 감정이었는지 아시나요? 내 운명은 그 정치위원의 손에 달려 있었습니다.

그들은 현의 무장부에 가서 물었습니다. 뜻밖에도 정치위원은 이렇게 말했어요.

"그녀에 관한 자료가 오지 않았는데 뭘 알 수 있단 말이오?"

뜻밖에도 그는 나를 보호해 주었습니다. 나중에 학습반은 문제가 없는 일부 대학생들을 노동 현장으로 보냈는데 그 정치위원은 나를 그곳으로 보내 주었어요. 생각지도 못했는데, 그는 거대한 바퀴 밑에서 나를 탈출시켜 주었습니다. 나는 그 선량한 정치위원에게 무한한 감사의 마음을 품었고, 세상에 이렇게 좋은 사람도 있구나 생각했어요. 그에게 다른 목적이 있으리라고는 생각도 하지 못했지요.

15

나는 딩자줴의 공사로 돌아온 뒤 매일같이 산간벽촌의 마을들을 돌아다니며 학교에 나오라고 학생들을 동원하러 다녔습니다. 젊디젊은 여자였던 나는 광활한 들판을 혼자 돌아다니면서, 사람이 나타나도 무서웠고 사람이 보이지 않아도 무서웠어요. 사람을 만나도 나쁜 사람일까 무서웠고, 사람이 없으면 길을 잃을까 봐 무서웠죠.

한번은 아무 생각 없이 산시에서 네이멍구까지 걸어갔는데, 네이멍구 사람들이 나를 간첩인 줄 알고 온종일 붙잡아 둔 적도 있었답니다. 겨울에 땅이 온통 눈으로 뒤덮이고 들짐승이 돌아다니며 먹을 것을 찾곤 했는데, 눈 덮인 땅에서 늑대와 표범의 발자국을 자주 발견했어요. 무서움을 쫓기 위해 나는 쉴 새 없이 큰 소리로 노래를 불렀고, 어떤 때는 부르다 부르다 울기도 했습니다.

'내가 무엇 때문에 이러고 있는 걸까…….'

하지만 진심과 노력이 통했는지 놀랍게도 28명의 아이들이 학교에 왔습니다. 아이들은 모두 학교에서 생활했고, 내 고독과 적막함도 사라졌어요. 나는 교장이자 교사였으며, 수업 시작종을 울리는 것도 나였습니다. 매일 새벽 4~5시에 아이들을 깨웠어요. 산중의 아침 공기는 쌀쌀했습니다.

가장 먼저 할 일은, 텅 빈 운동장으로 아이들을 데려가서 [마오쩌둥 어록인] '소홍서'(小紅書)를 높이 들고 태양이 떠오르는 곳을 향해 마오 주석에게 보고하는 것입니다. 그 느낌은 아주 신성한 것이었지요. 숭배의 감정이냐고요? 뭐라고 설명하기 어렵네요. 어쨌든 나는 정신적으로 나를 지지하고 고무하며 가득 채워 줄 뭔가가 필요했습니다. 그런 것이 없다면 어떻게 살아갈 수 있겠어요? 이때가 내겐 아주 즐거운 시간이었고, 가난한 아이들의 학업이 일취월장하는 걸 보면서 아주 기뺐습니다. 어떤 때는 밤늦게까지 숙제를 점검하고 수업 준비를 하고 있는데 족제비가 내려와서는 '칵칵' 하며 창문 종이를 찢는 거예요. 무서움에 부들부들 떨고 있으려니 아이들이 내게, 창문 종이가 흔들리는 소리가 들리면 바로 등불을 끄라고 했어요. 그러면 족제비가 가버린다고요. 아이들과 나는 아주 사이좋게 지냈으며, 그들은 내가 고생하는 걸 옆에서 지켜봤답니다. 함께 들에 나가 풀뿌리 같은 걸 캘 때면 아이들은 들새 알을 내 주머니에 넣어 주곤 했어요. 한번은 손수건을 꺼내려고 주머니에 손을 넣었는데, 손에 끈적끈적하고 포동포동한 게 달라붙어서 그만 깜짝 놀라 소리를 질렀습니다. 알고 보니 새알이 내 주머니에서 부화되어 작은 새가 껍질을 깨고 나온 것이었어요. 아이들은 모두 박장대소했답니다. 그들이 내게 얼마나 큰 위안과 기쁨을 줬는지 모릅니다.

5월 단오절에 28명의 학생들은 집에서 감자와 두부, 양고기로 만든 노란 떡 한 그릇을 내게 가져다주었어요. 그 무렵 또다시 '반동 계급 소탕' 운동이 벌어지고 있었고, 마침 왕 교장이 각 마을의 초등학교 교사들을 내가 있는 학교로 데려와 회의를 열었답니다. 노란 떡을 보자 왕 교장은 나를 지목하더니 이렇게 말하는 겁니다.

"지금은 직접적으로 반혁명을 하지 않아요. 혁명 세력을 가장해 반혁명을 하고, 학생들을 농락해서 반혁명 후계자로 만들지요. 이것이 바로 새로운 형태의 반혁명 활동입니다!"

나는 다른 길이 없었기 때문에 다른 마을에 가서 교사를 하겠다고 제안했고, 왕 교장은 바로 허락했습니다. 그는 내가 내려갈 마을의 빈곤 농민 혁명위원회에 일거수일투족을 경계하라고 통지했어요.

다시 힘이 빠졌습니다. 그리고 깨달았지요. 산다는 건 희망과 절망이 공존하는 것이라고요. 한번은 작은 거울에 비친 내 얼굴에 먼지가 가득해 세수를 하고 나서 거울을 다시 들여다보았습니다. 하지만 여전히 먼지가 뿌연 것이 얼굴에도 눈에도 빛이 없었어요. 겨우 스물네 살이었는데 말이죠!

16

어느 날 갑자기, 하늘에서 선물이라도 떨어진 것처럼 현에서 나를 현 중학교 화학 교사로 발령했어요. 현 중학교에 간 지 얼마 되지 않아 무장부 정치과의 한 간부가 내게 말해 주더군요. 그것도 그 정치위원의 결정이었다고요. 그러면서 한참을 미적미적한 뒤에야 그는 "그 정치위원에게는 다퉁에서 광부로 일하는 동생이 하나 있는데 다리에 장애가 있고 아직 총각인지라 당신이 그와 결혼하기를 바란다."고 말하더라고요. 그제야 비로소 계급 청산 대오 운동 당시 그 정치위원이 나를 보호해 준 진짜 이유를 알았습니다.

나는 내 운명의 모든 행운은 두 배의 희생을 대가로 한다는 사실을 깨달았어요. 겨우 왕 교장의 감시에서 탈출했다고 기뻐하고 있었는데, 곧바로 정치위원의 손아귀에 떨어져 벗어나기 어려워진 거죠. 계급 청산 대오 운동 시절 나를 우리 안에서 꺼내 주었지만, 일찌감치 또 다른 그물을 치고 있었던 거예요.

당시 내가 다니던 현 중학교 교장은 산시 대학(山西大學) 65학번이 었는데, 정직한 사람이었고 살면서 힘든 일도 겪어 본 터라 나를 매우 동정했습니다. 우여곡절 끝에 나는 그와 결혼했고 K현으로 전근할 수 있었어요. 그 정치위원에게는 미안한 일이지만 이로써 그 길었던 10 년, 다시는 돌아보기 싫을 만큼 힘들었던 시절과 작별했답니다.

17

그 남자는 성실하고 착했으며 내게 아주 잘했습니다. 하지만 전남 편에게 품었던 그런 감정은 생기지 않았어요. 그것은 첫사랑의 순정이 었을 뿐만 아니라, 나아가 생명까지 바칠 수 있는 '숭배'의 감정이었습 니다. 사람은 오직 한 번 그런 감정을 가질 수 있는데, 일단 깨지면 영 원히 회복하기 힘들답니다.

문혁이 끝난 뒤, 전남편의 누명이 벗겨졌고 추도식이 거행될 거라 는 소식이 난퉁으로 전해졌어요. 그 뒤 열흘도 되지 않아 그의 어머니 가 돌아가셨습니다. 나는 비로소 인생에 대한 진정한 깨달음을 얻었습 니다. 그리고 앞으로는 누구도 숭배할 수 없을 겁니다. 혁명에 대한 숭 배와 사랑에 대한 숭배, 모두를 잃었기 때문입니다. 내가 이 두 종류의 숭배가 소멸되는 과정에서 살아남은 것은 내 인생에서 가장 큰 행운이 자 가장 큰 불행이랍니다!

숭배받는 사람이 숭배하는 사람을 파괴하는 것은
일종의 영혼 학살이다.

빛나던 청춘의 시간들

◆ 1970년 / 17세 / 남자 / H성 농장에서 일하던 지식 청년

1970년 5월 17일, 우리는 M시 기차역에서 신바람에 들떠 기차를 타고 아주 머나먼 [헤이룽장 성(黑龍江省) 주변의 황량한 평원 지대인] 베이다황(北大荒)을 향해 떠났습니다. 기차역은 온통 울음바다였지요. 지식 청년들은 창문으로 팔을 내밀어, 플랫폼에 서서 배웅하는 가족들의 손을 안간힘을 다해 붙잡았어요. 기차 바퀴가 움직일 때까지도 놓지 않아 질서 유지 요원들이 작은 나무 몽둥이를 힘껏 휘두른 뒤에야 잡은 손을 풀었는데, 마치 생이별하는 것 같았답니다. 하지만 나는 좀 달랐어요. 나는 열정적으로 있는 힘껏 징을 치고 북을 두드리며 구호를 외쳤습니다. 그때 열일곱 살이었는데, 홍위병 운동이 불어넣은 열정으로 가득 차있었고 머릿속에는 오직 "세상은 넓고 할 일은 많다."라는 말 말고는 아무 생각이 없었습니다. 그저 집단적인 열기에 들떠 공중에 붕 뜬 기분, 그리고 번쩍번쩍 빛나는 느낌뿐이었어요. 게다가 어릴 때는 집을 떠나 세상을 돌아다니고 싶은 법입니다. 가는 내내 우리는 설

렘과 기쁨에 들떠 야단법석을 떨며 소리치고 환호했어요. 기차는 그렇게 이틀 밤낮을 달렸고, 목적지에 도착하기도 전에 목이 쉬어 소리가 나오지 않았습니다.

기차는 한밤중에 농장 역에 도착했어요. 문을 열자 밖에는 칠흑 같은 어둠이 내려 있었고 주룩주룩 비가 와서 몹시 추웠습니다. 우리는 무더운 M시에서 출발했기 때문에 얇은 셔츠를 입고 있었어요. 모두들 가방에서 잽싸게 군용 외투를 꺼내 입었습니다. 기차에서 내리니 플랫폼의 희미한 등불이 군용 외투를 입은 청년들의 모습을 비추었어요. 차가운 빗방울이 외투 위로 쏴쏴 소리를 내면서 떨어졌어요.

큰 트럭이 우리를 태워 농장에 데려다주었습니다. 농장은 아주 커 보였는데, 끝이 없는 것 같았어요. 그리고 군대식으로 한 지역에 한 연대로 편성되어 있었습니다. 우리를 태운 트럭은 연대에 도착할 때마다 사람들을 내려놓았는데, 나는 제X 연대에서 내렸어요. 60명쯤 되는 지식 청년들과 함께 이 연대에 도착했는데, 우리는 아주 춥고 어두운 큰 방에서 잠을 자야 했습니다. 어두워서 아무것도 보이지 않았지만, 땅바닥에 뭔가 오물이 가득한 느낌이었어요. 그래도 너무 피곤했기에 눕자마자 곯아떨어져 꿈도 꾸지 않고 잤답니다. 다음 날 아침 눈을 떴을 때, 우리는 얼이 빠져 버리고 말았습니다.

이게 무슨 방이란 말입니까? 원래는 아주 큰 구식 텐트였는데 여기저기 누덕누덕 기웠고, 구멍이 뚫려 바람이 숭숭 들어왔으며, 바닥은 진창 구덩이였어요. 더 놀라운 것은 긴 들풀이 간이침대 밑에서 자라고 있었다는 거예요. 거기가 바로 우리가 앞으로 오랫동안 머무를 곳이었습니다. 식사를 하려면 매일 진흙 구덩이를 밟고 1백 미터쯤 걸어 식당으로 가야 했어요. 그제야 여기 오기 전에 학교에서 왜 우리에게 장화를 준비하라고 거듭 당부했는지 이해할 수 있었습니다. 상황을 깨달은 나이 어린 학생들 몇몇이 울기 시작했고 돌아가겠다고 했어요. 하지만 그건 불가능했어요. 텐트는 두 개였는데, 30명씩 묵었고, 텐트 사이의 거리는 50미터였습니다. 그날 밤, 모두들 누운 채 아무 말이 없었어요. 그러다가 점차 우는 소리가 들리기 시작했어요. 먼저 여자들이 울었고 나중에는 남자들도 울었어요. 결국 두 텐트의 울음소리가 하나가 되었답니다.

우리는 대부분 '농업 연대'에 배치되어 일했습니다. 농사일은 쉽지 않았어요. 배수 시스템이 없어서 수확 철에 비가 내리면 땅이 물바다가 되어 기계를 사용할 수 없었어요. 그래서 '작은 낫'으로 보리를 거둬야 했지요. 농사일도 돌격식이었는데, 날이 밝을 무렵 이슬이 마르자마자 밭에 나갔어요. 보리가 이슬에 젖으면 베기가 쉽지 않았거든요. 그렇게 일을 시작하면 날이 어두워져 이슬이 내리기 시작할 때쯤에야 끝낼 수 있었습니다. 온종일 일하느라 온몸이 산산이 부서지는 것 같았어요. 콩을 수확하는 일은 더 힘들었어요. 9월이었는데 땅속이 온통 물이라 밤에는 살얼음이 얼어서 밟을 때마다 깨진 얼음투성이였지요. 그래서 모직 양말과 가죽 신발, 솜바지를 입어야 했어요. 하지만 일을 시작하고 햇볕을 쬐다 보면 상반신에 열이 나 홑저고리 하나만 입게 됩니다. 위는 덥고 아래는 추워서 아주 고역이었습니다. 많은 지식 청년들이 나중에 관절염과 신장염, 류머티즘 등을 얻었어요. 하지만 당시에 집으로 돌아가는 사람은 없었습니다. 분위기가 그랬고, 게으른 사람이라는 수치스러운 평가를 받았거든요.

우리는 "[혁명의] 작은 낫 만세!", "뼈가 부러져도 힘줄은 이어져 있다!"라는 구호를 외쳤습니다. 기계를 써서 수확할 수도 있었지만 그렇게 하지 않았습니다. 작은 낫을 사용해야만 '낟알 한 톨 한 톨까지 남김없이 거둬들일 수' 있기 때문이지요. 그 시절 우리는 어떤 고난도 헤쳐 나갈 수 있는 강인한 정신을 가지고 있었는데, 특히 여자들이 더 대단했습니다. 농장의 직공들은 대부분 전역한 군인과, 산둥이나 쓰촨에서 온 막노동꾼인지라 여자들을 배려한다는 게 뭔지 전혀 이해하지 못했어요. 여성 지식 청년들은 생리할 때도 다른 사람에게 말할 수 없어 평소와 마찬가지로 뼈가 시리는 얼음물 속에 두 발을 담그고 묵묵히 일했습니다. 지금 생각해 보면 참으로 가여운 일입니다.

당시 생활이 얼마나 고달팠는지 상상할 수도 없을 거예요. 일례로, 지식 청년들은 병이 들어야만 '환자식'을 먹을 자격이 생겼어요. '환자식'이라는 게 그저 잘게 썬 파에 굵은 소금을 치고 콩기름을 둘러 볶은 뒤 다시 뜨거운 물을 붓고 끓인 국수 한 사발에 불과해요. 한번은 '환자식'이 한 그릇 남았는데, 지식 청년 둘이 그 국수를 차지하려고 싸우다가 한 사람이 다른 사람이 못 먹게 국수에 침을 뱉었어요. 그러자 또다른 지식 청년도 바로 침을 뱉더니 이렇게 말하지 뭡니까!

"네 침은 하나도 더럽지 않아. 그러니까 절반씩 나눠 먹자!"

국수 한 그릇이었지만 그렇게 절실했던 거죠.

우리가 먹었던 식사는 아주 거칠고 조잡했습니다. 250그램쯤 되는 만두 한 개에 150그램 정도 나가는 만두 한 개, 그리고 한두 달에 한 번씩 돼지고기를 먹었어요. 당시 사진기가 없어 사진으로 남기지 못한 것이 안타까운데, 돼지고기를 먹는 날 기쁨으로 달뜬 우리의 얼굴을 정말이지 보여 주고 싶답니다. 고기를 못 먹게 되면 어떻게 하냐고요? 고양이 고기, 토끼 고기, 새고기, 쥐 고기 등을 먹었답니다. 한번은 우리 트랙터에 뱀 한 마리가 깔려 죽었는데, 여럿이 함께 작은 칼로 한 도막 한 도막 잘랐습니다. 나는 땅에서 깨진 솥단지를 찾아 물을 붓고 나뭇가지에 불을 붙여 뱀 고기를 삶았는데, 정말 죽여주는 맛이었어요. 돌아가서 동료들에게 말하자 모두들 침을 꼴깍꼴깍 삼켰답니다.

자연환경은 꽤 괜찮았어요. 산은 원시 삼림이었고 들판에는 물웅덩이 같은 작은 호수들이 펼쳐져 있었습니다. 수초가 무성하고 사방이 푸르고 광활한 청정 지역이었답니다. 여행자가 보기에는 아주 좋은 곳이었겠죠. 하지만 나처럼 8년 동안 그곳에서 그렇게 살라고 한다면 누구든 일찌감치 도망쳐 나왔을 겁니다!

날씨에 대해 말하자면, 겨울에 가장 추울 때는 귀와 코가 딱딱할 정도로 얼어붙었습니다. 어떤 때는 농장의 직공이 못된 장난을 치곤 했는데, 곡괭이를 들고 지식 청년에게 이렇게 말했어요.

"곡괭이 날이 왜 이렇게 달지? 한번 핥아 봐!"

청년이 멍청해서 정말 핥기라도 하면 혀가 바로 붙어 버린답니다. 잡아당기면 살점이 떨어져 나가게 되죠. 그때는 재빨리 방으로 가서 다른 사람에게 입김을 불어 달라고 해 떼야 합니다. 눈이 오고 큰바람이 불면 눈이 3미터 넘게 높게 쌓이곤 하는데, 하늘이 냉기로 썰렁하고 주변이 짙은 안개로 가득 차서 자주 길을 잃곤 했어요. 길을 잃은 사람들은 대부분 동사했답니다.

고생한 이야기를 하고 있지만, 그렇다고 우리가 엄마 아빠를 부르며 매일 죽는소리나 했다고 생각하면 안 됩니다. 한번은 산에서 일하고 돌아오는 길에 차가 고장 나는 바람에 1백 킬로미터가 넘는 길을 걸어온 적도 있습니다. 도중에 너무 목이 말라 모두들 나뭇잎을 씹어 먹고 있는데, 땅 위에 바퀴자국이 만들어 낸 도랑에 빗물이 고여 있는 걸 발견했어요. 나는 곧바로 엎드려 손을 저어 물 위에 떠있는 작은 날벌레들을 날아가게 한 뒤 그 빗물을 마셨습니다. 이런 창조적인 행동은 모두에게 칭찬받았고, 다른 사람들도 나를 따라 목을 축였습니다. 갈증이 가시자 우리는 또다시 노래를 부르고 구호를 외치고 어록을 외우면서 힘차게 농장으로 돌아왔고, 분위기도 아주 고무되었답니다.

그 당시까지 나는 손톱만큼도 고민하지 않았어요. 문혁 초기에 우리는 나이 많은 교사 한 명에 대해 비판 투쟁을 한 적이 있습니다. 그녀는 원래 교장이었는데 반우파 투쟁 당시 우파로 분류되어 학교에서 환경미화원으로 일하고 있었어요. 그녀에게 문제를 자백하라고 강요하면서, 짓궂은 친구 몇몇이 마늘을 한 주먹씩 계속 먹게 했답니다. 교사가 도저히 못 먹겠다고 하자 이번에는 구두약을 섞어서 같이 먹으라 했고, 흙탕물을 적신 포도 잎을 입안으로 밀어 넣었어요. 그때 우리는 사람을 박해한다고는 생각하지 않았고, 오히려 아주 영웅적이고 정의로우며 혁명적이라고 여겼습니다. 당시 학생들의 의식이 그랬어요.

변방 건설 지원*을 오기 전에, 나는 농촌 하방 활동**과 변방 건설 지원에 참여할 사람들을 동원하는 일에도 참가했습니다. 지금도 나는 자식들을 보내지 않으려는 '알 박기' 가정에 가서 설득 작업을 했던 일을 기억하고 있어요. 당시 사용했던 방법은 이른바 '[야생] 매 길들이기'라고도 부르는데, 밤낮으로 끊임없이 사람들을 몰고 가서 어르고 윽박지르는 방법입니다. 견디지 못하고 쓰러질 때까지 잠도 못 자게 한 다음, 고개를 끄덕여 동의를 하면 바로 호구 이전 수속을 하는 것이죠. 정말이지 부도덕한 방법이었습니다. 기억에 남는 집이 있어요. 그 집은 딸이 떠나야 했는데, 모녀 둘이 단칸방에 살고 있었죠. 우리 일고여덟 명이 그 집에 가서 찡겨 지냈어요. 심지어 물독 위에까지 앉아 밤새도록 돌아가며 한마디씩 했습니다. 하지만 그 모녀는 아무 말도 하지 않았어요. 그러다가 나도 모르게 깜빡 잠이 들고 말았답니다. 하늘이 희뿌옇게 밝아 올 때쯤 깨어나 보니, 아 글쎄, 모두 잠들어 있었어요. 여기저기 고꾸라져 코를 고는 소리가 요란했습니다. 결국 모녀는 굴복했지요. 하지만 당시에 나는 '마오 주석이 그렇게 위대하다면 왜

• **변방 건설 지원**(支邊) : 신장(新疆, 신장웨이우얼자치구)이나 시짱(西藏, 티베트) 등 변방이나 오지에 가서 현지 인프라를 건설하는 데 참여하는 것.

•• **농촌 하방 활동**(揷隊) : 문혁 기간에 농촌의 현실을 알고 농민들로부터 혁명 사상을 배운다는 미명 아래 수많은 도시 청년을 농촌에 보내 현지 집단농장 등에서 일하게 한 사회정치적인 운동. 문혁 전인 1955년에 도농 간 차별을 축소하고자 처음 시작되었다. 당시 정부 차원에서 상산하향(上山下鄕)을 장려하는 문건이 하달되었으며 마오쩌둥은 "지식 청년들은 농촌으로 내려가 빈곤 농민들에게 재교육을 받아야 할 필요가 있다."라고 지시했다. '상산하향 운동', '하방'(下放)이라고도 한다.

이렇게 강제로 동원해야 하는 걸까?'라는 생각을 미처 못 했답니다.

생각이 없으면 고통도 없는 법입니다. 그래서 나는 줄곧 쾌활했고 의기양양했어요.

당시 우리의 취미 생활은 주로 비판 회의였는데, 유일한 문화 활동이기도 했습니다. 온종일 일하고 저녁에 함께 모여 비판 회의를 여는 겁니다. 대자보를 쓰는 것은 글씨 연습을 하는 것이었고 비판 원고를 쓰는 것은 문장을 쓰는 것이었어요. 〈동방홍〉(東方紅)과 〈조타수에 의지해 대해를 운항하자〉(大海航行靠舵手)라는 노래도 불렀습니다. 우리는 시도 썼어요. 물론 시키는 대로 썼을 뿐, 자기 마음대로 쓰는 경우는 없었죠. 그런 문화생활은 정치적 색채로 가득했지만 저마다의 재능을 최대한 발휘할 수 있었어요. 당시에는 마르크스-레닌주의와 마오 주석의 저작 외에 그 어떤 책도 허락되지 않았습니다. 가끔 어떤 사람이 다른 연대에서 몰래 소설 한 권을 빌려오면 모두들 앞다퉈 보긴 했지만 절대 연대 지도자가 알지 못하게 했답니다. 한번은 『두 친구』라는 모파상(Guy de Maupassant)의 소설이 저녁 식사 시간에 내게 전달되었는데, 새벽 2시까지 그 책을 읽었고 2시 반에 다른 청년이 일어나 이어서 봤던 기억이 납니다. 인기가 아주 많았죠.

영화를 보는 날은 축제 같았답니다. 영화 한 편을 사단 사령부에서 빌려와 연대마다 돌아가면서 상영했어요. 각 연대의 지식 청년들이 모두 한곳에 모였지요. 그럴 때면 옛 친구를 만나기도 하고 새로운 친구를 사귀기도 했어요. 한번은 홍콩 영화 〈서커스 영웅〉을 상영한다는 소식을 들었습니다. 지식 청년들은 일찍부터 광장에 몰려들었고, 영화는 희끄무레하게 어두워질 무렵부터 새벽 3시까지 계속 상영되었습니다. 영화가 도착할 때면 광장 안은 환호성으로 진동했어요. 그 소리가 기쁨을 의미하는지, 혹은 일종의 문화적 기아 상태를 표현하는 것인지는 모르겠습니다. 또 한번은 북한 영화를 본 적이 있어요. 영화 속에서 큰 눈이 내렸는데 마침 광장에도 눈이 내리고 있었어요. 하지만 자리를 뜨는 사람은 한 명도 없었습니다. 영화 속의 인물은 방으로 들어갔지만, 우리는 여전히 눈 속에 서있었어요. 정말 신기하고 묘한 느낌이었죠.

우리에게는 가끔 큼직큼직하게 빈 시간들이 있었는데 그럴 때는 지루하기도 하고 고독하기도 해서 사랑이 싹트곤 했어요. 연대장은 봉건시대에 집안을 단속하는 사람처럼, 밤이면 종종 다리 어귀나 길목에서서 산책을 나가려는 남녀를 가로막곤 했습니다. 또 어떤 때는 트럭위에 올라가 우리의 일거수일투족을 감시하기도 했어요. 하지만 텐트 뒤쪽에 산으로 통하는 작고 한적한 비밀 오솔길이 있었는데, 지식 청년들은 이곳에서 데이트를 했어요. 우리는 그 길을 '호치민 오솔길'이라고 불렀답니다. 오솔길을 구불구불 돌아가면 꽃이 피어 있는 들판이 펼쳐져 있었는데, 작고 흰 자작나무들이 뒤덮여 있어 아름다우면서도 조용하고 신비한 분위기를 풍겼어요. 수많은 지식 청년들의 떨리는 영혼의 흔적들이 그 길 위에 남아 있답니다.

참, 이 이야기도 빼놓을 수 없죠. 연대의 큰 마당에서 멀리 내다보면 단풍나무가 한 그루 서있었어요. 평탄한 습지 위에서 자라고 있었는데, 주변에 다른 나무는 전혀 없었어요. 아마 나무가 서있던 곳의 지세가 좋아서 살아남을 수 있었던 듯해요. 그 나무는 작고 굵었는데 너무 멀리 있어서 평소에는 아련하게 보였습니다. 하지만 가을이 되면 불처럼 붉게 물들어 사람들의 마음을 빼앗곤 했죠. 쓸쓸할 때 그 나무를 보면 마음이 편해지는 것 같았어요. 마음이 의지할 만한 희망 같은 것이었죠. 어떤 사람은 힘든 일이 있으면 나무 아래로 달려가 한동안 머물곤 했는데, 가만히 앉아 있거나 잠시 울고 나면 한결 나아지곤 했답니다. 그래서 사람들은 그 나무를, 고통을 위로하는 아주 영험한 나무라고 생각했습니다. 나는 어땠냐고요? 내 이야기는 하고 싶지 않아요. 그저 이상하게도 요즘 그 나무가 자꾸 떠올라요. 내가 언제 그 나무 밑으로 달려갔는지는 기억나지 않습니다. 뭐라고요? 내 눈이 빨간 것 같다고요? 어젯밤에 잠을 못 자서 그래요.

한 가지 뜻하지 않은 사건으로 우리 지식 청년들의 생활에 중대한 변화가 일어났습니다. 농장 직공과 여성 지식 청년이 정분이 났는데, 어느 날 밤 그가 여성 막사에 몰래 들어가다가 현장에서 붙잡혔어요. 그 사건은 연대를 발칵 뒤집어 놓았지만 그 정도로 끝날 일이 아니었어요. 학습반을 열어 때리고 위협을 가하자 그는 자신의 여성 편력을 자백했어요. 놀랍게도 한두 명이 아니었습니다. 그중에는 직공도 있고 지식 청년도 있었어요. 그때 사람들의 의심이 내 여자 친구에게 쏠렸어요. 그녀는 부반장이었죠. 그 무렵 날이 너무 추워서 막사도 추위를 막지 못했어요. 그래서 여자 친구는 그의 집에 거주하면서 그의 딸과 함께 지냈어요. 그저 좀 더 따뜻한 잠자리를 탐했던 것뿐이죠. 중국인은 그런 쪽으로 관심과 상상력을 발휘하는데, 그녀에게도 그런 의심을 품었던 겁니다. '아름답고 똑똑한 처녀를 눈앞에 두고 마음이 흔들리지 않았을까?'라고 말이죠.

내 여자 친구가 어떤 사람이냐고요? 아주 괜찮은 아가씨였죠. 우린 어렸을 때부터 같은 학교 친구였고 서로 호감이 있었지만, 보수적인 교육을 받기도 했고 남녀 관계에 대한 인식이 봉건적인 시대였기에 애정 표현도 서툴렀어요. 한번은 내가 사고로 염소 가스를 맡고 누워 있는데 그녀가 문병을 왔어요. 자기가 입고 있던 외투와 장갑을 벗어서 내게 주더군요. 당시에 그런 행동은, 요즘 젊은이들이 키스하는 것보다 더 강렬한 느낌을 주었답니다. 하지만 그 사건이 터지면서 나는 큰 충격을 받았고, 사람들이 여자 친구에 대해 이러쿵저러쿵 말이 많았어요. 내 얘기는 그만할게요.

그 뒤로 비슷한 일들이 잇달아 발생했습니다. 연대는 문제가 많다는 것을 알고 더욱 강력하게 대응했고, 서로가 서로를 고발하면서 연루된 사람만 수십 명에 달했어요. 연대에서는 관련된 남자들을 가두고 때렸습니다. 순순히 죄를 인정했든, 협박에 못 이겨 어쩔 수 없이 자백했든, 적발되는 사람들이 점점 더 많아졌습니다. 우리는 사람들이 이렇게까지 문란하다는 사실에 깜짝 놀랐어요. 그야말로 양아치 소굴 아닙니까? 특히 사건에 연루된 여성들은 지식 청년들의 체면을 깎아내린, 가장 동정할 수 없는 사람들로 간주되었어요. 당시 우리는 일종의 강한 집단적 자부심과 명예심을 가지고 있었고 하방 운동을 이상적으로 생각하고 있었거든요.

B시에서 온 여성 지식 청년이 있었습니다. 그녀도 몹시 추위를 탔

어요. 그곳이 얼마나 추웠는지 상상도 못 할 겁니다. 그녀는 핑계를 대고 우유를 사러 외양간에 가서는 시간을 끌며 몸을 녹였어요. 우유를 팔던 직공은 자상하고 세심하게 대해 주었어요. 따뜻한 우유를 주며 위로를 건네고 작은 선심을 베풀었죠. 그러다가 결국 그녀는 임신을 하게 되었습니다. 사람들은 모두 그 여자를 욕했어요. 키도 크고 몸매도 예쁘고 아주 아름다웠거든요. 하지만 그 직공은 키도 작고 못생긴 데다가 심지어 애꾸눈이었는데, 어떻게 그런 사람을 좋아할 수 있었는지 이해할 수 없었어요. 누구도 그녀를 동정하지 않았고, 부끄러운 줄도 모르고 지식 청년들의 체면을 깎았다고 여겼어요. 사령부 병원에서 낙태했는데 병원에서는 그녀를 재워 주지도 않았습니다. 하릴없이 연대로 돌아와야 했지만 장거리 버스도 그녀를 태워 주지 않았어요. 병원 간호사도 차표 판매원도 모두 지식 청년들이었거든요. 그렇게 대단한 죄도 아니었지만 그녀를 가엾게 여기는 사람은 없었어요. 한번은 그 아가씨와 어느 지식 청년 사이에 말싸움이 벌어졌는데, 사람들이 몰려들어 그녀의 윗옷을 갈기갈기 찢어서 몸이 다 드러났어요. 모욕감을 주기 위해서였죠. 그 뒤로 그녀는 타락하기 시작해 많은 남자들과 관계를 맺었어요. 괜찮은 처녀 하나가 그렇게 망가졌지요.

그런 일은 이후에도 꼬리에 꼬리를 물고 일어났어요. 어떤 연대의 초대소 소장과 참모장, 연대장 세 사람이 수많은 여성 지식 청년들을 꾀어 말로는 농사일을 하지 않아도 되고 먹을 것도 많고 편한 일을 소개해 주겠다고 했지만, 실제로는 윤간을 한 일도 있었습니다. 1백 명이 넘는 여자들이 그들에게 놀아났더군요. 그중 고위 간부의 딸이 이 사실을 중앙정부에 고발했고 그 남자들은 총살당했답니다.

그 일이 일어난 뒤에야 비로소 우리는 무고한 여성 지식 청년들을 동정하기 시작했습니다. 고향을 떠나 농촌에서 의지할 곳 없고 외롭고 힘든 데다가, 출로는 없고 절망스러운 생활을 했던지라 조금이라도 선심을 베푸는 사람과 권력자들에게 농락당했던 거예요. 그리고 언젠가 대학을 가기 위해 그곳을 떠나고 싶었던 몇몇 여성은 모든 모욕과 수모를 꾹꾹 참고 견뎠는데, 어떻게 그런 가여운 여성들에게 책임을 뒤집어씌울 수 있단 말입니까?

동정심과 더불어 일종의 의심도 생겨났습니다.

그 당시 사회 도처에서 발생한 부정과 비리는 우리 연대에도 스며들었습니다. 나는 M시에서 가족들을 만나고 돌아와 연대장에게 달력을 한 권 선물했는데, 사실 별다른 뜻이 있었던 것은 아니었어요. 그저 외진 지방에서는 그런 달력을 구경하기 힘들기에 가져온 거죠. 선물을 받은 연대장은 뜻밖에도 나를 농장의 초등학교 교원으로 임명했어요. 달력 한 권이 무너뜨린 건 그가 아니라 나였습니다. 신성함 같은 것이 사라지고 혐오감이 밀려오더군요. 그제야 열정이 식기 시작했어요. 나도 진짜 멍청했지요. 더 멍청했던 건, 1978년이 되어서야 고향으로 돌아왔다는 거예요. 나는 거의 마지막으로 그 연대를 떠난 사람이었습니다. 현지인들은 그런 나를 '희귀 동물'이라고 불렀답니다.

1975년부터 지식 청년들은 대학에 진학할 수 있었고, 병을 이유로 퇴직 신청을 하면 도시로 돌아올 수 있었습니다. 상산하향 운동은 사분오열되고 말았지요. 당시에 〈지식청년가〉라는 노래가 유행했어요.

처음에는 몰래 불렀는데, 나중에는 연대장의 귀에까지 들렸어도 뭐라 하지 않았어요. 가사는 정확하지 않지만 대충 이렇답니다.

엄마와 이별을 하네. 잘 있거라, 고향아,
잘 있거라, 황금빛 학창 시절이여.
우리의 청춘이 역사책에 기록될 수만 있다면
모든 것은 다시 돌아오지 않아도 된다네.
엄마와 이별을 하네. 잘 있거라, 고향아.
우리는 막중한 임무를 띠고 세상을 바꾸러 간다네.
그것은 우리의 신성한 천직이며
내 가여운 운명이라네!

가사는 조잡했지만 널리 유행했답니다. 부르기 시작하면 우울하기 짝이 없어서 당시 우리 마음속 밑바닥에 가라앉아 있던 정서와 아주 잘 맞았어요. 그래서 모두들 항상 그 노래를 불렀지요. 당 지도자들은 신통하게도, 그 노래에서 불길한 느낌을 감지해 냈답니다. 중앙정부에서는 위문단을 조직해 각지로 내려 보냈어요. 나는 아직도 하얼빈(哈爾濱) 위문단이 가져온 소염제와, 톈진(天津) 위문단이 나눠 준 모직 셔츠를 기억하고 있습니다. 상하이 위문단이 선물한 게 뭐였는지는 잊어버렸어요. 우리는 일부러 그들에게 가장 더럽고 낡은 열악한 방과 화장실을 보여 주었습니다. 화장실은 나무와 풀로 가려서 벽을 만들었는데, 수세식 시설이 없어서 큰 구덩이를 팠어요. 대소변이 많으면 얼어서 숫돌처럼 되었답니다. 가장 위쪽은 아주 딱딱한 똥 칼이 되었고요. 그래서 화장실에 갈 때는 반드시 몽둥이를 가지고 가서 먼저 그 뾰족한 똥 칼을 부러뜨려야 했습니다. 안 그러면 일을 볼 때 엉덩이를 찌르거든요.

그들은 화장실을 보고는 아주 기겁을 했습니다. 하지만 몇 마디 듣기 좋은 말을 하는 게 고작이었어요. 그들이 찾아온 것은 위로하기 위해서가 아니라 무마하기 위해서라는 사실을 누구나 알고 있었죠. 모두의 마음속에 있던 눈이 떠졌을 뿐만 아니라 점점 더 밝아졌습니다.

나와 R, 두 사람은 막사 안에서 옷을 벗고 서로 아픈 곳을 찾기 시작했습니다. 나는 그의 어깨가 조금 휘었다는 걸 발견했고, 그가 집에 편지를 보내 물어보니 어릴 때 넘어져서 부러진 적이 있다고 했어요. 그 '이유'를 들어 그는 도시로 돌아갔어요. 그 친구를 배웅하면서 황야에 서있는데 그제야 정말 버림받았다는 느낌이 들었습니다. 사실 우리는 이미 1970년에 버려졌는데, 그때 우리는 모두 아무것도 모르는 바보였던 거죠.

농장에서 보낸 마지막 나날은 보통 사람이라면 절대 견디지 못했을 거예요.

우리가 처음 그곳에 막 왔을 때는 빨랫줄 가득 빨래가 널려 있었지만 이제 드문드문 몇 개 남아 있지 않았습니다. 예전에는 배식할 때 줄을 길게 늘어서야 했지만 마지막에는 몇 명뿐이었어요. 마치 다 떨어진 낡은 옷 위에 아직 떨어지지 않은 채 매달려 있는 단추 같은 꼴이었어요. 큰 막사 안에는 유심히 찾지 않으면 사람들도 눈에 잘 띄지 않았답니다.

　도로에서 연대로 통하는 길은, 우리가 처음 왔을 때는 작고 좁은 오솔길이었어요. 하지만 8년 사이에 우리가 밟고 다닌 덕분에 3미터 너비의 큰길로 변했는데 사람들이 하나둘 떠나자 그 길은 다시 좁은 오솔길이 되었답니다. '호치민 오솔길'은 이미 들풀로 덮여 버렸고요. 나는 쓸쓸하고 적적할 때마다 그 단풍나무 아래로 가서 앉아 있다 오곤 했지만 단풍나무도 영험함이 없어져 버렸는지, 아무리 울어도 괴로운 마음은 나아지지 않았습니다.

　'백'이 있고 빠져나갈 길과 방법이 있는 사람들은 모두 떠나갔어요. 결국 나는 누군가 귀띔해 준 대로, 마른 국수 네 다발을 병원 검사원에게 뇌물로 바쳐 검사 기록을 고치고서야 M시로 돌아올 수 있었습니다. 보세요, 8년 세월이 국수 네 다발 값으로 매겨지지 않았습니까. 맞아요. 그때는 벌써 1978년 12월 30일이었고 1979년을 눈앞에 두고 있었답니다. 예순이 된 늙은 어머니는 나를 보자 기쁜 나머지 어린애처럼 깡충깡충 뛰어다니더군요. 하지만 누구도 내가 8년 동안 살았던 곳과 우리가 그곳에 무엇을 남겼는지를 묻지 않았습니다.

　우리 연대의 지식 청년들은 60명 모두 살아남았답니다. 이웃 연대의 한 아가씨는 동굴 밖으로 벽돌 꺼내는 일을 하다가 동굴이 무너지면서 산 채로 깔려 죽었습니다. 그 아가씨를 꺼내고 보니 슬프게도 수습하기 어려운 상태여서 차마 가족에게도 알리지 못하고 황무지에 묻어 버렸어요. 한번은 숲속 일대에 큰불이 났는데 연대장이 지식 청년들을 이끌고 불을 끄러 갔습니다. 낮에도 연기가 자욱했고 밤에도 불을 밝혀 놓은 것처럼 환했어요. 사방이 온통 불길이고 열기가 엄청나 누구든 그 안으로 들어가면 바로 타버렸습니다. 불을 진화할 수 없었으므로, 바깥쪽으로 소방 도로를 내는 수밖에 없었어요. 그런데 그 연대장은 무모하게 진화를 시도했고, 40명이 넘는 지식 청년이 불에 타 죽었습니다. 숲에서 불이 나면 불이 사람을 호랑이보다 더 맹렬한 속도로 쫓아온답니다. 남자들은 달리기가 빨랐어요. 불에 타 죽은 사람들은 대부분 여자들이었지요. 그렇게 허망하게 죽어 간 무고한 사람들에게 누가 절이라도 한 번 한 적 있나요?

지식 청년들 모두 결국 부모님 곁으로 돌아갔다는 사실을 알았다면, 그녀들은 아마 몹시 애통했을 겁니다. 저승에 떠돌고 있다면 분노로 통곡하고 있을 거예요.

내가 농장을 떠나기 얼마 전쯤이었습니다. 지식 청년들 사이에서 불만은 이미 참을 수 없을 정도였어요. 한 연대 본부에서 지식 청년이 노무 과장의 집에 불을 지르는 사건이 일어났습니다. 그 과장의 집에 지식 청년들에게 받은 선물이 산더미처럼 쌓여 있다는 소문이 있었거든요. 그 뒤로는 도시로 돌아가려는 청년들에게 병원 증명서를 요구하지 않았고, 그럴 이유도 없었답니다.

지식 청년들이 떠나 버리자 또 다른 비극이 발생했어요. 몇몇 지식 청년들은 현지에 애인이 있었는데, 그들이 떠나면서 버림받은 것입니다. 유명 가요인 〈샤오팡〉*의 가사 내용과 비슷하답니다. 자살한 사람들도 있어요. 어떤 아가씨는 유서에 이렇게 적었습니다.

"농촌 청년이여, 절대 도시의 지식 청년을 사랑하지 말아요!"

현지인들은 지식 청년들에게 반감을 갖게 되었습니다. 고난은 일종의 전염병입니다. 문혁이 남긴 폐해가 얼마나 컸는지 누가 알 수 있겠습니까.

내가 겪었던, 지식 청년이라는 특별한 경험을 어떻게 생각하느냐고요? 솔직히 말해 모두들 양가적인 생각을 갖고 있고, 앞으로도 그럴 겁니다. 이번 삶에서는 이해하고 싶어도 그럴 수 없을 거예요. 지식 청년 누구에게 물어봐도 똑같이 대답할 거예요.

8년간 겪은 고난과 어려움은 부차적인 문제입니다. 10대에 변경 지방으로 가야 했던 우리는 이제 마흔이 넘었습니다. 마음에는 그림자가 내려앉았고, 몸은 온갖 상처투성이에다 병을 달고 살아요. 일찍부터 몸이 망가져 신장병, 위장병, 허리 디스크, 류머티즘 같은 병들이 평생 따라다닐 거예요. 하지만 가장 중요한 문제는 공부할 기회를 잃어버렸다는 겁니다. 많은 지식 청년들이 재능은 있지만 지식이 부족하고 학력이 없어요. 지금도 한창 나이인데 대학생이나 대학원생과 경쟁할 재간이 없습니다. 그래요, 우리는 파괴된 세대입니다.

긍정적으로 보자면, 8년 동안 시련을 겪으면서 단련되었고 온갖 경험을 다 해보았습니다. 혹독한 추위, 열악한 생활, 힘든 노동을 모두

• 〈샤오팡〉(小芳) : 1993년 중국 최고의 유행가. 문혁 당시 지식 청년들이 농촌으로 하방을 가서 현지 아가씨 샤오팡과 짧은 사랑을 나누고 다시 도시로 돌아오면서 그 아가씨를 애절하게 그리워하는 내용.

이겨냈지요. 그러니 무서울 게 뭐가 있겠습니까? 우리는 정신력과 적 응력, 참을성이 강해 어떤 어려움에 처해도 두려워하지 않으며, 어떤 문제에도 대처할 수 있답니다. 내가 막 도시로 돌아왔을 무렵 전력국 에서 사람을 모집했어요. 1백 명이 응시했는데 대부분 지식 청년들이 었어요. 당시 전력국은 마당에 건물을 몇 채 지어 사무실로 쓰려고 했 는데, 목수가 부족했어요. 그러자 바로 열 몇 명이 자신이 목수라며 나 섰습니다. 전부 지식 청년들이었어요. 그들은 한 사람 한 사람 모두 유 능한 재목이었답니다. 그들은 모두 문혁이라는 '용광로'(老君爐)에서 단련된 사람들이라 여러 방면에 두루 재주가 많았어요. 하지만 가장 자랑스러운 것은, 모든 지식 청년이 이미 알고 있듯이, 우리가 국가를 위해 감당했던 것들입니다.

실제로 홍위병 운동이 지나가고 난 뒤인 1970년에 국민경제가 완 전히 무너졌습니다. 국가는 2천만 명이나 되는 지식 청년들에게 일자 리를 제공할 능력이 없었고, 그렇다고 도시에 있게 하자니 소란을 피 울까 염려되었죠. 그래서 "세상은 넓고 할일은 많다."라는 허울 좋은 구호를 생각해 내서 우리를 사방으로 내쫓은 것입니다. 그리하여 한때 그들을 위해 용감하게 적진으로 돌격해 싸웠고 일편단심 충성했던, 천 군만마 같았던 우리는 그들이 마련해 놓은 함정에 모조리 빠졌습니다. 국가마저도 감당하지 못하는 짐을 우리 10대 아이들의 삐쩍 마른 어 깨가 지탱했던 거예요. 기울어져 있는 기둥을 바로 우리가 지탱했기에 국가라는 건물이 붕괴되는 것을 막을 수 있었던 셈입니다. 그러니 우 리야말로 위대한 공신이고, 믿고 의지할 만한 국가의 동량 아니겠습니까? 하지만 우리는 시간이 한참 흐르고 나서야 비로소 사실을 이해하게 되었답니다.

가끔 이런 생각을 합니다. 우리가 공신을 자처한다 해도 누가 알아주겠느냐고요. 앞에서도 말했지만 큰 화재 때 불에 타 죽은, 40명이 넘는 여성들이 묻힌 곳을 향해 누가 절이라도 한 번 올렸냐고요.

역사는 모든 것을 기억하고 있지만,
가장 중요한 것은 우리 자신이 잊어버리지 않는 것이다.

할 말은 해야 하는 입

◆ 1966년 / 28세 / 여자 / L시 모 중학교 국어 교사

1

내가 하는 말을 기분 나쁘게 생각하지 말아요. 기분 나쁘더라도 말해야겠어요. 할 말이 있으면 반드시 해야 하는 성격이라서요. 당신이 쓴 "백 사람의 십 년" 중 몇 편을 봤는데, 괴로운 이야기들밖에 없더군요. 물론 나도 그 시대를 살았던 사람이라 모두 진짜 있었던 일이라고 생각해요. 하지만 문혁에 대해서는 현상만 가지고 말해서는 안 돼요. 문혁을 다시 이야기하려면 '하소연 회의'에서 발언하는 듯이 해서는 안 됩니다. 근본적인 문제를 캐내고 자초지종을 철저히 따져야 해요. 과거에는 이런 문제를 논하는 것 자체가 금기였지만 지금은 이미 역사가 되었기 때문에 '누구나 평할 수 있는' 문제가 되었답니다.

어떤 사람은 사인방 때문에 문혁이 일어났다고 하고, 또 어떤 사람은 마오 주석의 잘못이라고도 합니다. 하지만 이런 주장들은 단순하고

표면적인 이야기입니다. 나는 문혁이 중국 역사에서 일종의 필연이라고 생각합니다. 사인방이 아니었더라도 다른 무리들이 나타났을 겁니다. 마오 주석이 아니더라도 또 다른 자오 주석이나 첸 주석, 쑨 주석 등이 문혁을 일으켰을 거예요. 진시황의 분서갱유에서 문혁에 이르기까지, 지식인들이 박해받았다는 사실을 당신도 알고 있을 겁니다. 또한 역사적으로 봉건 왕조시대의 필화 사건에서부터 문혁까지 중국 사람들은 줄곧 서로의 말과 글 등을 꼬투리 잡아 '반혁명 언사'로 고발해왔다는 사실도 알고 있을 거예요. 문혁은 중국에서 수천 년 동안 이어져 온 역사 속에서 자연스럽게 나타난 현상입니다.

문혁이 일어나지 않았다면, 그게 오히려 더 이상한 일이지요!

2

하지만 모든 걸 문혁 탓만 해서는 안 됩니다. 손바닥도 마주쳐야 소리가 나는 법이죠. 문혁 때 내가 박해받은 것도 나에게는 필연이었습니다.

두 개의 필연은 하나로 합쳐지는데, 그것이 바로 당신이 지금 마주하고 있는 사람의 운명이랍니다. 나의 필연이란 할 말이 있으면 해야한다는 거예요. 특히 불의와 맞서는 일이라면 말이죠.

반우파 운동이 일어나던 해, 나는 HB 대학에 다니고 있었습니다. 사람들은 모두 내 입은 막을 수 없을 거라고들 했어요. 같은 반에 삼대가 빈농 집안 출신인, 열아홉 살짜리 남학생이 있었답니다. 그는 학교 지도자에게 몇 가지 의견을 제기했다가 그만 똥물을 뒤집어쓰는 신세가 되고 말았어요. 그는 당을 공격했다는 죄명으로 우파로 몰렸는데, 그때 나는 열여덟 살이었지요. 2백 명이 참가한 대회에서 나 혼자 그를 위해 불의와 맞서 싸웠습니다.

"그의 아버지는 당 지부 서기이고 삼대가 빈농 출신으로 당이 없었으면 그도 없었을 겁니다. 그런데 그가 어떻게 당에 반대할 수 있단 말입니까?"

나는 10여 차례 이상 그를 변론했고 반박하는 사람들의 말문이 막히게 했습니다. 사람들은 그런 나를 가리켜 "저 계집애는 너무 사납다."고 했어요. 결국 내게는 '우파 분자라는 판결을 뒤집기 위해 물불 안 가리고' 앞장서 싸운 '중간 우파'라는 결론이 내려졌답니다.

하지만 나는 내가 '중간 우파'로 찍혔다는 사실을 알지 못했어요. 문혁이 일어났을 당시에는 별일이 없었어요. 한 중학교에서 국어 교사를 하고 있었고, 학생 몇몇이 나에 대해 대자보를 몇 장 썼을 뿐이죠. 비가 올 때 길을 걷는데 어깨에 비 몇 방울 안 맞을 사람이 누가 있겠습니까? 당시는 자본가의 집을 수색하고 가산을 몰수하는 등 분위기가 아주 험악할 때였습니다. 그걸 보면서 화를 참을 수 없었고, '할 말은 해야 하는' 나쁜 버릇이 도져서 몇몇 선생들에게 이렇게 말해 버렸어요.

"헌법이 공민의 재산을 보호하는데, 무슨 근거로 남의 가산을 몰수한답니까? 자산계급도 오성홍기에 있는 별 하나 아닙니까! 그 별을 뽑아 버린다면 또 모를까요!"

누가 그 말을 고발했는지 모르겠어요. 대역죄를 지은 것이죠! 홍위병 운동을 중상모략하고 자본가 편을 들었으며 문혁을 공격했다는 죄명이었어요. 아주 정통 반혁명 현행범이 되어 우붕*에 갇혔습니다. 당안**을 다시 조사해 보니, 1957년 반우파 운동 때는 그래도 '중간 우파'였는데, '숨어 있던 우파 분자'가 되어 죄가 한 등급 더 보태졌더라고요. 듣기로는, 당안에 내 반동 언행이 아주 많이 기록되어 있다고 하더군요. 예를 들어, 1958년 대약진 운동 시기에 내가 "집 쇠문을 뜯어내 제련하는 것은 두부 찌꺼기를 정제하는 것과 같다."라고 사방에 떠들고 다녔다는 이야기도 기록되어 있다는 거예요. 정말 등골이 오싹했어요. 어떻게 내가 평소에 아무 생각 없이 떠들었던 이야기가 당안에 기재될 수 있단 말입니까? 설마 누군가 몰래 따라다니면서 내가 하는 말과 행동을 기록이라도 한단 말입니까? 그렇게 나는 대역 반동분자가 되었습니다.

• 우붕(牛棚) : 문혁 당시, 반혁명 세력으로 몰린 사람들을 '우귀사신'(牛鬼蛇神)이라고 부르며 그들의 사상을 개조한다는 명분으로 학교·지하실·농장 등에 감금해 격리 조사 및 사상 비판, 노동 개조를 했던 장소를 통칭한다.

•• 당안(檔案) : 개인 신상 기록 파일. 중국의 독특한 인사 관리 제도로, 신분과 학력 등 중요한 경력 사항과 정치적 성향 및 인성, 도덕적인 측면 등 개인의 모든 상황과 활동 사항이 종합적으로 기재된 자료이다. 당안이 없으면 직장에서의 승급과 임용, 양로보험 신청 등 모든 사회 활동이 제약된다.

소문과 비방, 뒷공론, 그리고 고발 내용에 근거해 죄를 조작해 내는 것이야말로 중국의 비애가 아닐까요? 물론 다른 사람들만 탓할 것이 아니라 내 성격과 주둥이를 탓해야 합니다. 우붕에 갇혀 세 살 난 딸도 만나지 못하게 되자, 나는 정말이지 내 주둥이를 봉해 버리고 싶었습니다.

3

우붕에서 무슨 일이 일어났냐고요?

우리 학교 홍위병들은 사납기로 유명했어요. 사실 사나운 게 아니라 잔인했죠. 잔인한 게 뭐냐고요? 문혁 때 비로소 그 의미를 이해할 수 있었습니다. 잔인하다는 건 온갖 방법을 다 생각해 내서 풍부한 창의력으로 사람을 박해하는 것입니다. 단순히 힘으로만 때리는 것이 아니랍니다.

예를 들어, 허리띠를 풀라고 한 다음 애벌레 수십 마리를 바지 속으로 집어넣고 허리띠를 다시 묶으라고 해요. 그런 수모를 겪어 본 적 있나요?

플라스틱 안약 병에 찬물을 채우고는 귓구멍이 꽉 찰 때까지 주입하는 고문도 있답니다. 수학 선생인 K는 지금까지도 중이염을 앓고 있습니다.

또 한겨울에 메리야스 속옷 상의와 속바지만 남기고 옷을 모두 벗게 한 다음 5층 창가에 서서 덜덜 떨게 한다고 생각해 보세요. 잘못했다간 벌렁 고꾸라지지 않겠어요? 그런 벌이 있다는 이야기를 들어 본 적이 있나요?

물론 잔인한 일 가운데는 학생들의 못된 장난도 있습니다. 어떤 선생은 홍위병이 얼굴에 염산을 뿌리는 바람에 한쪽 눈을 잃었는데 정말 끔찍한 일이었어요. 또 어떤 남자 선생은 홍위병들이 밧줄로 음경을 꽉 묶은 다음 고환이 크게 팽창할 때까지 강제로 물을 마시게 했고, 자칫 터질 정도로 부풀어 피부가 투명해지고 나서야 밧줄을 풀어 주었습니다. 문혁이 아니었다면 사람이 그렇게까지 잔인해질 수 있다는 사실을 알 수 있었겠습니까? 왜 그들을 '늑대의 젖으로 자란 세대'라고 부르는지 알 수 있을 거예요.

4

1978년 교사로 다시 복직했을 때, 문혁 시기 사람들을 박해했던 한 지도자는 전교 차원에서 '지식분자 명예 회복 대회'를 열었습니다. 그는 무대에 서서 내게 업무를 원상회복하고 학년 업무 조장이라는 중임을 맡긴다고 선포했어요. '대담하게 [명예 회복 정책을] 실천하고, 중앙을 따른다.'는 것을 보여 주고 싶었던 거죠. 모두들 내게 고생 끝에 낙이 왔다며 열렬히 박수를 쳐주었어요. 하지만 나는 속으로 부아가 치밀어 올랐답니다.

그 사람은 문혁 당시 '혁명 총아'였습니다. 내가 우붕에 있을 때 홍위병들이 갑자기 쳐들어와 사람들을 죽도록 패는 일이 자주 있었고, 그럴 때마다 그에게 보고했지만 그는 딱히 아무 말도 하지 않았습니다. 그리고 다음 날 홍위병의 폭력은 훨씬 더 심해졌어요. 그는 아주 음흉한 사람이었어요.

그는 나를 밀고해 잡아넣은 다음 "계급의 적을 또 한 명 붙잡았다." 며 상부에 업적으로 보고했습니다. 이제 정세가 바뀌자 그는 나의 누명을 벗겨 주는 정책을 실천해 또 다른 업적을 쌓고 있는 거죠. 어찌되었든 그들은 항상 옳습니다. 내가 죽고 사는 건 모두 그들의 업적을 위한 것이죠. 내가 죽는다 해도 그들의 공이 될 텐데, 그들에게 감사해야 한다고요? 꺼지라고 하세요!

나는 자리에서 꼼짝도 하지 않고 무표정하고 냉랭한 눈빛으로 그를 쳐다봤습니다. 욕하지 않은 것만도 체면을 세워 준 셈이죠.

하지만 지금은 물론 그들을 고발하고 정신적 손해배상을 청구해야 한다고 생각합니다.

5

문혁 시기에 이런 명언이 있었어요.

"노예가 될지언정 노비가 되지는 않겠다."

이 말은 내 좌우명이었어요. 노예가 된다는 건 뭘까요?

노예는 강제로 되는 것입니다. 우붕에 갇혔을 무렵, 길거리로 끌려 나가 '가두 비판 투쟁'을 당하곤 했습니다. 가슴에 큰 팻말을 차고 검은 글씨로 내 이름을 쓴 다음 다시 붉은 색으로 가새표를 그렸어요. 내 양쪽 옆에는 홍위병이 나무총을 들고 나를 압송하고 있었는데, 걸으면서 나를 타도하자는 구호를 외쳤답니다. 때로는 여관 문 앞에 멈춰 서서 여관에 묵고 있는 외지인들을 불러내 나를 비판 투쟁하기도 했고요. 처음에는 아는 사람이 그런 내 망측한 몰골을 볼까 봐 두려웠지만 나중에는 그런 걱정도 없어졌어요. 마치 노예시대의 노예 같았습니다. 노예가 하는 일은 두 가지랍니다. 하나는 노역이고 다른 하나는 곡예를 하는 원숭이처럼 사람들의 놀잇감이 되는 거죠. 반항해도 소용없으니 마음대로 하게 내버려 둘 수밖에 없답니다.

하지만 나는 절대로 노비는 되지 않을 겁니다.

내게 아주 깊은 인상을 남긴 사건이 하나 있었습니다. 우붕에서 두들겨 맞는 시간은 대부분 깊은 밤이었어요. 횃불을 든 홍위병들이 갑자기 문을 열고 쳐들어와서는 때리려는 사람 머리에 포대 자루를 씌우고 두들겨 패곤 했어요. 아니면 등 뒤에서 뺨을 때렸는데, 그렇게 하면 누가 때리는지 볼 수 없는 거죠. 이렇게 맞다 보면 두 귀가 멍해지고 눈에서 불꽃이 번쩍 일어납니다. 그럴 때마다 생각했어요.

'뒤에서 때리는 것은 우리가 볼까 봐 두려워서 그러는 거지. 너희는 파시스트보다 못한 놈들이야. 파시스트들은 앞에서 때리거든. 너희는 얼굴을 숨기고 때리지. 겉으로는 당당한 듯해도 사실은 도리에 어긋나는 짓을 하고 있어서 마음에 걸리는 거지. 구호는 하늘을 찌르지만 사

람을 때릴 때는 천하의 몹쓸 짓을 하고 있다는 생각이 드는 거야.'

그때부터 나는 그런 사람들을 몹시 경멸하게 되었습니다.

나는 강제로 노예가 되어 온갖 박해를 받았고 노동 개조를 당했으며, 농촌으로 하방되어 8년간 농사일을 했습니다. 하지만 아첨하고 알랑거리며 비위를 맞추는 짓이나, 남을 밀고하고 팔아먹는 짓은 절대하지 않았어요. 나는 노비가 되지 않았습니다. 굴욕을 당하는 것은 수치스러운 일이 아니지만, 노비가 되는 것은 수치스러운 일이거든요.

6

여기까지 말하고 나니, 내가 겪었던 일들에 대해서는 더 말하고 싶지 않네요. 내 불행과 비극은 아마 당신이 썼던 사람들의 경험보다는 덜 참혹할 거예요. 내가 가장 하고 싶은 말은, 문혁이 정신에 끼친 영향입니다.

설사 농촌에서 평범한 노동을 하고 있었더라도 문혁의 영향을 받았을 겁니다. 예를 들어, 과거에는 우리 지식인을 가리켜 '아무것도 할 줄 모르는 사람들'이라고들 했습니다. 지식인에 대한 가장 전형적이고 설득력 있는 표현은 '부추와 보리 싹도 구분할 줄 모르는 사람들'이라는 겁니다. 이 말은 곧 지식인들은 노동자와 농민의 개조를 받아들여야 한다는 것을 의미하지요. 우리는 당시에 이 말을 엎드려 절할 정도로 굳게 믿었고, 공부가 스스로를 쓸모없는 사람으로 만들었다고 믿었습니다. 하지만 농촌으로 쫓겨나고, 논밭을 한 바퀴 돌고 나서 나는 나 자신이 훨씬 더 바보라는 걸 알았습니다. 내가 농업에 대해 잘 몰라서 그렇다는 것이 아니라, '1 더하기 1은 2'라는 아주 간단한 상식조차 [농민들은] 마치 무슨 대단한 진리처럼 여긴다는 겁니다. 나는 생각했어요. 우리가 농민들에게 배워야 할 게 아니라 농민들이 우리에게 배워야 한다고요. 우리가 개조당해야 하는 게 아니라 오히려 지식으로 농업과 농민을 개조해야 한다고요.

당시 10년 동안 우리가 가장 많이 들은 단어는 '혁명'입니다. 수십 년간 혁명을 했고, 수십 년간 운명을 개조당했지만, 혁명이라는 게 무엇인가요? 혁명의 목적은 무엇입니까? 생산관계를 개혁하고 생산력을 해방하는 것 아닙니까?

하지만 2천 년 동안 중국 역사에서, 우리가 농민 혁명이라고 부르는 봉기가 여러 차례 있었지만 생산관계를 바꾼 적이 있습니까? 농민 봉기가 일어날 때마다 재산과 권력이 이동했을 뿐이죠. 매번 왕이 바뀌어도 새로운 생산관계는 나타나지 않았고 지식은 아무 역할을 하지 못했습니다. 그 어떤 사회적 진보와 발전도 없었고, 그저 '돌아가면서 황제를 해먹으면서, 다음은 우리 차례'라는 식이었죠. 신해혁명과 토지개혁에 이르러서야 비로소 질적인 변화가 일어났습니다. 하지만 진정으로 생산관계에 거대한 변혁이 일어난 것은 1980년대에 시작된 개혁이었어요. 개혁이야말로 혁명이었고, 문혁은 그저 한바탕 폭란이었을 뿐입니다.

7

1969년, 나는 우붕에서 나와 집에 돌아갈 수 있게 되었습니다. 가족과 떨어져 지낸 지 1년이나 지났을 때였어요. 내 딸은 내가 우붕에 갇힐 때 겨우 세 살이었는데 집에 오니 네 살이 되어 있었지요. 우붕에서 그 어떤 박해도 다 참아 낼 수 있었지만, 딸에 대한 그리움만큼은 참을 수 없었습니다. 또 내 얘기를 늘어놓게 되는군요.

석방되어 집에 와보니 학교 혁명위원회 사람들이 대자보로 온 방을 도배해 놓았더라고요. 담장 문과 창문부터 방 안의 침대와 책상, 서랍 문, 거울 등 모든 곳에 대자보가 붙어 있었어요. 한숨만 나왔답니다. 내 딸이 마침 침대 위에 서있었어요. 아이는 내가 뭐라 말하기도 전에 눈을 크게 뜨고 묻더군요.

"엄마, 잘 개조할 수 있겠어요?"

나는 웬만해서는 잘 울지 않는데, 그때는 울었습니다. 울먹이면서 머리를 끄덕이며 딸에게 대답했어요.

"그럴게."

하지만 다른 누구에게도 그렇게 대답하지 않았답니다. 나는 나 자신이 좋은 사람이라는 것을 잘 알고 있으니까요. 그저 정당하지 못한 일에 바른 말 몇 마디 했을 뿐이라고요. 그런데 힘이 아주 센 국가가 설마 나 같은 사람이 하는 말 몇 마디를 무서워한단 말입니까?

나는 한 친구가 생각났어요. 그는 조직에 속마음을 털어놓았답니다. 그저 마음속에 있던 아주 약간의 불만을 털어놓은 것뿐이었답니다. 그리고 그건 조직에 대한 충성을 증명하기 위해 '속마음을 털어놓는 시간'에 말했던 것이고요. 하지만 문혁 때 그 이야기는 그의 '반동 언행'을 증명하는 자료로 돌변하고 말았습니다. '세상에 어떻게 그런 일이!'라고 생각하지 마세요. 그것은 중국의 전통입니다. '옳지 않다고 생각'해서도 안 됩니다. 생각만 하는 게 뭐 어떻냐고요? 그건 머리로 반역을 한다는 것입니다.

그러므로 내가 앞서도 말했던 것처럼, 문혁은 필연입니다. 1976년 탕산 대지진*이 일어난 것처럼요. 지진은 갑자기 일어나는 것 같지만 그 원인은 이미 땅속에 있고 언젠가는 일어나게 되는 일입니다. 나는 당신이 다음과 같이 쓴 글을 본 적이 있어요.

"필연은 필연적인 우연이고, 우연은 우연적인 필연이다."

8

문혁이 다시 일어날 거라고 생각하지는 않아요. 요즘 사람들은 문혁 때 사람들과는 다르니까요. 그때 사람들은 얼마나 바보 같았는지 모릅니다. [권력자들에게] 대중이 우롱당하는 것은, 달리 보면 대중이

• 탕산(唐山) 대지진 : 1976년 7월 28일, 중국 허베이 성 탕산에서 발생한 진도 7.8의 대지진. 25만 명가량이 사망하고 16만 명 넘게 부상당했다.

우매해서이기도 합니다. 요즘 사람들은 많이 똑똑해졌어요. 물론 문혁도 절반은 똑똑한 사람들이 일으킨 것이긴 하죠.

그렇다면 어떻게 해야 하냐고요?

문혁을 이해하기란 쉽지 않은 일입니다. 이해하기 전에 먼저 사람들에게 사실을 알려야 합니다.

후스(胡適)가 말했지요.

"역사는 어린 아가씨다."

역사는 치장된 것이라는 뜻입니다. 나는 이렇게 말하겠어요. "역사는 고무 점토다. 사람이 주무르는 대로 만들어지는 것"이라고요. 당신은, 역사를 원래 모습만 비추는 거울로 변하게 할 수 있나요?

당신의 글은 나를 실망시켜서는 안 됩니다.

**문혁이 발생한 원인의 절반은
사람들의 입을 막았기 때문이다.**

나는 도대체 죄가 있는 건가요, 없는 건가요?

◆ 1966년 / 30세 / 여자 / T시 아동 병원 의사

나는 내 손으로 아버지를 죽였습니다. 당신도 알고 있을 거예요.

오늘 대화를 앞두고 지난 이틀 동안 마음의 준비를 했지만, 감정이 격해져서 어젯밤에는 한숨도 못 잤습니다. 그래서 오늘은 얘기하지 않을 생각이었어요. 그래요. 그때 일만 생각하면 모든 게 바로 눈앞의 일처럼 생생하답니다. 그날 우리 부모님의 모습이 말이죠. 다시 떠올리는 것 자체가 허물을 벗겨 내듯 고통스럽답니다. 혈압이 높아서 견딜 수 있을까 걱정도 됐고요. 그래서 오늘 약속했던 대화를 다음으로 미루고 싶었는데, 당신을 만나고 보니 이야기를 해야 할 것 같네요. 털어놓고 얘기하는 것도 나쁘지 않겠죠.

내 상처는 치유할 수 없어요. 20년이 지났지만, 내가 아버지를 죽인 것이 맞는지 아직도 잘 모르겠어요. 나는 무기징역을 선고받았지만, 사인방이 분쇄되고 나자 무죄로 석방되었습니다. 나는 죄가 있는

걸까요, 없는 걸까요? 오빠와 새언니를 비롯해 가족들은 모두 나를 이해한다고 말하지만, 그래도 결국 내가 아버지를 죽게 만들었어요. 내가 아니었다면 아버지는 지금까지도 건강하게 살아 계실지 모릅니다. 그때 나는 아버지를 구했던 것일까요, 해친 것일까요? 어떤 때는 억울한 마음이 들다가 또 어떤 때는 자책했어요. 미친 사람 같았답니다. 잘 모르겠어요. 어쨌든 모든 게 뒤죽박죽이고 혼란스러웠습니다.

1966년 8월 26일 아침이었어요. 아뇨, 아뇨. 사건이 일어난 날은 8월 28일 아침이었고 26일은 홍위병들이 우리 집을 압수 수색 한 날이었어요. 당시 가택수색 및 가산 몰수 운동이 한창이었죠. 갑자기 중학생 홍위병 한 무리가 발로 문을 차면서 들이닥치더니, 우리 아버지가 자본가라고 말하는 겁니다. 사실 아버지는 자본가가 아니었어요. 그저 아래층에 방 하나가 남아서 세를 준 일밖에 없어요. 끽해야 집 주인 정도죠. 하지만 그 시절에는 세를 놓는 것도 일종의 '착취'라고 여겨 노동을 통한 정당한 이익으로 보지 않았어요.

홍위병들은 닥치는 대로 물건을 박살냈습니다. 우리 가족은 무릎을 꿇고 재판을 받아야 했어요. 모두들 순박한 사람들이었고 그런 일을 겪어 본 적이 없어서 놀라 얼이 빠졌습니다. 아버지는 그림을 그렸는데, 해방[1949년 신중국 건설] 전에 그림 한 점이 미국에서 전시되기도 했어요. 홍위병들은 그 전시회를 문제 삼더군요. 우리더러 제국주의와 연락을 하고 외국과 내통한 간첩이라나 뭐라나. 정말 놀라 자빠지는 줄 알았어요. 지금 생각하면, 그때 홍위병들은 아주 어린 아이들이었는데, 그 아이들이 하는 말에 왜 그렇게 겁을 먹고 놀랐는지 모르겠어요. 하지만 그때는 문화대혁명 시기였으니까요!

우리 골목의 집들은 대부분 홍위병들이 쳐들어와서 부수고 때리고 뒤지고 난리도 아니었어요. 죽인다고 말하면 정말 죽이는데 얼마나 무서웠겠어요! 그저 때려 부수는 정도가 아니었다니까요. 홍위병 한 무리가 들이닥치고 나면 또 한 무리가 오고, 좀 있다가 또다시 들이닥쳐서는 멋대로 집 안을 수색하며 난장판을 만들고, 돌아갈 때는 봉인 딱지를 붙이고 갔답니다. 책이며 그림이며 전부 꺼내서 가득 쌓아 놓고 불을 싸지르는데, 집 안팎으로 연기가 자욱했습니다. 26일부터 28일까지, 아침부터 저녁까지 부모님과 나는 방 안에 갇혀 가죽 혁대로 두들겨 맞았고 머리카락이 전부 잘렸습니다.

한번은 골목 입구에서 무릎 꿇린 채 비판 투쟁을 당하기도 했어요. 한순간도 가만히 놔두질 않았고, 끊임없이 오가며 괴롭혔답니다. 사람 꼴이 아니었지요. 숨을 곳이 있다면 좋았겠지만 어디 가서 숨겠어요? 도시 전체가 가산 몰수 운동을 벌이고 있었고 도처에서 꽹과리를 치며 가두 비판 투쟁을 하고 있었어요. 정말 살고 싶지 않았지요.

큰오빠와 작은오빠는 아래층에, 부모님은 위층에 살고 있었어요. 나는 의대를 졸업하고 아동 병원에서 일했죠. 공산당 청년단원이었고 아주 열심히 일해 선진 일꾼으로 뽑히기도 했습니다. 의료대를 따라 농촌으로 내려가서 일하다가 과로로 병을 얻어 간염에 걸리고 말았어요. 그래서 집에 돌아와 요양하면서 부모님과 함께 살고 있었는데, 문화대혁명이 고향 마을에 불어닥치는 바람에 화를 당한 것이죠.

그날 홍위병이 들이닥치더니 큰 몽둥이를 휘둘렀는데 아주 무시무시했습니다. 우리 가족은 그 앞에 무릎을 꿇고 앉았는데, 무슨 죄를 지었는지 도통 알 수 없었습니다.

8월 28일까지 꼬박 사흘 동안 나와 부모님은 아무것도 먹지 못했습니다. 밥그릇도 다 때려 부쉈거든요. 홍위병들이 밥을 먹으러 간 사이에, 냄비를 가지고 가서 오빠 아이들에게 주고 국수를 끓이게 했어요. 그날 밤 나와 부모님은 위층에 있었는데, 이 밤이 지나고 날이 밝으면 홍위병들이 또 들이닥치겠지 하는 생각이 들었어요. 또다시 가두행진 비판 투쟁과 끝도 없는 괴롭힘을 당해야 하는 거죠. 마음이 조마조마해지고 두려워졌습니다. 방법이 없다면 죽어 버리는 수밖에요. 우리 세 사람은 함께 죽기로 했습니다. 당시 집 안의 전기선은 모두 끊겨 있었어요. 우리가 감전 사고라도 일으켜 자살할까 봐 그랬나 봅니다. 어쨌든 사방이 온통 까맸어요. 우리 셋은 위층 복도 바닥에 앉아 어떻게 죽을지 의논했습니다. 밖에는 비가 내렸고 벌써 새벽이 되었어요. 곧 날이 밝을 테니 더 지체하지 말고 빨리 죽자고 얘기했어요.

그때 사과 깎는 작은 칼을 발견했습니다. 열쇠 꾸러미에 묶여 있었는데 홍위병들이 집 안을 뒤질 때 떨어뜨린 것 같았어요. 마치 목숨을 구해 줄 도구인 것처럼 반가웠습니다. 나는 의학을 공부했기 때문에, 그 칼로 경동맥을 끊어 공기가 혈관 속으로 들어가면 바로 색전증으로 죽는다는 사실을 알고 있었어요. 가장 빨리 죽는 길이었죠. 아버지는 그것이 가능한지 물었어요. 나는 그렇다고 자신 있게 대답했습니다. 엄마가 그러더군요.

"다행히 내 딸이 의학을 공부해서 이런 방법도 알고 있구나."

우리는 그렇게 하기로 했고, 내가 먼저 부모님들의 경동맥을 끊은 다음 스스로 목숨을 끊기로 했어요.

죽음을 앞두고, 우리 세 사람은 헤어지는 것이 아쉬워 손을 잡은 채 얼마나 오랫동안 그렇게 앉아 있었는지 모릅니다. 나는 어릴 때부터 부모님과 정이 깊었답니다. 부모님은 나를 살리고 당신들만 죽으려 했어요. 하지만 나는 그건 안 될 말이라며, 부모를 죽게 만들면 나는 사형당할 죄를 지은 것이라 어차피 살아남지 못한다고 했습니다. 그때 장면은 떠올리는 것만으로도 마음이 아프지만 눈을 감으면 손에 잡힐 듯 생생하답니다. 시간은 사람을 기다려 주지 않는 법. 날이 밝아 오려고 하자 부모님은 빨리 손쓰라며 나를 재촉했습니다. 동물도 못 죽이는데 하물며 사람을, 그것도 부모님을 어떻게 죽일 수 있겠습니까. 하지만 그 상황에서는 그렇게 할 수밖에 없었어요. 아버지가 말했어요.

"좋은 일을 하는 것이란다. 엄마 아빠의 고통을 없애 주는 일이야. 조금 있으면 홍위병들이 다시 들이닥칠 텐데 그 끔찍한 일을 우리가 또 어떻게 견디겠니?"

아버지의 긴장된 모습이 나를 재촉했습니다.

나는 바닥을 더듬어 펜과 종이 두 장을 찾아 어둠 속에서 유서를 작성했습니다. 가족들과 오빠들에게 남기는 유서였어요.

우리는 인민의 적이고, 주변 사람들에게 해를 입히지 않기 위해 결연하게 사회에서 없어질 것입니다. 무산계급 문화대혁명 만세!

(내 남편으로 외지에서 일하고 있던) ○○○와 무가네 두 집안(첫째 오빠

와 둘째 오빠예요. 오빠들이 조금이라도 우리와 연루되지 않도록 오빠라고 부르지도 못했어요)은 결연하게 혁명의 길을 가야 할 것입니다.

아버지는 어머니를 먼저 죽이라고 했고, 어머니는 아버지를 먼저 죽이라고 했습니다. 먼저 죽는 사람이 이 모진 운명에서 먼저 벗어나는 것이었죠. 부모님은 한참 동안 그렇게 실랑이를 벌였습니다. 그러더니 아버지는 "그래, 당신과 네 말을 마지막으로 들어줄게!"라고 했어요. 아버지가 먼저 죽기로 했습니다.

나는 뛰고 있는 아버지의 경동맥을 더듬어 단번에 찔렀고 곧바로 뜨끈뜨끈한 피가 뿜어져 나왔습니다. 아버지가 말했어요.

"아직도 맥이 있니?"

"1분도 안 돼서 모든 게 끝날 거예요."

아버지는 빨리 죽기를 아주 간절히 바랐습니다. 그리고 어머니가 물었어요.

"우리가 죽고 난 다음에 네가 죽을 수 없으면 어떻게 하니?"

어머니 역시 내가 살아남아서는 안 되고, 함께 죽는 것이 낫다는 사실을 이해했거든요.

"어머니가 죽으면 나도 바로 따라 죽을 거예요."

어머니는 마치 치료받는 환자처럼 내가 빨리 어떻게 해주기를 얌전히 기다렸답니다. 우리는 아무 소리도 내지 않았는데, 둘째 오빠가 어떻게 알았는지 갑자기 방으로 들어오며 소리를 질렀습니다. 마치 홍위병이라도 온 것처럼 말이죠. 사람이 내는 목소리 같지 않았어요. 오빠는 올라오자마자 나를 껴안았어요. 일이 틀어져 우리 셋이 함께 죽을 수 없게 된 것을 깨달은 나는 다급해져서 미칠 것 같았어요.

나는 오빠를 힘껏 밀어내고 3층으로 올라가 그대로 뛰어내렸습니다. 어머니는 생각할 겨를도 없었어요. 머리를 아래로 하고 떨어졌더라면 죽었을 겁니다. 쿵 하는 소리가 들렸고 그 뒤로는 아무것도 기억나지 않았습니다. 가물가물 정신이 돌아왔을 때, 언뜻 홍위병들의 목소리가 들리는 듯했어요. 정말 그들이었는지는 모르겠습니다. 다시 눈을 떴을 때는 병원이었어요. 옆에 아버지와 어머니가 누워 있는 것이 보였어요. 하지만 그건 환각이었어요. 나는 눈을 감고는 감히 쳐다보지도 못했지요. 그러면서 곰곰 생각했어요.

'아버지가 목숨을 건졌다면 이제 어떻게 하지?'

비판하고 성토하는 소리가 나직하게 들려왔어요. 다시 생각해 보니 그곳은 여자 입원실이었는데 아버지가 어떻게 있을 수 있었겠어요. 눈에 보이는 것도 믿을 수 없었습니다. 지금 생각해 보면, 그 소란스러운 소리들도 착각이지 않았나 싶어요. 최대한 입을 크게 벌려 소리를 질렀지만 아무 소리도 나오지 않았습니다.

나중에 다시 정신이 들었을 때 누군가 내게 사건에 대해 물었는데, 내가 뭐라고 말했는지는 기억나지 않습니다.

완전히 깨어났을 때, 엄마도 투신했다는 소식을 들었습니다. 엄마는 내 뒤를 따라왔고 내가 뛰어내리자 바로 뛰어내렸다고 합니다. 나중에 법원에서 심문할 때 그 과정을 들었는데, 아버지는 현장에서 돌아가셨고 엄마는 살아났다고 하더군요. 그 말을 듣자마자 울었어요.

아버지가 죽었다는 사실에 울었고, 또 엄마가 그렇게 되었다는 소식에 울었습니다. 나도 이렇게 많이 다쳤는데, 연세가 많은 엄마는 얼마나 많이 다쳤을 것이며, 살아났다 하더라도 장애인이 될 테니까요. 문화대혁명이 끝나고, 감옥에서 석방되어 나왔을 때 올케가 말해 주기를, 당시 나와 엄마는 바로 병원에 실려 갔지만 병원 측은 나만 받아 주고, 엄마의 치료를 거부했다고 해요. 가족들에게 엄마를 강제로 모시고 가게 했다는군요. 그때만 해도 출신 성분이 나쁘면 병원에 입원할 수 없었거든요. 그뿐만 아니라 병원에서조차 출신 성분이 좋은 환자들을 조직해 출신 성분이 나쁜 환자들을 대상으로 비판 투쟁을 하기도 했어요. 나는 법적인 책임을 져야 했기 때문에 그나마 치료를 받을 수 있었습니다. 엄마는 집으로 돌아올 수밖에 없었고 며칠 지나지 않아 돌아가셨다고 합니다. 현장에서 돌아가신 아버지는 일주일 뒤에 화장되었고요.

나 또한 일반 병원에서는 치료할 수 없어 감옥에 있는 '신생 병원'으로 옮겨졌습니다. 나는 두 다리가 부러졌어요. 왼쪽 종아리 정강이가 골절되었고, 오른쪽 허벅지 뼈는 가로로 골절되어 전체가 다 부러졌어요. 그래서 병원에서는 이 다리의 일부를 자른 다음, 10킬로그램짜리 모래주머니를 사용해 양쪽 뼈를 잡아당겨 벌렸어요. 하지만 감옥으로 보내면서 모래주머니를 못 가져가게 했어요. 고작 모래주머니인데 좀 쓰게 해도 될 것을 절대로 안 된다고 하니, 결국 다리는 골절된 원래 상태로 돌아갔습니다. 그런데 참 이상한 게, 부러진 다리를 이리저리 움직여도 아프지 않았어요. 눈물도 나오지 않았어요. 마치 죽은 사람 같았죠. 정말 비인간적이었어요. 그 의사는 지금 어디서 뭘 하는지 모르겠지만 의사 일은 하지 않았으면 좋겠어요. 그 정도라도 치료해 준 것은 좀 전에 말했듯이 내가 법적인 책임을 져야 했기 때문일 뿐이에요.

감옥에 도착해 시계를 보니 오전 11시였어요. 오후 2시쯤에야 출근한 감옥 병원 직원들이 도구를 가져와 다리를 잡아당겼습니다. 큰 바늘을 집어넣어 벌린 다음 조금 있다가 원상회복시키고, 잠시 후에 다시 늘리곤 했습니다. 나를 사람 취급도 안 한 거예요. 어쨌든 치료는 했지만 잘못되어 지금까지도 이렇게 다리가 짧아요. 뼈가 5분의 1정도만 붙어서 관절에 조금만 무리가 가도 아프답니다. 이제 이 얘기는 그만할래요. 끔찍하거든요.

열흘 뒤 나는 구속되었고 수갑을 찼습니다. 1966년 9월 7일이었어요. 시간이 흘러 1968년, 나는 '문혁에 항거한 살인죄'라는 판결을 받았습니다. 살인은 형사 범죄였지만, 문혁에 대한 항거는 정치범죄여서 죄질이 더 무거웠어요. 그래서 무기징역을 선고받았습니다. 사형이었더라면 좋았을 텐데……. 살아서 그 지옥 같은 형벌을 견뎌야 한다고 생각하니 끔찍했어요. 이건 내 판결문이에요.

조사 결과, 피고 A는 자산계급 가정 출신으로 해방 후 개조가 미진했다. 무산계급 문화대혁명 중에 감히 계략을 꾸며, 자살을 통해 문혁에 항거하려 했을 뿐만 아니라 직접 B를 죽인 다음 처벌이 두려워 자살을 시도했다. 스스로 인민과 단절하고 인민의 적이 되고자 했으며, 이미 항거죄와 살인죄가 구성되었다. 죄질이 엄중하고 내용이 악랄하며 증거도 확실하다. 본 법정은 무산계급 독재를 공고히 하고 무산계급 문화대혁명을 보위하기 위해 특별히 다음과 같이 판결하는 바이다.

피고 A는 문혁 항거죄와 살인죄로 무기징역에 처한다.

군관회의 한 사람이 말하기를, 만일 내가 주부였다면 선처했을지도 모른다고 하더군요. 가장 심각한 문제는, 내가 자본가계급 아버지를 죽였다는 것, 그건 아버지를 문혁의 박해로부터 구해 주고 싶었기 때문이라는 겁니다. 그래서 '문혁 항거죄'로 판결했다고요.

아버지를 구하고 싶어서 죽였다고요? 정말 그랬어요. 하지만 그들이 생각하는 의미와는 달라요. 내가 아버지를 구하려 했던 것은, 다시는 괴롭힘을 당하지 않았으면 하는 마음에서였어요. 내가 아버지를 구한 게 죄라는 그들의 말은 돌아가신 아버지를 괴롭히려는 것입니다.

나는 12년 동안 감옥에서 살았습니다. 자살하지 않은 이유는 오직 하나였어요. 엄마가 살아 계신 줄 알았거든요. 매일 생각했어요. 엄마는 어떻게 살고 있을까? 우리 셋이 같이 죽기로 했는데, 아빠는 죽고 나는 감옥에서 무기징역을 살고 있으니 평생 엄마를 볼 수도 없는데……. 조카들은 면회 올 때마다 이렇게 말했어요.

"할머니는 잘 계세요. 할머니가 고모에게 전해 달랬어요. 감옥에서 바르게 개조해서 감형을 받아 하루빨리 집으로 돌아오라고요."

간수들은 가끔 내게 엄마 연세가 어떻게 되느냐고 물었어요. 엄마가 죽었다는 사실을 이미 알고 있었지만 숨겼던 거예요. 사실 나는 엄마가 돌아가시길 바랐어요. 산다는 게 더 고통스러운 일이니까요. 누군가 그때 엄마가 죽었다는 사실을 알려 주었더라면, 마음을 비웠을 겁니다.

감옥에 있으면 생각이 많아집니다. 그곳 사람들을 보면서, 사회에 이런 외딴곳이 있구나 깨닫게 되지요. 대부분은 누명을 쓰고 들어온 사람들이었어요. 하지만 나는 처지가 달랐어요. 내 손으로 아버지를 죽였으니까요. 항상 아버지에게 속죄하는 마음뿐이었으며, 열심히 노력해 조금이라도 빨리 나가 엄마를 보고 싶었습니다. 그리고 두 오빠에게 죄를 지었다고 생각했어요. 우리는 배다른 남매였습니다. 하지만 그 사실을 아는 사람은 없었어요. 모두들 엄마가 같은 줄 알았지요. 내가 아버지를 죽였지만 오빠들은 나를 원망하지 않았을뿐더러 자주 면회를 왔고 먹을 것도 보내 주었어요. 오빠들을 만날 때마다 너무너무 미안했지만 눈물은 말라서 나오지 않았고, 무슨 말을 해야 좋을지 몰라 멍하게 있었습니다. 오빠들은 이렇게 말해 주었어요.

"널 이해해. 너는 나쁜 사람이 아니야. 우리가 널 돌볼 거야."

그런 오빠들에게 속죄하는 길은 죽을힘을 다해 열심히 일해서 나 자신을 개조하는 것이었습니다.

재봉틀 돌리는 일부터 시작했어요. 전동 재봉틀은 사용할 줄 몰랐기에 처음부터 배워야 했지만 이내 잘할 수 있게 되었습니다. 옷깃을 재봉하는 일이 가장 어려웠어요. 간신히 해내는 정도였지요. 하지만 손재주가 필요한 일은 내가 가장 잘해 일이 전부 내게 몰렸고, 생산 목표를 초과 달성하기도 했답니다. 또 벽보와 칠판 신문 만들기, 쓰고 그리는 일들을 열심히 배웠습니다. 어디서든 무슨 일이든 사람들을 도왔습니다. 홍기와 마오 주석 어록 같은 것도 만들었답니다. 지금 내가 쓰고 있는 안경 도수가 얼마인지 맞춰 보세요. -3.5디옵터랍니다. 재봉틀을 돌릴 때 바늘만 들여다보다가 근시가 되었어요. 사람들을 진료하기도 했는데, 죄수들뿐만 아니라 간수 대장과 그의 아이들도 진료해야 했고, 심지어는 간수의 친척과 친구들, 공장 간부들까지, 그들이 부르기만 하면 달려가야 했답니다. 그래도 사람들이 나를 신뢰하고 적으로 생각하지 않는 것만도 큰 영광이었지요. 밤에는 잠도 잘 못 잤어요. 누가 배가 아프다거나 경련을 일으켰다고 하면 바로 일어나 진료를 가야 했고, 그러면 몇 시간이 훌쩍 지나갔거든요. 그래도 다음 날 정상적으로 출근해서 일해야 했어요. 그렇게 밤낮 없이 죽도록 일만 했지요. 그러자 나를 대하는 간수들의 태도가 달라지더군요. 지금도 가끔 우리 병원에 아이들을 데려와 진료를 받곤 한답니다. 당시에는 간수들이 상냥한 얼굴로 대해 주는 것만으로도 정말 큰 힘이 되었답니다. 칭찬이라도 한마디 들으면, 몇 날 며칠이 아주 행복했으니까요.

다시 과거로 돌아가 볼게요. 앞서 말했듯이 나는 1966년 9월 7일 감옥 병원에서 체포되었습니다. 그때 난 결혼한 상태였고 남편은 베이징에서 일하고 있었어요. 몹시 추웠던 어느 날, 홍위병들이 우리 집에 들이닥쳐 그의 옷과 물건을 압수하고 부쉈습니다. 나 때문에 그 사람까지 잘못될까 봐 이혼하자고 편지를 보냈어요. 9월 말에 우리는 이혼했답니다. 그런데 얼마 지나지 않아 그의 누나가 찾아와 20위안과 영양 보조 식품들을 주고 갔어요. 나는 다른 사람을 통해, 다시는 돈과 물건을 보내지 말아 달라고 누나에게 전했어요. 당시 나는 무일푼이었기에 5위안만 남기고 나머지 15위안은 나를 담당하는 대장에게 부탁했어요. 엄마에게 부쳐 달라고요. 엄마가 죽은 줄 몰랐으니까요. 그는 전역한 군인이었어요. 처음에는 부탁을 거절했지만 내가 울면서 매달리자 나중에는 알겠다고 대답하더군요. 누나는 그 뒤에도 다시 찾아왔고 30위안 정도를 주고 갔어요. 그렇게 대여섯 차례 면회를 다녀갔고, 내게 준 돈도 120위안쯤 되었어요. 나는 매번 대장에게 부탁해 이 돈을 모두 엄마에게 보냈답니다. 하지만 가족들에게는 아무 소식도 없었어요. 그래서 가족들이 나를 원망하는 줄 알았답니다.

그 뒤 나는 판결을 받았고 가족들과의 면회도 허락되었습니다. 가족들은 만날 때마다 그저 건강해야 한다는 것과 어록을 열심히 공부하라는 말로 면회 시간의 절반을 보냈고, 나머지 절반은 울기만 해서 몇 마디 얘기도 하지 못했어요. 가족들은 내가 돈을 부친 이야기는 하지 않았는데, 나도 겸연쩍어 묻지 않았습니다. 1979년 출옥해 가족들과 얘기해 보고 나서야 그들이 돈을 받지 못했다는 사실을 알았답니다. 오랫동안 그 대장을 은인으로 알고 있었기에 도저히 이해할 수 없었어요. 우체국에서 보내지 않았는지도 모르죠. 그 당시만 해도 가택수색 및 가산 몰수를 당한 집에는 신문이나 편지를 전해 주지 않았거든요. 하지만 보내지는 않았더라도 돌려는 줘야 하지 않습니까!

그 얘긴 그만할게요. 감옥에도 좋은 사람이 많았습니다. 원래 통통했던 내가 그 일을 겪고 난 뒤 살이 빠져 45킬로그램도 되지 않자, 어떤 대장은 올케언니가 면회 올 때 [식량을 좀 더 반입할 수 있도록] 영양 증명서를 몰래 건네주었답니다. 올케언니는 다음 면회 시간에 간식거리를 1킬로그램 넘게 넣어 주었는데, 그걸 받고는 마음이 아팠어요. 나보다 엄마와 조카들에게 주면 더 좋을 텐데 하고 말이죠. 감옥 밖의 사람들도 생활이 힘들기는 마찬가지였거든요. 감옥에서는 죄수들에게 한 달에 약 1.5위안을 지급했는데, 휴지나 비누 사는 걸 제외하고는 쓰지 않고 꼬박꼬박 모았어요. 치약도 한 통을 사면 아껴서 몇 달을 썼어요. 최대한 절약해서 모은 돈은 집에 보냈습니다. 가족들이 아니라면 내가 살아갈 이유도 없었고, 무엇보다 그들에게 죄를 지었으니까요. 나는 주어진 상황에서 내가 할 수 있는 한 노력했어요. 그것이야말로 속죄하는 방법이라고 생각했습니다.

감옥에서도 학습과 비판 투쟁이 진행되었습니다. 나는 문화대혁명에 항거한 것과 내가 저지른 범죄에 대해 통렬하게 자아비판을 했어요. 간수들은 그런 나를 불러 크고 작은 비판 대회에서 연설을 하게 했습니다. 자아비판을 하는 것도 확실히 좋은 점이 있어요. 가끔 비관적이 되곤 했는데, 자아비판을 할 때면 "그렇게 오랫동안 당의 교육을 받아 왔으면 당연히 정부를 믿고 신뢰해야 한다."라고 말하게 됩니다. 정책을 믿었더라면 어떤 일도 극복할 수 있지 않았을까요? 자아비판을 하면서 정책을 믿게 되었고 살아가는 힘도 생겼습니다. 좋은 모습을 보여 하루빨리 감옥에서 나가야겠다고 마음먹게 되었습니다. 목숨 걸고 일하니 효과가 있더군요. 1972년, 유기징역 10년으로 감형되었습니다. 무기징역에서 10년으로 감형된 것은 가장 관대한 조치였습니다. 셈해 보니 1982년에 나갈 수 있겠더군요. 희망이 생겼습니다. 사인방이 몰락하자 법원은 내 사건을 재심리했어요. 그 결과 나는 문혁 기간 동안 박해를 받았으며, 사람을 죽였다기보다는 집단 자살로 보는 것이 맞다며 무죄를 선고했습니다. 그래서 예정보다 2~3년 앞당겨 나올 수 있었어요. 새로운 판결문에는 이렇게 써있었습니다.

○○○에 대한 문혁 항거 및 살인죄 판결은 성립될 수 없고, 이에 원래 판결을 취소하는 바이다. ○○○에게 무죄 석방을 선고한다.

나는 1979년 3월 23일 출옥했습니다. 감옥에 들어갈 땐 하얀색 바탕에 파란색 세로 줄무늬가 있는 병원 환자복을 입고 있었어요. 나중에 오빠가, 예전에 농촌 의료대에서 일할 때 입었던 내 낡은 옷들을 작은 상자에 담아 보내 주었습니다. 감옥에서는 줄곧 그 낡은 옷들을 입었기 때문에 나올 때쯤에는 너덜너덜해져 있었어요. 초라한 행색으로 가족들을 만났지만 너무 기뻤어요. 하지만 엄마가 이미 오래전에 돌아가셨다는 소식을 듣고 머리를 한 대 얻어맞은 듯했습니다. 그렇게 오랫동안 내가 무너지지 않을 수 있었던 것은 엄마를 만나야겠다는 일념 때문이었어요. 그런데 감옥에서 나오자 아버지도 없고 엄마도 없었습니다. 세상이 무너지는 것 같았어요.

5월 1일 노동절부터 아동 병원으로 출근하기 시작했습니다. 두 달을 쉬었던 거죠. 많은 친척들과 친구들이 찾아왔기 때문에 집에 있어도 제대로 쉴 수 없었고, 머릿속으로는 온통 일 생각뿐이었어요. 무엇보다 나 혼자 살아남은 것을 견디기 힘들었어요. 그런 나에게 사람들은 이렇게 말해 주었습니다.

"살아남은 것만도 다행이다. 수많은 지도자들이 마오 주석과 생사고락을 같이하며 설산을 넘고 들판을 지나갔지만, 집안이 풍비박산 나고 죽지 않았니? 너보다 비참한 사람들이 얼마나 많은지 몰라. 하지만 그들도 견뎌 내고 꿋꿋하게 살아가지 않니?"

병원은 나를 배려해 주었어요. 옛날 우리 집에는 이미 다른 사람들이 살고 있어서 마땅히 있을 곳이 없었는데, 그런 나를 병원 단체 기숙사에서 살게 해주었습니다. 나는 이슬람을 믿는 회족이어서 밥 먹을 때가 곤욕이었는데, 조카가 매일 도시락을 싸다 주었어요. 몇 년을 그렇게 했답니다. 어쨌든 나는 돌봐야 할 가정이 없었기 때문에 다른 부담은 없어서 시간을 아껴 가며 공부했습니다. 감옥에 있을 때는 전공 책을 읽을 수 없었으니 이제라도 열심히 공부해야 했지요.

나는 여덟 개 병동을 책임졌습니다. 1층에서 5층까지 오르락내리락했는데, 아침 7시 30분에 출근해 밤 9시 30분에 퇴근했으니, 하루에 열네 시간을 근무했죠. 어느 날은 야근을 하는데, 갑자기 솜을 밟은 듯 휘청거려서 혈압을 재보니 최고 혈압 180, 최저 혈압 1백이 나오더라고요.* 나는 얼른, 혈압을 낮추는 황산마그네슘 주사를 맞았습니다. 30분간 수액을 맞고 다시 재봤지만 떨어지기는커녕 오히려 [최고 혈압

---

* 정상은 120 미만(수축)에서 80 미만(이완), 1단계 고혈압은 140~159(수축)에서 90~99(이완), 2단계 고혈압은 160 이상(수축)에서 1백 이상(이완).

이] 2백으로 올라갔지 뭡니까. 그날 병동을 순서대로 돌아야 했는데, 간호사들은 내가 힘들까 봐 일부러 찾지 않았어요. 그들은 나를 동정했고 또 존경했답니다. '입원과'에서 1년 동안 일하기로 했었는데, 반년 조금 지나 바로 주치의로 승진했습니다.

친구도 사귀었어요. 화둥(華東) 방직대학을 졸업한 사람이었답니다. 젊고 전도유망한 사람이었는데, 한 선임 기술자가 그를 특별히 인정했다고 해요. 반우파 투쟁 때 그 선임 기술자가 우파로 몰렸답니다. 선임의 잘못을 고발하라는 압력이 있었지만 그는 고발하지 않았고 오히려 그 선임에게 편지를 보냈답니다. 자신은 양심에 가책이 되는 일은 할 수 없었다고요. 결국 그 사람도 함께 우파로 몰렸습니다. 그는 자기가 정말 우파인 줄 알았대요. 이번에 누명이 벗겨지고 우파 딱지를 떼게 되었죠. 사람들이 그의 당안을 보더니 그랬다고 해요.

"당신은 누명을 쓴 거요. 우파도 아닌데 얼떨결에 20년 동안이나 '우파'가 된 거라고요!"

승진도 못 하고 월급도 오르지 않았으며, 결혼도 못 했답니다. 기가 막히는 일이죠. 그는 올해 50세였고, 줄곧 독신으로 살았어요. 맞아요. 우리는 결혼했습니다. 우리 두 사람은 비슷한 경험을 했기 때문에 대화가 통했고, 그 사람은 나를 세심하게 보살펴 준답니다. 서로 의지가 되는 거죠. 둘째 오빠가 아들을 양자로 삼게 해주었는데, 지금 베이징 대학에 다니고 있어요. 남편은 최근 공장장으로 승진했어요. 이제 난 더 바랄 것이 없습니다.

하지만 그때 일은 아무리 잊으려 해도 잊을 수가 없답니다. 항상 아버지를 생각해요. 우리 병원 사람들은 "개미 한 마리도 죽이지 못하는 당신이 어떻게 그럴 수 있었어요?"라고 묻곤 해요. 그때는 인간성이라는 것을 돌아볼 수 없을 만큼 사람을 강압하는 분위기였습니다. 누가 친아버지를 죽일 수 있겠어요! 평상시에는 생각조차 못할 일이죠. 엄마에게도 영원히 갚을 수 없는 빚을 졌고요. 내가 그때 그런 짓을 하지만 않았다면 부모님은 지금까지 살아 계실지도 몰라요. 나 자신을 원망하지 않으면 누굴 원망하겠어요? 어떻게든 스스로를 위로할 방법을 찾아보지만 불가능한 것 같아요.

그리고 아직도 잘 모르겠어요. 나는 아버지를 해친 걸까요, 구한 걸까요? 처음에는 아버지를 구했다고 생각했는데 지금은 결국 아버지를 해친 것이라는 생각이 들어요. 다른 일은 모두 이해되는데, 그 일만큼은 아무리 생각해도 이해가 안 돼요. 어떤 때는 이런 것 같다가 또 어떤 때는 아닌 것 같아요. 우리는 죄가 없고, 모두 사인방이 저지른 일이라면 왜 그렇게 많은 사람들이 고통을 당해야 했단 말입니까?

여기까지 생각이 미치면 내가 큰 잘못을 저지른 것 같아 몸에서 힘이 빠져나갑니다. 내가 잘 사는 것만이 부모님을 위한 일이라고 말하는 사람들도 있어요. 정말 그럴까요?

이제 힘이 드네요. 그만해야겠어요.

인간성이 소멸된 시대에,
인간성을 표현하는 가장 고차원적인 방식은
자신을 파괴하는 것이다.

원자탄보다 대단한 문화대혁명

◆ 1968년 / 37세 / 남자 / Q성 모 지역 핵실험 연구실 주임

부탁이 하나 있습니다. 제발 내 경험담을 무슨 희한한 이야기로 만들지 말아 달라는 겁니다. 내가 당했던 불운과 불행, 고통이 사람들의 호기심을 채우는 데 이용되지 않았으면 합니다. 그저 내 이야기를 통해 중국 지식인들의 영혼 깊숙한 곳에서 무슨 일이 일어났었는지를 이해할 수 있으면 됩니다. 내 인생 역정은 단순한 개인사가 아니라, 동시대를 살았던 중국 지식인들의 인생 역정을 대표하기 때문입니다.

원자탄을 만드는 일은 일부 사람들이 상상하는 것처럼 그렇게 신비한 일은 아니랍니다. 뛰어난 과학자 몇 명이 연구실에서 만들어 낸 것도 아니고요. 물론 과학자들의 이론과 설계가 반드시 있어야 하지만, 그것을 무에서 유로 창조해 내려면 많은 사람들의 헌신적인 노력이 필요하며, 힘든 작업과 반복적인 실험을 거쳐야만 성공하게 됩니다. 수천만 명의 지식인과 엔지니어, 전사, 조직가 들이 두뇌와 지혜, 손과 땀, 심지어 생명을 바쳐 창조해 낸 것입니다. 나는 그들 가운데 한 사

람일 뿐으로, 기지 제일선 주요 연구팀에서 연구와 실험을 담당했어요. 연구 기지는 대서북 지역*에 있었습니다. [칭하이 성에 있는] 진인탄 (金銀灘)의 대초원을 떠올리면, 그야말로 끝이 보이지 않을 정도로 아득히 넓고, 말로는 표현하기 힘들 만큼 황량하고 고생스러운 곳이었답니다.

나는 지식인 가정 출신입니다. 중학교 때는 학생운동에 참가했을 뿐만 아니라 지하당에도 가입했고, 해방 후 대학에 들어갔어요. 대학을 졸업한 뒤에는 소련으로 파견되어 관련 기술을 공부했고요. 기술적인 문제는 복잡하고 독자들이 이해하기 어려울 테니 넘어갑시다. 내 이야기를 할게요.

1960년대 초에 조직은, 매우 중요한 국방 과학 연구 임무가 있으니 나를 어딘가로 파견하겠다고 알려 왔습니다. 중요한 임무란 바로 원자탄을 만드는 일이었어요. 원래는 소련이 기술을 제공해 주리라 기대했지만 1959년 중소 관계가 틀어지고 소련이 일방적으로 협의를 철회하면서 희망이 없어지자, 우리 스스로 만들기로 결정했답니다. 스스로 만든다는 것이 어디 말처럼 쉬운 일입니까. 맨땅에 헤딩하는 꼴이죠. 게다가 얼마나 정밀하고 첨단적인 기술입니까. 임무는 제2 기술부에 맡겨졌고, 이 부서는 나중에 핵공업부로 불리게 되었습니다.

● 대서북 지역: 산시(陝西), 간쑤(甘肅), 칭하이(青海), 신장, 네이멍구 등.

당시 그 임무는 절대 기밀 사항이었고, 내부에서는 596호라는 번호로 불렀어요. 1959년 6월을 의미했는데, 소련이 일방적으로 협의를 철회하고 기술 자료 제공을 거절한 날짜입니다. 이름을 그렇게 정한 것은 사람들을 고무시키기 위해서였어요. 다른 누구에게도 의지하지 않고, 다른 사람이 만들 수 있는 것이라면 우리도 반드시 만들어야 한다는 의미입니다. 처음에는 나처럼 서른 살이 채 되지 않은 젊은 과학자들이 참여했는데, 그 수는 몇 명밖에 되지 않았답니다. 모두 엄격하게 선발되었으며, 정치적으로나 실력으로나 신뢰할 만한 사람들이었습니다. 따라서 이 일은 조직이 나를 절대적으로 신뢰한다는 것을 의미했고, 나 자신에게도 당연히 영광스러웠죠. 그리고 그 영광은 열정으로 승화되어 내 젊은 가슴을 뜨겁게 달구었습니다.

진인탄에 들어서자 눈앞이 온통 황량했습니다. 그곳은 원래 토박이 장족 주민들이 야크를 방목하던 곳이에요. 목초가 아주 풍성했고 초원에는 들꽃과 신선하고 맛있는 버섯이 많았습니다. 하지만 그 밖에는 아무것도 없었어요. 길도 집도 나무도 없었어요. 그저 태양과 달, 거센 바람, 눈서리와 잔인한 추위만 있었습니다. 아, 맞다. 늑대도 있었어요. 사람들은 황무지를 개간할 때처럼 처음에는 텐트 안에서 생활했는데, 매일 밤이면 바람이 불고 늑대가 울부짖는 소리를 들었습니다. 해발 3천 미터라 산소가 부족해서 빨리 걸으면 숨 쉬기가 곤란했고, 가슴은 모래가 꽉 찬 것처럼 답답했어요. 일을 하면 쉽사리 지쳤고 목구멍은 마치 마개로 막아 놓은 듯했습니다. 기압이 낮아서 만두를 쪄도 잘 익지 않았어요. 그곳은 못 하나, 나무 하나, 벽돌, 기와, 그리고 성냥 등 모든 일용품을 아주 멀리서 실어 와야 했는데, 마침 [1959~61년 대약진 운동 시기인] '고난의 3년' 기간이었기 때문에 물자가 부족해서 제대로 조달되지 않았습니다.

생활은 그렇다 쳐도 연구에 필요한 재료나 기계도 부족했어요. 얼마나 힘들었는지 모릅니다. 하지만 우리는 해발 3천 미터 고원에 서서 긍지와 의욕을 가득 품고, 바로 이곳에서 중국인의 패기와 기상이 담긴 버섯구름을 보여 주겠다고 결심했답니다. 우리가 가장 좋아했던 말은 '공기 동력학'이라는 말이었어요. 물리학 용어인데, '기'를 '동력'으로 삼는다는 의미죠. 우리는 터져 나올 것 같은 숨을 배 속에 억누르고 있었는데, 그것이 바로 우리의 동력이었습니다. 국가의 강성이 우리 인생의 목표였고요. 비록 몸은 망망한 진인탄에 있고, 원자탄을 만드는 부품을 비롯해 아무것도 가진 게 없었지만 말이에요. 어쨌든 이곳에 온 이상 평생을 원자탄 만드는 일에 바치기로 했습니다. 그때 우리는 이렇게 생각이 단순했답니다. 지금 젊은이들은 우리를 '경건한 세대', '순종 세대'라고 비웃을지도 모르지만, 우리의 삶은 아주 충만했답니다.

초원에 도착하고 나서 곧바로 작업에 투입되었습니다. 먼저 규모를 축소한 폭발 실험을 했어요. 이 실험은 설계 모형에 결함이 있는지를 알아보는 것이었습니다. 나는 한 팀을 책임졌는데, 모두 실험과학 연구원들이었어요. 실험할 때마다 엄청난 비용이 들었기 때문에 측량 통계가 나오지 않으면 헛수고하게 되는 셈이었죠. 따라서 책임이 무거웠고 한 치의 실수도 용납되지 않았습니다. 온정신을 집중해야 했어요.

나는 연구원들에게 "실험용 케이블은 우리의 생명선이다. 원자탄을 생명보다 중요하게 여겨야 한다."라는 말을 자주 했습니다. 중국 원자탄이 그렇게 빨리 실험에 성공할 수 있었던 것은 바로 기초 작업이 탄탄했고 작은 부분에도 소홀함이 없었기 때문입니다.

1963년 축소 모형실험이 성공했어요. 1964년에는 재실험에 성공했고, 그해에 실물 크기로 폭발 실험을 했습니다. 실험용 모형은 진짜 원자탄과 크기가 같았으며, 핵물질을 탑재하지 않았다는 것을 제외하면 재료나 구조 또한 같았어요. 실험은 정말 중요했는데, 만일 실패하면 다음번 핵실험을 할 수 있으리라는 보장이 없었기 때문입니다. 기지 안의 모든 사람이 숨죽인 채 실험의 성공 여부를 한마음으로 기다리고 있었어요. 우리는 더욱 긴장했고, 기지 분공장 숙소에 기거하면서 실험 준비를 했어요. 나는 실험 측량을 책임졌습니다. 며칠 밤낮으로 모든 기계와 연결점, 케이블을 반복해서 점검했어요. 그리고 가상 조작도 했는데 우리는 그걸 '리허설'이라고 불렀습니다. 정식으로 '무대 공연'을 할 때 혹시 실수할까 봐 걱정되었던 거죠. 조금이라도 실수하면 모두 도로 아미타불이 되니까요. 그 며칠 동안 나는 가슴이 쿵쾅거리는 소리를 들을 수 있었습니다.

실험 결과는 아주 좋았습니다. 실험이 끝나자마자 나는 재빨리 내가 찍은 사진의 필름을 들고 차를 타고 가 인화한 뒤, 다시 이 필름을 들고 한달음에 총지휘부로 뛰어들어 갔습니다. 지도자들 모두 그곳에서 기다리고 있었거든요. 총지휘관과 베이징에서 급히 달려온 책임자도 있었습니다. 내가 다급하게 지휘부로 들어가자 방 안에 있던 지도자들은 한마디도 하지 않았고, 모든 눈이 나를 주목한 채 숨을 죽였습니다. 그들의 심장이 뛰는 소리가 들리는 듯했어요. 나는 필름을 들고 사람들에게 보여 주며 말했습니다.

"성공입니다!"

순식간에 환호성이 터져 나왔고, 모두 박수를 치며 서로 얼싸안은 뒤 축배를 들었답니다. 내 마음속에 영원히 남아 있는 장면입니다. 총지휘관은 나더러 빨리 가서 자라고 했어요. 초원에 온 뒤로 잠을 제대로 잔 적이 거의 없다는 걸 알고 있었거든요. 자려고 누웠지만 너무 흥분된 나머지 눈을 감을 수가 없었답니다. 그러다 어느 순간 나도 모르게 잠이 들었는데, 평생 잊을 수 없을 만큼 달콤한 잠이었습니다. 나는 늘 꿈을 꾸었는데 그때는 꿈도 꾸지 않았고 마치 꼬박 1백 년 동안 잠을 잔 것 같았답니다. 그동안 누적되었던 수많은 낮과 밤의 피로가 실험의 성공으로 모두 눈 녹듯 사라졌던 거죠.

우리는 바로 정식 핵실험에 착수했습니다. 1964년 7~8월 가장 더운 날에 측정 기계들을 모두 들고 고비사막으로 갔어요. 끝없이 펼쳐진 고비사막 위에는 물 한 방울 구경할 수 없을 만큼 태양이 이글거렸고, 새들도 너무 더워 날지 못한 채 땅 표면에 붙어서 몽롱하게 맴돌고 있었습니다. 그곳에는 이미 아주 높은 철탑이 설치되어 있었어요. 바로 첫 핵실험 탑이었습니다. 우리는 철탑 위에 기계를 부착하고, 철탑에서 멀지 않은 측정 연구동에도 기계를 설치했어요. 중간에는 케이블을 이용해 서로를 연결했고요. 일단 핵이 폭발하면 케이블이 끊어지면서 탑 위의 기계들도 모두 폭발하는데, 가장 가치 있는 통계들은 모두 측정 연구동 기계 안에 보존됩니다. 만일 기계에 문제가 생기면 중요한 통계들이 모두 사라져 막대한 손실을 입는 거죠. 하늘만큼 무거운 책임이 내 어깨를 누르고 있었습니다. 측정 연구동은 대부분 지하에 설치되었고, 견고한 시멘트벽이 보호하고 있었으므로 폭발에도 끄떡없었습니다. 하지만 내부는 낮에는 뜨거웠고 밤에는 아주 추웠어요. 잠은 잤냐고요? 우리는 임시로 만든 천막 안에서 잠깐씩 졸면서 계속 일했어요. 자신이 누구인지도 잊어버렸답니다. 내가 바로 기계이자 원자탄이었어요!

우리 기지의 총지휘관도 핵 실험장에 도착했습니다. 총지휘관은 원래 장군이었는데 아주 건장했답니다. 그는 원자 기술에 대해서는 잘 알지 못했지만 훌륭한 지도자였고 대장군의 기품이 있었어요. '티베트 해방'●에도 참가한 적이 있는 아주 좋은 사람이었고 모두에게 자상했답니다. 그는 진인탄에 도착해 초원 위 텐트 안에서 우리와 함께 지냈어요. 나중에 숙소를 지었지만 공간이 부족하자 우리더러 먼저 이사하

● 티베트는 중국과 인도 사이에 위치해 있으며 히말라야산맥과 고원에 둘러싸여 있다. 9세기 중반까지 중앙아시아에서 토번(吐蕃)이라 불리는 독립적인 왕국을 유지했고, 18세기에 청나라의 보호령이 되었다. 1912년 청나라가 멸망하면서 독립을 선언했고 제2차 세계대전 당시에는 연합국의 일원이기도 했다. 1949년 신중국이 건립된 뒤 중국은 티베트가 중국 영토의 일부이며 이를 회복하겠다고 선언했고, 1950년 10월 중국 인민해방군이 티베트를 점령했다. 그 뒤 1951년 5월 23일 중국-티베트 간 '17조 협의'를 통해 중국령으로 합병되었다.

라고 하고 자신은 여전히 텐트에서 살았습니다. 그는 "당연히 당신들이 좋은 숙소에서 지내야 한다."라고 말했어요. 요즘 지도자들과는 정말 달랐죠.

10월 15일, 모든 발사 준비가 끝나고 퇴각하기 시작했습니다. 우리는 수십 킬로미터 떨어진, 방사능 복사(輻射)가 없는 곳으로 물러났고 지휘관이 마지막으로 퇴각했어요. 일부 전문 인력이 철탑 위에 올라가 뇌관을 설치해야 했거든요. 뇌관은 이미 여러 차례 점검했지만, 혹시 실수라도 하면 큰 재앙이 발생할 것이므로 설치한 다음에도 꼼꼼하게 다시 검사해야 했습니다. 그때는 전기를 사용할 수 없어 승강기가 작동하지 않았기 때문에 직접 올라가는 수밖에 없었습니다. 총지휘관과 다른 지도자들 몇 명은 철탑 아래에서 마지막 과정을 지켜보고 있었습니다. 나는 그날 밤 수십 킬로미터 떨어진 곳에서 총지휘관에게 전화를 걸었고, 그는 여전히 철탑 아래에서 전화를 받았어요. 그 당시 우리 팀 사람들은 지위 고하를 막론하고 모두가 그렇게 훌륭했습니다.

우리는 베이징 중앙의 명령을 기다렸습니다. 실험에 참가한 사람들은 안전지대에 모여 철탑 방향을 바라보고 있었어요. 탑은 보이지 않았고 그저 광활한 대지와 끝없이 펼쳐진 파란 하늘만 보였답니다. 우리의 희망도 그 고요하기 그지없는 하늘과 땅 사이에 맡겨졌습니다.

베이징에서 명령이 떨어졌고, 점화를 했습니다. 10, 9, 8, 7, 6, 5, 4, 3, 2, 1, 0까지 카운트다운을 했는데 왜 변화가 없는 거죠? 순간 긴장한 나머지 심장이 튀어 오르다가 목구멍에서 걸리는 것 같았어요. 실패한 걸까? 실패라면 처음부터 다시 시작해야 할지도 모르는 일이었죠. 그런 생각을 하고 있는데, 순식간에 아주 거대한 버섯구름이 하늘로 치솟기 시작했습니다. 우리가 너무 멀리 떨어져 있었던 겁니다. '0'일 때의 섬광을 보지 못했던 거죠. 고대해 마지않던 버섯구름이 파란 하늘을 향해 용솟음치는 것을 드디어 볼 수 있었습니다. 우리는 목이 쉴 때까지 소리 지르고 환호하며 펄쩍펄쩍 뛰었습니다. 어떤 사람은 뛰다가 바닥에 엉덩방아를 찧었지만 아픈 것도 모르고 다시 뛰어올랐어요. 나는 웃다가 울었고, 그러다 엉엉 울었습니다. 눈물도 달더라고요. 여러분도 그 장면을 영화나 사진에서 본 적이 있을 겁니다. 첫 번째 원자탄은 성공했습니다! 그것도 우리 손으로 해낸 겁니다.

축하 행사가 이어졌고 베이징에서는 호외가 발행되었습니다. 현장에서 원자탄을 만드는 데 참여했던 사람들은 너무나 힘들었지만 중국인으로서 강한 자부심을 느꼈습니다. 자부심이란 허장성세가 아니라 스스로 성취하는 것입니다. 서북 지역에서 피어 오른 버섯구름은 수많은 사람들의 일편단심이자 시간의 퇴적물이며 성실하게 일한 결과였어요. 모두가 바랐던 것은 강성한 국가였습니다. 돈을 벌어 부자가 되고 싶어 하거나, 승진과 자리, 좋은 집 같은 것을 위해 싸우는 사람은 한 명도 없었답니다. 나는 직접 그 일에 참여한 사람으로서 무수한 무명 영웅들을 만났습니다. 고급 기술자·연구원·조직가뿐만 아니라 광석을 찾거나 채굴·농축·가공·제조하는 사람에 이르기까지 모두들 청춘을 원자탄 사업에 바쳤습니다. 또한 방화병(防化兵)들은 폭발 후에 현장으로 뛰어들어 견본품들을 찾아와야 했는데, 우리가 폭발 효과를 연구하는 데 필요한 것들이었어요. 방호복 안에서 그들이 또 얼마나 많은 땀을 흘렸는지 모른답니다. 문혁 전까지, 그렇게 우리 연구 기지는 작은 소도시와 다름없었습니다. 백화점·영화관·병원·학교·탁아소·은행 등 필요한 시설이 모두 있었고 프로젝트는 희망으로 가득 차있었답니다. 우리 모두는 아직도 해야 할 일이 많다고 생각했어요. 나는 핵실험을 하기 전에 결혼을 했고 아내 역시 기지로 왔습니다. 다른 어떤 선택도 없다는 듯이, 내 모든 것과 평생을 그곳에 바친 셈이에요.

1966년 갑자기 문혁이 시작되었습니다. 우리 기지에는 마치 인위적이고 정치적인 원자탄이 떨어진 것처럼 모든 것이 엉망진창이 되었습니다. 그해 11월에도 우리는 핵실험장에서 수소폭탄의 원리에 대한 실험을 진행하고 있었고, 성공했습니다. 해가 바뀌어 다시 수소폭탄을 제조해 내긴 했지만, 수소폭탄 기지 작업은 문혁 전에 해둔 것이었습니다.

수소폭탄을 만들고 있을 때, 나는 1백여 명이 근무하는 연구실의 주임이었습니다. 그런데 수소폭탄을 만든 뒤쯤 공격받기 시작했어요. 어떤 사람은 이렇게 묻곤 합니다.

"원자탄 실험 지역은 절대 보안인데, 일반 지역과 마찬가지로 문혁을 했나요?"

어떻게 문혁을 안 할 수가 있었겠어요? 당시 "두 사람만 있어도 파벌이 두 개 생기고 바로 투쟁이 시작된다."라는 말도 있지 않았습니까? 우리 연구 기지에서도 문혁은 살벌했습니다. 두 파벌이 있었는데, 원래 지도자들은 한쪽으로 물러나고 새로 온 사람들이 서로 치고받고 투쟁하면서 무장 폭력 사태가 더 살벌하게 일어났어요.

1968년 계급 청산 대오 운동이 일어났습니다. "사건 발생에는 원인이 있다."라든지 "지식인들이 산더미처럼 많은 지역", "공산당과 국민당의 투쟁은 끝나지 않았다", "계급 청산 대오를 항상 밀고 나가자." 등의 구호들이 넘쳐 났어요. 출신에 조금이라도 문제가 있는 사람들이 고초를 겪은 것은 물론이고, 나처럼 아무 문제가 없는 사람들에 대해서도 문제를 억지로 만들어 내려고 했습니다. 어떤 사람은 내가 평소에 말했던 '사개제일'(四个第一)[네 가지 '제일'이라는 뜻]이 린뱌오(林彪)의 '사개제일' 노선과 대립된다고 주장했어요. 구체적인 내용은 기억나지 않지만, 아마도 내가 말했던 '업무 제일'(業務第一)이라는 말이 린뱌오가 말했던 '정치 제일'(突出政治第一) 노선과 대립한다고 했던 듯해요. 또한 나는 실험의 질을 강조하기 위해 '질량 제일'(質量第一)이라는 말도 했는데, 이것도 린뱌오의 '정치사상 작업 제일'이라는 말과 대립한다고 했던 것 같습니다. 내가 기억하는 건 이 정도예요. 처음엔 머리를 숙인 채 대중 비판 대회에서 비판을 받아야 했습니다. 이어서 가택수색 및 가산 몰수를 당하고 갖은 욕과 비난을 받았어요. 그래도 곧 잠잠해지리라 생각했습니다. 우리 집안 내력이 깨끗했거든요. 소년 시절에는 지하당에도 참가했는데, 그들은 나를 '당권파'라고 불렀답니다. 기껏해야 기술 연구실 책임자에 지나지 않았는데 말이에요. 어쨌든 나는 말없이 구석에 비켜 있으면 무사히 지나가리라 믿었습니다. 그렇게 고생하면서 열심히 일했는데 설마 무슨 일이 있겠냐고요.

하지만 생각지도 못한 일들이 벌어졌습니다. 1969년 기지는 아주 혼란스러웠어요. 사람들은 대부분 별로 할 일이 없어서 대자보를 쓰거나 비판 대회를 열었습니다. 총지휘관들도 모두 끌려 나와 자주 비판을 당했어요. 이제 실험에 관심을 갖는 사람은 없었죠. 그래도 나는 문혁이 빨리 끝나기를 기다리면서 열심히 일했습니다. 하지만 아무리 기다려도 끝나지 않았어요.

그런데 갑자기 상부에서, 연구 기지의 목표가 너무 크고 장소가 안전하지 않으므로 내륙으로 이전하라는 지시가 내려와 모든 물건을 상자에 담아야 했습니다. 연구소 내부는 아주 혼란스러웠고 많은 사람들이 출근하지 않았어요. 공장 이전 소식을 들은 노동자 몇몇이 작은 물건이라도 챙기려고 연구소 안에 있던 작은 책상을 억지로 비틀어서 연다음 작업 수첩을 훔쳐 갔습니다. 그 일로 재앙이 하늘에서 떨어졌어요. 연구 기지에서 기밀 자료를 분실했다고 누군가 베이징에 보고한 것입니다. 상부에서는 즉각 고위급 인물 두 명을 파견했는데, 한 명은 당시 공안부 부부장이었고 또 한 명은 해군의 '수장'이었어요. 이들은 사람들을 잔뜩 데려왔습니다. 심상치 않지요. 큰 사건으로 만들고 싶었던 거예요. 그래서 우리 연구 기지를 '작은 타이완'이라고 모함했고 전국이 발칵 뒤집혔지요. 곧 큰 격랑이 몰아쳤습니다. 과거의 모든 것이 부정되었고 중국 전역에 문혁이 휘몰아쳤어요.

'상방보검'*을 쥔 '중앙 수장' 두 사람은 "작업 수첩은 스파이가 훔

• 상방보검(尙方寶劍) : 황제가 하사한 검으로, 막강한 권력을 상징한다.

쳐 간 것"이고 "우리나라의 핵실험 기밀을 절도한 것"이라고 말했습니다. 그러고는 사방팔방으로 그 스파이를 잡으러 다녔고, 마음대로 사람을 총살시키는 등 공포 분위기를 조성해 사람들을 벌벌 떨게 만들었어요. 자백을 강요했고, 어떤 사람은 자살하기도 했습니다. 하지만 '중앙 수장'들은 타살로 몰아 스파이에게 살해당했다고 말했죠. 그래서 다시 살인범 스파이를 잡아들였고, 스파이 배후의 스파이를 잡아내는 식으로 무고한 사람들을 수없이 잡아들였습니다. 연구원들은 모두 한 곳에 모여 살았는데, 서로 피 튀기는 고발전을 벌이면서 기지는 쑥대밭이 되었습니다. 기차도 운행하지 않던 때라 대초원은 흡사 원시의 야만적인 살육 시대로 되돌아간 것 같았답니다.

우리 연구실에서도 한 사람이 잡혔습니다. 그는 어렸을 때 홍콩에 가본 적이 있고 아직도 친척이 홍콩에 살고 있다고 했어요. 사람들은 그가 '왜 홍콩에서 돌아왔을까?'를 의심했답니다. 그는 체포되었고, 홍콩에서 파견된 스파이로 몰렸습니다. '중앙 수장'들은 사람들을 몰고 와서는 그에게 스파이가 사용하는 연락 방법과 암호 등을 건네주면서 자백하라고 강요했어요. 그들 부부를 격리한 뒤 자백을 종용했고, 다른 사람 이름을 대라고 윽박질렀어요. 그는 참다못해 다른 사람들을 아무나 불었고 이 때문에 많은 사람이 연루되었습니다. 그중에는 나도 있었는데, 나는 스파이의 배후 인물이 되었습니다.

'중앙 수장'은 직접 만인 대회에 나와서 나를 '큰 상어'라고 지목한 뒤 큰 상어는 반드시 잡아들여야 한다고 말하더군요. 나는 공교롭게도 실험실 안에 감금되었어요. 나 자신이 실험 대상이 된 셈이었죠. 해방군이 문밖에서 지키고 있었고, 문에 작은 구멍을 뚫어 나를 감시했습니다. 이제는 거꾸로 내가 원자탄이라도 된 것처럼 삼엄한 감시를 받게 된 거죠.

처음에는 이렇게 생각했어요. 어릴 때부터 혁명에 참가했기 때문에 '원로 혁명가'인 셈이었고, 원자탄을 만들었을 뿐만 아니라 총리도 접견해 본 사람한테 설마 무슨 일이 있을까 하고요. 하지만 문혁은 과거의 모든 것을 부정했고, 현재 자신이 어떤 사람인지가 가장 중요하다고 말했습니다. 수많은 개국 원로들도 죄인이 된 판국에, 나 같은 일개 지식인이 무슨 대수였겠습니까?

나중에는 스파이를 너무 많이 잡아들여서 실험실 안이 사람들로 가득 찼습니다. 낮에는 작고 낮은 의자에 앉아서 마오 주석의 어록을 읽었는데, 움직이지도 못하게 했어요. 그런 다음에는 자신의 '문제'를 생각해야 했고 자백을 강요당하며 조사를 받았습니다. 대화는 금지되었답니다. 새벽 2시가 되어야 잠시 눈을 부칠 수 있었지만, 불은 끄지 못하게 했어요. 자살할까 봐 그랬던 거죠. 하지만 나는 이야기를 지어낼 재주도 없었고, 더군다나 다른 사람을 끌어들일 수 없어서, 아무리 심문해도 자백할 게 없었습니다. 누가 '스파이'인지 알지 못했으니까요. 그들은 내가 고지식하다며 욕했고, 나는 그저 죽을 날만 기다리는 신세가 되었답니다. 내가 가장 충격을 받았던 것은 그 뒤 얼마 지나지 않아 열렸던 만인 대회에서 총살형 장면을 봤을 때입니다.

그날 '중앙 수장'은 만인 대회를 개최하면서 사람들을 총살시키겠다고 말했습니다. 기억하기로는 의사가 한 명 있었는데, 그는 기지의 외과 의사였고 어느 날 해방군을 수술하다가 그만 실수를 하고 말았어요. 평소 같으면 기껏해야 의료사고로 치부되었겠지만 당시에는 아주 엄청난 사건이었답니다. 그는 자산계급 출신이었고 해방군은 프롤레타리아독재의 주춧돌이었기에 그 사고는 계급 보복으로 간주되었던 겁니다. 그 대가는 총살형이었어요. 그리고 또 철이 덜 든 대학생이 하나 있었답니다. 한번은 월급이 적다고 툴툴거리며 "월급을 올려 주지 않으면 [원자탄의] 뇌관을 폭파시키겠다."는 어이없는 발언을 했고, 누군가 그를 고발했습니다. 그는 파괴를 도모한 진짜 스파이로 둔갑되었어요. 그가 이상한 말을 하고 다닌 것은 사실이지만, 진짜 그런 짓을 한다는 건 불가능했습니다. 하지만 당시 분위기에서 쉽게 내뱉을 말이 아니었기에 그는 죄질이 가장 무거운 반혁명범이 되어 총살당한 거죠!

그날 대회장 주변에는 기관총이 세워져 있었고 공포 분위기가 극에 달했습니다. 군중 사이에 스파이가 대거 숨어 있다고 했기 때문에, 그날 구경 나온 군중도 모두 긴장했습니다. 누가 스파이로 지목되어 끌려 나와 총살을 당할지는 아무도 몰랐어요. 나는 아마 오늘이 진짜로 내가 '죽는 날'이겠거니 생각했습니다. 지금까지도 그때 기분을 정확히 표현하기 어렵답니다. 죽음에 직면했기에 머릿속이 온통 뒤죽박죽이었습니다. 그날 대회에서는 한 사람 한 사람 죄행이 선포되고 총살이 집행되는 소리만 들렸는데, 마치 내 이름을 부르기만 기다리는 것 같았어요. 그 외과 의사와 이상한 말을 하고 다닌 대학생은 만인 대회장에서 멀지 않은 곳으로 끌려가 총살을 당했습니다. 총소리가 아주 또렷하게 들렸어요. 하지만 내 차례는 오지 않았죠. 총소리가 지나가고 난 뒤 그들은 나를 둘러싸더니 이렇게 말했습니다.

"총소리 들었지?"

"들었소."

"고분고분하게 굴지 않으면 다음에는 네 차례야!"

그리고 나에 대한 비판 투쟁 대회가 아주 요란하고 맹렬하게 진행되었습니다.

비록 총살되지 않았지만, 그 사건은 내게 아주 깊은 상처를 주었습니다. 마음속의 많은 것들이 와르르 무너졌어요. 총알은 내 운명을 비켜 갔으나, 예전에는 한 번도 깊이 생각해 본 적이 없는 문제들을 생각하게 되었습니다.

그 뒤로도 아주 오랫동안 기지에는 스파이를 잡아들이는 등 공포 분위기가 지속되었습니다. 어떤 사람들은 도망친 뒤 베이징에 이 사태를 고발하려 했지만 주변에는 끝없는 초원이 펼쳐져 있어서 도망갈 길이 없었습니다. 그들은 사방으로 차를 몰고 가서 사람들을 붙잡아 왔고 돌아와서는 죽도록 팼어요. 한 퇴역 군인이 맞다가 도저히 참지 못해 필사적으로 삽을 휘둘렀어요. 물론 죽어 나간 것은 그 자신이었죠. '스파이'가 많이 잡힐수록 나는 관심에서 멀어졌습니다. 누군가 새로 붙잡히면 잠시 주목받았지만, 더 중요한 사람이 등장하곤 했습니다. 아무 일도 없을 때면, 나는 머릿속으로 기술적인 문제를 생각했습니다. 연구 사업은 중단되었지만, 시간만 나면 흥미 있는 문제를 떠올렸어요. 그건 아마도 지식인들이 갖는 일종의 습관이자 관성이겠죠. 어쩌면 연구 사업을 아직 포기하지 않았던 것일지도 모르겠어요. 그런 문제들 외에, 내가 항상 마음에 두고 있는 유일한 사람은 아내였습니다. 어디에 있는지, 무엇을 하고 있는지 알 수 없었습니다. 아내가 날 걱정하고 있을 것을 생각하면 슬퍼졌습니다. 나중에 기지를 옮기면서 나는 석탄 운반 트럭에 실려 다른 '스파이'들과 함께 산골로 이송되었습니다. 세상과 단절된 곳에서 나는 이후에도 한동안 박해받는 생활을 계속해야 했습니다.

린뱌오 사건이 일어나고 나서야 모든 일이 끝났습니다. 나는 베이징으로 돌아왔고, 가족들은 내가 어떻게 돌아오게 되었는지 의아해했어요. 서로 물끄러미 바라보는데, 1백 년쯤 지난 것 같았습니다. 처음에는 놀라서 어찌할 바를 모르다가 시간이 지나자 끝없이 이야기보따리를 풀어 놓게 되었어요. 그 뒤 베이징의 한 과학 연구 기관에서 내게 전근 의사를 타진해 왔고 나는 제안을 받아들였습니다. 이로써 멀리 떨어져 있는 그 연구 기지와 그곳에서 보냈던 간난신고의 생활, 그곳에서 맛보았던 영광과 고통의 날들에 작별을 고했습니다. 내가 상처받고 실망했기 때문에 그곳을 떠났으리라 생각하지 마세요. 그곳은 내게 많은 것을 주었습니다. 나는 국가를 위해 가슴 벅차게 일하던 그때로 돌아가고 싶습니다. 하지만 이제 그 시절은 모두 지나 버렸고, 내 기억 속에만 남아 있습니다. 그 기억들을 나는 아주 소중하게 또 애석하게 여기고 있어요. 이렇게 말할 수밖에 없습니다. 세상에 원자탄보다 더 대단한 것이 있다면 그것은 바로 문화대혁명이라고요.

국가를 위해 일하는 것은 모든 중국 지식인의 소망일 것입니다. 하지만 그랬기에 박해를 당했습니다. 중국 지식인 모두가 겪었던 불행입니다. 그런 고통에도 불구하고 여전히 국가를 위해 일하고 싶다면, 그런 마음은 뭘까요? 어떤 사람은 그것이 우리가 가진 가장 귀중한 것이라고 말하고, 또 누군가는 그것이야말로 우리의 가장 비극적인 면이라고 합니다. 누구 말이 맞을까요?

우리 기지에서 일했던 연구원들을 떠올려 보면, 그들은 각자 고난의 역정을 걸었습니다. 물론 극소수는 문혁 때 다른 사람을 박해했고, 구호도 가장 크게 외쳤으며, 마오쩌둥 사상의 모범 병사가 되어 한동안 벼락출세를 하기도 했죠. 하지만 그 뒤 그들의 운명이 반드시 아름다웠던 건 아닙니다. 많은 사람들이 나보다 더 비참한 고초를 당했고, 어떤 사람은 죽거나 미쳐 버렸습니다. 어떤 과학자는 온종일 마당에서 사람들에게 둘러싸여 짐승처럼 뛰어다니면서 외쳐야 했어요.

"솔직하게 자백하면 관대하게! 반항하면 엄하게! 끝까지 저항하면 죽는 길밖에 없다!"

나는 어땠냐고요? 그 거대한 폭풍 속에서 운 좋게 살아남았지만 양심에 가책이 되는 일은 하지 않았습니다. 누구도 다치게 한 적이 없기 때문에 마음이 평온합니다. 과거에 좋은 일을 조금 했고, 조국과 인민에게 떳떳하며, 지금도 내 원칙을 끝까지 지키며 살고 있습니다. 정직하고 성실하게 맡은 직분을 다하고 있고요. 비록 문혁 때 받은 상처가 여전히 남아 있기는 하지만 마음 밑바닥에 적당히 묻어 둘 수 있습니다. 국가가 내게 어떤 분부를 내리든 열심히 노력할 것입니다. 국가가 부르기만 한다면 말이죠.

비옥한 토지의 비애는,
한편으로는 유린당했지만
다른 한편으로는 여전히 정성을 다해
수확물을 바쳤다는 것이다.

아홉 번째 이야기

여덟 살짜리 사형수

◆ 1968년 / 8세 / 여자 / Y성 G시 취학 전 아이

1

문혁을 직접 겪은 사람의 경험담을 듣고 싶다면 내가 들려주겠습니다. 당사자에게 직접 들은 이야기랍니다. 그 이야기를 소설로 쓸 생각이었지만 당신이 쓴 "백 사람의 십 년"을 읽고 나니, 당신 책에 넣는 게 낫겠다는 생각이 들었어요. 문혁의 참혹함을 잘 보여 주기로는 이만한 이야기가 없을 겁니다.

이야기의 주인공은 사형장에 끌려간 여덟 살짜리 꼬마 여자아이랍니다. 믿을 수 없다고요? 맞아요. 열여덟 살이 아니라 여덟 살입니다. 그 꼬마는 총구와 맞닥뜨렸을 때 놀라고 절망한 것이 아니라, 오히려 아주 재밌는 놀이라고 생각했어요. 서두르지 말아요. 하나도 빼놓지 않고 모두 이야기해 줄게요.

그때는 1979년으로, 윈난(雲南) 변경 지역에서 [중국과 베트남의] 전

142

쟁이 아직 끝나지 않았을 무렵이었습니다. 전선 취재를 하려고 베이징에서 쿤밍(昆明)으로 날아갔는데, 갑자기 가슴이 답답해지고 숨을 쉴 수 없었어요. 어떤 사람이 고산병이라며 고도가 낮은 남쪽으로 가면 좋아질 거라고 하더군요. 나는 그곳에서 하루도 머무르지 않고 곧바로, 베이징에서 함께 온 화가 두 사람과 차를 타고 K시를 거쳐 G시에 도착했습니다. 그곳 사람들 말이, G시에서 다시 남쪽으로 가려면 산을 넘어야 하는데 그러려면 군용차를 타야 한다는 것입니다. 날은 이미 어두워졌고 차를 구하기 어려워 G시에서 하룻밤을 묵기로 했습니다. G시는 이미 전선의 분위기가 감돌고 있었지요. 거리에는 군인들이 많았습니다. 군수물자를 가득 실은 트럭들이 그물을 덮고 그 위에 솔가지를 잔뜩 꽂아 방공용으로 위장한 채 도로변에 정차해 있었습니다. 사람들의 대화도 대부분 전쟁에 관한 것이었죠. 우리는 여러 여관을 돌아다녔지만 빈방을 구하지 못했어요. 다행히 시 위원회의 배려로 시 위원회 제1 초대소에 묵게 되었어요.

저녁 식사를 하러 초대소 식당에 갔는데, 17~18세 정도로 어려 보이는 소녀가 일하고 있었어요. 그녀는 아주 바지런했고, 음식을 내올 때 나와 눈이 마주치자 활짝 웃었습니다. 원래 예뻤지만 웃으니 더 예뻤답니다. 그녀는 도시에서 흔히 볼 수 있는 화려하고 현대적인 미모가 아니라 윈난의 물처럼 맑게 사람을 비추는, 꾸미지 않은 자연 미인이었습니다. 정말이지 그렇게 맑게 빛나는 눈을 본 적이 없었어요. 그녀가 눈꺼풀을 치켜들어 바라보면 마치 피아노의 고음부에서 건반이 울리는 듯했어요. 아무렇게나 웃어도 세상에서 가장 아름다운 느낌이 전해지는 것 같았지요. 그녀는 원난의 보통 아가씨들처럼 왜소하지 않았고 오히려 북방 농촌의 여자아이 같았으며, 얼굴에는 홍조를 띠고 있었어요. 음식 접시를 들고 올 때 보니, 팔은 직각이었고 손목은 굵었으며 손톱은 동글동글했어요. 그녀의 아름다움은 순박하고 인정 많아 보이는 성격을 잘 드러내고 있었어요.

"왜 나를 보고 자꾸 웃죠?"

내가 묻자 그녀는 "키가 아주 커서요!"라면서 또 웃었습니다. 그녀는 아주 솔직했어요. 도시에서 만났던 아가씨들은 말솜씨가 좋았고, 거드름을 피우며 빙빙 돌려 말하곤 했거든요. 이런 순박한 아가씨를 만나면 마치 도시를 벗어나 시골 들판에서 숲과 초원, 날아가는 새 그리고 마음대로 흘러가는 강물처럼 사람을 행복하게 하는 한 편의 자연을 보는 것 같았습니다. 동행했던 두 화가는 나보다 훨씬 더 아름다움에 민감했어요. 화가의 천성은 아름다움을 붙잡으면 놓지 않는 것이지요. 두 사람은 그녀에게 초상화를 그려 줄 테니 퇴근하면 우리 숙소로 오라고 했습니다. 그녀는 조금 난감한 표정이었는데, 화가들이 나를 가리키며 작가라고 말해 주자 특별한 눈으로 나를 쳐다보았습니다. 이번에는 웃지 않았어요. 그 말을 듣고는 조금도 망설이지 않고 바로 승낙하더군요.

밤에 그녀가 왔습니다. 이제 막 퇴근했는지 하얀 앞치마도 벗지 않은 채였고, 방으로 들어오면서 하얀 두 손의 물기를 닦았습니다. 동그랗고 작은 손은 찬물에 담근 탓에 빨갛게 부어 있었어요. 두 화가가 그녀에게 앉으라 하고 화판을 세우자, 그녀는 몹시 어색해했습니다. 화가 한 분이 내게 말했어요.

"마 형, 얘기 좀 나눠요. 아가씨가 편안해질 거예요."

나는 웃으며 물었습니다.

"작가가 무섭지 않아요?"

뜻밖에도 그녀는 아주 정중하게 대답했습니다.

"마침 저에 대해 글을 써줄 작가 분을 찾는 중이었습니다."

나는 크게 웃었어요.

"당신 같은 꼬마 아가씨에 대해 쓸 게 있다고요?"

뜻밖에도 그녀의 빛나던 두 눈이 갑자기 어두워지기 시작했습니다. 먹구름이 순식간에 물 위를 뒤덮는 것처럼, 근심스럽고 처량하며 쓸쓸한 분위기가 눈가에 가득했습니다. 순진한 소녀에게서는 절대 볼 수 없는, 고생에 찌든 사람만이 가질 수 있는 그런 눈빛이었어요. 그녀는 혼자 중얼거리며 말했어요.

"당신이 써주지 않겠다면 제가 배워서 직접 쓰죠, 뭐!"

나는 순간 멍해졌어요. 저 아가씨에게 정말 어떤 특별한 경험이 있는 것일까? 나는 고개를 끄덕이며 말했습니다.

"좋아요. 말해 봐요. 당신 얘기를 쓰겠소."

이 말을 할 때만 해도 나는 그녀가, 그렇게 엄청난 이야기를 털어놓을 줄은 상상도 못 했습니다. 그녀가 이야기를 시작했어요.

2

저는 지난 10년 동안 반혁명 분자였어요. 작년에야 누명을 벗었죠. 아버지는 시 위원회의 중간 간부였고 우리 가족은 시 위원회 숙소에서 살았답니다. 문혁이 시작되었을 때 나는 여섯 살이었는데, 아무것도 몰랐어요. 기억 속의 일들은 대부분 분명하지 않고 어떤 일은 잘못 기억하기도 해요. 예를 들어, 어느 날 엄청 많은 사람들이 우리 집에 몰려와 물건을 뒤지고 내 뺨을 후려쳤는데 아주 아팠어요. 나중에 아빠가 말하기를, 그들은 내가 아니라 아빠를 때렸다는 거예요. 내 기억은 일종의 감각이었던 거죠. 아빠를 때리는 것이 마치 나를 때리는 것처럼 아주아주 아픈 느낌이었어요. 아빠는 문혁 전에는 조직부 간부처의 처장이었는데, 문혁이 시작되면서 비판을 받고 구석으로 밀려났어요. 나중에 조반파는 두 파로 나뉘었어요. 아빠는 그중 한 파벌에 가담했는데, 하필 '좌파 지지'(支左) 군대가 개입해 다른 파벌을 지지했지 뭐예요. 아빠는 진짜 운이 없었어요. 하지만 아빠가 가담했던 파벌은 대부분 시 위원회 중간 간부들로 이루어져 있었고 조직력이 강했어요. 문혁 초기에는 모든 사람이 공격받았기 때문에, 때리고 부수고 약탈하는 식의 도가 지나친 행동은 감히 엄두도 못 냈던지라 상대 파벌은 아빠 편 조직의 약점을 잡지 못해 안달이었어요.

그러던 어느 날 두 파벌이 대연합을 해서 담판을 벌였는데, 아빠 쪽 파벌의 우두머리가 그만 부주의로 『홍기』(紅旗) 잡지를 깔고 앉은 거예요. 그러자 상대편 파벌의 눈치 빠른 사람 하나가 다가오더니 그의 엉덩이 밑에서 『홍기』를 꺼냈는데, 그 안에는 마오 주석의 사진이 있었답니다. 당시 거의 모든 잡지에는 마오 주석의 사진이 실렸으니까요. 어쨌든 그렇게 상대편 파벌에 꼬투리를 잡힌 거예요. 위대한 수령 마오 주석을 모욕했다는 것인데, 그 죄는 반혁명 현행범으로 몰릴 만큼 심각했어요. 선전부는 즉각 아빠네 파벌이 반동 조직이라고 선포했고, 파벌은 곧 해산되었지요. 그 뒤 나쁜 사람을 색출하는 일이 시작되었고, 과거에 조금이라도 문제가 있던 사람들은 모두 계급 보복 분자와, 반동분자, 반혁명 분자로 몰렸어요. 하지만 그들도 아빠를 어떻게 해볼 도리가 없었어요. 아빠는 이렇다 할 만한 문제가 없었거든요. 하지만 예전에 당 간부처 처장을 할 때, 어쨌든 사람들에게 원성을 사는 일도 해야만 했고 아빠를 미워하는 사람도 있었을 것이므로 그들은 많은 사람을 곳곳에 파견해 샅샅이 조사했어요. 그럼에도 아무런 문제를 찾지 못했죠. 그럴수록 오히려 불안감은 커져만 갔어요. 아빠는 원래 담배를 피우지 않았지만 그때는 매일 아주 많이 피워 댔어요. 하루는 담배를 피우다가 잠이 들었는데, 그만 솜바지에 불이 붙어 큰 구멍이 나고 말았어요. 다행히 엄마가 물을 끼얹었기에 망정이지, 진짜 불이 났다면 사람들은 아빠를 방화범이나, 자살을 기도했다고 몰아갔을 거예요. 그러니 스트레스가 진짜 장난 아니었죠. 엄마는 심장이 안 좋아서 온종일 심장이 쿵쾅거렸어요. 언제 무슨 화가 닥칠지 몰랐으니까요. 그런데 어느 날 생각지도 못했던 일이 터졌습니다.

그날 우리 시 위원회 숙소의 마당 벽에 반동 표어가 출현했어요. "타도 마오 주석!"이라고 쓰여 있었어요. 공안국에서 조사를 나왔고 현장 검증을 통해 키가 120센티미터쯤 되는 아이가 썼을 거라는 결론을 내렸답니다. 그들은 세 가지 근거를 댔어요. 하나는, 반동 표어의 위치가 땅에서 1미터 정도 위였는데 성인이 앉아서 썼다고 하기에는 높고, 서서 썼다고 하기에는 낮다는 거예요. 어린아이가 서서 쓰기에 딱 맞는 높이라는 거죠. 둘째, 글씨체가 삐뚤빼뚤한 게 어린아이의 필적 같다는 겁니다. 셋째, 성인이 썼다면 "타도 마오 주석!"이 아니라 "타도 마오쩌둥!"이라고 썼으리라는 거예요. 시 위원회 숙소에 살고 있으며 키가 120센티미터 전후인 아이들은 11명이었습니다. 당시 네 가지 중점 사항을 조사해 줄을 세웠는데, 모두 부모에게 문제가 있는 아이들이었어요. 그런 아이들이니 반동 표어를 쓸 수 있다는 겁니다. 그때 아빠의 반대 파벌에서 이 사건에 개입했고, 중대한 반혁명 사건을 해결하는 데 협조하겠다며 나를 유력한 범인으로 지목했습니다. 반동분자인 아빠는 교활한 사람이고 문혁에 나쁜 마음을 품고 있어서 나를 시켜 그런 표어를 쓰게 했다는 겁니다. 그들의 목표는 분명했어요. 바로 아빠를 해치우고 싶었던 거예요.

그들은 당시 겨우 여덟 살이던 나를 데려가서는 사탕을 쥐어 주며 어르기 시작했어요. 어릴 때부터 아빠는 절대 허튼소리를 해서는 안 된다고 가르쳤는데, 그런 엄격한 가정교육 덕분에 아빠 자신을 구할 수 있었는지도 몰라요. 나는 내가 쓴 게 아니라고 말했어요. 그들은 동화책과 그림책을 선물하고 영화 구경도 시켜 주었지만 나는 인정하지 않았어요. 그러자 그들은 화가 나서 나를 에워싼 채 탁자를 두드리고 의자를 걷어차며 겁을 주더니, 인정하지 않으면 아빠를 때리겠다는 거예요. 어떻게 때릴지도 자세히 말해 주었어요. 볼펜으로 눈을 찌르거나, 밧줄로 목을 잡아매고 먹을 걸 주지 않아 산 채로 굶겨 죽이거나, 칼로 살을 한 점 한 점 베어 내고 손톱·귀·코·혀를 뽑아 버려 동물원에 있는 호랑이에게 먹이로 던져 줄 거라고 했습니다. 그러면서 정말 칼을 꺼내 당장이라도 아빠에게 달려갈 기세를 취했습니다. 나는 너무 놀라 울고불고하면서 그러지 말라고 애걸도 했고, 무서워서 소리도 쳤지만 그래도 허튼소리는 하지 않았습니다. 그때 여덟 살밖에 되지 않아 쉽게 속아 넘어갈 수도 있었을 텐데 왜 끝까지 입을 다물었는지는 잘 모르겠습니다. 지금 생각하면 정말 무서워요. 그때 그 사람들 말에 속아서 한마디라도 했다면 아빠는 바로 총살당했을 겁니다. 그리고 나도 지금까지 살아 있지 못했겠죠. 자라면서 그 일을 알게 될 것이고, 결국 죄책감 때문에 자살했을 거예요.

당시 그들은 나를 겁주려고 반혁명 분자로 몰아 감옥에 가뒀어요. 엄마 아빠도 만나지 못하게 했고, 때리는 일은 드물었지만 자주 굶겼어요. 매일 심문했는데 나중에는 그들도 무슨 뾰족한 수가 없었던지 나를 시 위원회 건물 마당으로 데려가서 팻말을 목에 걸고 고깔모자를 씌운 뒤 모자에 "나는 반혁명 현행범 ○○○입니다."라고 썼어요. 그리고 내 이름 위에 가새표를 그었어요. 나는 너무 놀라 "엄마!" 하고 외치고는 바로 기절했어요. 나중에 내가 풀려났을 때 엄마가 말했어요. 그날 엄마는 그곳에 없었다고요. 내 비판 대회에 꼭 참석하라는 통지를 받았지만 갑자기 심장이 발작을 일으켜 못 갔다는 거예요.

어느 날이었습니다. 몇 월 며칠인지는 말하고 싶지 않아요. 우리 가족은 영원히 그날을 잊지 못할 거예요. 그날, 그들이 나를 총살시키겠다고 말했어요. 나는 총살이 무슨 뜻인지 몰라 물었어요. 영화에서 적들을 공격하는 것처럼 총으로 나를 쏴 죽이는 거라고 했어요. 나는 울면서 물었어요.

"그럼 앞으로 엄마 아빠를 못 보나요?"

엄마 아빠를 영원히 볼 수 없을 뿐만 아니라 맛있는 것도 못 먹고, 놀지도 못할 거라고 하더군요. 아빠가 반동 표어를 쓰라고 시켰다는 사실을 인정하면 날 총살시키지 않겠다고 했죠. 그래도 나는 내가 쓰지 않았으며, 엄마 아빠를 보고 싶다고 말했어요.

결국 나는 형장으로 끌려갔어요. 그곳에는 움푹 팬 큰 구덩이가 있었고 나는 진짜 총살당할 죄인들과 나란히 섰습니다. 등 뒤로 큰 흙구덩이가 보였고 죄수들은 모두 묶여 있었는데 나는 묶지 않았어요. 하지만 겁에 질려 떨고 있었지요. 맞은편에 일렬로 선 사람들이 총을 들어 우리를 조준하고 있었고 그중 하나가 나를 향하고 있었어요. 나는 가까이에 있는 사람들 속에서 아빠를 발견했어요! 그들은 나를 시켜 반동 표어를 썼다는 사실을 인정하라고 아빠를 협박하고 있었던 거예요. 나는 큰 소리로 아빠를 불렀고 울면서 달려갔어요. 그때 집행관이 크게 외쳤어요.

"쏴!"

"탕!" 하는 총소리가 울렸습니다. 내 옆에 있던 죄수가 갑자기 책상처럼 "콰당!" 하면서 뒤로 자빠졌습니다. 머리가 박살나서 날아갔는데, 마치 피 묻은 커다란 달걀이 멀리 날아가는 것 같았어요. 나는 너무 놀라 그 자리에서 얼어붙었고, 내가 죽은 줄 알았어요. 눈을 깜빡이고 입을 움직여 봤지만 감각이 없어진 듯했어요. 그저 아빠가 입을 벌리고 나를 향해 뛰어오는 것만 보였어요. 아빠는 달려와 나를 꼭 껴안았어요.

"나, 죽었어요?"

"아냐, 안 죽었어. 무서워하지 말아라. 널 놀리는 거야. 저 사람들도 죽은 척하는 거란다!"

난 그 말을 듣고, "푸후!" 하고 웃으면서 아빠 가슴에 머리를 묻었어요. 정말 그 모든 게 나를 놀래려고 꾸민 놀이인 줄 알았답니다.

그 뒤 나는 풀려나서 집으로 돌아왔어요. 따뜻한 집에 돌아오자 모든 일이 끝난 줄 알았죠. 예전처럼 밖에 나가 함께 놀 친구들을 찾았지만, 같은 숙소에 사는 친구들은 모두가 날 피했어요. 어떤 아이는 돌을 던지기도 했고요. 한번은 나랑 제일 친했던 친구가 욕을 하는 거예요. "어린 반혁명 분자를 타도하자!"라면서요. 너무 화가 나서 그 친구 집까지 쫓아갔고 사과하라고 요구했어요. 그러자 친구 엄마가 나오더니 내게 소리를 지르며 욕을 했어요.

"뭘 하는 거야! 아직도 네가 무죄라고 생각하는 거야?"

그 말을 듣는 순간부터 나는 심리적으로 무너졌어요. 마치 순식간에 어른이 된 것 같았죠. '어린 반혁명 분자'라는 꼬리표를 무거운 돌덩이처럼 무려 10년이나 달고 있었다니까요!

내겐 초등학교도, 중학교도 쉽지 않았습니다. 홍소병[13세 미만의 홍위병]과 홍위병 조직도 날 원하지 않았어요. 자유롭게 말할 수 없었고,

같은 반 친구들과 웃거나 뛰놀 수도 없었으며, 불합리한 일을 당해도 항의할 수 없었어요. 매일 수업이 끝나면 청소를 하고 칠판을 닦고 교실을 정리하면서 반 친구들에게 호감을 사려고 했어요. 적어도 친절한 눈빛만이라도 보여 주면 좋겠다고 생각했어요. 하지만 8년 동안 친구를 한 명도 사귀지 못했어요. 무슨 전염병 환자를 보듯이 사람들은 나를 피해 다녔어요. 중학교는 비교적 멀리 떨어진 학교에 입학했는데요, 그러면 사람들이 잘 모를 줄 알았어요. 하지만 한번은 농촌 봉사 활동을 하는데 지도원이 내게 똥차를 끌게 하는 거예요. 다른 친구들도 있었는데 나한테만 말이죠. 뭔가 이상하다고 생각했는데 지도원이 말했어요.

"똥 냄새가 고약하긴 하지만 영혼 속의 똥이 더 구린 법이야. 언젠가 네가 똥 냄새를 구리다고 느끼지 않게 되면, 그때 네 영혼이 철저하게 개조된 것이라고 할 수 있다!"

그제야 알았어요. 내 등을 누르고 있던 돌덩어리가 아직도 그대로였다는 것, 그리고 평생 내려놓을 수 없다는 사실을요. 그날 밤, 나는 뛰쳐나와 이틀 밤낮으로 들판을 돌아다녔어요. 나중에 아빠가 큰 강변에서 나를 찾아냈어요. 그땐 정말 죽고 싶었습니다. 아빠는 그 이틀 동안 나를 찾으려고 사방팔방 돌아다니느라 신발이 모두 해져 있었어요. 나는 아빠에게 소리쳤어요.

"왜 그때 나를 총살시키지 않았던 거예요? 살아서 매일 처벌당하고 있단 말예요!"

나는 학교를 그만두었습니다. 엄마를 도와 집안일을 했어요. 시장

보러 가는 일 말고는 거의 집에서 나가지 않았고 누구와도 만나지 않았어요. 삶이 나를 버렸는데, 산다는 게 무슨 의미가 있겠습니까? 내 젊음을 증오했어요. 하루하루가 우울하고 답답했는데 살아야 할 날은 너무 길고 희망도 없었어요. 그런데 사인방이 잡히고 문혁이 끝났어요. 아빠 회사에서 문혁 문제를 정리할 때 나에 관한 자료가 발견되었고 그제야 내 누명이 벗겨졌어요. 하지만 당시 나는 열아홉 살밖에 되지 않았고 직업이 없어 월급도 받지 못했기 때문에, [문혁 때] 몰수된 가산과 주택 분배 문제를 해결할 방법이 없었습니다. 게다가 정치는 정신적 상처에 대해서는 책임지지 않아요. 하지만 내 문제를 담당했던 사람은 꽤 괜찮은 사람이어서 나의 불행을 동정했어요. 그리고 자신이 할 수 있는 범위 내에서 나를 도울 방법을 생각해 냈습니다.

"아직 젊은데 언제까지 집에만 있을 순 없지 않겠니. 시 위원회 초대소 식당에서 일해 보는 게 어때?"

내가 집에만 있으면 엄마가 힘들어 할 것 같아 그러겠다고 했어요. 지금 이곳에서 일하기 시작한 지 3개월이 되었습니다. 그동안 누구보다 열심히 일했어요. 사람들은 내가, 당국의 배려에 보답하려고 열심히 일한다고 생각하지만 사실은 그렇지 않아요. 일할 때는 다른 생각이 나지 않기 때문이에요. 하지만 불현듯 어린 시절로 돌아가 교실을 청소하고 있는 듯한 착각이 들기도 해요. 죄인 같은 느낌에서 벗어나기가 힘듭니다. 일할 때도 노동 개조가 떠오르는데 정말 괴로워요. 누구도 이해하지 못할 거예요. 고개도 제대로 들지 못한 채 어린 시절을 보냈는데, 지금도 마찬가지예요.

3

아가씨는 여기까지 이야기하고는 목이 메어 말을 잇지 못했어요. 하지만 눈물을 보이거나 격한 감정을 드러내지는 않았습니다. 마치 구름이 가득 낀 하늘처럼, 평온하지만 조용히 번개가 칠 듯한 표정이었어요. 하지만 나는 그녀가 장대비가 쏟아지거나 천둥과 번개가 치듯이 울분을 토하지는 않으리라는 것을 알고 있었어요. 비록 나이는 어렸지만 인생에서 가장 견디기 힘든 시절은 이미 지나갔으니까요. 문득 고개를 들었는데 얼빠진 두 화가의 얼굴이 보였어요. 아가씨의 이야기를 듣고는 눈을 동그랗게 뜨고 입을 벌린 채 아무 말도 하지 못하고 있었죠. 화판 위의 종이는 백지 상태 그대로였는데 그때 내 심경도 그런 공백이었어요. 아주 무섭고 두려운 공백 말입니다.

진짜 잔인한 폭력은
무고한 사람을 대상으로 하는 것이다.

잃어버린 30년

◆ 1966년 / 50세 / 남자 / T시 모 설계원 고급 기술자

나도 늙었나 봐요. 사람이 늙으면 말이 많아지잖아요. 말이 많다고 짜증스러워 하지만 않는다면 얘기해 줄게요. 내 이야기를 어디서부터 시작하면 좋을까요? 문혁 10년 동안의 일을 얘기하려면 그 앞뒤로 10년, 그러니까 30년 동안 있었던 일을 이야기해야 합니다. 30년의 세월이 모두 연결되어 있거든요.

나는 마흔 살에 우파로 몰렸고, 쉰 살에는 고향으로 되돌아갔으며, 예순 살에는 다시 도시로 돌아와 퇴직했습니다. 올해로 꽉 찬 일흔이 되었어요.

나는 열네 살 때 집을 떠나 타지에서 공부를 했고, 스무 살 때부터 직장에 다니기 시작했습니다. 해방 전부터 해방 후까지 줄곧 철로를 설계하는 일을 했습니다. 1956년에 부교수급에 해당하는 고급 지식인이 되었고, 정부에서 증서까지 발행해 주었어요. 다양한 분야의 전문 지식을 알고 있었고, 시공과 관리를 포함해 현장 경험이 풍부했으며,

그 당시 혈기왕성한 나이였기에 설계원의 핵심 기술 인력이었답니다. 허풍이 아니에요. 수많은 철로 간선이 모두 내가 설계한 것들입니다. 그때만 해도 일에 대한 열정이 뜨거워서 일 생각을 하느라 들떠 밤에 잠을 제대로 잘 수 없을 정도였어요.

처음 사건이 터진 것은 1957년 백화제방, 백가쟁명 운동* 시기입니다. 그때 내 나이 마흔이었어요. 어떤 당 지부 서기가 그러더군요.

"당신은 우리 단위에서 꽤 영향력 있는 인물 아닙니까? 당신이 앞장서서 공개적으로 자유 발언을 시작하지 않으면 우리 설계원에서는 백가쟁명 운동이 일어날 수 없을 거예요!"

나도 동의했습니다. 그래서 발언하기로 결심하고 대자보를 썼는데 그게 화근이 되었어요. 사실 당에 딱히 제기할 만한 의견이 없었고, 당에 대해서는 마음속으로라도 불만을 가져서는 안 된다고 생각했어요. 하지만 설계원 내 일부 공농(工農) 간부들에게는 불만이 있었습니다. 나는 단위에서 가장 오랫동안 일했기 때문에 나이는 어려도 원로급이었고, 많은 사람들의 이력을 꿰뚫고 있었거든요. 하지만 중간에 우리 단위로 전근해 온 몇몇 간부들은 우리와 같은 계통의 일을 하는 사람

● 백화제방(百花齊放), 백가쟁명(百家爭鳴) 운동 : 1957년 중국에서 전개된 정치 운동. 누구든 자유롭게 의견을 말할 수 있게 한 것으로 쌍백(雙百) 운동이라고도 한다. 공산당과 간부들에 대한 비판을 허용했지만, 한 달 뒤 중국 공산당은 '반우파 운동'을 진행하면서, 쌍백 운동 때 공산당을 비판한 지식인들을 우파 분자로 몰아 대규모 정치적 숙청을 단행했다.

들이 아니었습니다. 그들은 정치 공작이나 인사 분야 같은 일을 했지만 직위나 권력을 가지고 있었기 때문에 사람들을 관리했죠. 예전에 어떤 인사 담당 간부가 내게 증명서를 발부해 주었는데, 한 문장에 틀린 글자가 몇 개나 있더라고요. 나는 그 일을 대자보에 썼어요. 바로 그게 문제가 되었답니다. 백가쟁명 운동은 순식간에 '반우파' 운동으로 돌변했고, 그들은 내가 '당의 인사 정책을 공격'했다고 비판했어요. 또한 내가 반당 언행을 했고, "장뤄 연맹*은 대담하다."고 말했으며 [우파 중에서 죄질이 가장 나쁜] '대우파'(大右派)를 찬양했다는 것입니다. 아니, 어떻게 감히 그런 말을 할 수 있었겠습니까. 그저 동료와 이렇게 속닥거렸을 뿐이에요. "그런 반당 행위를 하는 걸 보면 그 사람들은 간이 정말 커." 동료는 이 말을 고발했고 그 의미도 달라졌어요. 겨우 그 정도 일을 가지고 나를 '우파'로 몰았던 거예요.

우리 설계원에는 모두 5백 명의 지식인이 있었는데, 그중 88명이 갑자기 우파로 찍혔답니다. 전체 인원의 17퍼센트였죠. 물론 나중에는 모두 누명을 벗었어요. 하지만 당시에는 도무지 이해할 수 없었습니다. 마오 주석은 지식인들 중에 우파가 1~2퍼센트에 불과하다고 했

● 장뤄 연맹(章羅聯盟) : 장보쥔(章伯鈞)은 신중국 건설 후 중국민주동맹 부주석이고, 뤄룽지(羅隆基)는 중국민주동맹의 창시자이다. 두 사람의 성을 따서 '장뤄 연맹'이라고 불렀다. 1957년 마오쩌둥이 『인민일보』에 이들을 비판하는 사설을 썼으며, 문혁 당시 가장 대표적인 우파 인물들이 되었다.

는데, 어떻게 5백 명 중에 88명이 우파일 수 있단 말입니까? 다행히도 나는 그렇게 무거운 처분을 받지 않았습니다. 자아비판과 자백을 하고 나서 주임 기술자에서 일반 기술자로 강등되었고, 월급이 145.8위안에서 127위안으로 깎인 정도인데, '원로 우파' 중에서는 그나마 특별 대우를 받은 셈입니다. 하지만 우파라는 꼬리표는 항상 스트레스였어요. 뭐라 할 말도 없었고, 그저 마음속으로 나 자신을 다독였어요.

'몇 년만 열심히 일하면 꼬리표는 자연히 떨어질 거야. 시간이 지나면 괜찮아지겠지. 반드시 그럴 거야!'

하지만 상황은 그렇게 돌아가지 않았습니다. 점점 더 심각해졌어요. 공사 일에서도 처음에는 내게 대장을 맡겼지만 나중에는 설계만 허락했어요. 나도 별 불만은 없었습니다. 전문적인 일을 할 수만 있다면 괜찮았어요. 1959년 상부에서 또다시 명령이 하달되었습니다. 모든 우파에게 기술적인 일을 금지하고 육체노동을 시키라는 지시였어요. 그래서 나는 지질 탐사를 해야 했고 노동자가 되어 땅을 팠습니다. 공사 현장에서 정말 목숨을 다해 일했고, 마음속으로 '껍데기를 벗지 않으면 우파 딱지도 뗄 수 없다.'고 다짐했어요. 낮에는 육체노동을 했고 밤에는 불려 가서 밤새 설계 일을 도왔습니다. 아무리 피곤해도 해야 했어요. 1천 킬로미터가 넘는 장자커우(張家口)의 철로를 설계하는 일은 바로 내가 그렇게 두 달 이상 야근해 완성된 것입니다. 그러나 아직도 가장 불행했던 시기는 아니었어요. 밤늦게까지 야근했지만 그래도 내 전문 분야의 일을 할 수 있었으니까요.

1963년 설계원은 농장을 만들었고 채소를 재배했습니다. 자연재해 때문에 부식이 원활하게 공급되지 않아서 그렇게라도 자급자족을 하려고 했던 거죠. 나는 농장으로 파견되었어요. 이번에는 내 전문성과는 전혀 상관없는 일이었죠. 그때 함께 파견되었던 사람들 대다수는 '원로 우파'들로, 반혁명 분자나 불량분자 같은 사람들이었는데 아무튼 하나같이 나쁜 사람들이었습니다. 농장 일 중에서도 가장 더럽고 피곤한 게 똥 푸는 일이었어요. 똥차를 따라 주택가의 정화조에 가서 똥을 펐고, 그것을 다시 농장으로 끌고 와야 했지요. 그 일을 했던 사람들 중 내가 가장 힘이 센 축에 속했습니다. 몸도 건장하고 키도 180센티미터가 넘어서 말의 발길질을 두려워하지 않는 용감하고 건장한 일꾼이었지요. 내가 하겠다고 적극적으로 나섰어요. 딱딱하게 굳은 똥은 정화조 안에서 발효되고 있었고, 두껍고 끈적이는 액체가 윗부분에 한 층 둥둥 떠있었는데 그 아래 국물이 있었습니다. 한 바가지, 한 바가지 퍼내다 보면 얼굴과 온몸에 똥물이 튀었어요. 나는 머리를 써서 똥 푸는 바가지를 개조했고, 철판으로 고랑 모양의 시설물을 만들어 똥차에 설치했습니다. 그렇게 했더니 일의 효율이 배나 높아졌어요.

　농장 사람들은 모두 나를 좋아했고 젊은 청년들은 나를 사부라고 불렀답니다. 그때 들리는 말로는, 상부에서 지시가 내려왔는데 우파 딱지를 떼라는 내용이었고, 우리 설계원으로 3.5명분이 할당되었다는 겁니다. 이해할 수가 없었어요. 0.5명은 대체 뭡니까? 듣기로는 비율에 따라 할당된 것인데, 네 명까지는 할당할 수 없어서 3.5명이 되었다고 하더군요. 어떤 사람이 몰래 내게 일러 주었어요. 내가 그 명단에 들어 있다고요. 얼마나 기뻤는지 일할 때 더욱 힘이 났습니다. 하지만 아무리 기다려도 별다른 움직임이 없는 거예요. 나중에 알게 됐는데, 루산 회의(廬山會議)에서 펑더화이(彭德懷)가 난리를 치는 바람에 딱지 떼는 일은커녕, 다시 계급투쟁을 한다는 겁니다. 농장 안의 어떤 사람이 대자보를 써서, 젊은 청년들이 입장을 분명히 하지 않는다며 우파들과 한패가 되었다고 성토했습니다. 그 뒤로 아무도 내게 접근하지 않았어요. 정말 실망했답니다. 성실하게 일하면 우파 딱지를 뗄 수 있을 줄 알았거든요. 어떻게 오히려 점점 더 어려워진단 말입니까!

해가 바뀌고 연구 단위는 "밑으로 내려가고 연구소 밖으로 나가자"(下樓出院)라는 운동을 펼쳤고 설계실 문도 잠갔습니다. 모두 시공 현장으로 우르르 몰려갔어요. 아주 긴장된 분위기였죠. 우리 '원로 우파'들도 갔답니다. 다른 사람들이 일을 제대로 못했는지 그들은 또 나를 불렀어요. 지질 종단면도를 예로 들자면, 처음에는 단면도에 선이 세 개밖에 없었습니다. 우파가 제도판을 만지지 못하게 하라는 상부의 지침이 있었지만, 그들은 밤에 몰래 나를 불러냈어요. 나는 40일이 넘도록 밤마다 사력을 다한 끝에 2백 미터가 넘는 가로 단면도를 그려냈답니다. 단면도가 나오자 그들은 입에 침이 마르도록 칭찬했어요. 나는 단면도 위에 2.5밀리미터 크기의 송체(宋體)로 글을 한 줄 썼는데, 극도의 섬세함이 필요한 작업이었습니다. 나중에 그 단면도는 설계원 전체에서 아주 유명해졌어요. 일하고 도면도를 그리는 일 외에, 부엌에 가서 설거지하고 야채를 씻고 바닥을 청소하고 석탄재를 버리는 일 등을 도왔습니다. 매일 아침 노동자들과 기술자들이 일어나기 전에 우리 '원로 우파'들은 세숫대야에 물을 담아서 그들 문 앞에 가져다 놓았습니다. "당신들이 와서 아주 좋아요. 우리가 편해졌으니까요."라고 말하는 사람들도 있었습니다. 한 지도자는 내 우파 딱지를 벗겨 줄 것을 고려하고 있다고 말하기도 했어요. 빈말은 아니었어요. 하지만 내가 미처 기뻐하기도 전에 문혁이 찾아왔습니다. 아이고야, 그 기세를 보니 희망은 없는 것 같았어요.

우리 설계원에도 문혁이 시작되었습니다. 문혁 위원회가 꾸려졌고, 기층에서는 '홍색 정권 수호 결사대'가 조직되었는데 모두 젊고 힘이 넘치는 청년들이었어요. 우리가 살던 주택단지에는 지식인이 많았는데 모두 가택수색과 가산 몰수를 당하고 박해를 받았으며 우귀사신*으로 몰려 우붕에 갇혔습니다. 자살한 이도 수십 명에 달했어요. 강물이나 건물에서 투신하거나 목을 매는 등 다양한 방법으로 자살했답니다. 나는 처음에는 비판 대상자로 찍히지 않았습니다. 무엇보다 그동안 성실하게 개조를 해서 그들의 심기를 건드리지 않았고, 또한 '양창일교'(兩廠一校)라는 마오 주석의 지시가 있었기 때문입니다. 즉 우리처럼 직책을 유지하고 있는 우파들은 원래 장소에서 개조해야 하고, 차별해서 대우하되 고향으로는 돌려보내지 않는다는 겁니다. 그래서 나

---

* 우귀사신(牛鬼蛇神) : 글자 그대로 번역하자면 '소 귀신과 뱀 귀신'을 의미하는데, 온갖 잡귀와 악귀 등을 비유하는 말이다. 문혁 때 반혁명 세력, 우파 분자 등을 이렇게 불렀다. 이 '우귀사신'들은 학교나 공장, 지하실 등에 감금되어 노동 개조와 사상 개조를 받았는데, 이들이 감금되었던 장소를 '우붕'이라고 했다.

는 그렇게 묵묵히 일만 하면 아무 일 없을 줄 알았습니다.

1968년 9월 2일, 나는 다른 라인의 기술자와 함께 부엌에서 요리를 하고 있었습니다. 아궁이가 다섯 개였고 날이 몹시 더워서 웃통을 벗고 한창 신나게 일하는 중이었어요. 그런데 갑자기 몇 명의 '보위대'(捍衛隊)가 들이닥쳤어요.

"물건을 챙겨서 따라와!"

불길한 예감이 들었어요. 하지만 찍소리도 못 하고 그들을 따라갔습니다.

문턱을 막 들어섰을 때, 그들은 우리를 밀치며 말했어요.

"마오 주석을 향해 용서를 빌어."

벽에는 마오 주석의 초상화가 걸려 있었어요. 나는 용서를 빌기 위해 세 번 절을 했습니다. 그때 한 젊은이가 오더니 내 뺨을 때리는 겁니다.

"용서도 빌 줄 몰라?"

나는 서둘러 다시 두 번 절을 했습니다. 여전히 마음에 들지 않은 것 같았습니다. '원로 우파'들은 지금껏 비판 투쟁 대회에 참가하는 것이 금지되었기 때문에 어떻게 사죄하는지를 본 적도 없었어요. 결국 나는 우붕에 갇혔습니다.

그날 오후 나는 비판 대회에 끌려 나갔고 목에는 "악명 높은 우파"(老牌右派)라고 적힌 팻말을 걸었어요. 함께 비판을 당한 사람 중에는 세 명의 '반혁명 분자'가 있었는데, 사실 그들이 주로 비판을 당했고 나는 깍두기로 비판을 받았습니다. 그래서 나는 기껏해야 조연에 불과하다고 생각했어요.* 그런데 대회가 끝나고 갑자기 우리 가족 전부를 원적지로 이송한다고 선언하는 겁니다. 나는 머리가 멍해졌고 올 것이 왔구나 생각했어요.

다음 날 지도자 한 명이 내게 오더니 자백을 하라는 겁니다.

"당신 집에 무슨 좋은 물건 있어? 내일 집을 압수 수색 할 거야."

"뭐, 딱히 좋은 물건이 없어요."

"고급 옷감과 고급 옷, 고급 식기류, 금은 장신구, 저금 등등 모두 압수 수색 할 거야."

"다른 것은 필요하지 않나요?"

"방금 말한 것들이 필요해."

그 지도자는 아직도 우리 단위에서 보위 과장을 하고 있답니다.

어쨌거나, 다음 날 이루어진 압수 수색은 그의 말과는 완전 딴판이었습니다. 트럭 한 대가 오더니, 눈에 보이는 대로 물건들을 죄다 트럭으로 옮겼어요. 못 쓰는 물건도 가리지 않았어요. 그날 밤 아버지는 너무 놀란 나머지 목을 매 자살했습니다.

이틀 뒤 그 소식을 들었습니다.

"멀쩡하던 분이 어떻게 죽을 수 있습니까?"

• 문혁 당시 비판 투쟁 대회는 보통 주연급 비판 투쟁 대상자가 있고 그 옆에서 보조로 비판 당하는 사람들이 있었다. 이들 조연급은 대회의 분위기를 띄우기 위해 옆에 서서 형식적으로 비판을 당했다.

"벌 받는 것이 두려워 자살한 거야."

그 말을 듣고 너무 화가 났어요.

"무슨 벌이 두렵단 말입니까?"

그들은 내가 말대꾸를 한다며, 이렇게 말하더군요.

"스스로 인민과 절연한 거야."

더는 할 말이 없었고, 아버지를 화장터로 모실 수 있도록 휴가를 달라고 요청했습니다.

"네 놈은 도대체 고분고분하지가 않아. 아직도 멋대로 지껄이고 멋대로 행동한다고!"

그들은 내게 한바탕 욕을 퍼부은 다음 반성문을 쓰라고 했습니다. 결국 아버지의 장례에는 참여할 수 없었어요. 화장을 할 때 큰아이가 갔지만 유골은 가져오지 못했어요. 당시에 죽은 사람이 너무 많아 화장터에서 한꺼번에 처리할 수 없을 지경이었답니다. 3위안짜리 상자를 하나 사서 그 위에 분필로 이름을 쓴 뒤 시체 옆에 두면 차례대로 화장을 하는데, 사흘 안에 유골을 찾으러 다시 가지 않으면 상자와 시체는 어디론가 사라졌어요.

그렇게 많은 시체를 한꺼번에 태우다 보니 태운 유골이 누구 것인지 정확하지 않았고, 다 태운 뒤에 상자 안에 아무거나 한 줌 집어넣으면 끝나는 겁니다. 에고, 아무려면 어때요. 그저 아버지 유골이라 생각하고 고향으로 가지고 가서 어머니 묘에 함께 묻을 수만 있다면 말이죠. 그런데 우리 가족은 모두 원적지로 이송되었기 때문에 유골을 가지러 갈 사람이 없었습니다. 1978년, 누명을 벗고 고향으로 다시 돌아온 다음 날 나는 바로 화장터로 달려갔습니다. 그곳에서 어린 소녀 몇 명을 만났는데, 내 얘기를 듣고는 발 벗고 나서서 나를 도와 [화장터를] 샅샅이 뒤졌지만 결국 [그 유골을] 찾을 수 없었어요. 그때는 사람이 죽어도 무슨 절차가 있기나 했나요.

9월 8일, 붉은 띠를 두른 10여 명을 태운 트럭 한 대가 오더니 나를 집으로 데려갔습니다. 집은 무슨 집입니까. 사방이 모두 드러나 있고, 아버지는 집에서 목을 매 돌아가셨으며, 놀란 아내와 아이들은 매일 울었어요. 나를 보더니 더 울더라고요. 내 심정이 어땠는지 말도 못 합니다. 며칠 뒤 트럭이 다시 오더군요. 건장한 사람들 셋이 내리더니 나와 아내, 아이들 다섯을 후난(湖南)의 고향으로 돌려보냈습니다. 그곳은 마오 주석의 고향에서 불과 10여 킬로미터 떨어진 곳이었답니다.

나중에 안 사실이지만, 내가 부엌에서 요리하고 있을 때 그들은 몰래 우리 가족사진을 한 장 가져간 다음 고향에 가서 우리 가족의 귀향 관련된 일을 알아봤다고 하더군요. 생산대에 연락했는데, 마을 사람들이 사진을 보고는 다들 모른다고 했답니다. 그러다 몇몇 노인들이 "이 노인[아버지]은 안다."고 했대요. 그렇게 해서 나를 그곳으로 보낸 겁니다. 하지만 나는 열네 살 때 고향을 떠났기 때문에, 나를 아는 사람도 없었고 고향 집에는 이미 무슨 물건이라고 할 만한 게 남아 있지 않았습니다. 게다가 마을에서는 우리를 반기지 않았어요. 땅은 적고 사람은 많았거든요. 마을에는 논이 총 132무(畝)쯤 있었는데, 사람은 132명이 살았습니다. 1인당 1무[166.67제곱미터]의 땅밖에 안 돌아가는 거죠. 우리 가족은 일곱 명이었고 꽤 많은 식량이 필요한데 어디서 구해야 한단 말입니까?

이송은 중앙의 정책이었습니다. 우리를 호송해 갔던 사람들이 현 위원회를 찾아가 한바탕 난리를 쳐서 억지로 우리를 받게 했습니다. 하지만 생산대는 조건을 내걸었어요. 우리 가족이 살 곳도, 먹을 양식도 제공하지 않는다는 겁니다. 그때는 9월이었어요. 그동안 생산에 참여하지 않았는데 어떻게 양식을 분배받을 수 있겠어요. 우리 설계원은 큰 단위였기 때문에 돈을 지불하겠다고 약속했고, 방 세 칸짜리 흙벽돌 초가를 지어 달라고 했어요. 방 한 칸에 2백 위안씩, 모두 6백 위안을 주기로 했어요. 그리고 1인당 한 달에 6위안씩 생활비를 계산해 모두 7개월 치를 주기로 했습니다. 7개월 치 42위안에, 우리 식구가 일곱이니까 모두 294위안이었어요. 게다가 현에서 집 짓는 데 사용할 수 있도록 목재를 제공해 주었어요. 배려해 준 거죠. 하지만 생활비는 우리가 아니라 생산대에 주었습니다. 생산대는 그렇게 돈을 벌 수 있었기에 우리를 기꺼이 받아 주었어요. 하지만 결국 제대로 된 집을 지어 주지는 않았고, 돼지 축사를 개조해 주었어요. 좋은 목재도 생산대 간부들이 바꿔치기해 가져갔고요.

집에 도착한 지 5분도 채 되지 않아 공사의 무장부장과 대대의 민병장이 무장한 민병 두 사람을 데려와서는, 우리 일곱 식구에게 물건을 내려놓고 한 줄로 서라고 한 뒤 훈화를 하기 시작했어요. 첫마디가 "너는 지주 분자다."였습니다. 아이고! 난 '우파'인데 어떻게 또 '지주 분자'가 되었을까 생각했죠. 그 이유를 나중에 알게 되었습니다. 농촌에는 우파가 없었고 지주가 제일 나쁜 사람이기 때문에 나를 지주 분자라고 불렀던 거예요. 하지만 감히 물어볼 수는 없었습니다. 지주라고 하면 지주인 거죠. 그렇게 나는 10년간 지주가 되었습니다.

내가 지주가 되는 것은 문제가 아니지만, 아이들도 지주의 자녀가 되었어요. 민병대에도 참가할 수 없었고 집회에도 참가할 수 없었습니다. 문혁이 끝날 때까지 아이들은 학교도 다니지 못했습니다.

무장부장이 또 말했습니다.

"너희들은 앞으로 다음 사항을 잘 준수해야 해! 첫째, 함부로 말하거나 행동해서는 안 되고, 둘째, 억울하다고 호소해서도 안 되며, 셋째, 집에 손님이 오면 먼저 관할 기관에 신원을 등록한 뒤에 보고해야 한다."

아! 그리고 지주와 부자, 반혁명 분자, 불량 분자 등 사류 분자● 회의에도 나가야 했습니다. 회의에 참여하는 일은 그렇게 어렵지 않았어요. 기껏해야 한 달에 한 번 열렸거든요. 회의에 도착하면 먼저 이름을 부르고, 치안보위부 주임이 위에 앉아서 이렇게 말합니다. "보고하시오. 무슨 일이 있었는지 각자 얘기해요." 그는 정보력이 아주 신통했습니다. 회의에 모인 사류 분자들이 어제 무엇을 했고 언제 어떤 일이 있었는지 훤히 다 알고 한바탕 훈화를 늘어놓았거든요. 나는 그나마 팬

● 사류 분자(四類份子) : 1950년 6월 28일 중국 정부는 "중화인민공화국 토지개혁법"을, 8월 4일 "농촌 계급 성분 구분에 관한 결정"을 발표해 이 네 부류를 혁명의 적으로 규정했다. '사류 분자'라는 명칭은 1957년부터 사용되었다.

찮은 편이라 욕을 먹은 적은 없었어요. 개조 태도가 가장 좋았으니까요. 허풍이 아닙니다. 나중에 나는 사류 분자들의 조장이 되었고 신문을 읽었답니다. 농촌 사람들은 신문을 읽을 줄 몰랐어요. 물론 나는 읽을 수 있었죠. 고급 기술자가 어떻게 신문도 못 읽겠어요. 그들은 또 내게 '사죄를 하라.'고 했어요. 사죄야 내가 또 경험이 풍부하지 않습니까. 짝수로 절을 하면 되는 거예요. 그렇죠?

'우파'가 되어 농촌으로 내려간 사람들에게는 먹고사는 문제가 정말 힘들었습니다. 농촌의 형편이란 도시에서는 상상할 수 없을 정도였어요. 1인당 1무의 땅이 할당되었는데, 그 정도로는 4백 킬로그램밖에 생산할 수 없었어요. 그것도 올벼와 늦벼를 모두 합쳐서 말입니다. 그 중에서 [국가에 세금으로 내는] 공량(公糧)과 종자와 사료로 남겨 둘 부분과 초과 생산분 양식●을 빼고 나면 남는 것이 거의 없었습니다. 공사는 1백 킬로그램을 기본 양식으로 규정했는데, 그마저도 겉곡식이어서, 남는 것은 고작 70퍼센트 정도였고, 그 이상 남는 양식이 있으면 노동 점수대로 분배했죠. 한 명의 건장한 노동력이 1년에 가장 많이 해봐야 5백 개 공분을 받습니다. 가난한 일반 농민들에게 그 정도 식량은 많이 부족했지요. 다행히 나는 '원로 우파'가 된 이후 단련이 되어서 1년에 6백 개 공분을 받을 만큼 일할 수 있습니다. 하지만 아내랑

● 국가에서 정한 생산 목표 수치를 초과하는 분량. 당시 농촌에서는 각 생산 대대마다 실적률 경쟁을 위해 일부러 일정 부분의 수확물을 초과 생산량으로 남겨 두었다.

아이들과 나누면 모자랐어요.

　돈 버는 일은 더 힘들었고 마땅한 수입원도 없었습니다. 1년에 받을 수 있는 공분을 돈으로 환산하면 많아 봐야 1백 위안이 조금 넘었거든요. 하지만 우리 가족은 아이들이 많아서 돈을 주고 양식을 구입해야 했는데, 예상하지 못한 일이 생겨 돈을 써버리게 되면 빚까지 내야 했어요. 사류 분자는 빚을 낼 수 없었지만, 그래도 어떻게든 빚을 내는 것밖에 방법이 없었죠. 농촌에서는 무엇보다 인간관계를 잘 맺어야 하는데, 관계가 좋으면 모든 일이 잘 풀립니다. 나는 의술을 좀 알아서 마을 사람들에게 침뜸과 쑥뜸, 부항을 몇 번 놓아 준 적이 있습니다. 그런 의술은 서툴러도 크게 문제될 일은 없습니다. 귀침은 놓을 수 있지만 심장혈 위에 함부로 놓아서는 안 된다는 것 정도는 알고 있었어요. 대부분 두통과 감기 정도여서 지압 한 번 하고 자신 있게 치료하면 대부분 나았습니다. 치료비는 받지 않았어요. 인간관계를 잘 맺는 것만으로도 충분했지요. 또 한 가지, 농촌에 내려가서 안 사실인데, 농민들은 돈이 좀 생기면 반드시 돼지를 기른답니다. 그래서 돼지 전염병이 돌면 큰일이었어요. 나는 수의사를 찾아가 배움을 청했고, 돼지 귀 뒷부분의 집게손가락 넓이만 한 곳에 페니실린 주사를 한 방 놓으면 빠르게 좋아진다는 걸 알았습니다. 공사에는 수의사가 한 명밖에 없었고 지역이 워낙 넓다 보니 사람이 부족했던지라, 누구 집 돼지가 병에 걸렸다고 하면 바로 나를 불렀어요. 나는 도시에 있는 친구들에게 돈을 보내 약을 좀 사서 부쳐 달라고 부탁했답니다. 사람에게 쓰는 페니실린도 괜찮았는데, 가격도 더 싸서 한꺼번에 10~20개씩 샀습니다. 밤이든 낮이든 사람들이 나를 부르면 언제든 달려갔지요. 그 결과 마을 사람들과 관계가 많이 좋아졌답니다. 나중에는 대대 지부 서기와 치안보위부 주임도 웃는 얼굴로 나를 대했어요. 그래서 다시 한 번 그들에게 나는 우파이지 지주가 아니라고 설명해 주었습니다. 그 정도면 절반은 해결된 거죠. 농촌 사람들은 '우파'와 '우파가 아닌 것'이 뭔지 잘 몰랐지만 나를 대하는 태도는 이전과 달랐습니다.

하지만 내 기술은 써먹을 데가 없었습니다. 중요한 것은 계급 노선이었습니다. 한번은 큰 제방을 수리하는데, 흙을 다 바르고 롤러로 눌러야 했어요. 아주 큰 바퀴 롤러를 이쪽저쪽에서 끌어 보았지만 꿈쩍도 하지 않았어요. 나는 힘을 모으지 못해 그렇다며, 내가 먼저 구호를 외쳐 보겠다고 했어요. 나는 철로에서 일했었고, 현장 교량 위에서 크고 무거운 돌도 옮긴 적이 있었답니다. 내가 "들어 올려요!" 하고 소리치고 다 같이 힘을 쓰니 바로 움직이기 시작했습니다. 그때 당원이었던 어떤 대장이 갑자기 생각났다는 듯이 말했어요.

"안 돼요. 그의 말을 들어서는 안 됩니다. 우리 빈곤 농민은 계급의 적에게 지휘를 맡겨서는 안 돼요."

안 된다면 할 수 없죠, 뭐. 하지만 사람은 결국 자신의 능력을 발휘하고 싶어 하는 법입니다. 그렇지 않나요? 1973년 우리 공사 서기는 저수지를 만들고 싶어 했습니다. 그는 화궈펑(華國鋒)이 원래 후난의 한 지방 위원회 서기였는데 관개수로를 수리해서 유명해졌고, 마오 주석이 그를 중앙으로 차출해 간 일을 생각해 냈어요. 그는 곧 사람들을 모아 큰 산 하나를 파내어 제방을 쌓고, 그곳에 물을 채워서는 저수지를 만들었다고 했습니다. 가서 봤더니 수원이 없더군요. 그는 빗물이 산에서 흘러내려 온다고 했습니다. 나는 그건 '빗물 저장고'(匯水面積)라고 하는데, 그렇더라도 크기가 충분하지 않다고 일러 주었어요. 그리고 비가 내리지 않으면 저수지에는 물이 없는 것 아닙니까. 그러자 그는 또 샘물이 솟아날 것이라고 했어요. 하지만 불가능했어요. 수량(水量)을 끌어내는 힘은 산의 수압(水壓)과 정비례하는데, 수원이 없으면 물을 끌어올 수가 없거든요. 그는 내 말을 이해하지 못했고, 반드시 저수지를 만들고야 말겠다고 했어요. 감히 더는 얘기하지 못했죠. 더 얘기했다가는 불똥이 튈 것 같았어요. 그 쓸모없는 저수지를 만들기 위해 얼마나 많은 노동력이 투입되고 몇 년을 일했는지 모릅니다. 쓸모가 있고 없고는 내가 말할 수 있는 게 아니었습니다. 능력이 많을수록 그들의 일을 방해하는 격이었죠.

감히 말하건대, 나는 평생 나쁜 일을 한 적 없고 국가 철로 사업에 공헌했습니다. 나를 이렇게 만들기는 했지만, 결국 공산당은 나처럼 성실한 사람을 내버려두지 않을 거라고 믿었습니다. 농촌에 갔을 때가 쉰 살이었는데 여전히 그런 생각을 하고 있었어요. 언젠가는 나를 불러서 일을 시킬 것이라고요. 다시 20년을 기다린다 해도 괜찮았습니다. 몸도 괜찮았고요. 그렇게 나는 사인방이 몰락할 때까지 계속 기다렸습니다. 그리고 60세가 되었어요. 국가를 위해 힘쓸 때가 왔지요.

문혁 후 '누명을 벗기는 정책'도 원래는 스스로 나서서 해야 하는 일이었습니다. 1978년 초 제11호 문건이 내려왔습니다. 나는 집에서 3개월을 기다렸어요. 기다리고 기다렸지만 아무 일도 없었습니다. 나는 무엇보다 우파 딱지를 떼어야 했어요. 그렇지 않겠습니까? 우파 딱지를 20년이 넘도록 붙이고 있었으니 말이죠. 기다리다 기다리다 도저히 더는 못 기다리겠더라고요. 대대로 달려갔죠. 대대장은 나를 지지했고 증명서를 발급해 주었어요. 증명서가 없으면 함부로 움직이지 못하거든요. 그래도 여전히 고분고분해야 했습니다. 증명서를 들고 공사로 갔지만 공사에서는 책임져야 할까 봐 동의해 주지 않았습니다. 나는 뭘 써달라는 것도 아니고, 증명서는 이미 대대에서 발급했으니 그저 도장만 찍으면 된다고 설득했어요. 그나마 비서는 괜찮은 사람이라 도장을 찍어 줬어요. 그리고 나는 설계원으로 돌아왔습니다.

당시 설계원의 당 위원회 서기와 정치부 주임, 그리고 여러 부서의 장들은 여전히 예전 사람들 그대로였습니다. 하지만 그들은 모두 승진했더라고요. 나는 5월 21일 설계원으로 복귀했고 그들은 나를 매우 친절하게 대해 주었습니다.

"당신에 대한 명예 회복을 무엇보다 먼저 처리하겠소. 우선 기다려요. 초대소에 묵고 계십시오."

어쨌든 기다리면서 할 일이 없었던 나는 매일같이 여기저기 쑤시고 다녔습니다. 시 위원회 조직부와 통전부 등으로 가서 빨리 누명을 벗겨 달라고 재촉했어요. 대답을 듣지 못하면 돌아가지 않겠다는 생각으로 8월 말까지 그렇게 쫓아다녔습니다. 하지만 뜻밖에도 그들은 나를 '복직[처리 후] 퇴직'으로 처리하려 했습니다. 나는 초조해졌어요.

"내 나이 이제 겨우 60세이고 건장합니다. 아직 일할 수 있다고요. 퇴직하지 않으면 안 되겠습니까? 당신은 내 오래된 상사요. 내가 일할 수 있는지 없는지는 당신이 더 잘 알 거요."

"당연히 일할 수 있죠. 업무 성적도 좋고요. 하지만 솔직히 말해, 당신이 퇴직하지 않으면 일 처리가 어려워집니다."

당시에는 대도시 호구를 쉽게 만들 수 있는 게 아니어서, 도시로 들어오려면 퇴직 처리를 해야 했습니다. 그렇게 하지 않으면 우리 일곱 가족은 영원히 농촌에서 살아야 했거든요. 복직을 해도 일을 할 수 없으면 무슨 소용입니까? 나는 일을 하고 싶었다고요. 하지만 방법이 없었습니다. 우리 가족은 어쨌든 돌아와야 했으니까요.

조직은 이렇게 결론을 내려 주었습니다.

○○○ 동지가 반우파 투쟁 기간에 한 언행은 반혁명적인 언사가 아니라 몇 가지 일에 대한 단순한 비판과 지적이었다. "장뤄 연맹은 대담하다."라고 말한 것은 잘못이지만, 추궁하지 않을 것이며 그를 우파로 볼 수도 없다.

판결은 당안에 기록되었고 내게 보여 준 뒤 동의하면 서명하라고 했습니다. 그래서 내 당안을 넘겨 보았는데, 온통 말도 안 되는 고발 자료투성이였어요. 근거도 없고, 멋대로 날조한 것들이었죠. 예를 들면, 현 지부 서기가 있었는데 그 당시 내 밑에서 실습생으로 일하고 있었어요. 내가 그를 중용하지 않자 그는 내가 "30명이 넘는 연구실 사람들과 반당 공모를 했다."라고 고발한 것입니다. 연구실의 누구누구와 공모를 했다는 것인지, 그는 왜 밝히지 않았을까요? 정책 집행을 관리하는 책임자가 말했어요.

"여기 쓰인 판결에 동의하면 서명을 해요. 그럼 끝납니다."

서명하지 않을 수 없었어요. 서명하지 않으면 우파 딱지를 뗄 수 없었습니다. 우파 딱지를 붙이고는 아무것도 할 수 없었거든요. 오로지 그것을 위해 20년이나 고생했는데요. 나는 펜을 들어 "결론 부분에 동의한다."라고 적었습니다. 그는 웃으면서 "당신들 지식인은 역시 심술이 많아요."라고 말하지 뭡니까.

그들은 '반동 우파'임을 고발하는 단어들을 완전히 삭제하지 않음으로써 '당신은 여전히 잘못이 있다.'는 여지를 남겨 놓았습니다. 그것은 우리 같은 사람들에게 꼬리를 남겨 두는 것으로, 우리가 다시 기를 펴고 활개를 칠까 봐 그런 것입니다.

우파 딱지를 떼자마자 나는 먼저 단위로 돌아가 기쁜 소식을 전했습니다. 그러고는 설계원 측에, 춘절에 아들 결혼식을 올려야 하니 돈을 좀 빌려 달라고 말했습니다. 농촌 아가씨를 신부로 맞으려면 돈이 많이 들었거든요. 그들은 생각해 보겠다고 했고, 춘절을 불과 며칠 앞두고 나를 찾아왔어요.

"돈은 안 빌려도 됩니다. 당신에게 지급할 돈을 돌려주겠소."

그때는 이미 문혁 관련자들에 대한 명예 회복 정책이 하달되어, 문혁 기간에 받지 못했던 월급이 지급되었습니다. 문혁 전에 월급이 127위안이었으니까 문혁 10년을 합치면 받지 못한 월급이 총 1만5천 위안이 넘습니다. 하지만 명예 회복 후 내가 받은 돈은 1만4천 위안이 조금 넘어요. 그들은 내 고향으로 사람을 파견해, 그곳에서 내 수입이 얼마였는지를 조사했고, 그만큼을 공제했던 겁니다. 우파 분자가 되어 농촌에서 일하는 동안 깎인 월급에 대해서는 정책적 근거가 마련되지 않았기에 지금까지도 차액을 지급받지 못했어요. 그 일을 생각하면 아직도 내게 우파의 그림자가 드리우고 있는 것 같아서 더 얘기하지 않겠습니다. 나는 돈을 들고 농촌으로 돌아왔습니다. 마을 사람들은 한 달에 1백 위안 이상을 버는 나를 대단한 인물이라고 여겨 우리 집에 한 번씩 다녀갔습니다. 하지만 나는 얼마 지나지 않아 다시 도시로 갔어요. 도대체 나보고 돌아오라는 건지 말라는 건지 분명히 알 수가 없었습니다. 한동안 보류되었다는 소리가 들려 마음이 다급해져 사방으로 사람들을 찾아다녔습니다. 내내 해결되지 않다가, 1980년에야 시위원회에서 다음과 같은 내용의 문건이 내려왔습니다.

"무릇 억울한 사건이나 잘못된 사건에 연루되어 고향으로 이송된 사람들은 원칙적으로 모두 돌아와야 한다. 이미 현지에서 결혼해 아이를 낳은 사람들은 제외한다."

큰아들과 큰딸은 이미 농촌에서 결혼을 했기 때문에 돌아올 수 없었습니다. 나머지 다섯 식구도 아주 난리를 치고 나서야, 결국 시 위원회의 힘 있는 사람이 전화를 해서 설계원에 독촉을 했어요. 설계원에서는 항상 "곧 실행하겠소."라는 말만 반복할 뿐이었죠. 6월이 되어서야 비로소 호구 이전 증명서를 발급해 줬지만, 당장 기거할 집이 없어서 다시 기다려야 했어요. 마침내 이사를 했을 때는 11월이었습니다. 나는 이미 64세였는데 귀도 잘 안 들리고 눈도 나빠졌으며 다리도 안 좋았어요. 1957년부터 지금까지 나는 아주 많은 공헌을 했다고 생각했지만 그게 사실은 아주 보잘것없던 셈입니다. 고향의 속담이 떠올랐습니다.

"비 오는 날에는 볏짚을 많이 질수록 무겁다."

모든 문제가 해결되었지만, 나는 일을 할 수 없게 되었습니다. 그저 지역주민센터 부식 매점에서 계산대를 보는 일밖에 할 수 없어요. 집에서는 무료해서 견딜 수가 없어요. 주민센터에서는 내게 "일할 수 있어요?"라고 묻습니다. 나는 버럭 화를 냈지요.

"예전에 철로 시공, 예산, 회계 일도 한 적이 있어요. 내가 이렇게 단순한 일도 못 한단 말이오? 나는 고급 기술자라고요!"

그러면 그들은 웃기 시작해요. 왜 웃는지 모르겠습니다.

예전에 대장을 하고 조장을 했던 사람들 모두 내가 훈련시킨 사람들입니다. 지금도 총설계를 하고 있지요. 그들은 새로운 지식은 알고 있지만 종합적인 면이 부족해요. 시공 현장에서 새로운 노선을 만든 적도 없고, 철로를 보수하고 다리를 놓는 것과 같은 다른 공정도 할 줄 모른다는 거죠. 하지만 그들이 새로운 걸 설계해 내놓기만 해도 나는 아주 기쁘답니다. 내가 이 시대를 쫓아갈 수 있다면 얼마나 좋을까요! 밤에 자주 꿈을 꿔요. 꿈에서 나는 제도판에 설계를 하고 현장에서 홍기를 꽂고 있습니다. 이미 몇 년째 그런 꿈을 꿔요. 나는 항상 낙관적이었어요. 성실했고, 단 하루라도 일할 수 있다면, 그것이 무슨 일이든 기뻐하며 했답니다. 가끔 이런 생각을 합니다. 마흔 살로 돌아가 다시 시작할 수 있다면 얼마나 좋을까. 틀림없이 훌륭하게 다른 삶을 살 수 있을 텐데. 틀림없이.

석양은 마지막 빛으로
이 세상을 비추고 싶어 한다.

열한 번째 이야기

지혜로운 사람

◆ 1969년 / 15세 / 남자 / B성 S시 모 중학교 학생

　당신이 쓴 문혁 경험담을 몇 편 읽어 본 적이 있는데, 전부 고난과 고초를 당한 이야기들뿐이더군요. 좀 다른 이야기를 해볼까요? 그때 고생하지 않은 사람이 몇 명이나 되겠어요? 몇 억이나 되는 사람들이 고난을 겪은 얘기를 너도나도 하다 보면 '뛰는 놈 위에 나는 놈' 식이죠. 당신이 쓴 사연들보다 고통스러운 경험들은 수두룩해요.

　우리 형부는 말재간이 좋아서 말씨름으로는 누구도 이기지 못했어요. 그래서 반대파들이 끌고 가서는 가위로 혀를 잘라 버리고 말았답니다. 혀가 없으니 말을 못 하는 건 물론이고 먹을 수도 없어서 결국 굶어 죽었어요. 문화대혁명 시기에는 탕산 대지진 때처럼 이렇게 저렇게 죽거나 살아남은 사람들이 많았지요. 그래서 문혁은 마오 주석이 일으킨 대지진이고 탕산 대지진은 지신(地神)이 일으킨 지진이랍니다. 그런 비참한 일들에 대해서는 말하지 말자고요. 그 대신 기가 막힌 사연을 하나 들려줄게요. 아주 똑똑한 사람 이야기랍니다. 문혁 때는 재

178

주도 억압받았다고들 하는데 사실 그렇지만도 않아요. 위기의 순간에 재치가 드러나는 법이죠. 지금 하려는 이야기는 어디서 주워들은 게 아니라 내 두 눈으로 직접 본 일이랍니다.

1969년에는 전쟁과 자연재해에 대비하는 전민개병(全民皆兵) 상태 이지 않았습니까? 마오 주석의 명령이 떨어지자마자 전국적으로 행군 훈련이 진행되었습니다. 정부 기관과 학교는 말할 것도 없고 공장 노 동자들과 상점 점원들까지 군대처럼 대오를 조직해 황량한 야외로 가 서 행군 훈련을 했어요. 어떤 조직은 한 번 행군길에 수백 리를 가곤 했는데, 길이 멀고 힘들수록 혁명적인 것이었죠. 행군해 본 적 있나요? 군복을 입고 붉은 기를 앞세운 채 농촌의 산과 들을 일렬로, 죽도록 걸 어 다녔어요. 그때는 사람들이 모두 미쳐 있었어요. 적이 어디 있는지 도 모르면서 무작정 걸었으니까요. 어디에서 그런 힘이 솟아났는지 모 르겠어요. 마치 아이들이 가짜를 가지고 진짜인 것처럼 여기면서 노는 것과 똑같았다니까요.

그때 나는 중학생이었습니다. 행군을 떠나는 날 모두 들떠 있었어 요. 우리는 초록색 군복을 입었고, 군화와 군모를 착용했죠. 어떤 친구 는 군인 친척에게 빌려 온 붉은 오각별 모자 배지를 모자에 달았는데, 진짜 병사 같았어요. 여학생들은 머리카락을 전부 모자 안으로 집어넣 고, 허리띠를 꽉 졸라맸어요. 그리고 초록색 돛천으로 만든 군용 가방 을 어깨에 엇갈려서 멨습니다. 가방에는 "인민을 위하여 복무함"(爲人 民服務)이라는 글자가 수놓아져 있었고, 그 안에는 『마오 주석 어록』과 비상식량이 들어 있었답니다. 그 시대 사람들이 참 대단한 게, 그렇게 살았어도 아주 활기찼어요. 텔레비전이나 냉장고, 녹음기나 세탁기 같은 것들 가운데 하나라도 없으면 뭔가 부족하다고 생각하는 요즘 사람들과는 많이 달랐죠.

아, 맞다! 그때 사람들은 모두 가슴에 마오 주석 배지를 달았답니다. 나는 각별히 아끼던 아주 멋진 배지를 가슴에 달았어요. 당시 전문 용어로 '8센티미터 기선'이라고 불린 배지였는데, 지름이 8센티미터로 [호떡 모양의 빵인] 샤오빙(燒餅)과 크기가 비슷했어요. 대단히 큰 편이었죠. 배지가 크면 클수록 충성심이 강하다는 뜻이었고 사람들을 놀라게 했어요. 배지 윗부분에는 마오 주석 초상이 있었고 아랫부분에는 파도를 헤치는 큰 배가 그려져 있었습니다. 큰 바다를 항해할 때는 조타수에 의지해서 가야 하잖아요. 마오 주석 초상과 배는 동으로 도금되어 있었고 반짝반짝 빛이 났으며, 붉은 태양을 배경으로 하고 있었어요. 당시 이 배지는 가장 유행하던 것이었고, 완전 명품이었어요. 친구들은 모두 부러워서 내 가슴에 단 배지를 자꾸 힐끔힐끔 쳐다봤답니다. 나는 우쭐해져서 마치 내가 충성심이 제일 강한 사람인 양 의기양양하게 인파 속을 왔다 갔다 했어요.

그날 학교에서는 해방군 전사를 초청해 학생들의 행군 훈련을 지도하고 군인을 따라 배우게 했어요. 나는 연대장이라는 사람을 한눈에 알아봤고 첫눈에 그를 좋아하게 되었는데, 그건 일종의 경외심이었답니다. 나이는 많아 봤자 서른 살 정도였고 키가 훤칠했으며 허리를 꼿꼿하게 펴고 다니는 게 아주 군인다운 풍모가 있었어요. 말수도 적었는데, 얇은 입술을 항상 꾹 다물고 있었고 입술 왼쪽 위에는 검은 점이 하나 있었답니다. 하얗고 잘생긴 얼굴은 엄숙해 보였는데, 별다른 표정이 없었고, 그 검은 점 역시 한 치의 움직임도 없었습니다. 그런 그의 모습은 얼마간 신비롭게 느껴졌어요. 영화 속에 등장하는 아주 차분하고 침착한 영웅의 모습을 빼쏘았죠. 우리는 다른 병사들과 친해져서 이런저런 얘기를 주고받았지만, 연대장만은 그저 흠모하며 바라보기만 했을 뿐, 누구 하나 감히 말을 걸 엄두를 내지 못했어요. 그는 성이 바이(白)였어요.

연대에서는 병사와 학생들을 두 개 중대로 나눴어요. 바이 연대장은 한 개 중대를 책임졌고 성이 마씨인 지도원이 다른 한 중대를 책임졌습니다. 두 중대는 따로 출발했고 다른 길을 따라 걸었어요. 나는 운 좋게도 바이 연대장의 중대에 배치받아 무척 기뻤답니다.

우리 중대는 다시 세 개 소대로 나뉘었는데, 군인인 소대장이 [중대] 행렬 맨 앞에 섰고, 병사 하나가 대오 앞에서 붉은 깃발을 들고 행진했어요. 나는 1소대였는데, 홍기 바로 뒤에 있어서 가장 위엄 있는 자리였어요. 1소대 앞에는 키가 장대처럼 큰 병사가 당시 가장 흔하게 볼 수 있었던, 하얀 자기로 만든 대형 마오 주석 반신상을 들고 행진했습니다. 우리는 모두 함께 구호와 『마오 주석 어록』의 내용을 외치고 혁명가를 부르면서 기세등등하게 시골 들길을 행진했어요. 붉은 깃발의 빛과 그림자가 얼굴 위에 내려앉으면, 그때의 기분이란 마치 홍군이 남북을 오가며 해방 전쟁을 하는 느낌이었고, 시간이 지날수록 온몸에 힘이 솟구쳐 올랐답니다. 지금 생각하면 참 웃기는 일이죠. 들판에는 날아가는 새 떼 말고는 온통 논밭이었는데 적이 어디 있었겠어요. 어쨌든 그렇게 아침부터 저녁까지 걸어도 힘든 줄 몰랐어요.

1소대 소대장은 마오 주석의 반신상을 들고 있는 꺽다리 병사가 힘들까 봐 다른 사람으로 교체하려 했습니다. 병사들은 서로 앞다퉈 그 영광스러운 임무를 쟁취하려고 했고 우리 학생들도 서로 하겠다고 나섰어요. 그 임무를 먼저 쟁취하는 사람이 마오 주석에게 더 충성스러운 사람이 되기 때문이었죠. 하지만 그 꺽다리는 자기가 계속 들고 가겠다고 고집을 부리다가 나중에는 다급해져서 큰 소리로 이렇게 외치지 뭐예요.

"제가 마오 주석을 결사 보위하며, 2만5천 리 장정을 다시 걷겠습니다!"

산둥 사람이었는데, 산둥 사람 특유의 순박함이 얼굴에 그대로 드러났어요. 우리는 그의 맹세에 깊이 탄복했습니다. 꺽다리의 충성심에 비한다면, 내가 가슴에 큰 마오 주석 배지를 달고 사람들에게 충성심을 보여 주는 것은 아주 보잘것없는 일이었죠.

학생들은 곧바로 구호를 외쳤습니다.

"해방군을 따라 배우자! 해방군에게 경의를 표하자!"

병사들도 우리의 구호에 호응했습니다.

"젊은 혁명가를 따라 배우자! 당 중앙을 결사 보위하자! 마오 주석을 결사 보위하자!"

그렇게 서로 구호를 주고받으며 외칠수록 투지가 더 강해졌고, 구호가 벌판에 쩌렁쩌렁하게 울려 퍼져 적들을 제압할 수 있도록 목이 터져라 외쳤습니다. 날이 어두워지고 한밤중이 될 때까지 그렇게 온힘을 다해 외치면서 걷다 보니 점점 지쳐 갔어요. 어느새 구호 소리가 사라지더니 컴컴한 길에는 발소리만 들리기 시작했지요. 병사들의 발걸음은 질서 정연했지만, 별반 도움이 안 되는 우리 학생들은 다리가 풀리기 시작했고, 배 속에서 꼬르륵꼬르륵 소리가 났어요. 작은 숲을 지나갈 무렵, 캄캄해서 아무것도 보이지 않고 나뭇가지와 잎사귀들이 내는 쏴쏴 소리가 들리자 나는 몰래 가방에서 만두를 꺼내 다른 사람에게 들키지 않도록 게 눈 감추듯 씹지도 않고 삼켰습니다. 바이 대장은 행렬 맨 끝으로 가더니, 통신원을 통해 전달 사항을 보내왔어요. 고지 하나만 넘어가면 바이거춘(百舍村)이 나오는데 거기서 쉬자고요. 그 말을 듣자 정말이지 한달음에 마을로 달려가서 두 팔과 두 다리를 뻗고 벌렁 드러눕고 싶었답니다.

　부대는 지름길로 가지 않고 한참을 가다가 마침내 고지를 넘었는데 마을은 보이지 않았어요. 앞은 온통 캄캄했고 불빛이라곤 찾아볼 수 없었죠. 왼쪽으로 강이 흘렀는데, 강물이 달빛에 반사되어 유난히 반짝거렸고 강물 흐르는 소리가 났어요. 오른쪽에는 수수밭이 있었어요. 바람이 불면 비가 내리는 듯한 후드득 소리가 났고, 주변은 캄캄해 마치 끝이 안 보이는 높은 담벼락 같았습니다. 밤안개가 땅을 적시면서 땅바닥이 질퍽해졌고, 신발 바닥에 들러붙어 걸음을 떼기가 힘들 성도로 무거워졌어요. 내 발이 아니라 벽돌 두 장 같았답니다. 하지만 전쟁 준비 훈련 중이었으므로, 대체 마을이 어디에 있느냐고 감히 물어볼 수가 없었어요. 그러면 바로 사상에 문제가 있다고 비판을 당하니까요. 행렬은 낮의 모습과는 딴판으로, 마치 전쟁에 패배한 병사들이 군대로 돌아가는 것처럼 쥐 죽은 듯 앞을 향해 걷기만 했습니다.

행렬 앞에서 갑자기 "아이고!" 하는 소리와 함께 쨍그랑하면서 사기그릇 깨지는 소리가 들렸어요. 일제히 시선이 앞으로 쏠렸어요. 마오 주석상을 들고 있던 꺽다리가 미끄러져 넘어졌고, 그 뒤 절대 일어나지 말아야 할 일이 일어나 버렸어요. 도자기로 만든 마오 주석상이 박살난 것입니다. 생각해 보세요. 5킬로그램이 넘는 도자기 반신상을 온종일 들고 걸어 다녔으니 무슨 힘이 남아 있었겠습니까. 조금이라도 힘이 남아 있었다면, 자기가 쓰러질지언정 마오 주석상을 꼭 끌어안고 버텼을 겁니다. 그 꺽다리는 누가 뭐라 해도 마오 주석상을 끌어안고 놓지 않았고, 소대장이 다른 사람과 교대하려고 해도 고집을 부리며 말을 듣지 않았었잖아요. 모두들 너무 놀란 나머지 그를 비판해야 할지 말아야 할지 판단할 수가 없었답니다. 마오 주석상을 깨뜨리는 죄는 머리까지 날아갈 수 있는 큰 죄에 해당했습니다. 사람들이 미처 정신을 차리기도 전에 그 꺽다리가 갑자기 두 다리를 '철픽' 하고 마오 주석상 앞에 꿇더니 사죄하겠다는 겁니다. 그러자 소대장도 그 어이없는 일에 혼이 쏙 빠져서는, 어쩔 수 없이 '철픽' 무릎을 꿇고 사죄를 하지 뭡니까! 우리 소대원들은 누가 명령을 내리지도 않았는데 전부 무릎을 꿇고 마오 주석을 향해 사죄를 했습니다.

2소대 행렬이 곧바로 뒤에 도착했는데, 우리 1소대가 모두 길바닥에 무릎을 꿇고 있는 광경을 보더니 의아해했어요. 2소대 소대장이 물어봤지만 아무 대답 없이 모두들 손가락으로 앞쪽을 가리켰습니다. 깨진 마오 주석상을 보더니 그 역시 아무 말도 하지 않고 바로 무릎을 꿇었고, 2소대의 소대원들도 일제히 바닥에 무릎을 꿇었습니다. 곧이어 3소대가 도착했고, 바이 연대장은 보자마자 무슨 상황인지 알아챘죠. 하지만 그가 미처 해결책을 생각해 내고 말을 꺼내기도 전에 3소대장과 소대원들이 전부 무릎을 꿇었답니다. 사람들은 앞다퉈 무릎을 꿇었는데, 먼저 무릎을 꿇을수록 충성심이 강하고 결연하며, 주저함이 없다는 뜻이었기 때문이죠.

모두들 같은 생각을 하고 있었기 때문에 거의 동시에 무릎을 꿇었던 것이고, 바이 연대장도 꿇었습니다. 하지만 그러고 나자 곤란한 문제가 생겼습니다. 다시 일어설 수가 없다는 겁니다. 마오 주석상이 산산조각 났는데, 먼저 일어난다는 건 불충하다는 것이었으니까요. 하지만 그렇다고 또 언제까지 무릎을 꿇고 있을 수만도 없는 노릇이었죠. 결국 아침이 밝을 때까지 누구 하나 일어나지 않았습니다. 황량한 들판의 달빛 아래, 온통 흙투성이인 캄캄한 길바닥에서 미련한 건지 미친 건지 한 무리의 사람들이 그렇게 우두커니 무릎을 꿇고 있었던 거죠. 누구 하나 소리를 내거나 움직이지 않았고, 다른 사람을 쳐다보는 이도 없었어요. 모두들 회개하는 마음으로, 산산조각이 나서 달빛에 하얗게 빛나고 있는 도자기 파편만 응시하고 있었습니다.

그렇게 무릎을 꿇고 있으니 오른쪽 무릎이 점점 아파 오기 시작했어요. 무릎 밑을 손으로 만져 봤더니 뾰족하게 튀어나온 돌이 무릎을 찌르고 있었던 겁니다. 한참을 용을 써서 삼각형 모양으로 튀어나온 돌덩이를 파냈고, 조심스럽게 다리 옆으로 밀쳐 두었습니다. 그런데 얼마 지나지 않아 갑자기 오줌이 마려워졌습니다. 참으면 참을수록 더

마려웠는데, 그런 상황에서 어떻게 감히 오줌을 싸러 갈 수 있겠어요. 결국 참지 못하고 바지에 싸버렸는데, 염병할, 뭔 놈의 오줌은 그렇게 많이 나오는지 바지가 다 젖어 버렸어요. 정말 괴로웠답니다.

1초, 또 1초…… 시간은 그렇게 흘러갔고, 그럴수록 일어서야 할 마땅한 이유가 없어졌습니다. 바로 그때, 무슨 일이라도 벌어진 듯 바이 연대장이 갑자기 벌떡 일어서더니 맑은 목청으로 이렇게 다급하게 말하는 겁니다.

"전방 마을에서 이상 징후가 포착됐다. 적들의 동태다! 아마도 반동 지주들이 파괴 활동을 벌이고 있는 것 같다. 1소대, 2소대, 3소대 전체 집합한다. 전속력으로 달려라. 목표는 왼쪽 전방에 있는 바이거춘이다. 빈곤 농민들을 보위하고, 무산계급 문화대혁명과 당 중앙 마오 주석을 보위하자!"

마오 주석을 보위하자는 명령은 자신의 생명을 지키는 것보다도 중요한 임무였기 때문에 수백 명이나 되는 사람들이 우르르 일어났습니다. 자리에서 일어나는 순간 한편으로는 마음이 후련했지만 긴장감이 몰려왔어요. 눈앞에 진짜 적들이 있고 바로 전투가 벌어지는 건가 했지요. 군대는 동작이 정말 빨랐는데요, 눈 깜짝할 사이에 집합을 했고, 바이 연대장의 인솔하에 마을을 향해 쏜살같이 내달렸답니다. 적군이 바로 앞에 있는 긴급 상황에서 누구도 도자기 파편 따위를 신경 쓸 겨를은 없었어요. 그저 앞을 향해 뛰어가면서 그 신성한 파편 조각들을 밟지 않도록 피하면 그만이었지요. 10분 정도 뛰어가다 오른쪽으로 돌아서 다리를 건넜고, 또 10분 정도 뛰니 앞에서 개 짖는 소리가 들려왔어요. 밤안개가 자욱하게 깔린 망망한 들판 위로 드디어 불빛이 보였고, 바로 앞에 마을이 나타났어요. 사람들은 모두 잠들어 있었고 등도 꺼져 있었어요. 우리가 그렇게 소란을 피우니 불빛이 하나둘 켜졌고 개 짖는 소리도 점점 사나워졌어요. 분위기가 장난 아닌 게 진짜 전쟁이 일어날 것만 같았답니다. 나는 계속 심장이 떨렸어요. 병사들은 등에 메고 있던 총을 꺼내어 손에 들고 마을로 재빨리 뛰어갔어요. 바이 연대장은 세 개 소대를 세 갈래 길로 흩어지게 하고, 병사들은 앞쪽에 서고 학생은 뒤따르라는 명령을 내렸습니다.

마을에 들어서자, 횃불에 아른거리는 사람들의 그림자와 눈앞에서 번쩍거리는 손전등 불빛만 보였습니다. 사람들이 총을 들고 있는 그림자가 불빛에 희미하게 보이더군요. 파괴 활동을 자행하는 반혁명 분자들인 걸까요? 바이 연대장이 소리쳤습니다.

"쏘지 마시오! 우리는 행군하고 있는 해방군이오! 당신들은 누구요? 마을에 무슨 일이라도 있는 겝니까?"

그러자 상대편의 한 사람이 큰 소리로 대답했습니다.

"우리는 생산 대대 민병입니다. 사람들이 소리를 지르고 개가 짖기에 달려왔는데, 대체 무슨 일인지 모르겠습니다!"

"당신네 마을의 사류 분자들은 어디 있습니까?"

"다들 집에 얌전히 있답니다. 밤에는 못 나오게 하거든요."

바이 연대장이 소대를 이끌고 다가가서 말했습니다.

"우리는 행군 훈련을 하다가 이곳을 지나게 되었는데, 어떤 소리를 듣고는 무슨 일이 벌어진 줄 알았습니다. 혹시라도 사류 분자가 파괴 활동이라도 하는가 싶어서 도우려 곧장 달려왔어요. 아무 일도 없다니 다행입니다!"

"우리 빈곤 농민들을 걱정해 주셔서 정말 감사합니다. 마을의 모든 초등학교는 혁명을 한다고 수업을 하지 않아서 교실이 다 비어 있답니다. 빨리 들어가서 다리라도 좀 펴세요. 따뜻한 물을 가져다드릴게요."

생산 대대 민병대장은 마을 주민들에게 물을 길어 와 끓이게 하고 이불과 요를 빌려 오라고 했습니다.

우리 연대는 초등학교에 들어가서 물을 마시고 간식을 먹으며 휴식을 취했습니다. 바이 연대장은 1소대장에게 말했어요.

"깨진 마오 주석상을 길 위에 방치해 둘 수 없으니 내가 가서 모셔 오겠다."

그러자 1소대장이 물었습니다.

"네. 그런데 깨진 마오 주석상을 모셔 와서 어떻게 해야 할까요?"

바이 연대장은 아무 표정 없이 말했습니다.

"일단 모셔 오고 난 다음에 다시 말하자고. 자네는 학생들을 돌보고 있게. 나 혼자 다녀올 테니."

그 꺽다리 산둥 녀석은 고개를 푹 숙인 채 울적한 표정으로 바이 연대장에게 다가갔어요.

"저도 따라가겠습니다."

바이 연대장은 아무 말도 하지 않고 그를 한 번 쳐다보기만 했습니다. 눈빛은 아주 냉담해 보였는데 거절하는 것 같았어요. 그는 고개를 돌려 손전등을 들고는 혼자 갔습니다.

한참이 지난 뒤에, 바이 연대장이 돌아왔는데 빈손이었어요. 그리고 처음으로 바이 연대장의 얼굴에서 표정 같은 것을 봤는데, 아주 놀란 것 같았어요.

"이상한 일이야. 한참을 찾았는데 길바닥에 아무것도 없어."

그러자 1소대장이 되물었어요.

"어떻게 그럴 수 있죠? 이 오밤중에 누가 가서 줍는단 말입니까? 연대장님이 못 찾은 것 아니에요?"

"아니, 그럴 리가 없어. 차라리 몇 명 더 가서 함께 찾아보자고. 꼭 찾아야 해!"

바이 연대장은 바로 그 자리에서 꺽다리와 1소대장을 포함해 병사 몇 명을 지명해 같이 가게 했습니다. 나도 가겠다고 자청했어요. 내가 무릎을 꿇었던 곳에 뾰족한 돌멩이가 있었고 그 돌멩이만 찾으면 문제없을 거라고 생각했거든요. 사실 다른 목적도 있었답니다. 오줌이 젖은 바지를 걸으면서 바람에 말리고 싶었거든요. 1소대장은 고생했다며 가지 말라고 만류했지만, 바이 연대장은 "그곳을 기억하고 있으니 가는 게 좋겠다!"라고 하더군요.

우리는 손전등 빛에 의지해 캄캄한 들판을 지나, 왔던 길로 돌아가면서 우리가 다 같이 기억하고 있는 그곳을 찾으러 갔습니다. 나도 그 딱딱하고 뾰족한 돌덩어리를 찾아냈고, 방향과 거리를 가늠하면서 땅을 가리켰어요.

"틀림없어. 이곳이에요."

그런데 바이 연대장이 손전등으로 땅을 아무리 비춰도 흰 도자기를 발견할 수 없었습니다. 몸을 쪼그리고 앉아 자세히 찾아봐도 부스러기 한 조각 보이지 않았어요. 참 이상한 일이었죠. 그걸 누가 주워 갔단 말입니까? 주워서 뭐에 쓴단 말입니까? 이 깊은 밤, 이런 황야에서, 어떻게 파편 하나 남기지 않고, 왜 그렇게 깨끗하게 주워 담아 갔을까요? 동쪽으로는 칠흑 같은 수수밭이 펼쳐져 있고, 서쪽으로는 강물이 은빛으로 반짝이며 잔잔하게 흐르고 있는, 인기척 없는 곳인데 정말이지 이해할 수 없는 일이었습니다. 다시 한 번 바이 연대장을 쳐다봤더니, 그 하얗고 잘생겼으면서도 차가운 얼굴은 여전히 무표정했고 입술 위의 검은 점도 움직이지 않았습니다. 더욱 이상했던 건, 모두들 그렇게 한참 동안 그대로 있다가 아무 말도 하지 않고, 또 계속 찾지도 않은 채 마을로 돌아왔다는 겁니다. 나는 초등학교 교실에 있던 책상을 몇 개 붙여 누웠어요. 밤새 잠을 이루지 못하고 생각해 봤지만 어찌된 일인지 알아낼 수 없었습니다. 날이 밝자 우리는 다시 행군을 계속했고, 바이 연대장은 생산 대대 혁명위원회에서 마오 주석상을 하나 빌렸습니다. 홍기를 들고 구호를 외치며 혁명가를 부르면서 행군하는 중에 어젯밤에 일어난 일을 입 밖에 꺼내는 사람은 없었습니다.

나는 당시에 너무 어렸기 때문에 그 속에 담겨 있던 오묘한 이치를 깨닫지 못했던 겁니다. 하지만 그 이상한 일은 항상 내 머릿속을 맴돌고 있었어요. 몇 해가 지나고 많은 일을 겪으면서, 어느 날 문득 그 이유를 깨닫게 되었습니다. 생각하면 할수록 그 깊은 뜻에 감탄했지요. 그렇게 지혜롭고 과묵했던, 그 뒤로 다시는 만나지 못했던 바이 연대장에게 감탄을 금할 수 없었습니다. 그는 세상에서 가장 지혜로운 사람이었던 겁니다. 그 일을 통해 나는 삶의 이치 하나를 터득했답니다. 때로는 일이 다 지나가고 나서야 그 속에 담긴 이치를 깨닫게 하는 사람이야말로 세상에서 가장 지혜로운 사람이라는 걸요.

기형적인 사회에서는
지혜도 다른 모습을 갖는다.

열세 번째 이야기

웃지 못하는 사나이

◆ 1968년 / 30세 / 남자 / F성 S시 모 해외 무역 회사 간부

이 특별한 이야기는 원래 내가 소설로 쓰고 싶었던 것입니다. 특히 어젯밤 기묘한 일이 일어나면서, 이 이야기는 이제 아주 흥미진진한 한 편의 부조리극으로 완성되었답니다. 하지만 안타깝게도 나는 쓸 수 없어요. 무엇보다 이 이야기의 주인공이 가족이기 때문이고, 둘째, 이 이야기는 소설처럼 허구적인 요소 없이 그대로 쓰기만 해도 사뮈엘 베케트(Samuel Beckett)나 외젠 이오네스코(Eugène Ionesco) 같은 부조리극의 대가들이 울화병으로 돌아가실 겁니다. 당신이 연재하고 있는 "백 사람의 십 년"에도 이런 사람은 없을 거예요. 이 이야기를 줄게요! 당신은 참 운이 좋네요. 자, 이야기를 시작해 볼까요.

나는 한 심리학자가 했던 말을 믿습니다.

"인간의 희로애락 중에서 웃는 표정이 가장 다양하다."

슬픔과 분노를 나타내는 표정은 몇 가지 정도밖에 안 됩니다. 하지만 웃는 표정은 무궁무진합니다. 눈을 감고 사람들이 웃는 표정을 곰곰 떠올려 보세요. 얼마나 다양합니까! 활짝 웃는 모습, 미소, 바보 같은 웃음, 천진난만하게 웃는 모습, 미친 듯이 웃는 모습, 음흉하게 웃는 모습, 몰래 웃는 모습, 비웃는 모습, 몰래 비웃는 모습, 어리석은 웃음, 냉소, 쓴웃음……, 떠들썩하게 웃는 모습, 가짜 미소, 간사한 웃음, 시시덕거리는 모습, 음탕한 웃음……, 애정 어린 미소, 회심의 미소, 수줍은 미소, 겉치레 웃음, 아부를 떠는 웃음, 난처한 웃음, 경멸하는 웃음, 마음이 아린 웃음, 달래는 웃음, 억지로 웃는 웃음, 기가 찬 웃음……. 맞다! 헛웃음, 멈출 수 없는 웃음, 그리고 또 있어요! 눈물을 머금은 웃음, 웃을 수도 울 수도 없어서 웃는 것 같기도 하고 아닌 것 같기도 한 웃음 등이 있습니다. 개념을 만드는 데 탁월한 재주가 있는 학자들을 흉내 내서 말하자면 그런 웃음은 '비주류 웃음', '교차하는 웃음' 혹은 '내면의 다양한 메커니즘을 포용하고 있는 웃음'이라고 부를 수 있습니다. 거 봐요. 당신도 웃지 않습니까. 아, 그리고 또 의기소침한 웃음도 있답니다!

요즘은 실용서가 유행이잖아요. 아마 웃음을 소재로 책을 쓰면 아주 두껍고 큰 '웃음 사전'이 될 겁니다. 심리학자, 정신과 의사, 그리고 다른 사람의 표정을 살펴야 하는 공무원들과 작가 지망생들이 주요 독자가 될 거예요.

그런데 말이죠. 이렇게 다양하고 풍부한 얼굴로 웃을 수 있는데, 내 매형은 그럴 수 없답니다. 정말 이상하게도 그는 웃지 못해요.

매형이 웃지 못한다는 사실을 처음 발견한 사람은 천재입니다. 그 천재는 우리 누나가 아니에요. 누나는 중학교에서 수학을 가르치는데, 그저 등호(=) 양쪽의 숫자에만 관심이 있을 뿐, 사람에 대해서는 둔하기 짝이 없거든요. 그렇지 않고서야 어떻게 스물예닐곱 살이 되어서야 연애할 수 있었겠어요. 그럼 내가 발견했냐고요? 아니에요. 중국에서 사람에 대해 예민한 이들은 바로 정치 공작 간부들입니다. 매형이 웃지 못한다는 사실을 처음 발견한 사람도 누나가 아니라 학교의 정치 공작 간부 샤오웨이(小魏)였어요. 그 천재는 그 사실을 발견하고 누나에게 말해 주었지만 둔한 누나는 이렇게 말했답니다.

"내 남편을 한 번밖에 못 봤잖아요. 늘 옆에 있는 내가 어떻게 모르겠어요? 그이는 무뚝뚝하고 말이 없을 뿐이에요. 웃지 못한다니, 말도 안 돼요! 못 웃는 사람이 어디 있어요?"

누나는 매형을 아주 미친 듯이 사랑했고, 두 사람은 날마다 퇴근 후 함께 붙어 있었답니다. 누나처럼 수리적이고 이성적인 사고를 하는 사람들이 사랑이라는 그물에 한번 빠지면 우리 같은 보통 사람들보다 훨씬 더 정신을 못 차리는 법이죠. 사랑에 대한 내 나름의 해석이 있어요. 사랑은 자신이 애착하는 것을 좋아하는 감정인데, 사실은 그게 다 자기 자신을 사랑하는 겁니다. 자기가 생각하고 꿈꾸던 점을 상대가 갖고 있다고 여기고, 자신의 웃음을 상대의 웃음이라고 생각하며, 자신의 감정을 상대에게 투사해 스스로 감동하는 겁니다. 그렇지 않나요? 그렇지 않다면 왜 그렇게 많은 사람들이 사랑을 위해 목숨을 버리겠어요? 사랑이 끝나면 자신도 끝나니까요. 그래서 나는 첫사랑이란 일생에서 유일하게 정신 이상을 겪는 시기라고 봐요. 일종의 환각 상태에 빠지는 거죠. 샤오웨이의 말은 환각에 빠진 누나를 깨웠어요.

누나는 진지하게 고민했어요. 정말 그의 웃는 모습이 생각나지 않는 겁니다. 누나는 남자 친구가 정말 웃을 수 없는 사람인지 시험해 보기로 결심했답니다. 마침 그날은 매형의 생일이었어요. 그는 돼지띠였고, 누나는 좋은 방법을 생각해 냈어요. 상점에 가서 아주 익살맞은 작은 돼지 인형을 샀는데, 엉덩이에 단추가 달려 있어서 누르면 "꿀꿀!" 하는 소리를 냈어요. 누나는 예쁘게 포장해서 주머니에 넣고는 날이 어두워지자 약속 장소인 하이톈먼(海天門) 공원으로 갔습니다. 누나는 매형의 얼굴을 똑똑히 보려고 그를 가로등 아래로 데려갔어요.

"당신에게 특별한 선물을 주고 싶어요."

그러고는 그의 얼굴을 유심히 보았답니다. 속으로는 이렇게 생각했죠. 당연히 호기심 어린 미소를 띠고 "무슨 선물인데요?"라고 물을 거라고요.

매형은 물론 그렇게 물었어요. 하지만 누나는 처음으로, 매형의 얼굴이 마치 얼어붙은 강 표면처럼 웃음기가 조금도 보이지 않는다는 사실을 발견했답니다. 아주 소름끼치는 일이었어요! 설마 정말 웃지 못하는 걸까? 좀 더 확실하게 검증할 필요가 있었어요. 그래서 누나는 끓어오르는 속을 누르고 주머니에서 선물을 꺼낸 다음, 최대한 기쁜 표정을 지으며 말했어요.

"선물이에요. 직접 열어 보세요!"

만일 매형이 작은 돼지를 보고도 웃지 않는다면, 상황은 끝나는 것이었죠! 누나는 세계에서 가장 불가사의한 얼굴과 운명적으로 부딪치게 된 것이었습니다.

나중에 누나는 내게, 그 순간 가슴이 철렁했고, 포장지 안에 든 것이 마치 폭탄 같았다고 고백했어요. 결국 상상하기 힘든 일이 벌어졌습니다. 매형은 그 아름다운 꽃무늬 포장지를 벗기고는 마치 낯선 사람이 보낸 편지를 개봉하는 것처럼 신기해했어요. 작은 돼지가 삐죽 나왔고 그가 손으로 누르자 "꿀꿀!" 하고 울어 댔지요. 누구라도 그런 걸 보면 재미있어서 크게 웃기 마련인데, 매형은 그저 이렇게만 말했답니다.

"헤헤, 헤헤, 아주 재밌네. 재미있어 죽겠어."

그 무표정한 얼굴은 마치 큰 자물쇠가 채워져 있고 봉인 딱지가 붙어 있어서 절대 움직이지 않는 굳게 닫힌 문 같은 모습이었어요. 그는 표정 장애가 있는 것이 틀림없었습니다!

누나는 집에 돌아와서 통곡을 했어요. 우리 가족들은 누나에게 무슨 일이 일어난 줄 알고 모두 놀라 자빠졌고요. 누나가 남자 친구 이야기를 하자 우리는 모두 얼이 나갔고 무슨 말을 해야 좋을지 몰랐어요. 나는 그가 웃지 못한다는 사실을 믿을 수 없었는데, 나중에 만나서 시험해 보니 정말 웃지 않더라고요. 아주 웃기는 상황이었음에도 그저 입을 벌리고 "헤헤헤" 웃는 소리만 낼 뿐, 입가에 웃음기라고는 조금도 없었으며, 얼굴 근육이 꽁꽁 얼어붙은 것 같았답니다.

한동안 누나는 매형을 아주 가끔 만났어요. 아마도 그를 만나는 것이, 그가 웃지 않는 것이 두려웠기 때문일 겁니다. 가끔 매형이 찾아오면, 누나는 그를 쳐다보지도 않아서 분위기가 아주 어색하고 불편했어요. 참지 못한 내가 분위기를 바꿔 보려고 재미있는 얘기를 하곤 했어요. 그러고는 주의 깊게 매형의 얼굴을 살폈고 누나도 그다지 달갑지 않은 표정으로 그를 힐끗 봤어요. 그 무표정한 얼굴에 조금이라도 웃음기가 나타나기를 바랐죠. 하지만 매번 실망했답니다. 나는 누나에게 그와 헤어지라고 말하고 싶었답니다. 그렇게 계속 지내다가는 신경과민이 될 테고, 그런 사람과 평생 함께 사는 건 정말 재미없을 테니까요. 온종일 그 '계급투쟁 하는 듯한 얼굴'을 마주해야 하고, 살면서 느끼게 될 온갖 기쁨과 즐거움에도 반응하지 않을 테니까요. 사랑하는 사람이 서로 '마음을 이해하는' 것은 대부분 웃음으로 표현되는 법입니다. 웃음은 가장 좋은 공감이고, 생활에서 활력소가 되며, 사람과 사람이 소통하는 가장 편리한 방법이기도 합니다. 하지만 누나에게 내 생각을 털어놓기도 전에, 나는 누나가 그를 떠날 수 없다는 사실을 발견했어요. 일이 복잡해진 거죠!

매형은 아주 착실한 사람이었어요. 그건 분명한 사실입니다. 대학교에 재학할 때 경제학을 전공했고, 학창 시절에는 가장 우수한 학생이었어요. 영어를 중국어보다 잘하는 것 같았답니다. 매사에 아주 진지하고 성실하게 일을 처리했고, 신용을 지켰으며, 특히 시간을 어기는 법이 없었어요. 깔끔하기까지 했죠. 셔츠는 두 벌뿐이었지만 늘 새 옷 같았고, 기운 자리는 마치 장식을 한 것 같았지요. 누나는 그의 이런 점들을 좋아했어요.

그는 고아였습니다. 고아의 감정 세계는 황무지 같다고나 할까요. 대학을 다니던 1957년은 마침 백가쟁명 운동 시기였는데, 그때 매형이 문제를 일으켰다고 하더군요. 정치적으로 찍히면 다시 회복하기 어려운 시기였는데 어떤 아가씨가 그를 가까이했겠어요. 그와 사귀는 것은 아주 위험한 일이었죠. 출신 성분에 문제가 있었다면 그는 절대 무역 회사에 배치될 수 없었을 겁니다. 당시 영어를 가르칠 수 있는 교사가 드물어 무역 회사에 근무하고 영어도 잘하는 매형이 퇴근 후 학교에서 영어를 가르쳤는데, 그때 누나를 만나게 되었고 두 사람은 바로 사랑에 빠졌습니다. 그 사랑은 마치 매형이라는 헐벗고 척박한 대지 위에 떨어진 한 알의 씨앗과도 같았어요. 매형은 모든 힘과 열정을 다 쏟았습니다. 당시 누나에 대한 매형의 감정은 일종의 감사와 보답 같은 열정이었습니다. 누나는 그에게서 지극한 사랑과 관심, 자상함을 받았어요. 두 사람의 관계를 지켜보면서 나는, 여자가 남자보다 훨씬 더 자상함을 필요로 한다는 걸 알게 되었답니다.

한번은 두 사람이 연극을 보기 위해 극장 앞에서 만나기로 했어요. 저녁을 먹고 있는데 갑자기 바람이 불고 눈이 내리더라고요. 그때 누가 문을 두드렸어요. 바로 매형이었죠.

"극장에서 만나기로 하지 않았어요? 근데 여기는 왜 왔어요?"

누나가 물으니, 무표정한 모습으로 매형이 이렇게 말하더랍니다.

"꼭 마스크 쓰고 나와요."

누나가 방으로 들어가 서랍에서 마스크를 꺼내는데 얼굴 가득 행복한 미소가 고이더군요. 여자들은 바로 그런 것을 원한다고요!

누나는 그가 웃을 수 없다는 사실을 알고 나서, 몇 번이고 헤어지려 했지만 매번 결심한 지 사흘도 안 돼 무슨 귀신에 홀린 양 그에게 전화를 해서는 약속을 잡는 거예요. 모진 마음을 먹고도 헤어지지 못할 때는 분명 진정한 사랑이 존재하는 것이겠죠. 나도 생각을 바꿔서 두 사람을 맺어 주고 싶었어요. 어느 날 슬그머니 그에게 물었습니다.

"형이 웃는 모습을 본 적이 없는 것 같아요. 어떻게 된 일이에요?"

그는 놀라서 눈을 치켜떴지만, 웃지는 않았어요.

"헤헤. 아주 재미있는 질문이구나."

그는 자신이 웃지 못한다는 사실을 모르는 것 같았어요. 그것이 무슨 병이 아니라면 그는 나무랄 데 없는 사람이었습니다. 하루는 책(무슨 책이었는지는 잊어버렸어요)을 읽다 사랑에 관한 글귀를 봤습니다.

"그 사람의 얼굴을 보지 말고, 그 사람의 마음을 배워라."

나는 그 페이지를 펼쳐서 누나의 책상 위에 올려놓았어요. 다음 날 누나가 출근하고 나서 방에 들어가 봤더니, 그 문장 옆에 누나가 연필로 세 글자를 적어 놨더라고요.

"고맙다."

누나가 쓴 그 세 글자는 나뿐만 아니라 그 작가에게도 한 말이라는 걸 알았어요. 그 뒤로 두 사람 사이에 그런 어색한 분위기는 점차 사라졌답니다. 그들은 결혼을 했고 누나는 매형 집으로 이사를 갔어요. 그리고 아이도 생겼답니다. 가끔 누나 집에 놀러 갈 때 보면 그 아무 표정 없는 매형의 얼굴이 사는 데 전혀 문제가 되는 것 같지 않았어요. 웃지 못하니까 자연히 거짓 웃음도 없었습니다. 매형이 누나를 위해 뭔가 좋은 일을 하고, 누나가 매형에게 감격하는 미소를 보여 줄 때면 그의 무표정한 얼굴은 마치 당연히 할 일을 했다고 말하는 것 같았어요. 때때로 매형과 그가 애지중지하는 아들이 침대 위에서 뒤엉켜 장난을 칠 때면, 아이가 너무 웃어서 숨이 꼴딱 넘어갈 지경인데도 매형의 표정은 여전히 엄숙한 것이 마치 레슬링 운동선수 같았답니다. 누나는 옆에서 싱글벙글 웃으며 쳐다보고 있었는데, 마치 매형이 속으로 즐겁게 웃는 소리를 듣고 있는 듯했어요. 다른 사람의 내면을 들여다볼 수 있는 사람은 행복한 사람입니다. 매형의 그 무표정한 얼굴은 마치 고요한 작은 텐트 같았고 누나는 그 텐트 안에서 매형과 더불어 세상의 모든 포근함을 누리고 있는 것처럼 보였어요.

여기까지 들으면서 당신은 속았다고 생각할지 모르겠네요. 시적이고 그림처럼 아름다운 이야기인데, 무슨 부조리극 같은 스토리라고 했느냐면서요. 서두르지 말아요. 사람은 정상적이더라도, 부조리는 생활이 강요한 거죠. 달리 말하자면, 부조리는 생활의 본질입니다.

2

한 철학자가 말했어요.

"어떤 것이 네게 행복을 가져다줄지라도 경계해야 한다. 바로 그것이 불행을 가져다줄 수 있기 때문이다."

1968년 문화대혁명이 발발했을 때, 각 단위마다 '기억하고(憶), 드러내고(擺), 조사하기(査)' 활동을 하지 않았습니까? '기억하기'란, 모든 사람들로 하여금 평소에 의심할 만한 사람이나 일에 대한 기억을 죄다 끄집어내 고발하게 해서, '가장 깊이 숨어 있는 반혁명 분자를 뿌리 뽑는' 데 도움이 될 단서를 제공하도록 한 것이었죠. 어느 공장에 노동자 한 명이 있었는데, 사람들과 인사를 할 때면 손을 비스듬하게 이마 앞까지 들어 올리는 습관이 있었답니다. 마치 옛날 장교가 열병할 때 취하는 자세 같았는데, 사람들이 그것을 '기억'해 냈고, 조사단의 조사를 거쳐 정말 그가 신분을 위장하고 숨어 있던 만주 군관이라는 사실을 밝혀냈어요. 그 일은 모범 사례로 시 전체에 널리 알려졌고, 순식간에 사람들의 모든 신경 감각을 자극해서 '이상한 일 기억해 내기 운동'이 절정에 달했답니다. 사람들은 자신의 침대 밑에서 폭탄이라도 파낼 기세였어요. 그러던 어느 날, 매형의 단위에서 어떤 사람이 대자보를 붙였는데, 제목이 "그는 왜 한 번도 웃지 않을까?"였습니다. 매형에게 재앙이 닥치기 시작한 것입니다.

그 대자보는 수백만 달러짜리 수출 사업보다 더 강렬하게 회사를 뒤흔들었습니다. 2백 명이 넘는 직원들이 모두 매형의 표정에 대한 기억을 더듬기 시작했는데, 과연 누구도 매형이 웃는 걸 본 적이 없는 겁니다. 전문 조사반이 은밀하게 출동해서, 매형의 친구와 이웃을 찾아다니며 조사했는데 마찬가지로 그가 웃는 걸 본 사람이 없다는 겁니다. 문제가 점점 커졌습니다. 나중에 조사원들이 나까지 찾아왔기에 이렇게 말했죠.

"매형이 웃는 걸 본 적이 없습니다. 집에서도 웃지 않아요. 원래 웃지 못하는 거예요!"

"당신 매형을 비호하지 말아요. 웃지 못하는 사람은 죽은 사람밖에 없어요. 당신 매형의 어릴 적 고아원 선생들과, 초등학교와 중학교 그리고 대학교 친구들까지 전부 조사했지만 하나같이 그가 웃는 걸 본 적이 없다고 했어요. 증거가 한 보따리는 있단 말이오! 그는 웃지 못하는 게 아니라 정치적인 이유가 있는 게 틀림없어요!"

조사반원은 그렇게 확신했습니다.

그 말을 듣고 멍해졌어요. 솔직히 말하자면, 전문 조사반이 조사한 자료를 의심하지는 않았답니다. 사람이 정말 어떻게 웃지 못할 수가 있겠어요? 혹시 반우파 투쟁 운동을 할 때 겪었던 좌절과 상처 때문에 매형의 성격이 변한 것은 아닐까요? 매형은 아주 내성적이어서 한 번도 자신에 대한 이야기를 한 적이 없는데, 과거에 대한 이야기는 더더욱 꺼낸 적이 없습니다.

조사반은 1957년 매형의 당안에 남아 있는 우경 언행을 근거로, 그가 웃지 못하는 근본적인 이유는 신사회에 대해 뼛속 깊은 원한을 품고 있기 때문이라고 단정 지었습니다. 하지만 현실적인 근거가 있어야만 매형이 반혁명 분자라는 결론을 내릴 수 있었어요. 그들은 매형의 일상적인 언행에서 새로운 문제를 찾아내지 못했어요. 그는 정말 '깊숙이 숨어 있는' 반동분자처럼 보였어요. 그래서 매형은 회사에 감금된 채 사상을 자백하라고 강요당했고, 집도 압수 수색을 당하는 등 문혁의 표적이 되었답니다.

집 안에 있던 개인적인 편지와 업무일지, 심지어 누나의 수학 지도 지침서까지 모두 압수해서는, 많은 사람들이 그 안에서 근거를 찾기 시작했어요. 하지만 매형이 기록한 문서들에는 일에 관한 메모를 빼면 사람들과 이야기한 기록뿐이었는데, 거기에는 감정이 들어 있지 않았고, 심지어 날씨에 관한 얘기조차 들어 있지 않았어요. 결국 매형을 압박해서 자백을 강요하는 수밖에 없었답니다. 하지만 매형은 자신이 웃지 못한다는 사실조차 인정하지 않았어요. 조사반들이 매형에게 웃어 보라고 하면 그는 내가 익히 봐왔던 그 표정 그대로 입을 헤벌리고 "헤헤" 소리만 낼 뿐, 진짜 웃음소리는 낼 수 없었어요. 비판 투쟁 대회에서 매형에게 웃어 보라고 명령해도 마찬가지였어요. 그가 웃지 않자 그 모습을 보고 있는 다른 사람들이 웃음을 참지 못하게 되는 아주 희극적인 장면이 연출되곤 했어요. 그런 상태로는 비판 운동을 계속 진행할 수 없었죠. 전문 조사반원 중에 꾀가 많은 사람이 하나 있었는데, 아주 기발한 방법을 생각해 냈습니다. 그가 매형에게 물었어요.

"당신은 당과 마오 주석을 어떻게 생각합니까?"

그러자 매형은, 어릴 적부터 고아였던 자신을 공산당이 길렀고, 초등학교부터 대학교까지 장학금을 받고 다녔으므로 당연히 당과 마오 주석에게 매우 감사하고 있다고 대답했어요. 그러자 그 꾀주머니 조사반원은 벽에 걸린 마오 주석의 사진을 가리키며 이렇게 말했답니다.

"마오 주석을 보면 웃어야 합니까, 울어야 합니까?"

"당연히 웃어야죠."

"좋아요. 그럼 웃어 봐요. 진짜인지 거짓인지 보겠소!"

매형은 마오 주석을 보고 웃어야 했습니다. 하지만 어떻게 웃어야 할지 몰랐어요. 듣기로는 당시 매형은 입을 헤벌리고 잇몸을 다 드러 냈으며 딱딱하게 굳은 광대뼈의 살은 경련이 일어나는 것처럼 미친 듯 이 떨렸는데, 눈썹까지 치켜 올라가 파르르 떨렸다고 합니다. 그 모습 은 아주 고통스러워 보였고, 심지어 사람들을 겁주려는 것처럼 보이기 도 했다는군요. 조사반원은 그에게 소리를 질렀습니다.

"당신은 위대한 지도자를 그렇게 대합니까? 웃는 거요, 우는 거요? 당신은 뼛속 깊이 사무치는 원한이 있는 것이 틀림없소!"

드디어 그들은 유죄의 증거를 찾았습니다. 매형은 반혁명 현행범이 되었고, 비판과 공격을 당하며 문혁의 회오리 속으로 끌려들어 갔습니 다. 사람들은 마치 잡아먹을 듯이 그에게 분노를 쏟아 냈어요.

그 1년 동안 누나도 반혁명 분자 가족이 되었습니다. 매형의 단위 에서는 사람을 보내어 매형의 죄상을 고발하라고 누나에게 강요했어 요. 누나는 매일매일 야박하고 각박한 세태를 겪어야 했고 온종일 낙 담한 모습이었어요. 집에 돌아가 밥 지을 기운도 없을 정도였어요. 어 느 날 누나 집에 갔는데, 조카가 누나에게 이렇게 물었어요.

"엄마, 아빠는 왜 웃지 못하는 거예요?"

그러자 누나가 갑자기 "짝!" 하고 아들의 뺨을 때리지 뭐예요. 그러 고는 두 모자가 함께 끌어안고 울었습니다. 누나가 애지중지하는 아들 을 때리는 모습을 본 건 그때가 처음이었어요.

문혁이 끝나고 명예 회복 작업을 할 때 매형 사건은 난제가 되었습니다. 자료를 담당하는 사람이 그러더군요. 표정만 가지고 어떻게 반혁명죄로 보고를 했는지, 그리고 지금에 와서 그에게 다시 한 번 표정을 지어 보라고 할 수도 없을뿐더러, 살인범도 아닌데 표정 사진을 찍어 당안에 넣을 수는 없지 않겠느냐고요. 반년이 지나고, 상부에서는 노동자 선전대를 매형 회사에 파견해 문혁 사건의 명예 회복 작업을 돕도록 했습니다. 조사반은 매형 사건을 '오래된 난제'라며 노동자 선전대에 떠넘겨 해결하라고 했어요.

문제를 해결하는 방법은 노동자가 간부보다 많이 알고 있는 법이죠. 그들은 곰곰 생각하다가 옛날 방식을 써보기로 했답니다. 매형을 부르더니, 그가 들어가자마자 삼각팬티만 남기고 옷을 죄다 벗겼습니다. 매형은 자기를 때리려는 줄 알고 잔뜩 겁을 먹었어요. 한 사람이 다가오더니, 매형에게 두 손을 들라고 했어요. 마치 투항하는 듯한 자세로요. 그러고는 빗자루 솔로 매형의 겨드랑이와 발바닥을 간지럽혔어요. 하지만 매형은 입을 헤벌린 채 "헤헤헤" 하는 소리만 내고 어깨와 발을 들썩거리며 소리를 질렀답니다.

"제발 그만해요. 간지러워 죽겠어요. 간지럽다고요……."

하지만 그는 전혀 웃지 않았어요. 결국 노동자 선전대는 빗자루 솔을 집어 던지며 말했어요.

"조사반은 대체 뭘 한 거야. 저 사람은 웃지 않는 게 아니라 원래 못 웃는 사람이구만!"

그렇게 매형은 누명을 벗고 명예를 회복하게 되었습니다. 하지만 문혁 당시의 [고발] 성과를 부정할 수는 없었기 때문에, 매형에 대한 결론은 이렇게 내려졌답니다.

"사건이 발생한 데는 원인이 있었으나 조사 결과 증거가 없기 때문에 인민 내부의 모순으로 처리한다."

정치적인 명예 회복은 이루어졌지만, 매형은 '웃지 않는 적'에서 이제는 '웃지 못하는 사람'이 되었고, 회사 사람들 모두에게 호기심과 주목의 대상이 되었습니다. 웃어야 하는 상황에서 늘 사람들의 눈길은 매형을 향했어요. 사람들은 매형이 웃기를 바라는 게 아니라 웃지 않기를 바랐는데, 마치 웃지 못하는, 세상에서 보기 힘든 기인이 같은 회사에 다닌다는 사실을 확인하고 싶어 하는 것 같았어요. 또 어떤 젊은 이들은 못된 장난을 치기도 했는데, 매형의 책상 서랍 속에 죽은 쥐를 넣어 놓거나, 매형을 향해 갑자기 괴기스러운 표정을 짓곤 했어요. 매형이 웃지 않으면 영원히 그런 짓을 멈추지 않겠다는 듯이 말이죠. 그들은 매형 몰래 '죽상'이라는 별명을 지었는데, 매형도 알았다고 해요.

웃지 못하는 사람이 웃음거리가 된 거죠. 매형은 여전히 무표정했지만, 실은 깊은 상처를 받았답니다. 사람들이 자신을 모욕한다고 생각했고, 그럴수록 표정이 더욱 굳어져서 꽁꽁 얼어붙은 돌덩어리 같았어요. 어느 날 매형이 누나에게 물었답니다.

"내게 웃는 법을 좀 가르쳐 줄 수 있소?"

누나는 눈물을 흘리며 매형에게 이렇게 말해 줬답니다.

"지금 그대로의 당신 모습이 나는 좋아요……."

그때부터는 누나도 거의 웃지 않았어요. 아마 웃고 싶어도 참는 것이겠지요. 매형의 상처를 건드릴까 봐요. 어쨌든 그들은 여전히 서로를 사랑했습니다. 그런데 신기하게도, 누나네 집에만 가면 나도 웃지 못한다는 사실을 발견했어요. 어느 날 누나네 집에 갔는데, 탁자 위에 거울이 있기에 무심코 거울을 들여다보고 웃으려고 했는데, 얼굴 근육을 어떻게 움직여야 할지 모르겠더라고요. 입을 헤벌린 채로, 매형의 표정과 똑같았답니다. 기절초풍하는 줄 알았어요. 정말이지 아주 불가사의한 일이었다니까요!

3

"생활은 부조리 예술보다 더 부조리하다."

나는 어느 부조리극 작가가 했던 이 말을 더욱 믿게 되었습니다.

문혁이 역사의 무대에서 사라진 뒤, 새로운 기준이 생활을 지배하게 되었어요. 매형이 웃지 않는 이유에 대해서도요. 지도자들의 능력으로 말할 것 같으면, 예전에는 사상이 불순한 사람을 얼마나 많이 솎아 내는지로 판가름했는데, 지금은 돈을 얼마나 많이 버는지에 달려 있습니다. 해외무역 회사의 서기 겸 최고 경영자는 '자회사'를 만들어 수입과 수출을 관리하고, 합자와 대외투자 같은 사업도 해야 합니다. 그래서 자회사에는 유능한 지도자가 필요하죠. 원래 있던 붉은 무리들은 이미 한물간 사람들이었어요. 오랫동안 정치 운동만 하느라 뒤떨어진 거죠. 정작 실력 있는 사람이 필요한 시점에 마땅한 사람이 없다 보니 [회사의 경영자는] 매형을 생각해 내게 되었습니다. 매형은 업무에 밝고 외국어에도 능통해서 해외 고객들과 원활하게 일할 수 있었거든요. 하지만 상급 간부 하나가 반대했답니다. 매형은 웃을 수 없는 사람인데 어떻게 해외 고객들을 접대하겠느냐면서요. 누가 사업을 망치고 싶겠습니까. 하지만 매형 말고는 적합한 사람이 없어서 임시로 매형을 중용하게 되었답니다.

매형이 발탁되고 나서 1년도 지나지 않아 회사는 날로 발전했습니다. 해외 고객들과 사업을 하는 데 필요한 것은 웃음이 아니라 능력이었던 거예요. 해외 고객들 또한 그가 웃는지 웃지 않는지와 상관없이 거래만 성사되면 그만이었죠.

몇 년 사이 매형은 어엿한 사장님이 되었답니다. 매형 기업의 외화벌이가 전체 회사 평균의 두 배에 달했어요. 회사의 간부들은 매형의 실적을 통해 상부의 환심을 살 수 있었습니다. 신문 1면에 매형의 이름이 자주 실렸고, 시 인민 대표로 선발되어 매일 각종 고급 호텔과 시 지도자의 집무실에도 출입했습니다. 업무차 해외 출장도 잦아졌고요. 또한 큰 거실이 딸린 방 세 개짜리 아파트로 이사했는데, 집 안에는 부자라면 갖춰야 할 모든 물건이 구비되어 있답니다. 누나는 매형이 외국 출장길에 사다 준 최신 유행의 옷을 입고 장신구를 달고 친척과 친구 집에 놀러 가곤 했어요. 매형은 사장이자 지도자로서 권력을 가진 사람이었기 때문에 오히려 웃으면 안 되는 경우가 많았습니다. 웃지 않을수록 아랫사람들은 그를 웃기려고 노력했지요. 그는 마치 신처럼 보였는데, 진짜 신이라 해도 매형이 어떻게 그렇게 갑자기 출세했는지 이해가 안 될 거예요.

어젯밤에는 아주 이상하고 황당한 일이 있었답니다.

매형과 누나, 조카가 거실에서 텔레비전을 보고 있었습니다. 대형 화면에서 두 사람이 만담을 나누고 있었어요. 만담은 그렇게 웃기지 않은, 그저 그런 평범한 내용이었어요. 그런데 갑자기 매형의 목구멍 안에서 마치 암탉이 알을 낳을 때 내는 소리처럼 "구" 하는 소리가 나는 거예요. 무슨 놀랄 만한 일을 당했을 때 내는 그런 소리였지요. 그러더니 계속 "구구구" 소리를 냈는데, 뭔가 목구멍에 걸려 답답하고 견딜 수 없는 것처럼 보였어요. 누나는 매형이 무슨 급성병에 걸린 줄 알았답니다. 하지만 매형의 얼굴은 아주 익살맞게 보였고, "구구구" 하는 소리와 함께 양쪽 입가가 마치 실이 잡아당기는 것처럼 치켜 올라갔으며 안면 근육이 제멋대로 비틀리는 거예요. 게다가 한 번도 구부러진 적이 없는 두 눈이 놀랍게도 말려 올라간 작은 버들잎처럼 구부러졌어요. 순진한 조카가 이렇게 외쳤답니다.

"아빠 좀 봐! 꼭 미키마우스 같아!"

그 말이 기폭제가 되었어요. 매형은 죽은화산이 갑자기 폭발하는 것처럼 웃음을 터뜨리기 시작했어요. 그가 웃다니요! 이상한 표정이 아니라 진짜로 아주 통쾌하게 웃었던 겁니다. 누나 말이, 매형 얼굴 위에서 꽃이 활짝 피는 것 같았답니다. 상상할 수 없는 일이었지만 그는 정말로 웃었어요. 누나는 너무 놀란 나머지 매형이 미친 줄 알고 무슨 일이 있느냐고 물었습니다. 매형은 손사래를 치면서 웃느라 대답을 못할 지경이었답니다. 게다가 텔레비전 속의 그 만담 연기자를 잠깐 보

기만 해도 다시 배꼽을 잡고 웃었는데, 얼굴이 온통 눈물 콧물 범벅이
었어요. 누나는 매형을 부축해 침대에 눕히고는 얼른 내게 전화를 걸
었어요. 달려가서 봤더니, 매형이 이불을 머리에 둘둘 말아 뒤집어쓴
채 낄낄거리며 웃고 있었는데, 너무 웃어서 온몸이 떨리고 침대가 들
썩거리더라고요. 마치 오한(惡寒)에 걸린 사람 같았어요. 이불을 젖히
고 매형을 보니 정말 웃고 있더라고요. 하지만 베개 위에 눈물이 흥건
했어요. 매형에게 물었습니다.

"왜 그래요? 괴로워요?

매형은 낄낄거리며 말했어요.

"멈출 수가 없어."

매형에게 진정제를 두 알 먹이자 그제야 새근새근 잠이 들었습니
다. 놀랍게도 매형은 미소를 띠고 있었어요. 이상하지 않아요? 정말
상상할 수도 없는 일이 벌어진 겁니다. 도대체 어떻게 된 일일까요?

**표정조차 내버려 두지 않았다는 것,
그것이 문혁의 절대 권위이다.**

열다섯 번째 이야기

누군가의 운명을 결정한다는 것

◆ 1974년 / 20세 / 여자 / S성 T 지구 군부대 청년

내 이야기가 아니라 다른 사람의 이야기를 하려고요. 하지만 내가 직접 경험한 일이기도 하답니다. 사실 문혁 기간 내내 나는 정말 아주 많은 고통을 겪었고, 언젠가 한번은 거의 미칠 뻔한 적도 있었답니다. 하지만 나로 말할 것 같으면, 다른 사람의 고난을 내가 겪은 것보다 분명하게 기억하는 사람입니다. 지금 말하려는 이 사건은 특히 그래요. 당신이 아무리 능력이 있다 해도 땅이 이렇게 크고 인구가 10억이나 되는 중국에서 그녀를 찾을 수는 없을 거예요. 나도 열심히 찾아봤지만 아직 못 찾았어요……. 그 여자 이야기를 해볼게요.

1974년 나는 한 공예미술학교에서 회화를 가르치고 있었습니다. 그해 봄은 아주 쌀쌀했는데, 우리는 다른 지역에 가서 학생들에게 그림을 가르쳐야 했어요. 나와 또 한 명의 선생이 책임을 맡았어요. 그 선생님은 화초도를 지도했고 나는 산수화를 가르쳤답니다. 그는 학생들을 데리고 먼저 모란의 고향인 산둥 성 허쩌(荷澤)로 갔어요. 봄이어

서 모란이 막 피고 있었죠. 모란을 다 그리고 나서는 다시 타이산(泰山) 산으로 갔어요. 타이산 산에서는 내가 수업을 이어받아 산수화 그림 지도를 해야 했답니다. 나는 혼자 타이산 산에 올라가 그들이 오기를 기다렸습니다. 타이산 산의 중톈먼(中天門)에 있는 한 작은 여관에 묵었는데, 풍경이 아주 아름다웠어요. 위쪽으로는 험준한 능선이 있었고 아래쪽은 계곡이 아주 깊었어요. 서쪽으로 가면 산 앞뒤로 돌아갔다 돌아올 수 있는 길이 있었고요. 하지만 운이 나쁘게도 비가 내렸는데, 봄비는 한바탕 깔끔하게 내리고 그치는 것이 아니라 한도 끝도 없이 내렸답니다. 나는 창문을 닫고 매일 비 내리는 풍경을 그리면서 학생들을 기다렸지만 아무리 기다려도 오지 않았습니다. 듣자 하니 허쩌에서는 더 큰비가 내리고 있다는 겁니다. 모란은 비를 맞으면 꽃잎이 모두 떨어져 버린답니다. 아무리 기다려도 오지 않자 나는 그들이 다시 돌아갔을지도 모르겠다고 생각했습니다. 산 위에는 전화가 없었고, 편지를 쓴다 해도 오가는 데 몇 날 며칠이 걸릴지 알 수 없었지만, 산 위를 오가는 등짐장수에게 편지를 전해 달라고 부탁하는 수밖에 없었어요. 답장이 있으면 전해 달라고 했지만 그건 불확실한 일이었습니다. 산에 발이 묶인 셈이었죠. 며칠이 지나도 비가 그치기는커녕 점점 더 많이 내렸지만, 덕분에 풍경들이 살아나기 시작했답니다. 산 가득 샘물 소리가 넘쳤고 폭포도 생겼어요. 봄에는 볼 수 없는 풍경이었는데, 그렇다고 아주 아름다운 모습이라고 말하지는 않겠어요. 이 이야기 자체가 아주 비극적이니까요.

나는 산속에서 꼬박 열흘 동안 발이 묶여 있었답니다. 11일째 되는 날, 구름 떼가 피더니 파란 하늘이 보였어요. 나는 서둘러 산을 내려왔습니다. 서두르지 않으면, 또 비를 만날지도 모르니까요. 돈도 얼마 남지 않아서 서둘러야 했어요. 산을 다 내려왔을 때는, 이미 하늘이 쨍하게 맑아져 있었어요. 나는 타이안(泰安) 기차역에서 오후 3시에 출발하는 표를 샀습니다. 대충 요기를 하고 기차역 밖에서 햇볕이 잘 드는 자리에 앉아 쉬었어요. 연일 비가 내린 탓에 기차역 대기실 안은 음침하고 습기가 차서 있을 수가 없었지요. 큰 담벼락 밑을 찾아 돌을 하나 옮겨 놓고는 그 위에 앉아 햇볕을 쬐었어요. 옆자리에도 기차를 기다리는 사람 몇몇이 앉아 있었는데, 어떤 사람은 솜 외투를 뒤집어쓰고 졸고 있는가 하면 어떤 사람들은 카드놀이를 하고 있었어요. 또 어떤 노인네는 담배를 파는 작은 노점 좌판을 벌이고 있었는데, 모든 것이 아주 평온했답니다. 봄이었음에도 주변은 깨끗했고 성가신 파리 한 마리 없었답니다. 눈을 들면 바로 앞에 타이산 산이 보였어요. 구불구불한 기복(起伏)이 아주 기세 있어 보였고 마치 대지가 물결처럼 출렁이는 듯했죠. 할 일도 없고 문득 지루해서, 의자를 받쳐 놓고 그림을 그리기 시작했어요. 그때 누가 나를 향해 걸어오는 듯한 느낌이 들었습니다.

고개를 들어 보니 한 여자아이가 서있었는데, 옷차림이 아주 남루했고 머리도 산발이었어요. 앞머리가 얼굴을 반쯤 가려서 잘 보이지 않았는데, 그 아이는 고개도 숙이고 있었답니다. 내 앞으로 걸어왔는데, 계속 나를 따라온 것 같았어요. 무슨 상황인지 알아차리기도 전에 그 아이가 갑자기 철퍼덕하고 내 앞에 무릎을 꿇지 뭐예요. 순간 멍해졌어요. 왜 그렇지 않겠어요? 왜 내게 무릎을 꿇은 것일까요.

"너 왜 그러니?"

그 아이는 대답도 하지 않고 움직이지도 않은 채 그 자리에 가만히 꿇어앉아 있었습니다. 옆에서 솜 외투를 둘둘 말고 자고 있던 사람과 제대한 군인으로 보이는 사람, 그리고 카드놀이를 하던 몇 사람, 담배를 팔던 노인 등 모두 어리둥절해서 주변으로 몰려들었어요.

"저 아이가 아마도 무슨 힘든 일이 있나 봐요, 그죠?"

내가 말하자마자 아이는 고개를 숙인 채 곧바로 눈물을 뚝뚝 흘리는 겁니다. 빗방울이 땅에 떨어지는 것처럼 눈물이 주르륵주르륵 땅바닥에 떨어졌어요. 그래도 울음소리는 나지 않았는데, 아마도 목구멍으로 삼키는 듯했어요. 훌쩍거리는 소리만 냈지요. 참을 수 없어서 내가 다급하게 물었습니다.

"애야, 대체 무슨 일 때문에 이러니? 돈이 없으면 내가 줄게. 차표를 샀기 때문에 남은 돈을 모두 줄 수 있단다. 왜 그래? 말을 해봐. 뭐가 필요한지 말해 주면 내가 도와줄게."

옆에 있던 제대 군인도 한마디 거들었어요.

"사람이 물으면 대답을 해야지. 울기만 하면 쓰겠어? 어려운 일이 있으면 나도 도와줄 수 있어. 네 어려움이 곧 우리의 어려움일 수도 있잖아. 그러니 시원하게 좀 털어놓거라. 우리가 문제를 해결할 수 없다고 생각하는 거야?"

발음과 말투를 들어 보니 제대 군인은 이곳 산둥 사람이라는 것을 알 수 있었어요. 말투에서 산둥 사람 특유의 의협심이 가득 묻어나고

[『수호전』의 배경인] 량산 영웅의 기개가 느껴지는 게, 그 말을 듣자마자 마음이 따뜻해졌습니다. 다른 사람들도 모두 아이를 위로하며 무슨 일인지 말하라고 했어요. 아이가 얼굴을 들었는데 아주 청순하고 아름다웠습니다. 얼굴이 온통 눈물범벅이어서 마치 소낙비가 한바탕 퍼붓고 간 것 같았어요. 얼굴에는 핏기가 전혀 없었고 눈가가 까만 게, 얼핏 봐도 아주 힘들게 지내 왔다는 걸 알아차릴 수 있었습니다.

아이가 입을 열어 말하기 시작했는데, 내용은 아주 간단했습니다. 한마디 한마디가 모두 총알처럼 가슴에 박혔어요.

그녀는 산둥 지난(濟南) 사람이라고 했어요. 출신 성분이 좋지 않았지만 어릴 때 아버지가 죽어서 과부가 된 어머니가 그녀를 키웠다고 합니다. 하지만 죽은 아버지가 문제가 되었다네요. 어머니는 유달리 강직한 성격이라 죽은 아버지를 변호하는 말 몇 마디 한 게 죄가 되어 감옥에 갇혔다고 합니다. 친척들과 친구들 모두 아이와 가까이하려 하지 않아서 혼자 살아가야 했데요. 돈이 없어서 집 안의 물건들을 팔아서 생활했는데, 다 팔아 치워서 집 안이 텅 비다시피 했답니다. 가격을 잘 몰라서 사기도 많이 당했고요. 농촌으로 하방 활동을 자원해서 타이안의 산골짜기 마을로 배치받아 올 때까지 그렇게 살았다는군요. 나중에 어머니는 감옥에서 죽었지만 돌아가서 어머니를 한 번 보게 해달라는 것도 허락하지 않았다고 합니다. 단위에서 장례를 치른 뒤에 달랑 계산서 통지문 한 장 건네는 걸로 끝냈답니다. 감정적으로는 그녀가 가족과 연결되는 것을 허락하지 않았으면서, 정치적으로는 그녀를 가족과 연루시킨 것이죠.

"현지 사람들, 그리고 함께 하방된 사람들은 모두 나를 못살게 굴었어요. 생산 대대에서는 나를 '사류 분자'로 간주했고요. 나는 만성 콩팥깔때기염을 앓고 있어서 병이 도지면 서있을 수도 없었지만 생산 대대는 가벼운 일을 시키지 않았어요. 농촌에서는 일만 잘해도 지내는 게 좀 나아요. 나는 [일을 못해] 먹을 게 없어서 다른 사람에게 양식을 빌리려 했지만 빌릴 수 없었고, 빌려도 갚을 방법이 없었어요. 정말이지 생활이 안 돼서 도망쳐 나왔습니다. 처음에는 자유로웠어요. 하지만 시간이 지날수록 내가 갈 수 있는 곳이 없다는 것을 알았지요. 지난으로 돌아가도 나를 받아 줄 사람은 없었어요. 농촌으로 돌아가면 생산 대대 사람들이 나를 가만두지 않을 것이고, 최소한 '반혁명 탈영병'이라는 죄명을 씌워 앞으로 살기 어려워질 것이 뻔합니다. 그러다 기차역에서 한 사람을 만났습니다. 영업 사원이었는데 신장(新疆)에서 왔다고 했어요. 원래는 베이징 사람으로 부모님이 아직 베이징에 살고 있다고 했고요. 서른 살이 좀 넘었는데, 베이징에서 신장으로 변경 지방 건설 지원을 갔고 결혼은 아직 하지 않았다고 했어요. 그는 나를 동정했고, 신장으로 데려갈 수 있지만 자기와 결혼해야 한다고 했어요. 오늘 신장으로 돌아가는데 내가 좋다고 하면 데리고 갈 것이며, 동의하지 않으면 혼자 가겠다고 했습니다. 어떻게 해야 좋을지 모르겠어요. 말씀 좀 해주세요."

나는 완전히 얼이 빠졌습니다. 어떻게 일생일대의 결정을 모르는 사람에게 맡길 수 있단 말입니까. 하지만 당시로서는 그럴 수 있었을 거예요. 가만히 생각해 보면, 그녀는 의지할 사람이 아무도 없었고 오갈 데 없는 막다른 곳에 몰려 있었습니다. 게다가 사회 경험도 없어서 누구를 찾아가 상의할 수도 없었겠지요. 그러다가 내 행색을 보고는 그래도 교육 수준이 좀 높고 생각이 있어 보였는지 나를 선택해서 대신 결정해 달라고 부탁했을 겁니다. 아주 난감했어요. 누군가의 평생을 결정할 수 있는 선택이었으니까요. 나의 한마디가 그녀를 행복한 길로 가게 할 수도 있고, 절망의 길로 떠밀 수도 있는 상황이었습니다. 그 전까지는 내가 생각이 좀 있는 줄 알았어요. 친구들은 모두 어려운 일을 당할 때면 늘 내게 판단을 물었거든요. 하지만 그때 처음으로 나 자신이 무능하다는 걸 느꼈어요. 도움을 청하려 제대 군인을 쳐다봤는데, 그는 나를 바라보고 있었습니다. 자신도 모르겠다는 눈빛이었어요. 그의 의협심도 힘을 쓰지 못하는 것 같았습니다. 그렇다고 아무 말이나 할 수는 없었어요. 그녀의 운명이 내 손에 달려 있었으니까요. 너무 부담스러웠습니다.

결정을 내릴 수 없었으므로 한참 동안 아무 말도 할 수 없었습니다. 그 아이는 멍한 눈으로 나를 보고 있었는데, 마치 내가 결정을 내리지 않으면 안 된다는 표정이었어요. 어떤 말을 하든 따르겠다는 표정이었죠. 다시 곰곰 생각해 봤어요. 만일 신장에서 왔다는 그 영업 사원이 그냥 가버리면 그녀는 어떻게 될까요. 하루하루를 살아가려면 잘 곳이 있어야 하고 하루 세끼를 먹어야 합니다. 당시는 밥 얻어먹을 곳도 없고 여기저기에서 계급투쟁을 하는지라, [그녀의] 속사정도 모르는데 누가 먹을 것을 주겠어요. 그녀의 미래와 운명이 걸렸을뿐더러 현실적인 문제이기도 했답니다.

다급해지자 영감이 떠올랐습니다. 그녀에게 말했어요.

"그 신장에서 온 영업 사원을 불러와요. 우리가 그 사람을 보고 나서 판단해도 될까요?"

제대 군인도 나를 보더니 찬성한다는 눈빛을 보였어요. 그 여자는 얼굴이 환해지더니 머리를 끄덕이고는 그를 부르러 갔습니다. 나와 제대 군인, 그리고 카드놀이를 하던 사람들 몇몇이 함께 앉아서 그 신장 영업 사원이 오기를 기다렸어요. 그 사람이 오면 예의 차리지 말고 꼬치꼬치 캐묻기로 했습니다. 한 사람의 인생을 망치게 해서는 안 되니까요.

잠시 후 그녀가 한 남자를 데리고 왔습니다. 두 사람은 키가 별반 차이가 없었어요. 남자는 다리가 아주 짧았고 약간 안짱다리였어요. 위에는 남색 솜저고리를 입었고 손에는 인조가죽으로 만든 까만색 가방을 들고 있었어요. 피부는 바람에 쏘이고 햇볕에 그을려 거칠고 까맸어요. 눈동자가 아주 컸는데 영리하고 노련해 보이는 게 영락없는 영업 사원 같았습니다. 그는 서른 살이 조금 넘었다고 말했지만 내가 보기에는 최소한 마흔두셋은 된 것 같았어요. 우리가 일어나기도 전에 그가 맞은편에 와서 앉더니, 윗옷의 단추를 풀어 묵국화 담배를 꺼내더니 내게 한 개비를 건네주었고 몇 개비를 더 꺼내서 옆에 있던 사람들에게도 한 개비씩 나눠 주었습니다. 영업 사원의 세계에서 그런 행동은 '담배 공급'으로 불립니다. 우리가 사양하자 그는 이를 드러내고 웃으면서 이렇게 말했습니다.

"술과 담배는 네 것 내 것이 없어요."

그가 영업 사원이라는 것은 의심할 필요 없이 확실했어요. 그를 자세히 살펴보기도 전에 그의 눈이 이미 우리 한 사람 한 사람을 왔다 갔다 하며 훑어보았는데, 마치 우리 속을 꿰뚫어 보겠다는 눈빛이었어요. 나는 그 사람이 지나치게 영악하고 노련해 보여 믿음이 가지 않았어요. 그래서 질문을 던졌습니다.

"신장 어느 지방에서 왔소?"

말이 떨어지기 무섭게 그는 주머니에서 증명서 한 장을 내밀더니 펼쳤어요. 손가락 사이에 끼어 있던 담배꽁초를 '탁탁' 털어 버리고는 그 증명서를 내게 건네주었고, 빨간 비닐 껍데기로 덮인 또 다른 직업 증명서 한 장을 꺼내 주었습니다. 증명서에 따르면, 그는 분명히 신장 우루무치에서 왔고 '홍웨이 인쇄공장'(紅衛印刷倉)이라는 회사의 사원이더군요. 증명서에는 그가 이곳에 원판 인쇄기를 사러 왔다는 내용이 적혀 있었습니다. 사원증에는 사진도 있었는데 회사 직인이 찍혀 있었어요. 사진은 그 사람이 틀림없었고, 아무 문제도 없었어요. 우리는 그의 사원증과 증명서를 돌려 보았고, 더는 할 말이 없어져서 조금 겸연쩍었어요. 그가 말하더군요.

"전혀 모르는 사이라 여러분이 내 말을 믿든 믿지 않든 당신들 마음이오. 하지만 한마디만 하자면, 나와 저 아가씨 역시 아는 사이가 아니지만 나는 그녀의 말을 모두 믿었소. 억지로 데려가려는 것은 아니에요. 여기서 기차를 기다리고 있었는데 아가씨가 옆에 앉아서 우는 걸 봤고, 그 모습이 아주 불쌍해 보였어요. 그녀가 돈이 부족해서 그러는 줄 알고 도와주려고 했는데, 아, 글쎄 생산 대대에서 도망쳐 나왔다지 뭡니까. 사람의 마음은 모두 선하지 않습니까? 나는 그녀를 도와주고 싶었어요. 우리 집은 베이징에 있는데, 시즈먼(西直門) 차오다창(草打場) 117번지예요. 부모님과 누나가 지금도 그곳에 살고 있죠. 나는 10년 전에 자원해서 신장으로 변방 지역 건설을 하러 갔어요. 원래는 자동차 공장에서 일했고, 아주 유능한 일꾼으로 인정받았어요. 그래서 나를 영업 사원으로 발령을 내 물품 구매 일을 시켰는데 정말 고생스럽고 피곤한 일이랍니다.

나는 여태껏 결혼을 못 했어요. 여러분은 신장 지역에 대해 잘 모를 거예요. 내륙에서 온 여자들은 대부분 남자들과 함께 왔고, 혼자인 여자들도 현지인과는 결혼하지 않으려고 해요. 어떻게 해서든지 내륙으로 시집을 가든 돌아가고 싶어 하죠. 현지 소수민족 여자들은 우리와 생활 습관이 달라서 잘 맞지 않아요. 나도 내륙에서 신붓감을 못 찾았답니다. 내게 시집온다는 건 변방으로 유배되는 거나 마찬가지라는 사실을 누구나 알고 있기 때문이죠. 조건이 아주 안 좋거나, 절름발이, 맹인, 그리고 다른 문제가 있는 여자들도 나와는 결혼하려고 하지 않는답니다. 그래서 지금까지 결혼을 못 했어요. 그렇다고 내가 결혼을 못 해서 환장했다고 생각하지는 마세요. 노총각에게도 노총각만의 자유가 있고 즐거움이 있는 법이에요. 나 역시 혼자 사는 데 익숙해졌어요. 저 아가씨를 만나지 않았더라면 결혼할 계획이 없었다니까요.

그녀는 아주 불쌍해 보였고 의지할 곳도 없는 것 같아서 데려가자는 생각이 들었답니다. 하지만 아무런 연고도 없고 관계도 없는 아가씨를 무턱대고 데려갈 수는 없는 노릇이죠. 내 여동생이라고 말하면

회사 사람들이 이렇게 물을 겁니다.

'무슨 여동생이야? 왜 호구 조사표에는 여동생이 없었던 거지?'

안 그렇겠어요? 하지만 그녀를 모른 체할 수 없어서, 내게 시집온 다면 거둬 주겠노라 말했어요. 솔직히 말해 그녀는 호구도 없고 배급 양식도 없어서 어디서든 살기 힘들답니다. 나는 그래도 괜찮은 편입니다. 몇 년 동안 이 일을 해서 여러 곳에 발이 넓고, 신장 지역은 내륙지역보다는 분위기가 그다지 엄격하지 않습니다. 호구를 만들고 양식을 배급받는 것쯤은 문제되지 않을 거예요. 그래서 그런 문제들은 걱정할 필요 없고, 나와 결혼하면 잘 돌봐 주겠다고 했어요. 나는 올해 서른일곱 살이고 이 아가씨는 겨우 스무 살이어서 나이 차가 꽤 많이 나지요. 나이를 이렇게나 먹은 어른인 내가 저 어린 아가씨를 농락하겠습니까. 내가 좋은 마음으로 그녀를 대한다면 그녀 역시 나를 따르게 되겠죠. 그렇죠?

그녀는 내 말을 듣더니 다른 사람들에게 물어봐야겠다고 했고, 바로 여러분을 찾은 겁니다. 잘 생각해 보세요. 괜찮다고 하면 바로 함께 떠나겠습니다. 30분 뒤에는 기차가 올 거예요. 문제가 있다고들 생각하신다면 나는 내 갈 길을 가면 되고요. 어쨌든 나는 내 양심에 떳떳하답니다. 방금 말했듯이 나는 결혼을 못 해서 환장한 게 아니라 그저 그녀를 동정할 따름입니다. 솔직히 말하면, 저 아가씨가 괜찮은 사람 같기도 하고요. 그녀와 결혼하면 제게도 복일 거예요. 마음속에 있는 말을 전부 털어놓았습니다. 이제 여러분이 판단해 주세요. 어쨌든 이 아가씨가 여러분을 믿고 있고 나 역시 그렇습니다. 더 할 말이 없어요.

여러분이 말해 보세요!"

　제대 군인과 몇몇 사람들이 모두 나를 쳐다봤고, 내 말을 기다렸습니다. 이치에 맞는 말인지라 딱히 할 말이 없었던 겁니다. 나라고 무슨 말을 하겠습니까? 그의 사원증과 증명서를 요리조리 뒤집어 보고 또 봤지만, 보면 볼수록 점점 할 말이 없어지더라고요. 물론 겉모습만 보자면 전혀 어울리지 않는 한 쌍이었죠. 한 사람은 얌전하고 사회 경험이 없는 어린 소녀였고, 다른 한 사람은 노련하고 심지어 능글맞기까지 한 영업 사원이었거든요. 나이도 거의 한 세대나 차이가 났고요. 하지만 내가 안 괜찮다고 하면 그 남자는 가버릴 것이고, 그럼 저 아가씨는 어떻게 하란 말입니까? 우리도 모두 잠시 뒤에는 각자의 길로 가야 할 텐데 말이죠. 그녀 혼자 먹을 것도 없고 잠잘 곳도 없는 이곳에 남아야 하는데, 길 고양이보다 처량한 신세가 되는 거죠. 설마 우리 중에서 누가 그녀를 데리고 갈 수 있을까요? 먹고 마시는 것은 둘째 치고, 대부분 방 한 칸에 반 칸짜리 부엌뿐일 텐데 어디서 살 것이며, 호구 문제는 또 어쩔 것입니까. 호구가 없으면 신원 불명의 사람을 숨겨 두는 것밖에 더 됩니까? 정말 방법이 떠오르지 않아서 그녀에게 물어볼 수밖에 없었어요.

　"네 생각은 어때?"

　아가씨는 고개를 숙인 채 아무 말도 하지 않았어요. 나는 생각했지요. '그래, 그녀가 날 찾아온 건 바로 대신 결정을 내려 달라는 뜻 아니겠어?' 나는 마지못해 그 남자에게 이렇게 말했습니다.

　"만일 본인이 정말로 원한다면, 그러니까 당신을 정말로 따라가겠다고 한다면 당신은 무슨 일이 있어도 그녀를 아껴 줘야만 해요. 생각해 봐요. 이 아가씨는 여자이고 부모 형제도 없는데, 그렇게 먼 곳으로 당신을 따라가지 않습니까. 수천 리 밖인데……. 만일 당신이…… 만일 당신이 그녀에게 잘못한다면, 저 아가씨가 누구를 찾아갈 수 있겠습니까?"

그 남자가 곧바로 한 손을 들더니 나를 가로막고 말했습니다.

"그런 말씀 하지 마세요. 당신은 그녀를 동정한다고 말하지만 내가 더 불쌍히 여긴답니다. 당신의 동정은 그저 입으로만 하는 동정이고, 나는 그녀를 데리고 가서 먹여 살릴 겁니다. 아니라면 당신이 데려가세요. 그럴 수 있다면 당신을 존경할 것이오. 어때요? 그럴 수 없죠? 당신에게 화를 내는 게 아닙니다. 제 선의를 불순한 의도로 여기지 말아 달라는 거예요. 생각해 보세요. 내가 이 아가씨에게 기차표를 사주고, 돌아가서도 돈을 얼마나 써야 되는지를요. 신장에 도착해 곧바로 일을 시작할 수 있는 것도 아니고, 저 아가씨 몸 상태로는 그저 집안일 정도밖에 할 수 없을 거라고요. 내가 그녀를 먹여 살려야 한답니다. 물론 내 아내이고 내 사람이 되는 것이지요. 내가 아껴 주지 않으면 누가 아껴 주겠습니까? 그녀를 데려가서는 능욕하고 온종일 괴롭히는 그런 어리석은 짓을 하겠습니까? 내가 편한 노총각 생활을 포기하고 왜 그런 변태 같은 짓을 한단 말이오? 다시 말하지만, 난 이미 마흔이 가까운 데다 그녀가 아이들을 낳아 주었으면 하고, 그렇게 되면 평생을 함께 살아야 하는 사이입니다. 특히 신장처럼 아주 멀리 떨어진 촌구석에서는 가족 간의 정이야말로 유일하게 의지할 수 있는 것이에요. 그렇지 않습니까?"

그는 말하면서 눈동자에서 줄곧 빛이 나오고 있었는데 화가 단단히 난 모양이었습니다. 내 말에 울화가 치민 것이죠. 그러고는 아무 말도 하지 않았습니다. 옆에 있던 제대 군인이 말을 받아서 그 남자에게 말했어요.

"아이고. 저 동지는 당신을 설득하려고 한 것이에요. 당신을 위해 한 말이기도 하고요. 비록 저 아가씨가 당신을 따라가고 당신 사람이 될 수는 있지만, 아직은 확정된 사이가 아니지 않습니까? 우리는 저 아가씨도 잘 알지 못하고 당신도 잘 몰라요. 왜 우리가 이 일에 개입하겠어요? 저 아가씨가 불쌍해서죠. 당신이 이해심 있는 사람이라면 우리가 하는 말이 저 아가씨뿐만 아니라 당신을 위한 이야기라는 걸 잘 알 거예요. 그렇죠?"

남자는 그다지 흔쾌하지 않은 표정으로 머리를 끄덕였어요. 하지만 아직도 조금은 화가 난 듯했고, 우리가 자신처럼 좋은 사람을 오해했다고 여기는 눈치였지요. 옆에 있던 다른 사람들도 잇달아 그를 다독이자 남자는 자리에서 일어나 말했습니다.

"그렇다면 여러분께 감사를 드려야겠어요. 여러분 생각에 이제 어떻게 하면 좋을까요?"

말을 끝내고 그는 나를 힐끗 보았습니다. 나는 그 아가씨에게 물었어요.

"그렇게 해도 괜찮겠어?"

그 아가씨는 계속 고개를 숙이고 있었어요. 내 말을 듣고 나서는 가볍게 고개를 한 번 끄덕였답니다. 그러고도 계속 멍하게 서있었는데, 어떻게 해야 할지 모르는 것 같았어요.

"결정했으면 이제 가야 해요. 기차표를 한 장 더 사야 한다고요. 더 늦으면 표가 없을지도 몰라요."

남자가 재촉했습니다.

아가씨는 여전히 고개를 숙인 채 내게 말했어요.

"항상 당신을 기억할게요."

그러고는 뒤돌아 그 남자를 따라갔습니다. 그 말이 내 마음을 조금 아프게 했어요. 나는 문득 생각이 나, 펜으로 종이에 몇 글자 적어서는 그녀를 불러 건네주었습니다.

"내 이름과 주소요. 내가 도울 일이 있으면 편지를 써요."

아가씨는 종이를 받아 들고는 울더군요. 울면서 떠났어요. 나는 그 자리에 서서 두 사람이 멀리 사라지는 것을 바라보았습니다. 아가씨는 그 영업 사원과 1미터 남짓 떨어져 걸어갔어요. 모든 면에서 완전히 다르고 아무 관계도 없는 두 사람이 그렇게 함께 가고 있었습니다. 그녀가 그 남자와 거리를 유지했던 것은 가까이하지 않으려는 마음 때문이 아니었을까 싶어요. 한 소녀의 자존심에서였을지도 모르고, 다른 어떤 심리적 이유가 있었는지도 모르겠습니다. 그들을 보면서 마음이 그다지 좋지 않았어요.

그 뒤로 그 아가씨의 편지가 오지는 않았습니다. 나는 그녀가 분명히 아주 멀리 떨어진 신장에서 살고 있겠거니 생각했어요. 집안일을 돌보고 있거나 이미 자식들을 여럿 낳았을지도 모르고요. 그 남자가 외모는 변변치 않지만 마음은 착해서 이 힘들고 어려운 세상에서 그녀에게 조금의 온정이라도 줄 수 있기를 바랐습니다. 이유는 모르겠지만, 문득 그 여자가 떠오르면 걱정되고 불안한 것이, 늘 양심의 가책 같은 것이 느껴졌어요.

1975년 가을, 나는 베이징으로 출장을 갔습니다. 불현듯 그 아가씨가 생각났고, 어떻게 지내는지 몹시 궁금했어요. 그리고 그 신장 남자가 말해 준 베이징의 집 주소를 생각해 냈지요. 시즈먼 차오다창 117번지라고 했던 거요. 나는 시즈먼에 가서 그 주소를 찾아보았지만 이상하게도 117번지라는 주소는 없었어요. 내 기억이 잘못됐나 싶어서 17번지와 77번지도 찾아봤지만 모두 틀린 주소였어요. 주민위원회를 찾아가서 연세가 지긋한 할머니 대표에게 물어봤어요. 할머니가 말하길, 그런 집은 지금까지 들어 본 적도 없고, 신장으로 변방 지역 건설을 자원해 간 사람도 없다는 거예요. 나는 다시 꼬치꼬치 캐물었지만 오히려 할머니가 나를 의심하기 시작했습니다. 내 이름을 묻고는, 그런 사람을 왜 찾느냐며 직업 증명서를 보여 달라는 겁니다. 당시에는 여기저기에서 계급투쟁을 하던 때라 사방에 계급의 적들이 있다고 의심했으니까요. 한 번 더 물어보면 할머니는 바로 나를 파출소로 데려갈 기세였어요. 나는 얼버무리면서 나올 수밖에 없었습니다.

차오다창을 나오면서 그제야 나는 신장에서 왔다던 그 남자에게 속았다는 것을 알았고, 그 아가씨가 사기당했다는 걸 깨달았습니다. 순간 정신이 멍했어요. 벌써 1년이 지났고, 그 아가씨는 팔려 갔거나 더비참한 운명을 겪었을지도 모르는 일입니다. 어쩌면 이 세상에 없을지도 모르고요. 나는 아주 깊이 후회하기 시작했어요. 그때 내가 막았더라면 그 아가씨는 어쩔 수 없이 생산 대대로 복귀했을 것이고, 이 지경까지는 이르지 않았을 테니까요. 모든 것이 나 때문에 벌어진 일이었습니다! 다른 사람의 운명이 내 손에 달려 있었는데 그것을 가볍게 처리해 버렸으니까요. 그것은 단순히 길을 묻는 문제가 아니었거든요. 하지만 다시 생각해 봐도, 만일 그렇게 하지 않았더라면 어떻게 해야 했을까요. 아니, 이런 생각들은 모두 당시 내 선택을 합리화하려는 것일 뿐입니다. 이 일이 생각날 때마다 내 가슴을 치고 싶은 심정이에요.

더 할 말이 없습니다.

내가 지금 알고 싶은 것은, 그 아가씨의 행방뿐입니다.

그림을 한 장 그렸는데, 진흙탕 길에서 멀리 떨어진 햇빛을 향해 걸어가는 그림이에요. 그 아가씨를 위해 그렸답니다. 언젠가 그녀에게 줄 수 있기를 바라고 있습니다. 물론 이 또한 그저 나 자신을 위로하기 위한 것일 테지만요.

**당시 한 사람의 운명은
수천만 명의 운명이기도 했다.**

열여섯 번째 이야기

딴사람이 되다

♦ 1967년 / 27세 / 남자 / T시 모 초등학교 교사

모든 사람에게는 영원히 잊지 못하는 날이 있습니다. 생일은 빼고요. 그날은 기억할 수밖에 없죠. 생일이 없으면 존재도 없으니까요. 내가 말하려는 날은 좀 다릅니다. 예를 들어 첫사랑, 결혼, 이혼, 부모님이 돌아가신 날 같은……, 그런 날 말입니다. 내게는 4월 4일이 바로 그런 날입니다.

4월 4일은 퍽이나 재수 없는 날이기도 합니다. 나폴레옹에게는 불운한 날이었고,* [파키스탄 전 총리인] 알리 부토(Zulfikar Ali Bhutto)가 사형당한 날도 4월 4일이었습니다. 장즈신**이 총살을 당한 날도 이날

---

* 러시아 원정에 실패한 나폴레옹은 1814년 4월 4일, 러시아·오스트리아·영국·프로이센 등 동맹군의 압박으로 왕위 양위 서약서에 서명했으며, 이후 엘바 섬에 유배되었다.
** 장즈신(張志新, 1930~75) : 중국 공산당원으로 랴오닝 성(遼寧省) 선전부 간부를 역임했다.

228

이고요. 내가 감옥에 들어간 날도 4월 4일입니다. 1970년 4월 4일이었죠.

지금도 이날만 되면 온몸이 쑤시고 아프며 으슬으슬 추운 게, 아무 생각도 나지 않아요. 4월 4일은 나를 십자가에 매단 못 같은 날입니다. 지금은 그 십자가에서 내려왔지만 못은 아직도 그곳에 있답니다. 그 못은 내 마음속 깊숙이 단단하게 박혀 있습니다.

나는 [징역 20년을 선고받았고] 감옥에서 10년을 살았는데, 내가 왜 유죄를 받았는지, 왜 감옥살이를 하게 되었는지를 도무지 알 수 없었습니다. 법원에서 판결문을 듣고 놀라서 물었답니다.

"내 판결문이 맞습니까?"

이 의문은 석방되고 난 뒤에야 풀렸어요. 차라리 모르는 게 나았을 지도 몰라요. 판결 내용을 이해할 수 없었을 때는 어쨌거나 그럴 만한 이유가 있겠거니 생각하거든요. 하다못해 내가 개미 한 마리를 밟아 죽였기 때문이 아닐까 하는. 하지만 진실을 알고 나면…… 텅 빈 것처럼 공허해진답니다. 마치 한도 끝도 없는 춥고 싸늘한 우주 어딘가에 혼자 내버려진 것 같지요.

그리고 10년이라는 시간이 나를 두 동강 낸 것 같았어요. 절반은

문혁 기간에 린뱌오와 장칭(江青) 등 사인방을 비판하다 반혁명 현행범으로 몰려 1975년 4월 4일 총살되었다. 그때 45세였다. 1979년 랴오닝 성 정부는 그녀의 명예를 회복시키고 혁명 열사로 추서했다.

과거이고 절반은 미래인데, 그 둘이 하나로 이어지지 않는 거죠. 누가 이해할 수 있을까요. 허리가 두 동강 났는데도 아직 살아 있는 듯한 느낌을요.

돌이켜보면 산다는 게 일장춘몽 같아요. 내가 살아온 이야기는 아주 간단합니다. 1941년에 태어났고, 초등학교와 중학교를 다녔고, 열여덟 살에 고등학교를 졸업했어요. 대학은 가지 않았고, 어느 초등학교 선생이 되었습니다. 그 뒤로 학교를 떠나 본 적이 없습니다. 작은 시냇물이 한 번도 굽이쳐 흐르지 못하고 바로 사회로 흘러들었다고나 할까요. 그 작은 시냇물은 맑고 투명해서 바닥이 훤히 보였답니다. 나는 정말 성실하고 열심히 살았어요.

아버지는 대자본가로 소금 제조 회사의 대표였습니다. 하지만 해방 후에 일을 그만두었어요. 아버지는 서화와 고전을 좋아해서 온종일 집에서 책을 읽거나 서화를 즐기면서 거의 집 밖을 나가지 않았답니다. 워낙 유명한 분이었기에 정협 위원이 되었고, 그 김에 근엄해 보이는 [쑨원(孫文)이 고안한 인민복인] 중산복 한 벌을 맞췄답니다. 회의가 열릴 때마다 차가 아버지를 데리러 왔고, 중산복으로 갈아입은 아버지는 지팡이를 짚고 회의에 참석하러 갔습니다. 아버지가 소장한 서화들은 모두 최상급 진품이었는데, 평생 번 돈을 대부분 서화를 구입하는 데 썼습니다. 장다첸(張大千)과 치바이스(齊白石) 등을 비롯해 수많은 대서화가들이 아버지의 친한 친구들이었어요. 장다첸은 내가 태어났을 때 그림을 그려 주기도 했답니다. 초록 빛깔의 작은 뱀 한 마리가 엎드려 있는 그림인데, 주사 광석으로 붉은 돌을 그리고 그 위에 뱀을 그렸지요.

내가 뱀띠였거든요. 해방이 되자 아버지는 소장품을 국가에 기부했습니다. 좋은 일을 하고 싶어서였을 테고, 다른 한편으로는 정치적 자본을 사고도 싶었겠죠. 당시 자본가들은 모두 그런 심리가 있었거든요.

그런 심리는 내게도 유전되어 나의 진심을 복잡하게 꼬아 놓았어요. 한편으로, 나는 경건하고 성실하게 자아를 개조했답니다. '혈통'에 문제가 있었기 때문에 '피를 바꾸기'(換血)로 결심했고, 늘 모범적으로 생활하려고 노력했습니다. 그뿐만 아니라 '안전 지수'를 만들어 스스로 측정했어요. 하루에도 몇 번씩 반성했고, 오늘은 나의 말과 행동이 상급자를 실망시키지 않았는지 돌아보았습니다. 실망시켰다면 안전 지수는 바로 떨어졌지요. 칭찬을 들으면 안전 지수가 올라가고 마음도 편해졌어요. 효과는 확실했어요. 학교에서는 소년공산당 조직에 가입할 수 있었고, 직장에서는 공청단 조직 위원이 되었으며, 노동조합 주석과 핵심 조직원이 될 수 있었답니다. 상급자가 나를 '핵심'이라고 부르는데 너무 기쁜 나머지, 보답해야겠다는 마음이 끓어올라 더 적극적으로 모범을 보였습니다.

나는 역사를 좋아했고 서화에도 푹 빠져 있었어요. 연로한 선생과 함께 고서를 읽고 서법을 공부하는 일도 조직에 먼저 보고해 동의를 얻고 나서야 했어요. 연한 남색 양복이 한 벌 있었는데 딱 한 번 입어 봤답니다. 대보름날, 친척들과 친구들이 많이 와서 그 양복을 꺼내 입고는 거울에 비쳐 본 뒤 꽤 맵시가 난다고 생각했어요. 하지만 얼마 지나지 않아, 내 핏속에 자산계급 의식이 자리 잡고 있다는 것을 깨달았어요. 그런 의식은 싹이 나기 전에 잘라 버려야 했기 때문에 양복을 옷장 깊숙이 걸어 두고, 한 번도 입지 않았어요. 하지만 문혁이 발발하고 나서 홍위병들이 집 안을 압수 수색 할 때 가져가 버리고 말았지요.

어쨌든 나는 내게 맞는 생활 방식을 찾아냈어요.

- 직장에서 열심히 일해 상사의 칭찬 받기 + 되도록 평범하게 옷 입기 + 신중하게 말하고 행동하기 = 안전 지수
- 안전 지수 점검 + 시문서화를 취미 삼아 마음을 다스리기 = 나의 생활

퇴근 후 가장 큰 즐거움은 책을 읽고 고시를 암송하며, 서예를 공부하고 그림을 그리는 것이었습니다. 까만색 궤짝 안에서 가보인 고서화들을 하나씩 꺼내 그 아름답고 정교한 묵화에 빠져듭니다. 요즘 젊은 이들은 이해하기 어려울 거예요. 하지만 그렇게 사는 것도 아주 괜찮았어요. 평온하고 자족적이었으니까요. 보세요. 당시에 내가 쓴 글씨예요. 염정(恬靜), 청아(淸雅), 신중(謹愼). 이건 내 사진인데 아주 점잖죠? 그래요, 좀 어색하네요.

1966년 8월 23일, 홍위병들이 집을 압수 수색 하기 시작했어요. 그때 나는 학교에서 마오 주석 사상을 선전하는 표어를 쓰고 있었어요. 그때도 나는 '핵심조' 성원이었답니다. 한 친구가 급하게 자전거를 타고 와서는 내게 말했어요.

"너희 집이 압수 수색을 당했어."

말을 마치자마자 그는 휙 가버렸습니다. 하늘과 땅이 빙빙 도는 듯했어요. 그 뒤로 나는 문제 있는 사람으로 분류되어 문제를 자백해야

했고 비판을 당했습니다. 집기를 모두 몰수당해 집 안이 텅 비었고, 소장하고 있던 진품 서화와 [명·청 시대의 화가들인] 스타오(石濤), 까오펑한(高鳳瀚), 런보녠(任伯年), 런푸창(任阜長) 등의 명화도 전부 불에 타 한 줌 재가 되었어요. '생활이 사라졌다.'는 것이 어떤 기분인지 알아요? 물고기 한 마리가 물 밖으로 튀어나와 공기 속으로 떨어진 듯한 느낌이었어요. 안전 지수는 무슨 안전 지수란 말입니까? 전부 자기기만이었을 뿐이에요! 안전 지수는 제로였습니다!

집에는 아무것도 남지 않았습니다. 부모 형제와 나를 빼고요. 온종일 [마오 주석] 어록을 외우고 자아비판을 하며, 반복적으로 문제를 자백하는 날들이 계속되었어요. 대자보에는 내 이름이 자주 등장했습니다. 처음에는 무서웠지만 1968년쯤 되면 어느 정도 습관이 되었어요. 나를 대하는 동료들의 웃음기 없는 표정, 나를 부를 때의 냉랭한 목소리도 습관이 되어, 이제 내가 받아들이지 못할 일은 없을 것 같았답니다. 많은 사람들이 비판을 당하고 감옥에 갇히고, 자살하는 모습을 지켜보면서 나는 평안 무사야말로 자유라고 생각하게 되었습니다.

그러던 어느 날 갑자기, 나는 구속되었습니다. 사건의 원인은 1967년 가장 혼란스러웠을 때로 거슬러 올라갑니다. 당시 내 동생 친구의 아버지가 베이징의 한 중학교 당 위원회 서기로 있었어요. 그는 [자본주의 노선을 추구하는] 주자파(走資派)로 몰려 온갖 탄압을 받았는데, 이를 도저히 견디지 못하고 베이징을 탈출했답니다. 나는 그가 딱해 보여서 우리 집에 잠시 숨겨 주었어요. 일주일쯤 지나 그는 다시 남쪽 양저우(揚州)에 있는 친척 집으로 피신했고, 문혁이 막바지에 이르렀을 때 베이징의 학교로 돌아갔어요. 세상 경험이 풍부했던 그는 군중의 호감을 사려고 나를 고발했습니다. 우리 집에 비밀 조직이 있다고요. 원래 나는 요리하는 걸 좋아해서 종종 친구들을 불러 함께 식사하거나 한담을 나누기도 했거든요. 배은망덕한 사람이라고요? 그렇지도 않아요. 그때 그런 일은 흔했답니다.

나는 한동안 힘든 시간을 보냈고 조사를 받았지만 증거가 없었어요. 그래서 "잘 이끌어 교육시킬 수 있는 착취계급 자녀 유형에 속하므로 인민 내부의 모순에 따라 처리"해야 한다는 판결을 받고 석방되었습니다. 게다가 마오 주석 배지까지 하사했다고요. 시 혁명위원회가 '혁명 군중'에 속하는 인재에게만 한 개씩 발급하는 것으로, 일종의 공민권이랄까, 현재의 신분증과도 같았답니다. 그리고 나는 이 배지를 가슴에 달고 한 아가씨와 결혼했습니다.

결혼하는 날, 아내를 바라보며 마음속으로 다짐했습니다. 오늘부터는 한숨을 쉴 때조차 어떤 잘못도 해서는 안 된다고요. 그렇지 않으면 나 같은 가난뱅이와 기꺼이 결혼해 준 이 여인에게 미안해질 테니까요. 하지만 4월 4일이라는 그 재수 없는 날이 나를 기다리고 있으리라고는 상상도 못 했습니다. 결혼한 지 꼭 40일째 되는 1968년 4월 4일, 나는 공안국 혁명위원회에서 나왔다며 들이닥친 사람들에게 연행되었고 바로 수감되었답니다. 정말 두려웠어요. 아무 잘못도 하지 않았는데 왜 나를 잡아들이는지 도무지 알 수가 없었거든요. 사람을 잘못 봤다고 생각했어요. 하지만 감히 물어볼 수도 없었습니다. 당시에 사람을 잡아들이는 건 흔한 일이었으니까요.

일단 감옥에 들어가니 죄수복과 신발을 착용해야 했어요. 먼저 널브러져 있는 신발 무더기에서 발에 맞는 신발을 골랐습니다. 신으면서 보니 신발 양쪽 위에 붉은 페인트로 171번이라고 쓰여 있더군요. 가슴이 방망이질하듯 뛰었고 불길한 예감이 들었어요. 내 죄수 번호가 171번이었거든요. 운명은 나를 감옥에 보내기로 정한 거예요. 운명이 보낸 암시였던 겁니다. 그래도 요행을 기대했어요. 지금까지 어떤 죄도 지은 적이 없었거든요. 하지만 운명은 요행조차 허락하지 않았습니다.

심문을 연달아 여섯 차례나 받았는데, 모두 심야에 이루어졌어요. 질문도 정말 이상했습니다. 처음부터 끝까지, 내게 권총을 내놓으라고 했어요. 나는 분명 뭔가 착오가 있으며, 사람을 잘못 봤다고 생각했어요. 그래서 계속 이렇게 대답했어요.

"지금 밖에 나가 그 총을 가져오라고 해도 총이 어디에 있는지 모릅니다."

나는 학교를 졸업하자마자 학교에 취직했으니 줄곧 학교에 있었던 셈이고, 총이라는 건 영화에서나 봤지 실제로는 한 번도 본 적이 없다고요. 여섯 번의 심문이 끝난 뒤, 그들은 다시는 질문하지 않았습니다. 지금 생각해도 정말 이상했어요.

감옥에서 나는 매일 공부했습니다. 그곳은 시설이 좀 특이했어요. 방 안에 작고 긴 의자가 놓여 있어서 낮에는 죄수들이 나란히 앉아 마오 주석의 저작과 정치 선전 자료들을 읽었습니다. 밤에는 의자 위에 큰 나무 침대를 깔고 잠을 잤고요. 문에는 손바닥만 한 작은 문이 달려 있었는데, 간수들이 안쪽을 감시하는 구멍이었답니다. 작은 문이 움직이면 죄수들은 바로 옷깃을 여미고 단정하게 앉았답니다. 나중에 그 문은 방 안을 비추는 거울로 바뀌었습니다. 밖에서는 안이 보이지만, 안에서는 거울만 보일 뿐 밖이 보이지 않으니 참 신기했어요. 그래서 죄수들은 감히 게으름을 피울 수 없었답니다. 한번은 문 앞에 서서 거울을 들여다보다 놀라 자빠지고 말았습니다. 얼굴색이 무척 나쁜 데다가 창백했고, 양쪽 볼이 움푹 들어갔더라고요. 수염도 길게 자라 사람 몰골이 아니었어요. 나중에 알았지만 나는 결핵에 걸려 있었습니다.

그때만 해도 총이 없다는 사실만 밝혀지면 바로 풀려날 거라고 생각했어요. 틀림없이 사람을 잘못 잡아들였을 거라고요. 누군가 나를 모함하지 않았다면 말이죠. 만약 모함을 받은 거라면…… 누가 그랬을까? 나는 누구에게 미움 받을 짓은 하지 않았거든요. 누가 나를 죽음의 구렁텅이에 몰아넣었을까? 베이징의 중학교 당 위원회 서기 사건도 이미 끝났는데 말이에요.

하루는 갑자기 심문을 받았는데, 또 그놈의 권총에 대한 것이었습니다. 나는 답답해서 이렇게 말했어요.

"그 일이라면 더 할 말이 없습니다."

이런 말대꾸를 하다니, 국가기관에 이렇게 무례하게 행동한 것은 태어나서 처음이었어요. 하지만 뜻밖에도 심문관은 화를 내지 않았고, 오히려 태도가 누그러지더니 그러더군요.

"너무 빨리 단정하지 말아요. 한 가지 힌트를 줄게요. 장난감부터 생각해 봐요."

생사가 달린 사안인데, 장난감이라니요.

"장난감 총이라면 본 적이 있습니다. 하지만 나는 선생이고, 온종일 장난감 총을 가지고 다닐 일도 없다고요!"

심문관은 아주 참을성 있게 말했어요.

"조급해하지 말고 다시 한 번 천천히 생각해 봐요. 몸에 지니고 다닐 수 있는 그런 것 말이오."

그래서 다시 한 번 생각해 봤는데…… 있었습니다! 열쇠고리에 달린 작은 장식물이었는데 2센티미터 정도 크기에, 예전에 친구가 선물한 것으로 프랑스 제품이었습니다. 자색 구리 위에 은실을 박아 넣은 것으로 아주 예뻤어요.

"하나가 있기는 한데……, 열쇠고리 위에 달린 작은 장식물일 뿐입니다."

심문원이 말했어요.

"아니, 왜 좀 더 일찍 자백하지 않았소?"

나는 그 말을 듣고 멍해졌어요. 설마 열쇠고리 하나 때문에 나를 감옥에 가두었단 말인가? 설마 내가 그 작은 장식물을 가지고 범죄를 저지르기라도 한단 말인가? 그런 식이라면, 집집마다 부엌칼이 있는데 전부 잡아들여 감옥에 보내야 하는 것 아닌가? 그에게 이런 말들을 퍼붓고 싶었지만 차마 입이 떨어지지 않았습니다. 그가 말했어요.

"그 문제들을 쓰도록 하시오!"

문제라고요? 머릿속이 혼란했습니다. 어쨌든 나는 그 열쇠고리를 누가 선물했는지, 언제부터 가지고 다녔는지, 그리고 언제 홍위병들이 집 안을 압수 수색 해 몰수해 갔는지 전부 적었어요. 심문관은 내게 열쇠고리를 그려 보라고도 했답니다. 그의 말대로 하자, 그는 머리를 끄덕이며 칭찬했습니다.

"태도가 아주 좋습니다!"

나는 붙잡혀서 판결을 받을 때까지 총이 있느냐는, 오직 한 가지 질문만 받았어요. 감옥에서 8~9개월이나 살았고요. 처음에는 오해가 풀리면 바로 풀려날 거라고 생각했어요. 하지만 시간이 지날수록 점점 답답해졌고, 뭔가 일이 잘못되고 있다는 느낌이 들었습니다. 아주 괴상한 마수가 나를 필사적으로 잡아당기는 것 같았어요. 누구의 손인지는 알 수 없지만, 한 가지 분명한 것은 벗어날 수 없으리라는 거였죠.

드디어 11월 26일이 되었습니다. 그날은 눈이 조금 내렸어요.

"171번!"

누군가 나를 불렀어요. 방을 나서자 무장 경찰들이 우르르 달려들더니 밧줄로 나를 묶어 큰 트럭으로 끌고 갔어요. 다른 죄수들과 함께 트럭을 타고 대극장에 도착해 공판을 받았습니다. 내게 죄수들 줄 맨 앞에 서라고 명령했어요. 당시에는 앞줄에 선 사람은 형량이 가장 무거운 죄수로 대부분 총살형이었습니다. '이제 끝이구나. 희망이 없구나.' 하고 생각했어요.

그런데 그날 사소하지만 인상적인 일이 두 가지 있었어요. 나를 묶을 때 경찰 하나가 내 손목을 누르며 소매 속에서 손을 이리저리 돌리더니 그러더군요.

"아프면 말해요."

차가 이동할 때 자꾸 나뭇가지에 부딪쳤는데, 또 그 경찰이 내게 이렇게 말하는 거예요.

"고개 숙여요. 나뭇가지를 조심하세요."

당시에는 죄인들에게 동정심을 드러내는 일이 결코 없었는데, 경찰은 그런 말을 몰래 한 것도 아니었어요. 그래서 당연히 나는, 총살을 당할 테니 죽기 전에 잘해 주는 것이라고 생각했죠. 하지만 한참 시간이 지나고 난 뒤에야, 그가 선량한 사람이었고 진심으로 나를 배려해 주었다는 사실을 깨달았어요. 안타깝게도 그때는 그의 얼굴을 쳐다볼 만큼 마음의 여유가 없었기에 기억이 나지 않아요.

법원은 내게 세 가지 죄목으로 판결을 내렸습니다.

첫째, 사상이 극단적으로 반동이다.

둘째, 무산계급 사령부와 문화대혁명의 정책을 공격했다.

셋째, 문혁 기간에 집을 거점으로 삼아 적 타이완의 라디오 방송을 청취했고, 류사오치*의 억울함을 호소했으며, 반혁명 집단을 조직하고자 했다.

• 류사오치(劉少奇, 1898~1969) : 마오쩌둥·저우언라이 등과 더불어 중국 혁명을 함께했다. 신중국 건국 후에는 마오쩌둥에 이어 국가 주석(1952년)을 역임했다. 하지만 마오쩌둥으로부터 덩샤오핑 등과 함께 '자본주의 길을 걷는 실권파'로 지목되었으며, 급기야 '중국의 흐루쇼프'라는 비판을 받으면서 1969년 제9기 전국인민대표대회에서 정식으로 당에서 제명되었다. 1969년 중국 허난 성(河南省) 카이펑 시(開封市)의 한 공장 창고에서 시신으로 발견되었다. 1980년 제11기 전국인민대표대회 제5차 중앙위원회 전체회의에서 공식 사면 복권되었다.

이 세 가지 중 어느 하나만으로도 죽을죄였습니다. 순간 앞이 캄캄해졌어요. 그런데 앞쪽에서 "유기징역 20년에 처한다!"라는 소리가 들렸습니다. 겨우 20년이라고? 살았어요! 심지어 20년이 그다지 길게 느껴지지 않았답니다.

판결 후 나는 형을 살게 되었어요. 먼저 죄를 인정하는 교육을 받았습니다. 감옥에서는 내가 어떤 생각을 하고 있는지 물었고, 나는 이렇게 대답했어요.

"그 판결문, 내 것이 맞습니까? 나는 그런 일을 한 적이 없고, 당신들도 내게 물어본 적이 없지 않습니까?"

나는 반항하는 것으로 간주되었고, '학습반'으로 보내졌습니다. 사람들은 그 학습반을 '피와 살이 튀는 학습반'이라고 불렀어요. 죄를 인정하지 않으면 바로 두들겨 맞고 피와 살이 튄다는 그런 뜻이죠. 무시무시하죠?

하지만 솔직히 말해, 나는 두들겨 맞아 본 적은 없답니다. 결핵 때문에 이미 피를 콸콸 토하기 시작했고, 매일 마스크를 두 개 써야 했으며, 손에는 밀봉된 가래 받이 비닐 컵을 들고 있었거든요. 한 시간에 한 컵 정도 피를 토해 냈어요. 그럴 때마다 '이게 마지막일 거야.'라고 생각했습니다.

갇힌 지 4개월이 지났지만 나는 죄를 인정할 수 없었습니다. 하루는 군 대표와 교화 담당자가 나를 불렀어요. 크고 까만 솜옷을 입고 손에는 가래 받이 컵을 든 채 의자에 앉았어요.

교화 담당자가 말하더군요.

"하고 싶은 말이 있으면 뭐든 해도 좋아."

"예비 심문할 때 한 번도 물어보지 않은 일들이 왜 판결문에 쓰여 있는 겁니까? 내가 몰래 타이완 라디오 방송을 들었다고 했는데, 문혁 때 압수 수색을 당했기 때문에 집에는 아무것도 남아 있지 않았습니다. 대체 타이완 라디오 방송을 어떻게 듣는다는 말입니까? 듣는 것 자체가 불가능했는데, 내가 어떻게 죄를 인정할 수 있단 말입니까? 말 좀 해봐요."

말을 마치자마자 나는 바로 기침을 하기 시작했고, 목이 간질간질해지더니 바로 피를 토했어요. 교화 담당자가 내게 뜨거운 물 한 잔을 줬습니다. 그는 내 자료들을 넘겨 보더니 군 대표에게 넘겨주면서 이렇게 말하더군요.

"봐요. 또 저런답니다!"

군 대표가 다시 그 자료들을 들춰 봤고, 두 사람은 아무 말 없이 한참 동안 침묵을 지켰어요. 교화 담당자가 입을 열었습니다.

"판결은 내려진 것이므로, 우리가 판결을 바꿀 수는 없어. 지금은 그 문제를 해결할 수 있는 시기도 아니고. 당신은 자기 죄를 인정하는 이 관문을 넘어야 한다고. 어떻게 할까? 한 가지 방법이 있는데, 오늘부터 다시는 그 문제에 대해 물어보지 않는 거야. 어때?"

내가 대답했어요.

"그건 내가 아니라 당신들이 매일 물어봤던 거요."

"좋아, 오늘부터 우리도 더는 묻지 않겠다. 그런데 한 가지 질문이 있다. 당신은 자산계급 사상을 갖고 있나? 자신의 사상을 비판할 수 있나?"

교화 담당자가 묻더군요.

"비판할 수 있습니다."

"좋아. 돌아가서 준비하도록 해. 서둘러."

다음 날 감옥에서는 모든 죄수를 소집해 자산계급 사상에 대해 내가 자아비판 하는 것을 듣게 했습니다. 집안 문제, 정치적 관심보다 학문에만 전념했던 문제, 유명해지고 싶었던 욕심 등에 대해 자아비판을 하고 나서, 나 스스로를 정치적으로 비판하며 죄를 한 보따리 부과했어요. 자아비판이 끝나자 교화 담당자가 이렇게 평가하더군요.

"그의 자아비판은 아주 진지했고 범죄의 뿌리까지 밝혔다. 여러분은 어떻게 생각하는가?"

교화 담당자가 이미 진지하다고 말했기 때문에 누구도 감히 그렇지 않다고 말하지 못했죠. 그렇게 나는 죄를 인정한 셈이 되었고 '피와 살이 튀는 학습반'에서 일반 감호방으로 돌아왔답니다. 감옥의 쇠문에서 벗어나지는 못했지만, 감옥 안의 감옥에서 해방되었어요. 그것은 큰 의미가 있었어요. 18층 감옥에서 15층 감옥으로 내려온 느낌이라고나 할까요.

지금도 나는 그 교화 과장에게 아주 감사해하고 있답니다. 그 당시, 그런 곳에서 인간성이란 그렇게밖에 표현될 수 없었어요. 얼마 지나지 않아 그는 시 공안국으로 전근을 갔지만, 내가 나중에 누명을 벗고 풀려날 수 있었던 것도 그 사람 덕분이었습니다.

누구든 징역 20년을 선고받으면, 살아서 걸어 나갈 수 있으리라 기대하기 힘듭니다. 결핵이 이미 몸 전체에 퍼져 있기도 했고요. 폐결핵, 임파 결핵, 복부 결핵, 고환 결핵…… 온몸이 '핵무기'로 변할 판이었어요. 하지만 감옥의 의사는 나를 아주 열심히 치료해 주었답니다. 일주일 동안 피를 토하지 않으면 나는 방공동을 파러 나갔습니다. 왜 그랬는지 잘 모르겠어요. 적극적이고 모범적으로 일해서 하루빨리 나가려 했던 것도 아니고, 빨리 죽고 싶던 것도 아니었습니다. 나는 이미 '색즉시공'(色卽是空)의 도를 알고 있었기 때문에 마음이 평온했습니다. 정신적 지주도 없었어요. 정치범이었지만 정치가 무엇인지조차 몰랐죠. 당시에 정치범이란 정치적 대의를 위해 어떤 일을 한 사람이 아니라, 정치가 필요로 했던 희생양이었을 뿐입니다. 내가 왜 감옥살이를 하는지도 이해할 수 없는데 무슨 정신적 지주가 있을 수 있단 말입니까? 죽고 사는 문제는 흘러가는 대로 따르면 그만이죠.

그사이에 아내와 나는 이혼했습니다. 나는 감옥에서 눈물을 흘린 적도 없었고, 특별한 감정도 생기지 않았어요. 일부러 감정을 억누른 것도 아닌데 말이죠. 오히려 다행이었어요. 감옥에서 어떤 감정이나 희망, 신 같은 건 나 자신을 괴롭힐 수 있으니까요. 나는 아무것도 믿지 않았어요. 사는 게 이미 그 모양인데 무슨 의미가 있겠습니까. 유일한 소일거리라면 글씨를 쓰는 것, 외울 수 있는 시문을 쓰는 것이었습니다. 나는 가족에게 [한쪽 면이 반질반질한] 설련지(雪連紙)를 가져다 달라고 부탁해서 [실이 밖으로 드러나도록] 선장본(線裝本)으로 제본해 [여덟 줄이 그어진] 팔항격 노트를 만들어 정자체와 초서체, 예서체와 전서체 등 각종 글자체로 한 장 한 장 써서 『고조도연록』(古調陶然錄)이라는 이름을 붙였습니다.

'도연'이란 '스스로 그 속의 즐거움을 찾는 것'이 아닙니다. 즐거움이라 할 것도 없고, 즐거움이 있으면 반드시 고통도 있다는 뜻입니다. 즐거움도 추구해야 하는 것입니다. 추구하지 않으면 자연스러워집니다. 도연은 삶으로써 죽고 죽음으로써 사는, 생사가 서로 융합되는 경지입니다. 그런 경지가 아니었다면 난 지금까지 살 수 없었을 거예요. 내 주변에서 얼마나 많은 사람들이 미치거나 정신이 나갔으며, 병으로 죽고 자살했는지 모릅니다.

10년 가까이 감옥살이를 하면서 가장 기억에 남는 죄수가 한 사람 있었는데, 그는 원래 공안국의 심문관이었어요. 그는 자신이 왜 감옥에 오게 되었는지를 얘기해 주었답니다. 어느 날, 아주 특별한 사건을 맡게 되었는데 바로 윤간 사건이었다고 해요. 피고는 모두 문혁 군중조직의 중요 인물이었고 그중에는 시 혁명위원회 위원도 있었답니다.

심문하는 과정에서 그는 원고가 피해 사실을 진술할 때마다 말이 다르고 앞뒤가 맞지 않아 "증거 부족으로 사건 성립 불가"라고 상부에 보고했답니다. 며칠 지나지 않아, 상부의 높은 사람 하나가 그를 찾아왔는데, 말인즉슨, 정세의 필요에 따라 누구는 사형, 누구는 사형 집행 유예, 누구는 무슨 죄…… 등이 모두 결정되어 있다는 겁니다. 상부의 요구대로 집행하고, 절대 '맞서지 말라.'고 했다는 겁니다. 그는 집에 돌아와 아내에게 말했습니다.

"아마 오랫동안 집에 오지 못할 것 같소. 어디로 가는지는 묻지 마시오."

그는 이불을 싸들고 사무실로 가서 사건 파일을 연 뒤, 위쪽에 크게 네 글자를 썼다고 해요.

"도하유인."●

그러고는 이불 속으로 들어가 상부의 조치를 기다렸답니다. 그는 곧 '반혁명 현행범'으로 붙잡혔습니다. 이른바 그 '윤간범'들이 사형 판결을 받기 전에 그가 먼저 징역 7년을 선고받았어요.

나는 늘 내 사건이야말로 억울하고 말도 안 되는 사건이라 생각하면서, 어찌된 일인지 곰곰 따져 봤는데, 그의 말을 듣고 난 뒤에는 그럴 필요가 없어졌습니다. 세상이 그런데 뭐가 억울하다고 호소할 수 있겠어요?

억울함조차 억울하게 느껴지지 않으니, 진정 속세를 초월했다고 할 수 있을 겁니다. 사는 것도 막힘없이 흘러갔습니다. '옥중의 하루가 세상에서는 3년'이라는 걸 느낄 때까지요. 그렇게 어느새 문혁이 끝났습니다.

1977년 어느 날, 감옥 마당에서 바람을 막으며 햇볕을 쬐고 손톱으로 이를 잡거나 수염을 뽑는 데 정신이 팔려 있었어요. 위쪽에 기관총이 설치되어 있는 큰 쇠문 옆으로 작은 경비실이 있었는데, 어떤 사람이 그 안에서 창문을 사이에 두고 내 이름을 부르는 겁니다. 다가갔더

● 도하유인(刀下留人) : 참수형에 처한 사람을 살려 달라고 호소하는 내용. 중국 원나라 시대 희곡 작가 이문위(李文蔚)가 쓴 "연청포어"(燕青捕魚)라는 글에서 유래했다.

니 그가 걸어 나왔는데, 예전에 '피와 살이 튀는 학습반'에서 나를 구
해 주었던 그 교화 과장이었습니다. 그는 주변을 살피며 아무도 없다
는 걸 확인하고는 "좀 걸읍시다."라고 말했어요. 한참을 걸었지만 그
는 한마디도 하지 않았습니다. 그저 얼굴만 손으로 계속 비벼 댔는데,
그 소리가 공기 중에 울릴 정도였어요. 사람들로부터 멀어지자 그는
낮은 목소리로 말했어요.

"빨리 가서 상소장을 써요. 내일 와서 받아 갈 테니까. 아까 거기서
만나요."

그는 말을 마치자마자 가버렸습니다.

나는 멍하니 그 자리에 한참 서있었어요. 정신을 차리고는 바로 상
소장을 썼고, 다음 날 그에게 건넸습니다. 하지만 마음은 전혀 동요하
지 않았어요. 돌이 오랫동안 우물 안에 잠겨 있으면 파동을 일으키지
못하는 법입니다.

상소장을 준 지 1년이 지났지만 아무 일도 일어나지 않았어요. 만
일 내가 큰 기대를 갖고 매일 밤낮으로 소식을 기다렸다면, '희망 고
문'이었겠죠.

그때쯤에는 이미 힘든 일은 하고 있지 않았어요. 감옥 설계실에서,
전직 건축사였던 죄수의 조수로 일하고 있었어요. 그림을 그릴 줄 알
았기 때문에 그를 도와 설계도를 그렸어요. 그러던 어느 날 갑자기 교
화 담당자가 다가오더니 이러는 겁니다.

"물건들을 정리해라. 가족들이 데리러 왔다."

교화과에 형과 동생이 와있었는데, 나를 보고는 몹시 기뻐했어요.

법원은 내게 판결문을 읽어 준 다음 몇 마디 덧붙였습니다.

"문혁 기간 중의 언행은 반혁명죄로 성립되지 않으며, 심사와 재조사를 통해 무죄 석방을 선고한다."

그러고 나서는 판결문을 무슨 하사품처럼 건네주었고, 십 몇 위안의 돈과 양식표 몇 장, 그리고 파출소에서 호구를 등록할 때, 식품점에서 양식을 배급받을 때, 전에 다니던 직장에 등록을 할 때 필요한 증명서를 주더군요. 그 밖의 다른 절차는 필요 없었고 바로 출옥했습니다. 들어갈 때처럼 나올 때도 너무 간단해서, 어리둥절할 정도였어요.

집에 돌아오는 길에 오랜만에 사람들로 가득 찬 바깥세상을 보니 익숙하기도 하고 낯설기도 했으며, 친근하기도 했고 이상하기도 했습니다. 우주 비행사가 지구로 귀환하면 아마 그런 느낌이 들지 않을까요? 집에 도착해서 가족들의 얼굴과 옛날 물건들을 다시 보고, 눈에 보이는 모든 것이 담고 있는 이야기가 불현듯 생각나면서 잊었던 일들이 되살아났고, 마음이 흔들리기 시작했어요. 나도 평범한 사람이었던 거예요. 하지만 눈물은 나지 않았어요. 마음이 굳었다기보다 담담했다는 게 맞을 겁니다. 담담한 내 모습에 가족들은 놀라는 눈치였어요. 겉모습도 내면도 완전히 변했다고 생각했는지 가족들은 눈물을 콸콸 쏟아 내더군요.

일주일쯤 지났을 때 법원에서 사람이 나왔는데, 기차표를 한 장 주면서 한번 다녀가라고 했어요.

"오해는 하지 말아요. 그저 상급 지도자가 당신과 얘기를 나누고 싶어 할 뿐입니다."

내가 법원으로 들어서자 지도자라는 사람이 과하게 친절한 태도로 내 어깨를 끌어안고는 이렇게 말했습니다.

"왔군요, 왔어. 이번에는 잘 얘기해 봅시다. 그러지 않으면 당신은 죽을 때까지 그 사실을 모르게 된답니다."

나는 어리둥절해서 그가 말하기를 기다렸어요.

"문혁 기간에 있었던 2·21 강화를 아시나요?"

나는 "잘 모르겠는데요."라고 답했어요. 문혁 초기에, 누가 누구를 타도하고 비판하는지 나는 잘 알지도 못했고 관심도 없었습니다.

"2·21 강화 후에 장칭이 이곳의 군관회를 비판하면서 이렇게 말했어요. '너희들은 계급투쟁을 제대로 못하고 있어. 상하이와 베이징의 자본가 자녀들은 반혁명 집단을 조직했지만 모두 제때 붙잡혔지. 이 도시에는 그렇게 많은 자본가 자녀들이 있는데 어떻게 반혁명 집단이 하나도 없는 거지?'라고요. 그래서 군관회에서는 서둘러 자본가 자녀들을 잡아들였는데, 당신도 그중 한 명이었어요. 그 전에 베이징의 한 중학교 당 위원회 서기가 당신을 고발한 적이 있지 않나요? 하지만 조사 과정에서 우리는 당신이 다른 사람들과 어울리는 것을 확인할 수 없었고, 반혁명 집단의 조직원으로 만들 방법이 없었어요. 하지만 그렇다고 풀어 줄 수도 없었지요. 그래서 결국 범죄 사실을 한두 개 만들어 상부에 보고했고, 판결문에는 당신이 '반혁명 집단을 조직하고자 했다.'라고 명시된 것이죠. 집단인 셈이었지만 진짜 그런 집단을 모의했다는 뜻은 아닙니다. 그래서 당신은 공범자가 없었던 거예요, 그렇죠? 이것이 바로 당신의 진짜 상황입니다."

몰랐을 때는 아무렇지 않았는데, 알고 나니 오히려 앞이 아득해졌습니다. 그는 또 말했어요.

"나는 베이징에서 왔고 당신보다 더 비참했답니다. 당신은 10년을 감옥에서 살았지만 나는 11년을 살았어요. 하지만 당신보다 조금 더 일찍 출소했지요. 중앙정부가 이곳으로 파견해 억울하고 잘못 처리된 사건들을 조사하라고 했어요. 조사하면서 이상한 사건 두 건을 발견했는데 그중 하나가 바로 당신 사건입니다. 사건 자료와 판결 내용이 전혀 맞지 않았어요. 1년 전에 당신이 쓴 상소장도 봤고요. 그래서 되도록 빨리 손써서 당신이 누명을 벗을 수 있도록 조치했습니다. 이제 잊어버립시다. 다 지나간 과거잖아요. 당신은 아직 젊고 앞길이 창창합니다. 아, 그리고 직장 사람들도 원망하지 말아요. 그들도 어떻게 된 일인지 모른답니다. 아무리 높은 관리라도 실제로 일을 관장하는 사람보다는 힘이 없는 법이랍니다. 좀 더 현명해지세요. 그 사람들을 찾아가서 소란을 피우거나 하지 말아요. 진심으로 하는 말입니다."

10년 전이었다면 그를 껴안았겠지만, 나는 그저 웃기만 했습니다.

사람이 말이죠, 감옥에 있을 때와 밖에 있을 때는 정반대가 됩니다. 감옥 밖에서는 좋은 일을 기대하지 나쁜 일을 바라지 않습니다. 하지만 감옥에서는 나쁜 일을 예상할 뿐, 좋은 일은 기대하지 않습니다. 좋은 일이 생긴다면, 아마도 미심쩍은 생각이 들 거예요. 예를 들어, 누가 당신에게 옷을 갈아입고 집에 가보라고 한다면, 그것은 좋은 일일까요? 나쁜 일이죠! 대개 아버지가 돌아가셨거나 어머니의 병환이 위중하다거나, 아내가 어찌 되었다는 그런 일일 것입니다. 반대로, 함부로 군다거나 비판을 한다면 그건 아무 일 없다는 뜻이고, 아주 정상적인 상황이죠. 감옥 안에서 설마 맥주를 마시자고 하겠어요? 하지만 밖에서 비판 투쟁을 당한다면 그것은 나쁜 일인 거죠.

감옥의 문이 잠겨 있을 때는 안에 사람이 있다는 것이고, 열려 있을 때는 사람이 없다는 것입니다. 감옥 밖에서는 문이 열려 있다면 사람이 있다는 것이고, 잠겨 있을 때는 사람이 없다는 뜻입니다. 그렇지 않다면 도둑들이 왜 자물쇠를 비틀어 열겠어요? 또 감옥 바깥 세상의 자물쇠는 모두 문 안쪽에 있지만, 감옥에서 자물쇠는 문 밖에 있답니다. 완전히 반대죠! 그렇지 않습니까?

감옥에서는 교화 성적이 좋으면 다인용 침대에서 자게 됩니다. 사람이 많을 때는 꽉 끼어서 자야 하는데 가장 좁을 때는 폭이 한 사람당 24센티미터 정도밖에 안 된답니다. 밤에 소변을 보고 돌아오면 누울 자리가 없어지죠. 하지만 말을 잘 듣지 않는다고 판단되면, 처벌이 따를지는 몰라도 어쨌든 잠자리는 독방을 줍니다.

감옥에서는 아무리 먹어도 배가 고프답니다. 나는 한 끼에 만두를 네 개나 먹었어도 배가 부르지 않았어요. 밥을 배식받을 때마다 눈을 부릅뜨고 노려볼 지경이었습니다. 하지만 마음껏 배불리 먹으라고 누가 이야기한다면, 무슨 일이 기다리고 있는지 불안해집니다. 총살을 집행하기 전에 베푸는 배려일지도 모르거든요.

정말 이상하게도, 나는 출소하고 난 뒤 항상, 감옥에 갇혀서 형틀에 부딪치는 꿈을 꾼답니다. 정작 감옥에 있을 때는 한 번도 감옥에 갇혀 있는 꿈을 꾼 적이 없는데 말이죠. 감옥에 있을 때는 꿈속에서 명승지와 세계 각지의 좋은 곳 어디라도 갈 수 있었어요. 어떤 꿈은 아직도 생생하답니다. 한번은 꿈에서, 슈광(曙光) 영화관 문 앞에서 큰 차에 올라탔는데, 차 안에 있던 사람들은 모두 낯이 익었지만 누군지는 생각나지 않았어요. 차가 출발하자, 양쪽으로 화려한 별장들이 펼쳐졌는데 아주 우아하고 아름다웠어요. 마치 동화 속에 나오는, 지붕이 뾰족한 작은 성들 같았답니다. 다양한 양식의 성을 등이 환하게 비추어 정말 아름다웠답니다. 나는 어느 모퉁이로 들어갔는데 싱싱한 풀들이 자라고 있는 작고 어두운 길이 나왔어요. 모양이 특이한 중국식 정자도 희미하게 보였습니다. 정자들은 서로 연결되어 있었는데, 사람들이 먹을 것을 팔고 있었어요. 모두 내가 정말 좋아하는 것들이었죠. 나는 먹고 먹고 또 먹었답니다. 얼마나 맛있었는지 몰라요. 하지만 출소한 뒤에는 그런 꿈을 꾸고 싶어도 꿀 수가 없었습니다.

지금까지도 나는 좋은 일이 두렵지 나쁜 일은 두렵지 않아요. 어떤 사람이 내가 쓴 서화들을 전국의 전시관으로 보내 전시하겠다고 했을 때 많이 망설였답니다. 어떤 나쁜 일이 뒤따라올지 몰랐기 때문이죠.

나는 경직된 사람은 결코 아니지만 그렇다고 딱히 흥분할 일도 거의 없었습니다. 좋은 일이 있다 해도 그 일이 꼭 좋은 일인지 어떻게 알겠어요? 안 좋은 일이 일어난다면, 뭐 어떻게 할 수 있나요? 나를 봐요. 옛날에 나는 감옥 밖 세상에서 '안전 지수'를 올리려고 무지하게 노력했고, 그래서 지수가 꽤 높았던 것 같지만 아무 소용없었어요. 사람들이 나를 어떻게 생각하는지는 나를 아프게 했을 때 비로소 알 수 있답니다. 출소해 모든 명예를 회복하고 난 뒤 모든 사람이 내게 웃어

보일 때, 그것이 진심일까요? 그건 가짜입니다. 옛날 동창들은 지금 내가 제멋대로이고 무례하다고들 합니다. 일할 때든 말할 때든 내가 하고 싶은 대로 하고, 다른 사람을 잘 배려하지 않는다고요. 나도 그렇게 생각해요. 하지만 다른 사람을 존중한 결과 온갖 쓴맛을 다 보았기 때문에 이제는 내가 하고 싶은 대로 할 뿐입니다.

전처는 이미 다른 사람과 결혼했어요. 아이가 하나 있는데 재혼한 남편의 아이는 분명 아니에요. 나는 전처와 결혼한 지 40일 만에 잡혔는데 그날은 재수 없는 4월 4일이었고, 아이는 10월 말에 태어났습니다. 전처는 자기가 입양했으며 내 아이가 아니라고 했어요. 하지만 내 여동생을 꼭 닮았는걸요. 하지만 나도 별로 깊게 생각하지 않아요. 가끔 아이와 그녀를 보러 가요. 오래된 친구처럼 왕래하는 거죠. 그 아이와 나는 꽤 친하답니다. 물론, 친하다는 게 다른 뭔가를 설명할 수 있는 것도 아니고 나도 설명을 요구하지 않지만, 그것으로 충분합니다.

수감 생활을 하는 동안 나는 부고환 결핵에 걸려 성 기능을 상실했어요. 감옥에서 죄수들이 활정(滑精)이나 수음을 했지만 나는 그럴 일이 없었습니다. 출소한 뒤에도 재혼 생각은 없었어요. 평생 인간 세상에서 고승으로 사는 거죠. 그러다 이혼한 여자를 만났어요. 나는 성적 능력이 없다고 솔직히 밝혔는데, 뜻밖에도 그녀는 예전에 아이를 낳다가 난산을 했고 배안에 염증이 생겨 수술로 자궁을 들어냈기 때문에 자신도 마찬가지라고 했어요. 우리는 바로 합쳤습니다. 두 사람 모두 성적인 욕구가 없으니 서로 화목하게 지내며 의지할 수 있었답니다. 오히려 서로를 떠날 수 없었죠. 이야말로 진정 무욕의 경지에 도달한

것이랍니다. 천생배필이라고 할 수도 있고요. 아니, 후천배필(後天配匹)
이겠군요.

어느 날 명예 회복 후 돌려받은 옛날 물건을 뒤적이다가 문혁 전에
내가 썼던 글씨를 우연히 발견했는데, 깜짝 놀랐답니다. 다른 사람이
쓴 것 같았거든요. 그제야 깨달았습니다. 내가 완전히 다른 사람으로
변했다는 것을요. 어찌되었든 예전으로 돌아갈 수는 없는 노릇이므로
그다지 상심하지는 않았어요. 상심이란, 운명을 도와 자신을 해치는
감정이라는 사실을 잘 알고 있으니까요. 지금 내 모습대로 그냥 살아
가면 되는 겁니다. 다른 사람을 해치지도, 나 자신을 해치지도 않으면
서 말이죠.

분명한 것은 내가 예전 모습으로 다시 돌아갈 수 없다는 사실뿐입
니다.

인민은 마오쩌둥을 신으로 만들었지만,
그도 문혁을 이기지 못했다.

고난 속에서 빛나는 유머

1. "내가 나에게 묻는다"

◆ 1966년 / 47세 / 남자 / G시 책 대여점 점원

당신이 쓴 "백 사람의 십 년"을 읽어 봤는데요, 안 되겠더군요! 하나같이 질질 짜거나 억울하다는 이야기, 하늘을 원망하고 남 탓만 하는 이야기들이더라고요. 결국 다른 사람에게 고통 받은 것으로 모자라 자기 자신을 학대하는 것 아닌가요? 그렇게 살면 안 된다고 생각해요.

문혁 때 투쟁이 격렬해질수록 모든 사람이 말라 가는데, 나만 반대로 점점 살이 찌고 여유가 있고 혈색도 좋아진다는 것입니다. 당시 우봉을 관리하던 K가 내게 이렇게 묻기도 했답니다.

"넌 어떤 반동 정신으로 버티고 있는 거냐?"

그래서 이렇게 대답했지요.

"나는 혈압이 높아서 피가 위로 솟구칩니다. 그래서 얼굴이 붉어요. 그걸 '회광반조'(回光返照)라고 한답니다."

이 말을 듣고는 고개를 끄덕이더군요.

중국에서는 어떤 일을 처리할 때, 첫째, 너무 진지해서는 안 되며, 둘째, 접대에 능해야 하고 강하게 맞서면 안 됩니다. 강함은 강함을 부르고 문제를 만들거든요. 마치 태극권을 연습하는 듯이 강한 것은 부드럽게 받아치거나, 받아치지 않고 몸을 돌려 손 가는 대로 부드럽게 보내면 됩니다. 마오 주석의 말도 있지 않습니까.

"적이 전진하면 우리는 후퇴한다(敵進我退). 적이 후퇴하면 우리는 추격한다(敵退我追). 적이 멈추면 소란을 피운다(敵駐我亂). 적이 지치면 공격한다(敵疲我打)."

나는 마오 주석의 사상을 융통성 있고 적절하게 사용합니다. 상대방이 강하게 나오면 나는 부드럽게 받고, 상대방이 공개적이면 나는 비공개적으로 대합니다. 상대방이 난폭하게 공격해 오면 나는 장난스러운 일로 만들어 버립니다. 승부를 떠나 마음 편한 게 중요하지요.

문혁 초기, 나는 우붕에 감금되었는데 그 안에서 반장이 되었답니다. 내 죄가 가장 가벼웠거든요. 신중국이 건설되기 전에 반년가량 왜놈 밑에서 직원 노릇한 것밖에 없었어요. 매일 아침 우붕에 갇힌 '소'[죄수]들을 소집해서 회의를 했는데, 나는 일부러 K가 오기를 기다렸다가, 갑자기 '탁' 하고 탁자를 한 번 내리치면서 큰 소리로 말했어요.

"오늘, 우리 이 방 안에 있는 나쁜 개새끼들······."

당연히 '나쁜 개새끼들'에는 K도 포함되었죠.

하루는 K가 뭔가를 알아차린 것 같았습니다. '이 방 안'이라는 세 글자에 자신이 포함된 것은 아닌지, 그래서 자기를 욕하고 있는 건 아닌지 눈을 부릅뜨고 묻더라고요. 나는 아주 억울하다는 표정으로 대답했습니다.

"'우리 이 방'이라고 말했는데, 못 들었어요? 여기서 '우리'는 우귀 사신들을 말하는 거예요. 당신이 아니라고요!"

K는 더 묻지 않았고, 그날부터 매일 내가 하는 욕을 얌전히 들었습니다. 재미있죠? 그렇게라도 재미를 찾지 않으면, 근심 걱정으로 눈물을 흘리거나 최악의 경우 자살할 수도 있어요. 우리 우붕에서 소자본가 한 사람이 자살했는데, 그는 너무 괴로워서 2층 창문에서 뛰어내렸습니다. 나는 속으로 생각했어요. '바보 같은 놈! 그들이 못살게 한다고 자살을 해?'

우붕에 좋은 사람들만 갇혀 있었던 건 아니에요. 다른 사람을 반혁명 분자로 몰아 어떻게든 어려운 상황을 벗어나려는 일이 많았죠. Z라는 놈이 있었는데 그놈이 나를 팔아먹었습니다. 그의 아버지는 지주였고, 그 역시 지주의 개새끼나 다름없었어요. 문혁이 시작되자마자 그는 지주로 몰렸답니다. 그놈은 자기가 좀 편해지려고, 내가 반동적인 농담을 했다고 고발했습니다.

그런 일이 있긴 했습니다. 우리 우붕에 함께 있던 Q라는 사람의 가족이 도시락을 가져왔는데, 작은 쇠고기가 한 조각 들어 있었어요. 그걸 보고 내가 농담을 한마디 했지요.

"당신이 쇠고기를 먹으면 뭐가 되는 줄 알아?"

그는 모른다고 하더군요. 그래서 내가 말해 줬어요.

"당신은 지금 우붕(牛棚)에 갇혀 있는 '소'[牛, 죄수]인데 '소'가 쇠고기를 먹으니 자기가 자기를 먹는 거라고!"

방 안에 있던 '소'들이 모두 깔깔대고 웃었습니다. 하지만 그 엄혹한 시기에, 인정사정없이 서로를 공격하고 온 세상에 재앙이 가득한 때, 어디 감히 우붕에서 웃음소리가 날 수 있단 말입니까? Q는 그 일을 K에게 알렸습니다.

K가 나를 부르더니 탁자와 의자를 내리치면서, 내가 혁명을 가지고 농담을 했다며 간이 부었다고 했어요. 나는 이렇게 대답했습니다.

"자기가 자기를 먹는다는 것은 바로 멸망을 자초한다는 겁니다. 나는 그를 욕한 거라고요."

K라는 작자는 아주 멍청한 인간입니다. 행동도 굼뜨고 머리도 나쁘고 말도 어눌해서 내가 이리저리 돌려서 말하면 할 말을 찾지 못합니다. 하지만 속으로는 화가 나서 부글부글 끓는 거죠. 다음 날 단위 내부에서 대규모 비판이 시작되었어요. 군중이 여기저기서 대자보를 쓰고, 말과 글로 다른 사람의 죄상을 성토했는데, 우리가 그 비판의 대상이 되었어요. K가 갑자기 우붕으로 들어오더니, 우리를 향해 이렇게 외치는 겁니다. 사실은 나를 향한 것이었죠.

"너희 우귀사신은 들어라. 혁명 군중이 너희를 비판하고 있다! 너희는 아직도 죄를 제대로 인정하지 않고 있다. 지금부터 한 사람 한 사람 모두 대자보에 자신의 죄상을 쓰도록 해. 혁명 군중이 너희를 끄집어내 비판할 때까지 기다리지 말고! 이번에는 아주 큰 비판 투쟁이야. 한번 시작하면 사흘 밤낮을 계속한다고!"

나는 K를 쳐다보지 않았어요. 그 작자의 의기양양한 모습을 상상할 수 있었거든요. 그리고 언젠가 그런 일이 벌어지리라는 건 충분히 예상하고 있었어요. 나는 재미있는 일을 좀 벌여 봐야겠다고 생각했습니다. 우선 백지 한 장을 펼쳤어요. 대자보를 쓸 때 혁명 군중은 붉은 종이를 사용했지만 우귀사신들은 백지만 써야 했죠. "○○○, 너에게 묻는다"라는 제목으로 대자보를 쓰기 시작했어요.

무산계급 문화대혁명이 한 번 더 새로운 고조기를 맞고 있다. 혁명 군중은 천 근 몽둥이를 들고 물에 빠진 개들을 흠씬 두들겨 패고 있다! ● ○○○, 내가 네게 묻는다. 너는 고분고분하게 굴었어? 너는 그렇다고 말했지만, 틀렸다고! 나는 너를 믿지 않아! 너는 너의 개 귀를 치켜세우고 잘 들어. 내가 네게 경고하는데, 너는 이미 죽음이 임박했어. 네가 한 번만 더 고분고분하지 않고 함부로 말하고 행동하면 내가 너를 땅바닥에 패대기치고 깔아뭉개 네 몸을 천 번 만 번 밟아 버릴 거야. 네가 다시는 일어나지 못하게 말이지!

내가 그 대자보를 붙이자 K는 화가 머리끝까지 치밀어 올라 나를 부르더군요. 그는 화가 난 나머지 주먹으로 탁자를 내리치면서 내게 욕을 퍼부어 댔어요.

"너! 간땡이가 부었구나! 혁명 군중이 네게 질문하고 있는데 넌 누

● 루쉰이 1925년에 쓴 글 "페어플레이는 아직 이르다"에 나오는 "물에 빠진 개들은 흠씬 두들겨 패자!"(痛打落水狗)라는 구절에서 따온 것이다. 반혁명 세력과는 비타협적으로 끝까지 투쟁해야 한다는 뜻.

구한테 질문하고 있는 거야? 네가 대자보에 쓴 '너'는 누구지? 거대한 혁명 군중을 말하는 것 아니야?"

나는 두렵고 불안해 죽겠다는 듯이, 손을 부들부들 떨었어요. 놀라고 두렵고 억울하다는 표정으로 말했지요.

"내가 정말 그랬다면, 천만 번 죽어 마땅합니다. 주임님, 제발 화내지 마세요. 당신이 화를 내면 무서우니까요. 조금 전에 당신이 우리에게 한 사람씩 모두 자신에게 질문을 던져 보라고 하지 않으셨습니까? 내가 말한 '너'는 당연히 나 자신을 말하는 것입니다. '너'는 곧 '나'입니다. 나 자신을 가리키는 것이라니까요!"

K 주임은 내 말을 듣고 머리가 뒤죽박죽이 되어 버렸어요.

"나쁜 새끼! '너'가 '나'라면 당연히 '나'라고 썼어야지! '너'가 어떻게 '나'라는 거야……."

그 미련한 주둥이는 두 글자를 뒤죽박죽으로 만들어 버리더군요. 그는 그 이상 말을 잇지 못한 채 책장을 한 번 탁 치더니 버럭 소리를 질렀어요.

"썩 꺼져 버려. 돌아가서 당장 고쳐!"

나는 잽싸게 말했습니다.

"당신의 비판을 받아들여 당장 고치겠습니다. '너'라는 글자를 모두 '나'로 고치면 되겠죠?"

"당연하지! 꺼져!"

나는 속으로 '이 개자식아, 넌 나한테 당한 거야.'라고 중얼거렸습니다. 나는 내가 쓴 대자보 앞으로 가서, '너'라는 글자 수를 세봤더니 제목에 있는 것까지 모두 13개더라고요. 나는 방으로 돌아가 백지 한 장을 꺼내어 그 위에 '나'라는 글자 13개를 썼습니다. 그러고는 풀을 들고 그 대자보가 있는 자리로 가서 '너'라는 글자를 모두 '나'로 바꿔 붙였습니다. 다 붙이고 난 뒤, 나는 마치 큰 공이라도 세운 것처럼 K를 불러서, 고친 것을 보라고 했어요. 대자보는 이렇게 변해 있었죠.

무산계급 문화대혁명이 한 번 더 새로운 고조기를 맞고 있다. 혁명 군중은 천 근 몽둥이를 들고 물에 빠진 개들을 흠씬 두들겨 패고 있다! ○○○, 내가 내게 묻는다. 나는 고분고분하게 굴었어? 나는 그렇다고 말했지만, 틀렸다고! 나는 나를 믿지 않아! 나는 나의 개 귀를 치켜세우고 잘 들어. 내가 내게 경고하는데, 나는 이미 죽음이 임박했어. 내가 한 번만 더 고분고분하지 않고 함부로 말하고 행동하면 내가 나를 땅바닥에 패대기치고 깔아뭉개 내 몸을 천 번 만 번 밟아 버릴 거야. 내가 다시는 일어나지 못하게 말이지!

나는 K의 얼굴이 빨갛게 달아오르는 것을 보았어요. 그가 화를 내기 전에, 잽싸게 싱글벙글 웃으며 말했어요.

"'너'라는 글자를 모두 '나'라고 고치라고 하셔서 한 글자도 빠뜨리지 않고 전부 고쳤습니다."

K는 아무 말도 하지 못했습니다. 나는 일주일 동안 즐거웠고 입맛도 좋았고 잠도 잘 잤답니다. 내게 문혁은 그런 거였어요. 사람들마다 자기만의 삶의 방식이 있는 겁니다.

생명의 활력과 지혜는 함께 있다.

2. 주 아줌마

◆ 1970년 / 20세 / 남자 / W성 H현 하방 지식 청년

지식 청년 시절을 돌이켜 보면…… 아주 재미있었어요. 물론 힘들기는 했지만, 뭐랄까, 일종의 강렬한 맛이 있었던 것 같아요. '짠 사탕' 같은 맛이라고나 할까요.

W성 H현에서 함께 활동했던 우리 하방 지식 청년들이 지금 모인다면, 아마도 그때 그 '짠 사탕 맛' 같았던 일들을 이야기하면서 한바탕 웃을 겁니다. 우리는 그때 다들 어린 청년이었어요. 가장 어린 사람이 15~16세였고, 가장 나이 많은 사람도 20세 초반을 넘지 않았죠. 혈기 왕성하고 장난기가 많을 때였습니다. 우리가 벌였던 일 중에서 가장 통쾌했던 것은 '주 아줌마' 사건이었답니다. 그 일은 지금까지 대외비였는데, 처음 공개하는 것입니다.

그 당시 한창 나이에 일은 힘들고 먹을 것도 부족해서, 우리는 식탐이 엄청났습니다. 동료 일고여덟 명이 함께 어울려 다녔는데, 어디서 설탕 한 봉지가 생기면 그 자리에서 뜯어 게 눈 감추듯 먹어 치우곤 했어요. 우리 입술을 쫓아 달라붙던 파리 떼들도 아무리 쫓아도 날아가지 않았는데, 파리조차 먹을 게 없어 굶어 죽을 정도였거든요.

먹을 게 없으니 우리는 맛있는 음식 이야기를 많이 했답니다. 하루는 여느 때처럼 음식 이야기를 하다가 그만 참지 못하고, 이웃 마을 B촌에 가서 돼지를 훔치기로 했어요. 모두들 머리를 맞대고 기가 막힌 방법도 생각해 냈는데, 술을 적신 만두를 돼지에게 먹여 돼지가 취하면 조용히 옮겨 와서 실컷 배불리 먹어 치우는 겁니다. 그 방법은 틀림없이 효과가 있을 것이고 재미도 있으리라 생각했어요. 우리는 각자 필요한 물건들을 구하러 나갔습니다. 어떤 사람은 옥수수 가루로 만든 만두를 몇 개 구해 왔고, 어떤 사람은 잡화점에 가서 술을 한 병 훔쳐 왔는가 하면, 나와 라오싼(老三)이라는 녀석은 큰 부대에 가서 낡은 들것을 가지고 왔어요. 들것을 보자 좋은 생각이 떠올랐어요. 술에 취한 돼지를 들고 오다가 누군가에게 들키면, 아픈 사람이 있어 현 병원으로 진찰받으러 가는 길이라고 하면 되겠다고요. 이런 생각을 해낸 덕분에 나는 공신이 되었습니다. 동료들은 돼지를 훔치는 데 성공하면 돼지 엉덩이 살을 떼주겠다고 말했어요. 나는 너무 기쁜 나머지 하얀색 침대보를 내놓았습니다. 환자라고 말하려면 돼지를 덮어야 하니까요. 계획은 점점 주도면밀해졌고 그럴수록 흥미진진해서 우리는 기뻐 날뛰었답니다.

시간을 지체하면 안 되기 때문에, 그날 밤 우리는 B촌에 잠입했습니다. 가다가 개가 짖으면 술에 적신 만두를 던져 줬는데, 바로 조용해졌어요. 개들도 모두 배가 고파서 허겁지겁 만두를 먹고 바로 취했을 거예요. 그렇게 순조롭게 돼지 막사 앞에 도착했고, 토실토실하고 큰 어미 돼지 한 마리를 찍었습니다. 술 냄새를 풍기는 큰 만두를 우리 안에 던져 주자 누워 있던 돼지가 바로 달려들어 꿀꺽 삼켜 버렸어요. 고양이보다 빠르더군요. 우리는 돼지가 취해 나가떨어질 때까지 술에 적신 만두를 하나씩 던지면서 기다렸어요. 하지만 '푸푸' 하며 코를 고는 소리만 들렸습니다. 돼지가 술기운이 부족한 것은 아닌지 걱정이 되었고, 만두를 몇 개 더 가져오지 않은 걸 후회했답니다. 한 시간쯤 기다리자 갑자기 소리가 뚝 그쳤어요. 머리를 집어넣고 들여다보니 돼지는 고주망태가 되어 있었답니다. 우리는 잽싸게 들어가 우르르 달라붙어서는 돼지를 들것 위에 올렸어요. 그러고 나서 이불보로 잘 덮은 다음, 마을을 쏜살같이 빠져나왔어요. 돼지가 얼마나 무거웠는지, 위험한 상황을 벗어나 한숨 돌리고 보니 모두들 온몸이 땀투성이였고, 들것을 멨던 어깨는 뼈가 없는 양 흐물흐물했어요.

돼지를 들쳐 메고 마을로 돌아갈 수는 없겠더군요. 그랬다가는 사람들에게 발각되고 말 테니까요. 우리는 좀 떨어진 황야로 돼지를 끌고 가기로 했어요. 그곳에는 언덕들이 널려 있고 야생 숲들이 있어서 쥐도 새도 모르게 돼지를 해치울 수 있었거든요. 하지만 도중에 뜻밖의 일이 벌어졌습니다.

Y시에서 올라온 지식 청년들 한 무리가 맞은편에서 걸어오고 있는 것입니다. 남녀 합쳐서 대여섯 명쯤 되었어요. 우리는 가볍게 인사나 하고 지나갈 생각이었는데, 마르고 키 큰 남자 하나가 친절한 표정으로 다가오더니, 들것 위에 있는 사람이 누구냐고 물어보는 겁니다. 하마터면 말문이 막힐 뻔했답니다. 다행히도 내가 기지를 발휘해, 연로한 아주머니 한 분이 급성병에 걸려 병원에 데려가는 중이라고 둘러댔

어요. 그러자 청년들은 꼭 우리를 도와주겠다고 했고, 우리는 그럴 필요 없다고 말렸어요. 하지만 자기들은 A촌에서 마오 주석의 저작을 공부하는 적극 분자라며, 방금 현에서 열린 사흘간의 회의에 참석하고 돌아오는 길이라는 겁니다. 또한 레이펑*의 모범을 배우려 한다며, '남을 돕는 것을 즐거움으로 여기다'(助人爲樂)라는 성어와 마오 주석의 어록을 읊어 대는 겁니다. 또 한 사람이 내게 '그 아줌마'의 출신 성분을 물었어요. 나는 "당연히 '삼대홍'(三代紅)[삼대가 붉은 집안] 출신"이라고 대답했습니다. 그러자 계급의식을 건드렸는지 무슨 말을 해도 들으려 하지 않고 굳이 우리를 돕겠다는 거예요. 들것을 메고 병원까지 가겠다고 어찌나 고집을 부리는지 들것을 서로 메려고 다투기까지 했답니다. '정신의 힘'이란 정말이지 어떻게 막을 방법이 없더라고요. 게다가 우리는 10킬로미터 남짓한 거리를 무거운 들것을 메고 오면서 지칠 대로 지쳐 있었고, 도둑이 제 발 저리다고 결국 그들에게 들것을 내주었습니다.

여성 지식 청년이 이불보를 젖히려 하자 내가 황급히 막으며 말했어요.

• 레이펑(雷鋒, 1940~62) : 1962년 사고로 순직한 중국 인민해방군 모범 병사. 그가 죽은 뒤 마오쩌둥 어록 등을 인용한 일기가 발견되었다. 중국 공산당은 그를 이상적인 군인상으로 널리 선전했다. 1963년 마오쩌둥이 "레이펑 동지에게 배우라."는 지시를 내렸고 지금까지도 전 국민적 영웅으로 기념되고 있다. 한국에서도 『뇌봉』(실천문학사, 1993)이라는 책이 출간된 바 있다.

"바람이 너무 차요. 지금 아주머니는 심한 감기에 걸렸기 때문에 바람을 쐬게 하면 절대 안 됩니다!"

그러자 그녀는 손을 멈추고 이불을 더 단단히 여미며 말하더군요.

"어쩐지 아주머니 숨소리가 거칠다고 생각했어요!"

내 옆에 있던 라오싼은 그 말을 듣고 하마터면 웃음이 빵 터질 뻔했답니다. 나는 이미 돌이킬 수 없는 상황이라는 걸 깨달았어요. 그들과 함께 병원까지 가면 결국 들통날 게 뻔했어요. 그래서 말했지요.

"당신들이 책임지겠다고 하면 우리는 돌아가겠습니다."

그들은 선뜻 그러겠다며, 우리더러 돌아가 쉬라는 겁니다. 그렇게 그들은 들것을 메고 현으로 돌아갔고 우리는 마을로 돌아왔습니다.

헤어지고 난 뒤 몇 걸음 걸었을 때, 그 마르고 키 큰 남자가 우리를 향해 소리쳤어요. "당신들과 이 아줌마는 어느 마을 사람입니까?"

나는 얼른 대답했어요.

"B촌에서 왔어요."

B촌은 돼지가 있던 마을입니다. 그 여성 지식 청년이 또 묻더군요.

"이 아줌마는 성이 뭐예요?"

"주 아줌마라고 불러요."

'주'는 물론 '돼지 주[猪]'에서 따온 자입니다!

그때 마르고 키 큰 지식 청년이 우렁찬 목소리로 말했습니다.

"걱정 말아요. 우리가 주 아줌마를 잘 돌볼게요. 돌아와서 봐요!"

"그래요. 나중에 봐요!"

우리도 함께 손을 흔들며 그들의 성공을 기원했습니다. 그런 다음,

우리는 웃음을 참으며 앞을 향해 필사적으로 뛰었어요. 그들이 보이지 않자 모두 들판 위에서 데굴데굴 구르며 미친 듯이 웃어 젖혔습니다. 정말이지 돼지고기를 먹는 것보다 재미있는 일이었습니다.

그들은 어떻게 되었을까요?

현에 사는 사람 얘기로는, 그 지식 청년들이 들것을 메고 현에 있는 병원에 도착했을 때는 이미 아침 8시가 넘었다고 해요. 그들은 급히 의사를 부르며 응급 환자가 있으니 서둘러 조치를 취해 달라고 했답니다. 의사가 나와 툭 치면서 "아주머니!" 하고 불렀는데, 그 소리를 듣자마자 갑자기 '아주머니'가 울부짖으며 뛰쳐나오더니 날아갈 듯 날뛰더랍니다. 모두들 얼이 빠졌다죠. '아주머니'가 갑자기 사나워지다니요. 문혁의 경험담에서 이 이야기를 뺄 수는 없지요. 안 그래요?

짠맛 사탕의 진정한 맛은
사탕 안에 있는 떫고 텁텁한 짠맛이다.

3. 괘종

◆ 1974년 / 23세 / 남자 / R성 R현 O촌 하방 지식 청년

1969년 말, 나는 R성 R현 O촌으로 하방을 해 5년 동안 농촌 일을 했습니다. 칠흑 같은 밤이 지나면 서광이 보이듯이 도시로 돌아갈 기회가 생겼답니다. 하지만 문제는 생산 대대 지부 서기가 동의하고 도장을 찍어 줘야만 수속을 밟을 수 있었다는 거예요. 우리 지부의 서기로 말할 것 같으면…… 한마디로 개새끼입니다. 그야말로 악한이었어요. 옛날 악질 토호 류원차이(劉文彩)도 그 사람에 비하면 좋은 사람일 겁니다. 우리 촌에는 여성 지식 청년이 셋 있었는데…… 아닙니다. 말하지 않을래요. 쉽게 말할 수 없는 이야기예요. 내 경우에도 그의 손아귀에서 벗어나고 싶었지만 그게 그렇게 쉽지 않았어요. 아주 탐욕스러운 인간이라는 걸 익히 알고 있었지만, 뇌물을 바치면서 비위까지 맞춰야 했습니다. 나는 민병대장이었던 그의 조카를 통해 그가 마침 괘종시계를 갖고 싶어 한다는 것을 알게 되었습니다. 생산 대대 간부들이 늘 그의 집에서 모여 회의를 했기 때문에 괘종시계가 필요했지요. 나는 민병대장에게 어떤 괘종을 말하는지 물어보았습니다. 그러자 그 놈은 나를 힐끗 쳐다보더니 이러더군요.

"왜 그, 겉은 나무껍질로 되어 있고 안에는 좌우로 움직이는 진자가 달려서 종을 치는 그런 시계 있잖아!"

그 말을 듣고는 화가 나서 속이 부글부글 끓었답니다. 그 시계는 적어도 70~80위안은 줘야 살 수 있었고, 우리 아버지 두 달 치 월급에

맞먹는 가격이었습니다. 그 새끼들은 정말 나쁜 놈들이었어요!

나는 손해 보는 사람이 아니랍니다. 밤에 자리에 누워 뒤척거리며 곰곰 생각하다가 문득 좋은 생각이 떠올랐어요. 내친김에 나는 베이징에 있는 삼촌에게 편지를 써서 내 상황을 설명하고는 이번 딱 한 번만 도와 달라고 간청했습니다. 이유는 묻지 말고 내게 괘종을 보내 달라고요. 반드시 3개월 안에 돌려주겠다고 했지요.

삼촌은 베이징 철로국에서 배차원으로 일했는데, 근속 연수가 제법 오래되었고 평소에 술, 담배를 하지 않아서 모아 둔 돈이 좀 있었답니다. 우리 집안에서는 어려운 일이 생기면 삼촌에게 도움을 청하곤 했어요. 삼촌은 괘종을 사서 보내 주면서 편지까지 동봉해 나를 위로해 주었어요. 하지만 3개월 안에 돌려줘야 한다는 말은 하지 않았어요. 애초에 돌려받으리라 기대하지 않았던 거예요.

좋아요. 내가 어떻게 하는지 보라고요.

괘종은 정말 아름다웠어요. 나무껍질을 붙여 칠한 표면은 반질반질 광이 났고, 시계 눈금판은 황동으로 만들어졌으며, 위쪽에 크고 붉은 글씨로 마오 주석 어록이 새겨져 있었답니다. 시계 바늘 세 개가 활기차게 움직였고, 아래쪽에는 유리문이 있어서 작은 시계추가 왔다 갔다 흔들리는 모습을 볼 수 있었어요. 삼촌의 마음이 고스란히 전해졌어요. 요즘 말로 하자면, 대박 감동이었답니다!

뇌물을 줄 때는 상대방 기분이 좋을 때를 맞춰야 합니다. 나는 인내심을 가지고 닷새를 기다렸어요. 마침 서기가 공사에서 상을 받고 집에 돌아왔는데, 기분이 몹시 좋아 입이 귀에 걸렸다는 얘기를 들었어요. 이때다 싶어 서둘러 괘종을 포장해서는 서기의 집으로 갔어요. 과연 효과가 있었습니다. 서기는 반질반질 광이 나는 괘종을 보고는 눈이 가늘어지더니 이렇게 말하더군요.

"여기서 아주 모범적으로 생활했지. 다른 사람이라면 허락하지 않겠지만 네가 돌아간다면 동의해 주겠어!"

나는 준비해 온 소개장을 내밀며 방실방실 웃는 얼굴로 말했어요.

"빈곤 농민으로부터 재교육받을 일이 또 있다면 그때도 이 마을로 오겠습니다."

서기는 베개 밑에서 나무 도장을 꺼내서 입김을 불고는 쾅 하고 도장을 찍어 줬습니다. 됐어요. 파란 불이 켜졌다고요! 통과! 만사대길!

나는 소개장을 들고 공사와 현청으로 달려갔어요. 그 뒤로도 한 달이 넘도록 여기저기 뛰어다니며 무수한 장애물을 건너 결국 모든 수속을 마무리했습니다. 그리고 마을로 돌아와 짐 보따리를 꾸린 다음 마을 사람들과 작별 인사를 했고, 마지막으로 괘종을 찾아 돌아왔습니다. 그 이야기를 해줄게요.

그날 공사 간부들이 시찰을 나온다는 소식이 들려왔어요. 간부들이 지부 서기 집에서 한창 화기애애하게 얘기를 나누고 있을 때, 내가 갑자기 문을 열고 들어갔어요. 방 안에 사람들이 꽉 차 있었고, 담배 연기가 자욱해서 아주 후덥지근하고 답답했어요. 서기는 나를 보자 이렇게 말했어요.

"이제 가는 건가? 우리를 잊으면 안 돼. 잊어버리면 우리가 찾아갈 거야!"

그렇게 따뜻한 말은 내가 아니라 공사 간부들이 들으라고 한 말입니다. 그래서 내가 어떻게 했냐고요? 나는 긴히 할 말이 있는 것처럼, 아주 은밀하게 소맷자락을 끌어당기며 그를 문 입구로 데려갔어요. 그러고는 그의 귓가에 입을 바싹 갖다 붙였더니 그가 놀라 묻더군요.

"무슨 일이야?"

"정말 죄송합니다만, 지난번 제가 당신에게 빌려주었던 저 괘종은 우리 삼촌 집에서 가져온 것이랍니다. 집에 갈 때 가져가지 않으면 삼촌에게 면목이 없을 거예요. 저 괘종, 가져가도 괜찮겠죠?"

다른 사람이 못 듣도록 일부러 목소리를 낮추고 말하는 것처럼 했지만, 방 안에 있는 사람들이 모두 들을 수 있을 정도는 됐죠.

서기는 화가 나서 얼굴이 하얘지고 볼이 부들부들 떨리더군요. 그의 얼굴이 아주 가까이 있어서 똑똑히 볼 수 있었답니다. 하지만 그는 이렇게 말하는 것 말고 달리 방법이 없었습니다.

"그래, 그래, 가져가! 가져가라고!"

그 자리에 상급 간부들이 없었다면 그는 날 때려죽였을 거예요.

나는 얼른 신발을 벗고 마루 위로 올라가 손을 뻗어 괘종을 떼냈습니다. 그러고는 바로 나왔어요.

"저, 갑니다!"

나는 그가 방 안에서 어떤 표정을 하고 있을지 상상할 수 있었어요.

괘종을 들고 삼촌 집으로 가서는 자초지종을 털어놓자 모두들 한바탕 통쾌하게 웃었답니다. 나는 어깨가 으쓱했어요. 문혁 기간을 통틀어 내 뜻대로 했던 유일한 일이었으니까요.

반항하는 자만이 기쁨을 얻을 수 있다.

스물두 번째 이야기

사기당하기 딱 좋은 성격

◆ 1966년 / 32세 / 남자 / U시 C현 모 중학교 어문 교사

　나는 비극적인 성격을 타고났어요. 사기를 당하기 쉬운 이놈의 성격 때문에 꼭 비극적인 일이 생긴답니다. 문제는 사기당했다는 걸 뻔히 알면서도 '어떻게 된 일인지 잘 모르겠다'(還說不淸楚)는 거예요. 그래서 더 고통스럽고 나 자신을 학대하게 됩니다. 이런 성격이 너무 싫지만 달리 벗어날 방법이 없어요. 그래서 아주 어릴 때 자살을 생각한 적도 있답니다.

　한번은 형수가 고생하는 모습을 보고 물 긷는 걸 도와 줘야겠다고 마음먹었습니다. 그때는 너무 어려서 키가 아주 작았어요. 물을 길어서 어깨에 멨는데, 물통 바닥이 땅에 닿을 듯 말 듯했답니다. 물통 무게에 눌려서 어깨가 아팠고 중심을 못 잡아 비틀거렸어요. 형수 집까지 가려면 그 옆집의 본채를 지나가야 했습니다. 휘청거리면서 그 집을 지나가는데, 어른들이 나오더니 이렇게 말하는 거예요.

　"둘째가 일을 참 잘하네. 일부러 우리 집에 물도 길어다 주고 말이

야. 빨리 받아, 받으라고."

그러면서 내 물통을 들어다가 자기네 물독에 붓는 겁니다.

난 멍청하게 서있기만 했어요. 쑥스러워서 "이 집에 길어 준 게 아니에요."라는 말도 못 했습니다. 몇 해가 지나도록 그 일이 생각날 때마다 나는 그 사람들이 아니라 나 자신이 미웠어요. 이게 바로 사기를 당할 기질이라는 겁니다. 그 뒤로 정치적인 손해와 좌절, 억울한 일을 당했을 때도 마찬가지로 그런…… 일종의 [일을 처리하거나 풀어 가는] 개념이나 언어라고 할까, 주변머리 같은 게 부족했던 것인지, 도대체 뭐가 모자라서 그런 일을 당했는지 '이해할 수가 없'답니다.

어느 날 우리 마을 어귀에 손수레 한 대가 멈춰 서더니, 한쪽에 바구니를 걸고는 참외를 팔기 시작했어요. 사람들이 수레를 둘러싸고 서서 참외를 먹고 있었지요.

참외 하나가 5편*이었는데, 나도 5편짜리 전표 한 장을 주고 한쪽에 서서 참외를 먹고 있었어요. 그때 참외 장사꾼이 오더니 이렇게 말하는 겁니다.

"꼬맹이! 너 돈 내고 먹는 거야?"

그 사람은 내가 돈을 낸 걸 잊어버렸나 봐요.

"냈어요!"

● 1위안(元) = 10자오(角) = 1백 편(分).

참외 장사꾼은 돈통 안에 든 전표 하나를 가리키며 물었어요.

"이게 네가 낸 거냐?"

돈통에는 5편짜리 전표가 꽤 많았는데, 그 전표가 내가 냈던 거랑
비슷했어요.

"네, 맞아요."

"응? 그건 내가 낸 거야!"

뜻밖에도 옆에서 참외를 먹고 있던 사람이 나서지 뭐예요.

나는 당황했습니다. 다급한 마음에, 돈통 안에 든 전표들이 다 그게
그거라고 생각해서, 아무거나 가리키면서 다시 말했어요.

"저거예요."

참 환장하겠는 게, 또 다른 사람이 나서더니 나를 나무랐습니다.

"그건 내가 낸 거야. 중간에 자국이 있는 거라고. 어린놈이 어떻게
돈도 안내고 그렇게 시치미를 뚝 떼냐."

결국 나는 사기꾼이 되고 말았어요. 참외 장사꾼과 사 먹는 사람들
모두가 함께 나를 꾸짖었고, 나는 말문이 막혀서 아무 말도 할 수 없었
어요. 정말 돈도 안 내고 참외를 먹은 것처럼 낯이 아주 뜨거웠답니다.

같은 마을에 사는 아주 인자한 할머니가 있었는데, 난 그 할머니를
'셋째 할머니'라고 불렀지요. 이 할머니가 말했어요.

"이 장사치야! 뭘 그렇게 자꾸 트집을 잡아. 애들이 다 그렇지. 아
무리 돈을 안 냈다 해도 참외 하나 먹은 게 뭐 그리 대수라고. 어린애
가 하나 먹은 걸 가지고 어른이 꼭 그렇게 혼을 내야겠어?"

하지만 할머니의 그런 동정이 상황을 더 나쁘게 만들었습니다. 사

람들은 내가 진짜 돈을 내지 않았다고 믿게 됐거든요. 동정도 사람을 해치더라고요. 어쨌든 당시에는 그저 억울하다고만 생각했지 남이 뭐라 하든 별로 신경을 쓰지 않았어요. 몇 년 뒤, 옆집 아줌마랑 엄마가 싸우는데, 이렇게 욕을 하는 겁니다.

"너희 집 사람들은 돈도 안 내고 참외를 먹는 인간들이라고."

그때서야 나는 내가 줄곧 그런 오명을 뒤집어쓰고 살았다는 걸 깨달았어요. 너무 화가 나서 나는 제자리에서 펄쩍펄쩍 뛰면서 가슴만 칠 뿐 뭐라고 말해야 할지 '알 수 없었어요.' 분을 삭이지 못해 우물을 향해 달려갔는데, 만일 형수가 말리지 않았다면 나는 그때 빠져 죽었을지도 모릅니다. 어릴 때 자살을 생각했다는 게 이때 이야기랍니다. 딱 부러지게 말할 수 없는 성격 때문에 모든 일이 일어난 거죠.

또 이런 일도 있었어요.

어느 가을날, 바구니를 메고 개울가를 지나는데 물속에서 뭔가 꿈틀거리는 것이 보였어요. 바구니를 내려놓고 신발도 벗고 물에 들어가 보니 게 한 마리가 있었습니다. 어렸을 때라 어쩔 줄 몰라 하면서 게를 잡으려는데 게가 무는 거예요. 그때 마침 이 씨 아저씨가 차를 몰고 지나가는 게 보였어요. "아저씨! 여기 게가 있어요!"라고 소리치니, 아저씨는 "가만있어! 내가 잡을게!" 하고는 차를 멈춰 세우고 물에 들어가 그 녀석을 잡았습니다. 그는 살아 움직이는 커다란 게를 들고 "좋은 안주가 생겼네!"라고 말하고는 신이 나 차를 몰고 가버렸습니다.

그때는 아무렇지도 않았어요. "내가 발견했으니 당연히 내 것!"이라는 생각도 못 했고 그렇게 말할 줄도 몰랐지요. 시골 아이들이란 순진해서 다른 사람을 나쁘게 생각하지 않거든요. 하지만 몇 년 후 생각하면 생각할수록 자꾸 화가 나는 거예요. 어린아이를 기만한 거잖아요. 나는 그전에도 그 아저씨를 좀 알고 있었어요. 하지만 어린아이를 속이면 안 되죠. 아이를 속이고, 그 아이가 나중에 커서 그 사실을 알게 되면 속인 사람은 대가를 치르게 될 거예요. 대가라는 것이 반드시 보복이라고는 할 수 없지만, 아이의 마음속에서 그 사람은 지워지고 말 겁니다. 그것은 죽는 것보다 괴로운 일이지요!

조상님들은 내게 딱 두 글자를 물려주었는데, 바로 그 두 글자가 내 영혼을 가득 채우고 있답니다. 바로 참을 '인'(忍), 착할 '선'(善)입니다.

참는다는 게 뭡니까? 참을 '인'은 마음 '심'(心) 자 위에 칼[刀] 한 자루가 놓여 있답니다. 가슴에 칼이 꽂혀 있는데 찍소리도 하지 않는 것이 바로 참는다는 것입니다. 착한 것은 뭐냐고요? 조상들이 말하기를, 그건 인간의 천성이라고 했죠.

나중에야 알게 되었습니다. 참을 '인'은 아주 끈질겨서 나는 지금까지도 거기서 벗어나지 못하고 있지만, '선'이란 약해서 어떤 계기가 주어지면 외면할 수 있다는 것을요. 언제부터였는지 분명히 기억나요.

열 몇 살 무렵, 시내로 놀러 갔습니다. 마을 공터에는 커다란 무대가 설치되어 있었는데, 전통극을 공연하는 것 같았어요. 무대 아래에서는 두부 튀김이랑 달달한 탕후루(糖葫芦), 군고구마 등 별별 먹거리를 팔고 있었고요. 잠시 후 정부 기관 사람들 한 무리가 우르르 몰려오더니 노래를 부르기 시작했습니다. 이쪽에서 〈단결은 곧 힘〉이라는 노래를 부르면 저쪽에서는 〈헤이 라라라〉를 불렀어요. 그러다가 마을 대표가 발언하려고 무대 위로 올라가자 분위기가 바뀌었습니다. 그는 모자를 쓰고 솜두루마기를 입었어요. 말투가 마치 소리를 지르는 것 같았는데, 한마디 하고는 허리를 한 번 굽히는 버릇이 있었어요. 그때 문득 한쪽 공터에 나무 말뚝 다섯 개가 박혀 있는 게 눈에 들어왔어요. 옆 사람이 말하기를, 총살할 때 죄인을 묶는 말뚝이라고 했습니다. 그 말을 듣자 당시 농촌에서 전해 내려오는 『옥력보초』(玉歷寶鈔)라는 책 속의 그림이 떠올랐어요. 책에서는 귀신들이 사람을 나무 말뚝에 묶은 다음 혀를 잘랐는데, 생각이 거기까지 미치자 갑자기 무서워졌습니다.

　잠시 후 큰 마차가 죄수들을 실어 왔어요. 밧줄로 꽁꽁 묶여 있었고, 등에는 [작은 깃발인] 영전(令箭) 모양의 커다란 표지판을 달고 있었는데, 위쪽에는 검정 붓으로 이름을 써놓고 다시 붉은 붓으로 점을 하나 찍어 놨습니다. 그리고 잘 보이지는 않았지만, 아마도 줄을 긋거나 가새표를 한 것 같은데, 마치 새빨간 핏덩어리 같았어요. 그때 처음으로 '적색공포'를 느꼈습니다. 나중에 문화대혁명은 피바람을 일으켰고 그때마다 깜짝깜짝 놀랐는데, 그런 소스라치는 두려움은 바로 이때부터 시작된 것이랍니다. 죄수들이 차에서 끌려 내려왔는데, 모두 얼굴이 하얗고 눈썹과 눈동자가 유달리 까맸습니다. 죄수의 아이들이 사방을 뛰어다니면서 엄마 아빠를 불러 댔어요. 큰 죄를 저질렀으니 총살당하는 것이겠거니 했지만, 불쌍하다는 생각도 들었어요. 아마 어린이의 착한 마음에서 비롯된 것이었겠지요. 특히 한 사내가 무대로 올라가서는 가죽 허리띠를 풀어 죄수들의 얼굴을 피투성이가 될 때까지 후려치는데, 그들이 정말 불쌍했어요. 하지만 사내가 그들을 후려치자 현장에 있던 사람들은 "때려!"라고 소리를 질러 댔고, 소리가 점점 커지면서 일종의 군중심리를 만들었어요. 수천 명의 사람들이 일제히 몸을 앞으로 기울이고는 앞을 향해 주먹을 휘둘렀어요. 어느새 나도 사람들을 따라 주먹을 휘두르며 "때려! 때려! 때려!"라고 소리를 지르고 있었어요. 소리를 지를수록 죄수들에 대한 증오의 감정이 생겨났습니다. 순식간에 피가 들끓었고 가슴에는 분노가 가득 차올랐어요.

나중에 반후펑 운동*을 할 때, 비판 투쟁을 대대적으로 진행했는데 그 순간만큼은 정말 후펑을 증오했습니다. 하지만 후펑이 체포되었다는 소식을 듣고는 동정심이 생겼답니다. 그런 운동이 일어날 때마다, 비판 투쟁 대회만 열었다 하면 사람들은 증오로 불타올랐는데, 분위기가 다 그랬어요. 하지만 한 사람을 상대로 비판 투쟁을 하게 되면 동정심이 생기기도 했어요. 그런 감정들이 계속 되풀이되었는데, 그게 무엇을 의미하는지 누가 말할 수 있을까요? 나는 '잘 모르겠습니다.'

내가 우파로 몰린 것은 더욱더 '이해가 가지 않는' 일입니다. 사실 이유가 너무 간단해서 시시하게 느껴질 정도랍니다. 대학교 1학년 때

---

* 반후펑(反胡風) 운동 : 후펑은 중화민국 시기 유명한 평론가로, 신중국이 건국되기 전부터 마오쩌둥의 홍색 문예이론과는 다른 문예이론을 주장해 '반혁명가'로 몰렸다. 이는 1950년대 중국 문화계에서 발생한 가장 큰 정치적 숙청 사건으로, '후펑 반혁명 조직 사건' 또는 '후펑 사건'이라고 부른다. 이 사건에 연루되어 조사받은 사람만도 2천1백 명이 넘었고 체포된 사람만 92명에 달했다. 1956년까지 이 사건으로 총 78명이 '후펑 분자'라는 선고를 받았으며 그중 23명이 핵심 인물로 발표되었다.

였어요. '백화제방, 백가쟁명' 운동이 벌어지고 있었는데, 학생들이 고발하기를, 포악한 어느 후방근무사령부 주임이 아주 성실한 노동자를 도둑으로 몰아 모함했다는 겁니다. 결국 그 노동자는 자살을 했다는군요. 학생들은 그를 위해 추도회를 열겠다고 소란을 피웠습니다. 나는 대뜸 찬성했어요. 멀쩡한 사람이 억울하게 죽었으니 억울함을 풀어 주는 건 당연한 일이지 않나요? 물론 아는 사람은 아니었어요. 내가 입학하기 1년 전에 자살했다고 하니까요. 그저 착한 성격, 불의를 보면 참지 못하는 성격 때문이었죠. 하지만 당 소조는 추도회를 반대했어요. 그러자 학생들 사이에 의견이 분분해졌어요. 며칠 뒤 『인민일보』는 "노동자 계급이 발언하다"(工人階級說話了)라는 글을 발표했고, 반우파 투쟁이 시작되었습니다. 그때부터 나는 우파로 몰렸어요. 그래요. 이렇게 간단하고 시시한 이유로 우파가 된 거예요. 하지만 이 시시한 이유는 그 뒤로 수십 년 동안이나 내 가족을 파탄 낸 화근이자 재앙의 원인이 되었습니다.

우파로 몰려 20년 넘게 겪은 육체적 고통에 대해서는 말하고 싶지 않습니다. 큰 마대를 지고 막노동을 하며 얻어맞은 일 따위는 아무것도 아닙니다. 정신적인 학대가 육체적인 학대보다 견디기 힘들었어요. 예를 들어, 대학 생활 3년 동안 유머라는 걸 해본 적이 없답니다. 유머가 없다는 게 어떤 건지 알아요? 사람은 특히 유머가 필요해요. 농담을 못 하면 인간관계도 어려워요. 식당에서 밥을 먹을 때도 웃고 떠들면서 농담을 주거니 받거니 하는 게 얼마나 재미있다고요! 하지만 내가 우파라는 사실을 알게 되면, 사람들의 표정이 굳어졌어요. 가끔 누군가를 놀려 주고 싶고, 마찬가지로 누군가 나를 놀래면 좋겠다는 생각이 듭니다. 하지만 그런 일은 없었어요. 내게 농담을 거는 사람도 없었고, 나 역시 감히 다른 사람들에게 그렇게 할 수 없었거든요. 다른 사람들에게 놀림도 못 받는 처지가 얼마나 고통스러운지 모를 거예요.

그렇게 왕따를 당하자 나는 소설에 빠져들었습니다. 소설 속 인물은 우파든 뭐든 혼잣말로 실컷 비웃어도 뭐라 하는 사람이 없었거든요. 그때 소설들은 대부분 착한 사람과 좋은 이야기들에 대한 것이었는데, 지금 와서 보면 너무 뻔한 내용들이었죠. 하지만 그때는 그런 소설을 읽고 깊이 감동하곤 했답니다. 어느 날 저녁 자습 시간이었어요. 소설을 읽고 있는데, 당 지부 서기가 들어오더니, 학생들에게 전할 내용이 있다며 "우파들은 다 꺼져 버려!"라고 냅다 소리를 지르는 겁니다. 소설에 몰두하고 있다가 그의 고함 소리를 듣고는, 내가 누구인지 정신이 들더라고요. 우리 몇몇 우파 학생들은 수군거리는 소리를 뒤로 하고 허둥지둥 서둘러 교실을 빠져나갔습니다. 그때 받은 마음의 상처란……. 사람들에게 상처를 받았다는 것도 지금에 와서야 깨달았지, 당시에는 그렇게 생각하지 않았습니다. 내가 우파인 것은 운명이고, 인간 이하의 대우를 받는 것이 당연한 3등 공민이라고 생각했죠. 그렇게 허둥지둥 교실에서 쫓겨나는데, 마치 내가 나 자신을 쫓아내는 것 같았어요.

우파 학생들끼리는, 처음에는 사이가 좋았어요. 동병상련이라고 할까요. 하지만 사람들이 늘 우리를 함부로 대하면서 우리도 점점 서로 존중하지 않게 되었고, 심지어 자기 자신에 대해서도 포기해 버렸어요. 공부도 대충 하고 옷도 구질구질하게 입었으며, 입에는 욕을 달고 다니면서 아무것도 신경 쓰지 않았습니다. 우리가 화장실 청소를 하고 있으면, 사람들이 들어와 똥 싸고 오줌 싸고 난 뒤 거들먹거리면서 그냥 나갔어요. 그 뒤처리를 우리가 다 해야 했는데, 그런 자신을 인간 취급했겠어요? 나는 죄수들이 왜 그렇게 쌈질을 하는지 너무나도 잘 이해할 수 있답니다.

사람들이 날 얼마나 괴롭혔는지는 말하고 싶지 않습니다. 하지만 묻고 싶어요. 나는 내 성격에 대해 잘 알고 있지만, 그 사람들은 대체 자신들이 왜 그렇게 악랄해졌는지 알고 있을까요? 태어났을 때부터 그러지는 않았을 거예요. 아마, 그들도 잘 모르겠죠.

나는 아직도 죄책감에 시달리고 있어요.

우파인 나 때문에, 동생 둘이 죽었어요. 우리 형제는 다섯입니다. 죽은 동생들은 셋째와 넷째이고요. 셋째 동생 이야기부터 할게요.

나는 지금도 셋째 동생에게 내가 우파라는 사실을 말해 준 것을 후회하고 있습니다. 우파로 몰렸던 그해 겨울방학에 설을 쇠러 집에 돌아왔는데, 우파라는 딱지가 붙었으니 기분이 영 말이 아니었습니다. 우리 집안에 대학생이라고는 나뿐이었고, 가족들이 내게 거는 기대가 대단했어요. 가족들이 잘해 줄수록 내가 우파라는 사실을 말할 수 없었습니다. 도저히 참을 수 없을 정도가 되었을 때, 동생에게 살짝 말해 주었어요. 동생은 고집이 세고 거칠고 덤벙대는 성격이었어요. 우리 지방 사투리로 말하자면 '꼴통'이었죠. 그는 현(縣) 공급 수매 합작사에서 판매원으로 일하고 있었어요. 그는 내 얘기를 듣고는 기분이 언

짧아졌고, 그 뒤로 상급자와 자꾸 부딪치면서 사이가 나빠졌어요. 상급자는 동생에게 "우파로 몰아 버리겠다."고 위협했고, 동생은 마음대로 하라고 했어요. 결국 상급자는 트집을 잡아 동생을 정말로 우파로 몰고 말았습니다.

동생은 겨우 열여덟 살이었어요. 요즘 열여덟 살이면 어른보다도 똑똑하지만 옛날에 그 나이는 아직 어린아이나 다름없었습니다. 동생은 누가 건드리면 더 욱하는 성격이었어요. 어느 날 우파로 몰린 다른 몇몇 친구들과 수다를 떨다가 "우린 이제 끝장이야. 작은 쪽배라도 구해서 도망가자."라고 농담을 했는데, 이 말이 문제가 되어 붙잡혔습니다. 동생은 매일 공급 수매 합작사 책상 위에 무릎을 꿇은 채, 큰 전구가 달린 천장 밑에서 땀을 뻘뻘 흘리면서 비판을 당했어요. 나중에는 "적에 투항하고 나라를 배반한 죄"를 저질렀다며 공안국에서 동생을 꽁꽁 묶어 데려갔습니다. 어린놈들이 아무 생각 없이 지껄인 것이 무슨 큰 죄라고 말입니다. 그들 말대로 작은 배를 타고 보하이(渤海)로 나갔다면 풍랑에 뒤집어졌을 테고요. 설령 배를 타고 바다로 나간들 그 어린놈들이 어디로 도망갈지 생각이나 했겠어요? 그저 홧김에 한 말인 거죠.

동생이 꽁꽁 묶인 채 잡혀 가는 모습을 생각하면 정말 괴롭습니다. 직접 보지는 못했지만 상상할 수 있어요. 그리고 내가 우파라는 사실을 말했기 때문에 결국 동생이 그렇게 된 거예요. 모두 나 때문입니다.

1960년 나는 현에 있는 한 초등학교 교사로 발령받았습니다. 그때 동생은 감옥에 있었고 아직 형을 선고받지 않은 상태였어요. 동생을 면회하고 싶었지만 그럴 수 없었어요. 나는 우파이고 동생은 반혁명범이었기에 서로 도움이 되지 않았거든요. 어느 날 어머니가 이가 아파서 현에 있는 병원에 모시고 가 치료를 받았어요. 현청에서 점심을 먹고 있는데, 삼촌 한 분이 마을에서부터 자전거를 타고 와 나를 급하게 찾더군요. "네 동생이 돌아왔다."는 거예요.

나는 동생이 풀려났다고 기뻐했습니다. 그런데 어머니 표정이 갑자기 어두워지더니 "죽었구나. 빨리 돌아가자!"라고 말씀하시는 거예요. 시골 노인의 판단력이 참 대단하죠. 그 말을 듣고도 나는 설마설마하면서 삼촌에게 고맙다며 돈 수십 전과 반 근 어치 식량 배급표를 건네주었습니다. 어머니를 먼저 기차에 태워 보낸 뒤, 나는 학교로 돌아와 휴가 신청을 내고 서둘러 집으로 돌아갔습니다. 집에 도착하자…… 동생 시체가 침대 깔판에 놓여 있더군요. 얼굴이 작은 해골바가지 같아서 몇 번을 보고 나서야 동생인 줄 알겠더라고요.

오전 9시쯤 교도소에서 당나귀가 끄는 수레에 동생을 실어 보냈다고 합니다. 아래에 볏짚을 깔고 위에는 낡은 이불로 덮었는데, 두 발이 밖으로 드러나 있었습니다. 감옥에 있는 동생에게 어머니는 직접 솜바지를 정성껏 만들어 보내 주었다고 해요. 동생이 추울까 봐 겹겹이 아주 두꺼운 솜으로 꽉 채워 가슴에서부터 발등까지 내려올 정도로 길게 만들었답니다. 하지만 그 솜바지는 어디로 가고 어린애 바지 같은 걸 입고 있더라고요. 너무 작아서 종아리가 절반이나 드러났고, 엉덩이도 드러났어요. 이 엄동설한에 그런 바지를 입고 어떻게 얼어 죽지 않을 수 있을까 싶을 정도였어요. 집에 도착할 때까지만 해도 동생은 아직

숨이 붙어 있었는데, 제수씨가 가족들에게 할 말 있으면 해보라고 하면서 뜨거운 물을 한 모금 줬더니, 물도 삼키지 못하고 그만 숨을 거뒀다고 합니다.

어머니 말씀이, 동생 배를 눌러 보니 등뼈가 만져졌는데 아주 딱딱했다고 해요. 그렇다면 창자와 위, 배 속에 있어야 할 것들은 다 어디로 갔단 말입니까? 낡은 털옷에는 수수 껍데기와 빨간 흙가루가 달라붙어 있었는데, 그 빨간 흙가루는 도대체 뭘까요?

아, 그리고 내가 평생 잊을 수 없는 일, 동생에게 너무나 미안한 일이 있어요. 동생 배 위에 편지 한 장이 붙어 있는 걸 아버지가 발견했답니다. 편지는 정말 명문이어서 어떤 작가도 쓸 수 없는 그런 내용이었답니다. 문학성으로 봐도 최고라고 할 수 있죠. 톨스토이, [『홍루몽』작가인] 조설근(曹雪芹)이라도 그렇게 쓰지 못했을 겁니다. 편지는 동생이 아내 꾸이잉(桂英)에게 쓴 것입니다. 내용은 이렇습니다.

꾸이잉,

배가 너무 고파. 먹을 것 좀 빨리 보내 줘! 찐빵, 흰쌀밥, 야채 완자, 전병에 싼 밀가루 튀김, 고기만두, 자장면, 생선 튀김, 새우튀김, 과일 씨 튀김, 삶은 게, 고기 찜, 계란 볶음, 두부 볶음, 만두, 사탕 만두, 새우볶음, 데친 간, 파 불고기, 쇠고기 조림, 돼지머리 수육, 샤브샤브, 삼겹살 볶음, 꽈배기, 닭고기 찜, 오리고기 찜, 족발 찜, 편육 볶음, 전병, 회병(燴餅), 대창 볶음, 홍소(紅燒) 양고기 볶음, 홍소 쇠고기, 홍소 돼지고기, 홍소 오리고기……. 없으면 설탕 떡 두 개라도 부탁해. 얼른 와, 빨리 와, 제발!

마지막에는 동생 이름이 쓰여 있었습니다. 마치 50~60가지 요리가 적힌 메뉴판 같았답니다. 그가 어떤 상황에 있었는지 짐작이 가지 않아요? 요즘도 나는 식당에 가면 절대 메뉴판을 보지 않습니다. 메뉴판이 마치 동생의 죽음을 알리는 부고 같아서요. 한번은 친구가 밥을 사겠다고 해서 식당에 갔는데 내게 메뉴판을 주면서 주문을 하라는 거예요.

"메뉴판을 봐야 하면 밥 안 먹을 거야!"

나는 갑자기 발작이라도 난 것처럼 화를 냈고, 친구는 그런 저를 보고 어리둥절해했었죠.

동생에게 왜 미안했냐고요? 동생이 감옥에 있을 때 어머니는 면회를 갈 때마다 먹을 것을 싸갔어요. 나는 그게 내심 불만이었어요. '감옥에서 사람을 굶기기야 하겠나.' 하고 생각했거든요. 그때 마침 3년 기근이 들었던 시기라 안 그래도 집에 먹을 게 없는데, 그나마 조금 있는 걸 동생에게 보내면 우리 가족들은 어떻게 먹고살라는 말입니까? 그렇다고 어머니를 말리거나 내색을 하지는 않았지만, 마음속으로는 그렇게 생각하고 있었어요. 그래서 동생의 편지를 보고는 너무나 마음이 아팠습니다. 동생이 그 지경에 이르렀는지 알았더라면 내가 굶더라도 동생을 먹였을 겁니다. 내 생각이 짧았던 것이 죽은 동생에게 얼마나 미안했는지 몰라요. 내가 동생을 그렇게 만든 겁니다.

아버지가 그 편지를 읽을 때의 광경이 지금도 또렷하게 기억납니다. 동생 시체는 구들 위로 옮겨졌는데, 난 구들 이쪽에 앉아 있었고 어머니와 꾸이잉, 그리고 동생 둘이 내 옆에 서있었어요. 아버지는 구들 저쪽에 쪼그려 앉아, 가장자리에 엎드려 호롱불 밑에서 편지를 읽었어요. 아버지가 편지에 적혀 있는 음식 이름을 하나하나 읽을 때마다 가슴이 찢어지는 듯했습니다. 다 읽고 나서 아버지는 편지를 호롱불로 태웠어요. 그러고는 구들 가장자리에 머리를 기대고 어디가 몹시 아픈 사람처럼 어깨를 위아래로 세차게 들썩거리며 흐느꼈습니다. 하지만 소리는 내지 않았어요. 우리는 모두 말없이 눈물만 흘렸습니다. 사람이 억울하게 죽었는데 소리도 낼 수 없었어요.

이웃 현 공안국에서 일했던 형이 여기저기 알아본 결과, 감옥에서 동생은 매일 수수밥 한 그릇만 먹으면서 가축처럼 묶여 채찍으로 맞고 맷돌을 끌고 빨간 흙가루를 부수는 일을 했답니다. 동생 몸에 왜 수수 껍데기와 빨간 흙가루가 묻어 있었는지 그제야 알 수 있었어요. 빨간 흙가루를 갈아서 어디에 쓰는지는 모르겠지만, 동생은 계속 얻어맞은 데다가 굶어서 결국 죽음에 이르렀다는 사실을 알게 되었죠. 형은 교도소장을 고소했지만 소용이 없었을 뿐만 아니라, 문혁이 시작되자 반혁명 가속의 복권을 꾀했다는 이유로 괴롭힘과 비판을 당하다가 결국 숙청되었습니다. 그렇게 우리 집안의 불행은 끊이지 않았고, 나는 그 재난의 화근이었어요. 하지만 부모님과 형제들 누구도 나를 원망하거나 싫은 소리 한마디 하지 않았답니다. 그럴수록 죄책감은 더 커졌어요. 때로는 이런 생각도 했습니다. '왜 날 원망하지 않는 거지? 나처럼 참고 있는 건가?'

내가 참아야 하는 것은 견딜 수 있지만, 나 때문에 다른 사람이 참아야 하는 것은 못 견딜 일입니다.

인내는 조상들이 내게 가르쳐준 첫 번째 생존 법칙입니다. 그렇다면 조상들은 누구에게 배운 것일까요? 어느 조상이 그걸 깨달아 자손 대대로 전해져 내려오는 것일까요? 도대체 인내라는 게 언제부터 시작되었을까요? 한 역사학자에게 물어본 적이 있어요. 그런데 그는 학술적 가치도 없을 뿐만 아니라 너무 무식한 질문이라는 듯 그냥 웃더라고요. 그래서 다시 물었습니다. "당신들이 하는 일이라는 게 사실 죽은 유산을 가지고 씨름하는 것인데, 왜 중국 민족을 수천 년 동안이나 억눌러 온 그런 치명적인 유산, 그리고 살아 있는 유산은 연구하지 않는 거죠?" '이해할 수 없'기로는, 그것이야말로 가장 이해할 수 없는 일이랍니다.

넷째 동생 얘기도 할게요.

당시 우리 집은 너무 가난했어요. 건장한 노동자 한 사람이 풍년이 되어야 고작 한 달에 1.5~1.6위안, 흉년이면 7~8펀밖에 못 받았답니다. 그래서 동생은 땔감을 몰래 주워 팔았어요. 그런데 '인민공사화'라는 게 뭡니까. 땅에 난 풀 한 포기도 공사 대대에 속한다는 거예요. 결국 동생은 땔감을 훔친 셈이 되었습니다. 공사 대대 간부는 동생에게 땔감 한 단을 지고 거리를 돌아다니게 했어요. 그렇게까지 한 건 형인 내가 우파였기 때문이에요. 동생은 너무 가난해서 장가도 못 갈 정도였기 때문에 얼마 가지 않아 또 물건을 훔쳤어요. 이웃 마을인 바이스좡(白石庄)으로 가서, 생산 대대 지붕 위에 있던 빗자루 한 묶음을 훔쳐 시내에 내다 팔았다는군요. 동생은 너무 순진해서 훔친 물건을 팔 때 눈빛이나 하는 짓이 좀 어설펐나 봐요. 도시 사람들이 얼마나 눈치가 빠릅니까. 뭔가 이상했는지 동생을 잡아다가 겁을 주자 모든 것을 실토하고 말았습니다. 그 일로 동생은 공사 파출소에 감금되었는데, 사흘도 안 돼서 창문을 열고 도망쳐 버렸습니다. 도둑놈 하나 도망갔다고 신경 쓰는 사람은 아무도 없었어요. 그런데 며칠 뒤에 동생이 철도 옆 도랑에 누워 있는 걸 어떤 사람이 발견했어요. 발견 당시 그의 몸은 딱딱하게 굳어 있었고 개미와 벌레들이 그 위로 기어 다녔다고 해요. 이미 죽어 있던 거예요. 철로 위에 누워 자살하려 했다느니 달리는 기차에 올라타 다른 곳으로 도망가려 했다느니 이런저런 소문이 돌았어요. 하지만 나는 알고 있었습니다. 동생은 도망치려던 게 아니라 죽고 싶었던 거예요. 집이 너무 가난해서 희망이 없었던 데다가, 형은 우파이고 자신도 좀도둑이 되었으니 사는 게 부끄러웠던 겁니다. 부모님 뵐 면목도 없으니 죽을 수밖에요. 그런데 이상하게도 동생 몸에는 상처가 전혀 없었습니다. 기차에 깔렸거나 치어 죽었으면 외상이 있어야 하는데 말이에요. 그것도 '이해할 수 없는 일'이랍니다. 부검을 해보지 그랬냐고요? 말이 쉽죠. 그때는 우리 같은 사람들 목숨이야 개보다도 못했는데 무슨 부검을 하겠습니까? 어차피 죽은 이상, 구덩이를 파고 묻으면 그만이었어요.

그렇게 동생 둘이 나와 연루되어 죽었습니다. 죽어서도 한 명은 반혁명 분자, 한 명은 도둑놈이 되었지요. 우리 부모님은 졸지에 나쁜 아들 셋을 낳은 부모가 되었습니다. 반혁명 분자와 좀도둑, 그리고 우파 분자.

문혁 초기에 학교 당 지부는 내게 마오 주석을 향해 죄를 숨김없이 솔직하게 자백하고 사죄하라고 했습니다. 나는 곰곰 생각하다가 예전의 일을 떠올렸습니다. 언젠가 학생의 작문을 고쳐 줄 때 "마오쩌둥 사상으로 자산계급 사상을 비판해야 함"이라고 쓰려다가 그만 실수로 "마오쩌둥 사상으로 마오쩌둥 사상을 비판해야 함"이라고 잘못 써준 게 생각났어요. 학생이 작문 노트를 들고 다시 찾아와서 "선생님, 잘못 썼어요."라고 알려줘서 재빨리 고쳤는데, 너무 놀란 나머지 온몸에 식은땀이 날 정도였어요. 다행히도 그 학생은 착해서 나를 밀고하지 않았습니다.

나는 그 일을 당 지부에 솔직하게 털어놓았고 마오 주석을 향해 사죄했습니다.

사실 내가 말 안 했으면 아무도 몰랐을 텐데 왜 그걸 털어놓았을까요! 협박하는 사람도 없었는데 왜 하필 그 이야기를 했을까요? 그때까지도 그 사람들을 믿었던 걸까요? 아니면 아직도 나 자신이 덜 불행하다고 생각했던 걸까요? 마음속에 담아 두기가 괴로웠던 걸까요? 태생적으로 순진했던 걸까요? 왜 그런 이야기를 했는지 잘 모르겠어요. 나는 내 핏속에 어떤 비극적인 것이 잠재해 있지 않을까 하는 생각이 자주 들어요.

그렇게 나는 반혁명 현행범이 되었습니다. 간덩이가 붓지 않았다면 어떻게 감히 마오 주석을 비판할 수 있느냐는 거죠. 그들은 나를 비판하고 때렸어요. 맞다가 맞다가 도저히 참을 수 없어서 나는 마을로 돌아와 숨어 버렸습니다. 나중에 두 파벌이 연합해 나를 붙잡아 학교로 데려와서는 계속 비판 투쟁을 했어요. 육체적인 고통은 아픔이 가라앉으면 잊을 수 있지만 마음의 고통은 잊어버리고 싶어도 잊을 수가 없습니다. 그 많은 고통이 어디서 비롯되었는지 이해할 수 없기 때문에 설명할 수도 없는 거죠. 언젠가 확실히 말할 수 있을 때가 오면, 더는 고통스럽지 않게 될 겁니다. 고통스러운 것은 분명히 말할 수 없기 때문입니다.

1976년 대지진이 일어났을 때, 우리 현 전체가 무너졌습니다. 기차가 끊겨 수십 리 길을 걸어서 집으로 돌아와야 했어요. 마을은 온통 폐허였고 수많은 시체가 널려 있었어요. 모두 고향 사람들이었고 아는 사람들이었습니다. 우리 가족은 하늘신·토지신·성황신이 특별히 생각해 준 것인지, 한 사람도 죽지 않고 탈출할 수 있었어요. 하지만 마을밖 들판에 움막을 짓고 지내야 했는데, 그게 살기 위해서였는지 죽기를 기다린 것인지 분간할 수 없을 정도였어요. 가장 어려웠던 점은 먹을 것을 구할 수 없었다는 거예요. 그런데 생산 대대에서 나팔에 대고 마을 사람들에게 알렸습니다.

"빈곤 농민 여러분! 생산 대대로 와서 구호물자를 받아 가세요!"

구호물자라고 해도 기껏 과자 같은 것이었지만 사람들은 앞다퉈 몰려갔어요. 하지만 우리처럼 문제 있는 사람들의 몫은 없었어요. 아내가 뛰어갔지만 빈손으로 돌아왔습니다. 두 손에 과자를 잔뜩 들고 있는 빈곤 농민들의 얼굴에는 우월감이 가득했습니다. 우리 같은 사람들은 아무 말 없이 풀이 죽어 있었고요. 그런 걸 가지고 사람들을 두 계급으로 나눈 겁니다. 과자를 가진 사람들은 조금도 나눠 주지 않았답니다. 우리는 마치 개처럼 그 옆에 쭈그리고 앉아 있었어요. 하지만 그들도 우리가 보는 앞에서 먹지는 못했어요. 왜 그랬을까요. 우리가 달라 할까 봐요? 아니면 미안해서 목구멍으로 안 넘어 가서요? 그것도 아니면 우리에게 조금 나눠줬다가 생산 대대 간부에게 들켜서 욕을 먹을까 봐요? '잘 모르겠습니다.' 어쨌든 그런 상황은 굶는 것보다 더 괴로운 일이었습니다.

나는 혹시라도 먹을 것을 찾을 수 있을까 싶어 폐허가 된 집을 뒤졌습니다. 이리저리 파헤치다가 석고로 만든 마오 주석상을 발견했어요. 그때는 집집마다 마오 주석상이 하나씩 있었답니다. 얼마 전에는 이런 일도 있었어요. 한 아이가 벽돌 밑에 깔린 엄마를 구하기 위해 벽돌들을 파내는데 마오 주석상을 발견하자 주석상을 먼저 구출하고 엄마를 꺼냈다고 해요. 그 일은 전체 인민공사의 칭찬을 받았답니다. 그런데 우리 집에서 파낸 마오 주석상은 부서져서 한쪽 귀가 없지 뭐예요. 환장할 노릇이었죠. 나는 귀가 없는 마오 주석상을 벽돌 위에 놓고, 그에게 말했습니다.

"어르신, 당신을 어떻게 하면 좋겠습니까? 식구들은 먹을 것도, 잘 곳도 없는데 당신을 어디에 모셔야 한단 말입니까? 게다가 귀까지 한쪽 떨어져서, 그걸 본 사람들이 내가 일부러 그랬다고 생각하면 우리 가족은 더 비참한 처지가 되지 않겠어요? 대체 어떻게 해야 합니까?"

나는 간덩이가 부어서 아주 대담한 방법을 생각해 냈습니다. 잠시 한쪽에 숨겨 놓은 다음에, 무너진 폐허 속에 깊은 구덩이를 파서 다시 묻어 버리는 거였죠. 그날 해 질 녘에 나는 사방을 두리번거리다가 마침 인적이 없는 폐허를 발견하고는 벽돌 더미들을 헤집고 들어가서 마오 주석상을 몰래 파묻어 버렸습니다. 만약 누군가에게 발각이라도 되면 머리가 날아갈 만큼 아주 큰 죄였답니다! 그날 밤, 나는 너무 긴장이 돼서 잠도 제대로 못 잤고, 며칠 동안 계속 심장이 두근거렸어요. 왜 그랬을까 몇 번이고 후회했답니다. 아주 오랫동안 죄의식 때문에 괴로웠습니다.

문혁이 끝나고, 우파 분자로 찍혔던 내 문제를 해결한 뒤 셋째 동생의 누명을 벗기려고 여기저기 뛰어다녔습니다. 죽은 동생이 죄인으로 계속 남아 있게 할 수 없었고, 내 가슴을 짓누르고 있는 죄책감을 내려놓고 싶었거든요. 하지만 관련 기관들은 서로 책임을 미루면서 시간을 질질 끌기만 했습니다. 나는 3년 동안 뛰어다녔고 적어도 1만 킬로미터는 걸었을 겁니다. 그렇지만 그 일에 대해 분명하게 말해 주는 사람은 아무도 없었어요. '잘 모르는 것'이 아니라 '분명하게 말해 주지 않은 것'입니다. 특히 중요한 사실에 대해서요.

동생이 집에 실려 왔을 때는 1960년 1월 15일 오전 9시였습니다. 하지만 체포 통지서에 쓰인 날짜도 1월 15일이었어요. 더군다나 통지서 위쪽에는 "병으로 집행을 잠정 연기함"이라는 문구가 적혀 있었습니다.

그 말대로라면, 1월 15일에 검찰원에서 공안국에 통지를 했고 [공안국] 국장이 사인한 뒤 교도소에 가서 체포를 집행했는데, 동생의 병이 위중한 것을 보고 '병으로 집행을 잠정 연기'하기로 결정한 것입니다. 그리고 나서 동생을 집으로 보냈다는데, 이 전 과정은 아주 긴 시간이 필요한 것이었겠죠. 감옥에서 최소한 아침 8시에 출발해도 우리 집에는 밤늦게 겨우 도착하는 거리인데, 동생은 오전 9시에 집에 도착했어요. 그 사이에 관련 수속을 밟을 시간이 없는 것이죠. 그 두 가지 일이 어떻게 동시에 일어날 수 있단 말입니까?

문혁이 끝나자, 누구도 그 시절에 대해 책임지려 하지 않았고, 분명히 말할 수 있는 사람들도 말하려 하지 않았습니다. 여전히 두 동생은 여전히 반혁명범이고 도둑놈입니다. 두 녀석은 일찌감치 귀신이 되었지요. 그때는 산 사람도 사람 취급을 안했는데, 죽은 사람이야 말할 필요가 있겠어요. 어머니는 병을 얻어 돌아가셨는데, 물론 울화병도 있었습니다. 모든 게 나 때문인데, 정작 나는 누명을 벗고 복권되었어요. 그러니 맘 편하게 살 수 있겠습니까? 죄책감이라는 게 참 집요해서, 마음 한구석에 가만히 있다가 언제든지 마음대로 뒤척거리고 일어나 사람을 괴롭힌답니다. 사는 게 얼마나 힘든지 아무도 모를 거예요.

나는 자식들에게 교훈을 남겨 주고 싶답니다. 아직도 분명히 말할 수 있는 것은 없지만, 그저 평생 내가 겪었던 마음 아픈 일들을 말해 주고 싶어요. 그리고 내가 아직도 이해할 수 없는 질문들도 남겨 주고 싶어요. 지금의 젊은이들은 우리 세대보다 똑똑할 테니까요. 이 모든 일에 대해 이들이 분명히 답할 수 있게 된다면, 앞으로 다시는 그런 고통을 겪지 않을 겁니다. 그러지 못한다면 내가 겪었던 [벙어리 냉가슴의] 경험은 또다시 반복될 것입니다.

성격이 비극을 만드는 것일까,
비극이 성격을 만드는 것일까?

스물세 번째 이야기

'미안하다'는 말 한마디

◆ 1966년 / 41세 / 남자 / J시 무직

어디서부터 이야기를 시작하면 좋을까……, 어젯밤 침대에 누워 당신에게 들려줄 이야기의 실마리를 생각해 봤습니다. 아예 생각하지 않으면 괜찮은데 일단 생각하기 시작하니 미칠 지경이 되더군요. 그래서 어디서부터 말해야 할지도 모르겠고, 원인과 결과도 없으며 논리도 없습니다. 그저 '의식의 흐름'대로 이야기할게요.

1957년 9월 1일자 『○○일보』를 찾아보세요. 제3판의 머리기사로 "또 한 명의 대(大)우파를 찾아내다"라는 제목의 기사가 있을 겁니다. 바로 내 이야기예요. 적발하고 비판하고 투쟁하고 심문하고 자백을 강요하는 일 같은 건 다 아는 얘기일 테니 생략하겠습니다. 그해 10월까지 갖은 고생을 했고, 동쪽 교외 지역 F 농장에서 노동 개조를 하면서 처분을 기다리게 되었어요. 농장의 돼지에게 먹이를 주고 있으려니, 나 또한 진흙 구덩이에 누워 언제 끌려가 도살당할지 모르는 돼지와 다를 바 없다는 생각이 들었습니다.

왜 1957년부터 이야기하냐고요? 내가 겪은 황당한 일을 이해하려면 전사(前史)를 좀 알아야 하거든요.

1

1958년 2월, 그러니까 음력으로는 12월 28일 나는 상부의 지시에 따라 집에 돌아가 가족과 함께 설을 보낼 수 있게 되었습니다. 아주 기뻤어요. 더군다나 어머니가 외지에 계셔서 매년 나와 아내가 어머니 계신 곳으로 가서 함께 설을 쇠곤 했거든요. 우리는 기대에 부풀어서 섣달그믐에 출발하는 기차표를 샀어요. 그때만큼은 우파니 뭐니 하는 일도 생각하지 않았습니다. 막 떠날 준비를 하고 있는데, 문화국 반우파 조직에서 몇 사람이 찾아왔어요. 그중 B라는 이름의 작가가 조장이라고 하더군요. 당신도 그 사람을 잘 알 거예요. 그는 문을 들어서자마자 내게 결정 문건을 낭독했습니다.

"상급 당 위원회의 동의와 공안부의 비준을 받아, 당신을 공직에서 해임하고 GG 농장으로 노동 교양 교육을 보내기로 한다."

"언제 가야 합니까?"

차분한 목소리로 묻자, B 작가가 버럭 소리를 질렀습니다.

"지금 당장 가!"

그 소리에 아내는 그 자리에서 기절했어요.

사실 그 자리에서 양해를 구해 보려고 했습니다. 노동 교양을 가는

것이지 죄수가 아니기에 도망칠 리도 없고, 굳이 섣달그믐에 보낼 이
유는 없었으니까요. 하지만 B 작가의 얼굴이 마치 꼭 닫힌 쇠문처럼
어찌나 엄숙하고 냉정한지, 하려던 말을 삼켰습니다.

"갑시다."

나는 바로 짐을 들고 일어났습니다. 그 짐은 사흘 전 동쪽 교외 지
역 F 농장에서 메고 온 것으로, 채 짐을 풀지도 않은 상태였어요. 마침
그대로 메고 가면 딱 좋은 모양이었습니다. 덕분에 짐을 꾸려야 하는
귀찮은 일을 던 셈이었죠.

내가 왜 우파로 몰렸냐고요? 내가 묻고 싶습니다. 내가 어떻게 우
파가 되었는지는, 다른 사람들이 나보다 잘 알 거라고 생각하거든요.

대명·대방 운동에서부터 반우파 정풍 운동 때까지 나는 직장에 있
지도 않았습니다. 그때 직장인 연극 학교에 '창작 휴가'를 신청해서,
상하이의 친척 집에 머물며 대본 쓰기에 여념이 없었거든요. 그러던
어느 날 직장에서 갑자기 연락이 왔어요. 속히 돌아와 반우파 정풍 운
동에 참가하라더군요. 나는 아내에게 웃으면서 말했습니다.

"대명·대방 운동에 참가했던 사람들을 숙청하려는 모양인데, 나는
그때 직장에 없었으니 대자보 한 장 붙이지 않았고, 지도자들을 비판
한 적도 없어. 내게 불똥이 튈 일은 없을 거야."

하지만 직장에 도착한 이튿날 비판 대회가 열렸어요. 회의장에 들
어간 순간 깜짝 놀랐어요. "갑, 을, 병 반당 집단을 철저하게 비판하는
대회"라고 쓰인 큰 대자보가 붙어 있었어요. 갑은 극단의 교장이고, 을
은 부교장이며 병은 바로 나였거든요. 그때 나는 학교가 주관하는 교

학 업무 과장이었습니다. 잘 들어 보니 나에 대한 비판이라는 게 내용은 별로 없고, 그저 내게 억지로 씌운 '큰 모자'●와 사나운 표정, 고함소리만 있었을 뿐입니다.

이상했습니다. 내가 무슨 죄를 저질렀다는 건지. 설령 내가 반동적인 말을 한마디라도 했다거나, 아니, 내 죄를 사람들이 조작했다고 하더라도 내가 이해는 할 수 있게 해야지요!

이런 일도 있었어요. 1979년이었어요. 20년이 지난 뒤의 일인데, 시간은 이어지지 않지만 사건들은 모두 연결되어 있어요. 문혁이 이미 끝났을 때입니다. 문화국 인사 간부가 내게서 우파라는 딱지를 바로잡아 주었어요. 그는 깜짝 놀라면서 그러더군요.

"솔직히 말해, 당신에 관한 모든 자료를 보고는 마음이 아주 답답했답니다. 그 자료들로만 판단하자면, 어떻게 당신이 우파로 몰렸는지 이해가 안 가더군요."

당시 그의 놀란 표정과, 이해할 수 없다는 말투까지 지금도 생생하게 기억이 납니다.

그는 두껍게 철해 놓은 자료집을 보여 주었어요. 그것을 보고는 정말 기가 막혔습니다. 내가 저질렀다는 죄에 관한 증거와 기록을 찾을

● 큰 모자(大帽子) : 문혁 시기 비판 투쟁 대회를 할 때 단상 위의 비판 대상자들에게 씌운 고깔모자인데 대부분 종이로 만들었다. 신상 명세를 비롯해 그 사람의 정치적 악행 등을 써 넣기도 했다.

수 없었거든요. 모두 내가 연극·예술 분야에 대해 제시했던 의견을 모아 놓은 것이었어요!

내가 물었어요.

"이것 말고 또 있나요?"

"이것이 전부입니다."

22년 동안 온갖 고초를 겪었지만, 그때 받은 충격에 비할 바 못 됩니다. 지난 22년 동안 줄곧, 내가 왜 우파로 몰렸는지 그 이유를 알 수 없었어요. 하지만 그 수수께끼의 진상을 알고 나니 더 혼란스러워졌을 뿐만 아니라, 내가 이 세상에 대해 아는 것이 하나도 없는 듯했어요.

그 사실을 알기 위해 내가 얼마나 큰 대가를 치렀는지 아십니까?

2

이야기를 계속할게요. 아내는 혼자 섣달그믐에 어머니에게 갔어요. 내가 바빠서 함께 오지 못했다는 아내의 말을 듣고, 어머니는 마치 모든 일을 이해한 눈치였다고 해요. 잠시 넋을 놓고 계시다가, 갑자기 아내를 끌어안았고 두 사람은 실성한 채 통곡을 했다더군요. 그 뒤로 나는 어머니를 다시 볼 수 없었답니다. 1960년 여름에 어머니가 위독하셨어요. 그때 나는 GG 농장에서 일하고 있었는데 농장 측은 병문안 가는 것도 허락하지 않았습니다. 어머니가 돌아가시고 나서야 이틀 휴가를 주고 다녀오라고 했어요. 어머님이 살아 계실 때는 못 만나게 하고, 돌아가시고 난 뒤에야 허락한 것 역시 일종의 형벌이었던 거죠.

행복은 그 어떤 유익한 교훈도 주지 않지만, 고난은 사람의 성격을 변화시킵니다. 이것은 내가 얻은 가장 값진 삶의 경험입니다.

나는 본래 정이 많고 예민하며, 충동적인 데다가 아주 심약했어요. 하지만 지금은 이성적이고 융통성 있고 관대하며, 자제력 있는 성격으로 변했습니다. 전자가 선천적인 것이라면 후자는 후천적인 것입니다. 심약한 성격을 가진 사람은 좌절과 굴욕을 견디지 못하죠. 나 또한 그런 상황에서 깊은 상처를 받았고 자살 시도도 몇 번 했습니다.

우파로 몰려 연극 학교의 창고에 감금되었어요. 나는 직장에서 업무 능력이 뛰어난 엘리트였고 인간관계도 좋았으며 아주 권위 있는 사람이었어요. 하지만 그 창고에 감금되자 아이들이 창문에 엎드려 나를 원숭이 보듯 쳐다보았고, 창고 안으로 돌을 던지거나 침을 뱉으며 욕설을 퍼붓기도 했습니다. 도저히 참을 수 없어서 죽고 싶었습니다. 하지만 창고 안에는 아무것도 없었어요. 손목을 그을 만큼 날카로운 작은 파편조차 찾을 수 없었어요. 그러다 좋은 방법이 떠올랐어요. 창고 안은 아주 더러웠기 때문에 창문을 조금 열어서 파리를 들어오게 한 다음, 파리들을 때려잡아 한 움큼씩 집어삼키는 것입니다. 하루에 많게는 수백 마리를 먹었어요. 파리는 세균이 많으니까 그걸 먹으면 병에 걸려 설사를 하다가 죽을 거라고 생각했습니다. 하지만 신기하게도, 파리를 그렇게 많이 먹었는데 아무런 증상도 나타나지 않았어요. 아내는 내가 자살 시도를 했었다는 사실을 아직도 모른답니다. 지금 처음 말하는 거예요. 아내는 몰랐으면 해요. 비참한 일이니까요.

그러던 어느 날 밤 10시, 그 B라는 작가가 사람을 보내 나를 부르더니 내게 다음 날 자료 하나를 제출하라고 명령했어요. 내가 마음속으로 생각했던 '반동 언행'을 자백하라는 것이었어요. 참 어이가 없었지요. '반동 언행'이라고 해놓고는, 말한 내용도 아니고 생각했던 걸 자백하라니요! 게다가 나는 그런 걸 말하기는커녕 생각조차 한 적 없었습니다. 예술을 하는 사람이 예술 말고 더 뭘 생각한단 말입니까? 직접 말했다는 증거를 찾지 못하니까 생각을 자백하라는 거였죠. B 작가는, 다음 날 자료를 제출하지 못하면 나를 공안국으로 보내겠다고 협박까지 했답니다. 공안국으로 끌려가면 더욱 끔찍한 수모를 겪을 것 같아 나는 죽기로 결심했어요.

다음 날 백주 한 병을 사 들고 S 공원 뒤편에 있는 강가에 갔습니다. 아주 황량한 곳이었어요. 나는 술 한 모금만 마셔도 취하는 사람인지라, 그 독한 술 한 병을 전부 마시면 분명히 제정신이 아닐 것이고, 내친김에 강물에 머리를 처박고 죽으면 모든 게 끝나겠지 생각했습니다. 그래서 강가에 앉아 술 한 병을 배 속에 모두 들이부었어요. 하지만 아주 이상한 게, 저승사자도 나를 거부하는지 술 한 병을 다 마셔도 취하기는커녕 정신이 더 멀쩡해지는 겁니다. 머리를 마구 흔들었는데 정신이 점점 맑아졌어요. 그때 먼발치에서 낯선 사람 둘이서 나를 지켜보고 있는 게 보였어요. 만일 자살에 성공하지 못하면 오히려 벌을 회피하려고 자살(畏罪自殺)하는 것으로 더 큰 죄가 추가될 것이라는 데 생각이 미쳐, 자살을 포기하고 집으로 돌아왔습니다. 죽는 것이 두려운 게 아니라, 사는 것이 두려웠어요.

3

자살에는 성공하지 못했지만, 나는 변했습니다.

그날 집 앞에 도착해서 문을 열어 보니 B 작가가 사람들을 잔뜩 데려와 나를 기다리고 있더군요. 나를 보자마자 노기등등한 기세로 따졌어요.

"어딜 다녀온 거야? 이 술 냄새는 뭐고? 제출하라고 한 자료는 어떻게 됐어?"

갑자기 어디서 그런 용기가 났는지, 나는 그를 향해 버럭 소리를 질렀습니다.

"나는 반동적인 말이나 행동을 한 적이 없어요! 당신들 마음대로 해봐!"

B 작가뿐만 아니라 아내와 나 자신조차 깜짝 놀랐습니다. 아내는 내 목소리가 B 작가의 목소리보다도 컸다고 말했어요. 아마 아직 남은 술기운이 작용했거나, 죽음 직전까지 갔다가 되돌아왔기에 그럴 수 있었겠죠.

GG 농장에 있을 때 NK 대학 화학과 학생이 한 명 있었는데, 체구가 작고 연약한 여자아이였습니다. 평소에 거의 말을 하지 않았고, 농장 실험실에서 화학 실험을 책임지고 있었어요. 어느 날 그녀가 청산가리를 먹고 세상을 등지고 말았어요. 유서도 남기지 않았어요. 그녀가 왜 갑자기 자살했는지 아는 사람이 없었죠. 농장에서는 그런 일이 발생하면 보통은 '극복하지 못해서[자살함]'(想不開)라는 한마디로 모든 일을 정리해 버렸습니다. 하지만 그 여학생과 고락을 함께했던 친구가 내게 몰래 알려 주었습니다. 그녀는 최근 "인격적인 모욕을 더는 참을 수 없"다는 말을 자주 했다고 해요. 그녀의 말이 구체적으로 무엇을 의미하는지 아는 사람이 없었지만, 나는 알고 있었습니다. 그녀는 예전의 나처럼 심약하고 자존심이 센 사람이었어요. 하지만 그녀가 모르는 게 한 가지 있었지요. 그런 고난을 만나면 그저 모든 것을 내려놓고 자신을 아무것도 아닌 '제로' 상태로 변화시켜야만 살아남을 수 있다는 사실을요. 만일 그 상황에서 여전히 자신을 사람이라고 생각한다면 매우 고통스러워져 살아갈 수 없을 겁니다.

내가 그런 비참한 생활을 견딜 수 있었던 것은 아내 때문이기도 합니다. 아내는 나보다 여섯 살이나 많은데 우리는 아이가 없었어요. 그녀는 가정환경이 좋았고 조직에서 주목받는 인재였습니다. 내가 우파로 지목되자 나와 이혼하고 재가하라고 모두가 권했어요. 하지만 그녀는 아랑곳하지 않았고, 수십 위안에 불과한 월급으로 몇 년 동안이나 부모님을 부양했고 나를 도왔어요. 조금도 원망하지 않았고요. GG 농장은 2주일에 한 번 면회를 허락했습니다. 아내는 면회 하루 전날 나를 위해 먹을 것과 입을 것을 준비하고, 다음 날 새벽 3시에 일어나 동틀 녘에 버스를 타고 오전 10시쯤 M촌에 도착한 뒤 다시 또 12킬로미터 길을 걸어 오후가 다 되어서야 GG 농장에 도착했습니다. 고작해야 나를 20분 정도 만나려고 말이죠. 우리는 아주 크고 허름한 방에서 만났어요. 중간에는 길고 낮은 책상 하나가 놓여 있었는데, 한편에는 면회인이, 다른 한편에는 우리가 앉았습니다. 막상 만나서도 몇 마디 나누지 못한 채, 그녀는 나의 낡고 더러워진 옷을 가지고 다시 왔던 길을 걸어서 막차를 타고 집으로 돌아갔습니다. 비바람이 불고 눈이 오는 엄동설한에도 그녀는 어김없이 나를 찾아왔고, 그 가엾은 여인이 묵묵히 걸어가는 뒷모습을 보니 결코 나쁜 생각을 품을 수 없었답니다. 나는 마음속으로 다짐했어요.

"걱정하지 마. 당신을 위해 살아갈 테니! 다른 사람을 위해 사는 것도 괜찮은 삶이거든."

지식에 대한 욕구는 지식인의 본능입니다. 나는 어릴 적부터 매일 밤마다 그날 배운 지식을 되새기는 습관이 있었습니다. 어떤 새로운 것을 얻었는지 스스로 되돌아봤지요.

"나는 매일 세 가지 일로 나 자신을 살핀다"(吾日三省吾身)라는 논어의 가르침처럼 말이죠! 그날 새롭게 얻은 지식이 없다고 생각되면, 이불을 박차고 일어나 책을 읽었고, 새로운 것을 알게 되면 다시 잠자리에 들곤 했습니다.

그러나 농장에 온 뒤로 그런 일상이 불가능해졌어요. 그곳에서는 죄수들 사이에 서로 생각을 교류하거나 돈을 빌리거나 하소연해서도 안 되고, 심지어 대화해서도 안 된다는 규정이 있었습니다. 보통 사람들은 특별히 견디기 힘들어하지 않았지만, 나는 세상에서 가장 두려운 것이 공백, 즉 정신의 공백이었어요.

그래서 나는 매일 밤마다 눈을 감고 그날 겪은 일을 되돌아보기로 했어요. 쉽게 얻을 수 없는 인생 경험이자 책 속의 지식을 대신하는 것으로, 나는 그 경험들을 또 다른 지식이라고 생각했습니다. 물론 때로는 허무하게 느껴질 때도 있었지만요.

한번은 아주 의외의 수확을 얻었습니다. 그것은 내 정신생활에 많은 변화를 가져다주었어요. GG 농장은 정치적 선전 및 사상 교육을 강화하고자 문화 예술을 좀 아는 노동 개조범들을 데리고 작은 연극을 조직해 보라고 내게 지시했어요. 그러고는 극본을 쓰는 데 참고하라며 표지가 다 벗겨진 낡은 『신화 사전』을 한 권 던져 주었습니다. 간수에게 "평소에 읽어도 되나요?"라고 묻자 된다고 하더군요. 만세! 드디어 할 일이 생긴 것입니다.

매일 틈만 나면 사전을 펼쳐 보았고, 모든 글자와 단어를 한 쪽씩 처음부터 끝까지 6년 동안 샅샅이 훑어보았습니다. 『신화 사전』 뒤편의 부록에는 각종 역사·지리·과학 지식이 실려 있었는데, 빼놓지 않고 줄줄이 암기했어요. 내가 백과사전이 된 거죠. 몸속에 사전 한 권을 통째로 집어넣었으니 얼마나 많은 학문이 쌓였겠습니까? 화가 복이 된 셈이었죠. 내가 감옥에 갇히지 않았다면 어떻게 사전을 외울 기회가 있었겠어요? 더군다나 그때는 다른 책을 읽는 것도 금지되어 있었고요. 하지만 그곳에서 나온 뒤, 한 지인이 그 이야기를 듣고는 웃으면서 그러더군요.

"그게 무슨 학문이라고!"

과연 그의 말대로, 시간이 지날수록 써먹을 수 있는 지식은 많지 않았고, 달달달 외웠던 내용을 차츰 까먹기 시작하더니 결국 깡그리 잊어버리고 말았습니다. 허무했을뿐더러 내가 쓸모없는 인간이 된 것 같았어요.

4

GG 농장에서, 노동 교도원이 이런 말을 한 적이 있습니다.

"당신네 문화국장은 왜 그렇게 당신을 눈엣가시로 여기죠? 당신이 이곳에 온 지 이미 1년도 더 지났고, 공직에서도 해임당해 사실상 문화국과 아무 관계도 없는데 그 국장은 왜 굳이 직접 서명한 자료를 보내와서 당신을 '극우'라고 주장하는 걸까요?"

그 이야기를 듣고 정말 의아했어요. 우리 국장은 아주 유명한 작가였습니다. 나는 그가 지도하는 예술학교의 일개 직원일 뿐이었고요. 그는 관료티가 조금 나긴 했지만 만날 때마다 나를 특별히 대해 주었고, 아끼는 것처럼 보였습니다. 그런데 왜 나를 사지로 몰아넣고, 그것도 모자라 우물에 빠진 사람에게 돌까지 던진단 말입니까?

1963년 노동 개조 기간이 끝났을 때, GG 농장은 나를 문화국으로 돌려보내려고 했지만 문화국에서 받아 주지 않았습니다. 농장은 일방적으로 내 당안을 문화국으로 보냈고, 내게 호적 문서를 하나 주면서 가도* 파출소에 가서 호적을 등록하라고 했어요. 하지만 문화국에 갔더니 이렇게 말하더군요. 첫째, 나는 극우 분자이고, 둘째, 그들은 내 당안을 보지 못했다는 겁니다. 나는 그 말을 듣자마자 다급해져서 곧

---

* 가도(街道) : 중국의 가장 작은 행정 단위로, 한국의 '동'에 해당한다.

바로 당안을 찾아다녔지만 농장, 가도 파출소, 공안국 모두 보지 못했다고 하더군요. 당안이 없으면 직장을 배치받을 수도, 직업을 찾을 수도 없었기 때문에 돈을 벌 수도 없었어요.* 그때부터 1976년까지 16년 동안 나는 이유도 모른 채 직업이 없는 백수로 살았습니다. 아내에게 기대어 온종일 하릴없이 세월을 보냈습니다. 그러다가 1979년 우파 분자들에 대해 명예 회복 조치를 할 때 문화국에서 내 당안을 꺼내 놓더군요. 도대체 어떻게 된 일일까요?

당안이 없다고 해서 생활을 할 수 없었던 건 아닙니다. 문혁이 일어나자 '10종 인간 학습반'이라는 게 생겼어요. 그곳은 당안을 요구하지 않았기 때문에 나는 그곳으로 보내졌습니다. 말이 학습반이지 학습을 하는 것이 아니라 매일 비판을 받고 욕을 먹거나 매질을 당했어요.

하지만 내 상황은 조금 예외적이었습니다. 첫째, 그들은 내가 구우파(老右派)이고 '죽은 호랑이'(死老虎)라서 비판을 해도 별 것 없으니, 자본가와 반혁명 현행범들을 비판할 때 그 옆에 서서 구색 맞추기로 '동반 비판'(陪斗)을 당하게 했습니다. 둘째, 우파로 몰린 뒤 나는 오랫동안 온갖 경험을 했기 때문에, 그런 일에 대처하는 것쯤 식은 죽 먹기였

• 중국에서는 당안이 없으면 취직 등 활동에 제약을 받는다. 당안을 분실하면 출신 지역으로 가서 초등학교부터 모든 해당 출신 학교와 직장 등에서 개인 기록부를 다시 찾아 일일이 재발급받고 공증받아야 하는데, 이 같은 자료는 유실된 경우가 많기에 사실상 당안을 재발급받지 못하기 일쑤이다.

어요. 나는 온순한 척했고, 절대 그들을 자극하지 않았습니다. 그것은 숙달된 경지를 필요로 하는 일이었어요. 너무 비위를 맞춰도 안 되고, 너무 적극적이고 주동적이거나 너무 피동적이어서도 안 되었으며, 너무 아무렇지 않은 척해서도 안 됩니다. 또한 '스트레스를 받는 척'해야 될 뿐만 아니라, 그들 맘대로 휘둘려서도 안 되죠. 연기하는 것보다 더 어려운 일이었습니다. 그동안 GG 농장에서 연마한 능력을 그곳에서 모두 발휘했어요. 나는 능숙한 요리사처럼, 나 자신을 프라이팬에 올려놓고 볶으면서 설익히지도 말고 태우지도 않아야 했습니다.

그리고 내게는 두 가지 장점이 있었어요. 첫째, 학식이 있어서 붓글씨를 쓸 줄 알았어요. 그래서 모든 가도 주민위원회의 크고 작은 표어들은 모두 내가 썼지요. 둘째, 낡은 자전거가 한 대 있었는데, 홍위병들이 마음대로 탈 수 있게 했고, 고장 나면 바로 고쳐 놓았습니다. 비웃지 마세요. 그때는 무슨 일이든 시켜만 주면 감지덕지했고, 아첨할 수 있는 기회도 생겼죠.

학습반에서는 사람을 아주 거칠게 다루었어요. 홍위병들은 매우 감정적이어서 언제라도 누구든 때리고 싶으면 때렸습니다. 아마 유일하게 나만 안 맞아 봤을 거예요. 나는 정말이지 GG 농장에서 겪은 고난의 세월에 감사했습니다! 마오 주석의 말을 인용하자면 "고난 속에서 고난에 대처할 수 있는 능력을 배우는 것"이었고, "전쟁 속에서 전쟁을 배우는" 이치와 같았습니다.

최근 신문에서 한 젊은이가 우리 같은 우파 분자들에게 이렇게 질문하는 대목을 읽었습니다. "당신들은 그때 왜 나서서 반항하지 않았

308

습니까?" 그에게 이렇게 대답하고 싶습니다. "지금 너를 호랑이 굴에 집어넣는다면, 너는 아마도 놀란 나머지 가장 먼저 바지에 오줌을 쌀 것"이라고요.

독재자를 탓하는 대신 오히려 피해자를 탓하는 것은 옳지 않습니다. 2년 전까지만 해도 나는 중국에서 더는 문혁이 일어나지 않으리라고 생각했지만, 지금은 생각이 달라졌어요. 혁명 모범 가극이 다시 유행하기 시작했고, 마오 주석을 신처럼 모시는 현상을 보면서 말이죠. 역사를 바로잡지 않으면 문혁은 재현될 수 있습니다. 그렇지 않다면 당신이 이 책을 왜 쓰고 있겠어요.

문혁 기간 내내 나는 장난감 같은 존재였습니다. 남들이 흥미를 느낄 때, 즉 운동을 할 때 나를 가지고 놀았고, 놀다가 질리면 한쪽에 방치해 두고는 아무도 상관하지 않았습니다.

5

1969년, 소련과 사이가 나빠지면서 전쟁을 준비했고 사람들을 이곳저곳으로 소개(疏開)했습니다. 가도 주민위원회는 나를 고향인 안후이 성으로 보내려고 했는데, 사실은 내가 살고 있던 집을 차지하고 싶었던 거예요. 그 집을 나눠 가지고 싶어 했습니다. 하지만 우리 가족은 아주 오래전에 안후이 성을 떠나왔고, 아는 사람도 없어서 돌아갈 엄두가 나지 않았어요. 그들은 방법을 고민하다가 '간부 하방'을 핑계 삼아 아내를 서쪽 교외 지역인 Z촌으로 보냈고, 나도 아내를 따라 이사를 갈 수밖에 없었습니다.

나는 GG 농장에서 일한 경험이 있었으므로 웬만한 일은 그렇게 힘들지 않았습니다. 비판 운동도 비교적 느슨했던지라 농촌으로 온 게 오히려 잘된 일이라고 생각했어요. 농장의 구들장 위에 누워서 한가롭게 책을 읽었는데, 문밖에서는 닭과 돼지 울음소리가 났고 창가에서는 새와 매미 소리가 들렸습니다. 거칠고 소박한 밥상이었지만, 신선한 야채 향기를 맡으면서 그곳이 바로 무릉도원이라고 느꼈어요. 짧은 시절이나마 소박한 전원생활을 누렸습니다. 이렇게만 살 수 있다면 평생 머물러도 좋다고 생각했습니다. 그런 생활이 진짜 지식인의 이상적인 세계가 아니던가요?

1973년 또다시 하방 간부들을 도시로 돌려보내는 운동이 벌어졌습니다. 나는 '극우파'였기 때문에 호구 등록을 하는 데 다시금 한바탕 애를 먹었어요. 호구를 등록해도 당안이 없었으니 여전히 무직자 신세였습니다. 아내에게 생계를 의탁하는 사람이 무슨 남자라고 할 수 있겠어요. 사지가 멀쩡한데 아내에게 빌붙어 사는 신세였던 거죠. 문혁이 일어나면서 몇 년 동안 집안이 더 빈궁해졌습니다. 집에는 살림보다 책이 더 많았어요. 1968년 무렵, 큰 궤짝 13개에 들어 있던 고서가 홍위병들에게 몰수당해 학교 지하실에 버려졌습니다. 아버지가 아끼던 보물이자 아주 진귀한 책들이었어요. 지하실은 습했으므로 책에 죄다 곰팡이가 피었어요. 게다가 지하실이 화장실과 붙어 있어서, 학생들은 화장실을 갈 때 책을 찢어 휴지로 쓰곤 했습니다. 덕분에 책은 모두 망가졌어요. "배운 사람이 할 짓이 아니"(有辱斯文)라고요? 그런 고상함이라는 게 있었다면 문혁이 일어났겠습니까. 고상하다는 게 뭔가요? 5천 년의 문명이요? 5천 년의 문명을 가진 나라가 문혁처럼 야만적이고 황당한 일을 벌인단 말입니까?

문혁이 끝나기 직전 날들이 가장 견디기 힘들었습니다. 날이 밝기 전 어둠이 가장 어둡고 긴 것처럼요. 문혁이 영원히 지속될 듯했어요.

덩샤오핑이 복귀했고, 정협도 문서 기록 쪽 일을 조금씩 시작했습니다. 정협은 내 상황을 알고는 자료를 찾거나 옮겨 쓰는 일, 심부름과 서신 전달 같은 일을 도와 달라고 했습니다. 그러고는 한 달에 20위안을 지급했습니다. 드디어 돈을 벌 수 있는 일을 하게 되었으니 아주 흡족했어요. 하루는 자전거를 타고 서신을 전달하러 가는데 신화 서점 간판이 보였어요. 문득 1974년 상하이 산롄(三聯) 서점에서 점원을 모집할 때 응시했던 일이 생각났어요. 3천~4천 명 정도가 몰렸는데, 입사 시험에서 내가 일등을 했었죠. 그뿐만 아니라 우수 직원으로 발탁되어 베이징 본점으로 자리를 옮겼어요. 게다가 나중에 삼반오반 운동* 때, 옌징 대학(燕京大學) 노교수들이 모두 잘리는 바람에 산롄 서점

---

* 삼반오반(三反五反) 운동: 1951년부터 1952년 10월까지 진행된 반부패 운동. '삼반'은 주로 당원과 국가기관 공무원들을 대상으로 '낭비, 횡령, 관료주의'를 근절하자는 것. '오반 운동'은 당시 과도기적으로 허용되었던 사영 기업과 당·정 간부들 간의 유착에 따른 부패, 즉 '뇌물공여, 탈세, 국유 재산 절취, 자재와 재료 등을 속이는 것, 국가 경제 정보 절취' 등을 근절하자는 것.

의 추천으로 내가 강의를 하게 되었습니다. 나는 고작 스물여섯 살이었어요. 젊을 때는 누구나 포부가 크고 비전 또한 큰 법이지요. 그러다실력이 부족하거나 자신이 없어 꿈을 포기하기도 하고, 스스로 타락해서 포기하기도 합니다. 하지만 그 일은 내게 딱 맞는 일이었어요. 그런데 왜 내가 이런 처지가 됐을까요? 반우파 운동은 재앙이기는 했지만화(禍)는 입에서 나온다고, 우파로 몰린 사람들은 어떤 문제에 대해 말하기를 좋아하고 적극적으로 활동하는 바람에 자기 발등을 찍는 경우가 많았어요. 하지만 나는 결코 그런 부류가 아니었습니다. 대자보 한장 붙여 본 적 없고, 비판 같은 것도 한 적이 없는데, 도대체 누가 나를지목해서 함정에 빠지게 했을까요. 게다가 내 아내까지 그렇게 비참한지경으로 만들어 놓았는데, 당사자인 나는 영문도 모르고 있다니요.

이런 생각을 하다가 더는 자전거를 탈 수 없어서 길옆에 세워 두고앉아 얼굴을 가리고 엉엉 울고 말았습니다.

당신은 똑똑한 사람이니 한 가지만 물어볼게요. 이 문제를 오랫동안 생각해 왔어요. 내가 지나치게 주관적인 걸까 염려되고, 근거 없는상상으로 다른 이를 중상모략 하는 듯해 마음속으로 꾹꾹 담아 두고있었답니다. 간단하고 쉽게 설명해 볼 테니, 당신 판단을 들려주세요.

당시 우리 연극 학교 교장은 P였는데, 문화국 당 조직원을 겸임하고 있었어요. 문화국장은 A 작가였고 문화국 당 부서기를 겸임했죠.두 사람은 사이가 좋지 않았어요. P 교장은 능력이 있었지만 말재주가없었습니다. A 작가는 강력한 맞수인 P 교장이 자신과 권력투쟁을 벌일까 봐 늘 견제했어요. 결국 반우파 투쟁을 틈타 P 교장을 제거하려

했습니다. 그를 효과적으로 공격하기 위해 나와, 또 다른 부교장을 함께 반당 집단으로 엮었던 겁니다. 하지만 나는 우파적인 발언을 한 적이 없었을 뿐만 아니라 다른 어떤 물증도 찾아낼 수 없었기 때문에 내가 예술에 대해 밝혔던 의견을 반당 자료 증거라고 조작했습니다. 그뿐만 아니라 P 교장을 철저히 쓰러뜨려 다시는 재기할 수 없게 하려고 내게 '극우 분자'라는 죄명을 뒤집어씌운 것입니다. 내 생각이 맞을까요? 말 좀 해보세요. 하기는 당신이 뭐라고 한들 무슨 소용이 있겠습니까. 그렇다고 상황이 달라지는 것도 아니며, 22년 동안 겪었던 온갖 일들은 이미 과거가 되었고, 올해 나는 벌써 일흔이 넘었는걸요…….

가끔은 모든 진실이 밝혀졌으면 하고 생각해요. 모든 걸 명백하게 알고 나면 여한 없이 죽을 수 있을 것 같아요. 누가 나를 그렇게 만들었는지만 알면 됩니다. 하지만 다른 한편으로는 진실을 아는 것이 두렵기도 합니다. 정말 내 추측이 맞는다면 나는 그저 남들 권력투쟁의 희생양이었다는 이야기 아닙니까? 사람은 한 번밖에 살 수 없는데, 내 인생이라는 게 남들 싸울 때 아무렇게나 더러운 물웅덩이에 던져진 돌멩이와 뭐가 다르겠어요. 내가 왜 그렇게 비참한 일을 당해야 했을까요? 여기까지 생각하면 정말이지 죽고 싶어집니다.

6

다시 1979년으로 돌아갈게요. 그 당시 나는 누명을 벗고 명예 회복을 하는 데 필요한 절차를 따르느라 바빴는데, 어느 날 길에서 우연히 A 작가와 마주쳤어요. A 작가는 반우파 투쟁 때는 위세를 떨며 기고만 장했지만, 문혁 때 집안이 풍비박산되었습니다. 병들어 몸이 망가진 그는 지팡이를 짚고 길가에서 햇볕을 쬐고 있었어요. 나를 보더니 손을 흔들며 인사를 하더군요. 나는 자전거를 세워 놓고 그쪽으로 다가 갔습니다. 거의 10년 만이었어요. 그는 예전의 모습은 사라지고 쇠약한 노인네가 되어 있었어요.

"요즘 어떻게 지내는가?"

그가 물었어요.

"명예 회복 절차를 밟고 있습니다."

"내가 도울 일이 있나?"

나는 머리를 절레절레 흔들었어요. 그 또한 도움이 필요한 사람 같았어요.

그는 잠시 생각에 잠기더니 갑자기 아주 진지하게 말했습니다.

"미안하네."

"다 지나간 과거입니다. 당신도 잊어버리세요."

나는 다시 고개를 저으며 말하고는 작별 인사를 했어요.

그는 다시 나를 불러 세우더니 더욱 간곡하게 말했습니다.

"정말 정말 미안하네."

내가 무슨 말을 할 수 있겠습니까?

얼마 전에는 B 작가가 사람을 통해 편지를 보내왔어요. 그는 나를 볼 낯은 없지만 사과는 하고 싶다는 겁니다. 편지를 가져온 사람이 "미안하다!"라는 말을 대신 전하면서, B 작가가 아주 정중하게 전해 달라 했다고 강조했습니다.

솔직히 그의 진심 어린 사과를 받으니 속에서 뜨거운 것이 솟구치면서 약간 감동을 하긴 했습니다. 나도 예술을 하는 사람이잖아요. 그래서 쉽게 감동하고 또 그 감동에 기만당하곤 합니다. 하지만 곧 정신을 차리고, 지난 시절 내가 겪었던 모진 고초와 이제 거의 80세 가까운 노인이 된 나 자신, 그리고 일찌감치 머리가 하얗게 세어 버린 아내를 생각하자 갑자기 화가 났어요. 그들에게 묻고 싶어요.

"그 '미안하다'는 말 한마디로 우리가 살아온 지난 22년 세월의 고통을 묻어 버릴 수 있단 말입니까?"

"우리가 지난 22년 동안 그런 고난을 당한 것이 고작 당신들에게 '미안하다'는 말 한마디를 듣기 위해서입니까?"라고요.

하느님은 참회한다고 해서
지은 죄를 다 씻을 수 있다고 말한 적이 없다.

역사는 반복된다

◆ 1966년 / 41세 / 남자 / T시 모 출판사 편집자

당신은 사람들이 10년 동안 겪은 문혁의 경험담을 기록하려고 하지만, 나는 지난 50년 동안 겪은 일을 말하려 해요. 주제에서 벗어났다고 생각하겠지만 걱정하지 말아요. 나의 문혁은 50년 전부터 시작되었으니까요.

반세기 동안 겪은 내 삶의 굴곡을 이해할 수 있다면, 분명 당신은 문혁이 1966년부터 시작된 것이 아니라 1백 년 전부터 시작된 건 아닐까 생각할 거예요. 하지만 그렇지 않습니다. 내가 이해한 문혁은 2천 년 동안 계속된 것입니다.

사실 오랫동안, 깨닫기는커녕 도무지 이해할 수 없었어요. 나는 수십 년 동안 혁명에 참가했는데 오히려 반혁명범으로 몰렸답니다. 어떻게 해도 '적'이라는 굴레에서 벗어날 수 없었는데, 지금까지도 그 이유를 모르겠습니다. 1968년 나는 '천둥번개'(風雷激)라는 조반파들에게 거꾸로 매달린 채 얻어맞은 뒤, H 강가 옆에 있는 단칸방에 감금되었

는데, 방 앞에는 '특'(간첩을 뜻하는 '特務'(특무)의 '特') 자가 적혀 있었어요. 그 건물은 원래 우리 출판사의 서고였는데, 책들은 이미 [구습성·구사상·구문화·구관습을 뜻하는] '사구'(四舊)라고 해서 제지 공장에 보내 펄프로 만들어 버렸답니다. 텅 빈 작은 방 안에는 낡은 폐지와 낡은 마루, 낡은 벽돌 냄새로 가득 차 있었고 창문은 신문지로 막아 버린 상태였어요. H강의 잔잔한 물결이 창밖에서 끊임없이 흐르고 있었는데, 밤이면 물결 소리와 노 젓는 소리가 더 크게 들렸습니다. 가만히 그 소리를 듣고 있노라면 나도 모르게 고향 집이 떠올랐습니다. 고향 집은 머나먼 후퉈허(滹沱河) 강변에 있었는데, 봄이면 온통 파릇파릇해지는 곳이었어요. 나는 그 강에서 목욕을 했고 강가에서 자랐어요. 혁명에 참가해 항일 투쟁을 하던 당시, 오늘은 강 이쪽에서 저쪽으로 건너가고 다음 날에는 강 저쪽에서 이쪽으로 건너오며, 그렇게 몇 년 동안······ '혁명, 혁명, 혁명, 적, 적, 적!'을 외치며 혁명을 했건만, 결국 내가 해 온 혁명의 적은 바로 나였던 겁니다. 생각하면 할수록 이상했어요. 얻어맞을 때의 끔찍한 육체적 고통은 시간이 지나면서 사라졌지만, 그것은 사라진 것이 아니라 가슴속 깊이 파고들었던 것입니다. 그 과정은 정확히 모르겠으나, 갑자기 먹구름이 가신 것처럼 깨닫게 되었어요. 완전한 깨달음은 해탈이라고들 하지만, 꼭 그렇지만은 않다고 봐요. 모르면 그냥 넘어갈 수 있는데, 알고 나면 깊은 아픔이 되거든요.

우리 마을에는 왕씨와 이씨, 양대 가문이 있었답니다. 나는 이씨였어요. 두 가문은 조상 대대로 사이가 안 좋았고 적대적이었습니다. 내 기억으로는, 죽자 사자 하며 머리통이 터지도록 패싸움을 한 적이 세

번쯤 있어요. 절름발이 삼촌도 그때 싸움으로 다리가 그렇게 되었답니다. 언제부터 두 집안이 원수가 되었는지는 아무도 몰라요. 다만 내가 아직 [밑이 터진] 풍차바지를 입던 어린 시절 할머니가 들려준 이야기가 있습니다. 청나라 시대에 왕씨네 집안에서 [과거에 급제한] 거인(擧人)이 나왔다고 합니다. 그 당시 마을에서 과거에 급제한다는 것은 마치 용이 나타난 것만큼 대단한 일이었어요. 촌의 임금님이나 다름없었습니다. 왕씨네 거인은 대로를 활보할 때마다 두 팔을 가로로 벌리고 다녔는데, 한 손에는 수숫대를 들고 있었다고 해요. 우리 이씨 사람들과 마주치면 바로 그걸로 때렸답니다.

　마을에서는 촌장이 아주 높은 자리여서, 누구든 그 자리에 앉으면 상대 집안을 쪽도 못 쓰게 만들었습니다. 하지만 왕씨네는 사람이 많았기 때문에 세력도 컸고, 그래서 촌장 자리는 항상 왕씨가 차지했어요. 괴뢰정권 시절에 보갑장(保甲長)*도 왕씨였고, 나중에 팔로군이 들어왔을 때 촌 간부들도 대부분 왕씨였답니다. 여기서부터, 역사가 어떻게 현실이 되는지를 볼 수 있습니다. 문혁의 기원을 찾으려 한다면, 이것이 바로 가장 오래되고 근원적인 뿌리라고 할 수 있답니다. 물론 당시에는 그런 이치를 알 수 없었죠.

　우리 마을은 구(舊)해방구로, 7·7 사변** 후에는 허베이 지역의 항

• 보갑(保甲) 제도: 송나라 시대부터 시작된 군사 및 호적 관리 제도. '호'(1가구)를 기본 사회조직 단위로 삼았다. 난징(南京) 국민 정부 시기에 현 이하 기층 행정 조직 제도로 썼다.

일 혁명 근거지가 되었습니다. 군중의 항일 열기는 아주 높았어요. 그때 난 열네 살이었고 초등학생이었습니다. 공산당에 대한 순수한 열정이 있었기에 공산당이 내건 말이라면 한 자 한 자를 믿어 의심치 않았어요. [항일 전쟁 시기 팔로군 허베이 지역 사령관이었던] 뤼정차오(呂正操) 부대가 마을에 들어오자 난 너무나 기뻐 매일 밤잠을 이루지 못했답니다. 심지어 팔로군 전사가 날 쳐다보기만 해도 흥분해서 어쩔 줄을 몰랐어요. 난 책을 읽고 글 쓰는 것을 좋아했고, 연설도 잘해서 학교에서 어린이 단장을 맡고 있었습니다. 게다가 매일 저녁 가가호호 방문을 해서 어른들에게 [중화민국 시기 초등학교인] 민학(民學) 교과서를 가르쳤고, 항일과 공산당을 선전하고 다녔어요. 내가 하는 얘기에 어른들은 눈을 빛내며 들었답니다. 당시 혁명 근거지에서는 금연과 금주 운동이 한창이었어요. 마을마다 흡연과 음주를 반대하고 비판하는 벽보가 붙었는데, 촌 간부들부터 비판의 대상이 되었어요. 여기서 벽보란 바로 대자보예요. 문화대혁명 시기에는 이걸 '사대'*** 라고 했는데, 사실 일

●● 7·7 사변 : 1937년 7월 7일 베이징 외곽에 있는 루거우차오(盧溝橋)에서 중국과 일본 사이에 발생한 총격 사건. 중일전쟁의 발단이 되었다. '7·7 사변' 또는 '루거우차오(노구교) 사건'이라고 부른다.

●●● 사대(四大) : 문혁 시기 '4대 자유'를 말한다. 대명, 대방, 대변론, 대자보를 통한 정치적 비판과 의견 개진의 자유를 보장한다는 것. '대명, 대방'은 '백가쟁명, 백화제방'에서 나온 말로 인민에게 당과 간부들을 비판할 수 있게 하고, '대변론'은 정치적·사회적 사건 등에 대한 자유 논쟁 및 토론을 보장하며, '대자보'는 벽보 등을 통해 정치적 의견을 밝히고 비판하는 것을 의미한다.

찍부터 있었던 겁니다. 우리 마을 촌장은 담배와 술, 도박을 좋아했어요. 그래서 나는 몇 마디 짧은 글을 썼는데, 다 선의의 비판이었어요. 이런 식이었죠.

"누구는 금연을 하자는데, 자기는 한 갑 또 한 갑 피워 대고 있다. 누구는 금주를 하자는데, 자기는 말술을 마셔 대고 있다. 이게 말이 되는가?"

아주 말랑말랑하고 유치한 글입니다. 겨우 열네 살짜리 어린애였으니까요. 게다가 이 짤막한 글을 벽에 붙이기도 전에 학교 가는 길에 잃어버리고 말았어요. 그런데 촌 치안원(治安員)이 그걸 주웠지 뭡니까. 그 사람은 왕씨 가문이었던지라 줍자마자 촌장에게 가져다줬어요. 촌장은 자신이 공산당을 대표한다며 자신을 반대하는 것은 곧 공산당을 반대하는 것이요, 공산당을 반대하는 사람은 바로 국민당 간첩이라고 말했어요. 치안원은 나를 생매장해야 한다고 주장했고요. 이 일은 구(區)까지 전해졌답니다. 구에는 취사원으로 일하는 사람이 있었는데, 우리 이씨 집안이었어요. 그가 구장을 찾아가서는, 어린애가 뭘 알겠느냐며 말렸다는군요. 그래서 나는 생매장당하지 않을 수 있었습니다. 하지만 촌에서 나는 '간첩'이 되었습니다. 내 당안의 첫 쪽에는 '간첩 혐의'가 기록되었어요. 바로 그때부터 나는 후퉈허 강에 뛰어들어도 씻을 수 없는 죄를 뒤집어쓰게 되었고, 그 죄명은 그 뒤로도 끊임없이 새앙을 몰고 오면서 반평생 넘게 나를 괴롭혔습니다.

정말 이해할 수가 없었어요. 대체 내게 무슨 원한이 있다고 그 몇 마디 말 때문에 고작 열네 살밖에 안 된 아이를 적으로 만든단 말입니까. 이유는 아주 간단했습니다. 그들은 이씨 가문인 내가 어린이 단장인 것을 봐줄 수 없었던 거예요. 나는 바로 어린이 단장에서 물러나야 했어요. 정치는 이런 배경 때문에 변질되었죠. 내 본가 쪽에 큰아버지 한 분이 있었어요. 그분은 7·7 사변 전에 사범학교를 1년 다녔고, 학식이 있다 보니 마을 일에 자주 얼굴을 내밀게 되었어요. 마을에 공산당이 들어왔을 때, 그분은 겁도 많고 상황 파악도 잘 안 돼서 그들과 거리를 둔 탓에, 왕씨네 촌 간부들이 그에게 '국민당'이라는 딱지를 붙이고 말았습니다. 우리 가문에서 큰아버지가 항렬이 높았기 때문에 우리 마을 이씨 사람들은 죄다 '간첩' 혐의를 받게 되었고, 그때부터 고개도 못 들고 다녔어요. 우리 형은 그런 상황에서 벗어나기 위해, 현 공안원의 딸과 결혼해서 촌을 떠나 다른 곳으로 갔답니다. 나도 촌에 붙어 있는 게 싫어서 중학교를 마치자마자 고향을 떠나 안핑 현(安平縣)에 있는 고등학교에 들어갔어요. 고향에서 멀어지면 재앙에서 벗어날 줄 알았는데, 정치적 오점이 거기까지 따라올 줄 누가 알았겠습니까.

나는 안핑 현에서 고등학교를 졸업하고 어느 촌 마을에 교사로 발령을 받았습니다. 열여섯 살이었죠. 하지만 당안이 그림자처럼 나를 졸졸 따라다니는지는 전혀 몰랐어요. 마을 사람들은 내가 일을 잘한다며 칭찬했고, 나도 그곳이 좋아서 입당하고 싶었습니다. 평생 공산당과 함께 혁명을 하겠다고 결심했어요. 그래서 촌장에게 물었어요.

"우리 마을에 공산당 지부(支部)가 있습니까?"

입당 신청서를 제출하고 싶었거든요. 그런데 촌장은 우스갯소리로 받아치지 뭡니까!

"우리 촌에는 베를 짜는 곳이 없어!"•

처음에는 나를 어린애로 생각해서 내 요구를 거절하는 줄 알았습니다. 하지만 그 뒤로 내가 별 이유 없이 자주 다른 곳으로 전근 배치된다는 사실을 깨달았어요. 한곳에 오래 있지도 않았는데 또다시 다른 촌으로 전근을 가야 했어요. 내가 무슨 폐결핵 환자라도 된 양 사람들은 나를 멀리했습니다. 1942년 왜놈들이 5·1 대소탕 작전••을 벌였을 때, 마을 사람들은 모두 여기저기 흩어져 숨었어요. 그런데 현에서는 유독 내게만 은신처를 알려 주지 않아 나는 고향으로 돌아가 숨어야만 했습니다. 그런데 마을 어귀 눈길 위에 어떤 사람이 반동 표어를 써놨어요. 왕씨네 촌 간부들은 내게 확인해 보지도 않고 그 반동 표어를 쓴 사람이 나라고, 슬그머니 당안에 기록했고, 그렇게 해서 나의 '간첩 혐의'는 더더욱 벗을 길이 없어졌습니다. 난 그런 사실을 꿈에도 몰랐고, 그저 혁명의 문이 나를 밖으로 밀어내 안으로 들어오지 못하게 한다고만 생각했습니다. 하지만 혁명에 대한 믿음은 확고했고 나 스스로 혁명가라고 생각했어요. 나는 온종일 적의 점령구에서 빈둥거리며 사느니 팔로군에 입대하겠다고 결심했어요. 다행히도 '5·1 대소탕'이 가장 살벌할 때 왕씨네 촌 간부들이 모두 숨어 버려서, 내가 생매장당하는

• '베를 짜다'라는 뜻의 '織布'와 '支部'는 발음이 같다.

•• 5·1 대소탕 작전: 1942년 5월 1일부터 일본군이 중국 허베이 지역 일대에서 벌인 항일 근거지 대소탕 작전.

걸 막아 주었던 그 이씨 가문의 취사원 아저씨가 촌장이 되었습니다. 나는 그분이 써준 추천서를 신발 안쪽에 꿰매 넣고 천신만고 끝에 팔로군을 찾아갈 수 있었습니다. 일본군이 대소탕을 할 때 나는 열 번 넘게 위기에 처했는데 그때마다 마을 촌민들이 나를 보호해 주었답니다. 한번은 일본 병사에게 붙잡혔는데, 촌민들은 사팔뜨기였던 나를 가리키며 "이 녀석은 사팔뜨기에다 바보 멍청이라고요."라고 거짓말해 준 덕분에 구출될 수 있었어요. 그러고 나서 다시 팔로군을 찾았을 때는 마치 친엄마를 만난 것처럼 가슴이 뜨거웠답니다.

처음에는 허베이 군구 제8 분구 정치부 비서로 배치받았습니다. 그 기간은 내 인생에서 아주 짧은 봄이었고, 믿음과 관심, 사랑으로 충만하던 시기였습니다. 한번은 내가 고열로 정신을 못 차리고 있었는데 동지들이 번갈아 가며 밤낮으로 나를 간호했고, 모든 사람이 손으로 내 이마를 짚어 보았어요. 부드러운 손이든 거친 손이든 그 손길에서 나는 내 병세를 걱정하고 빨리 낫기를 바라는 마음을 느꼈습니다. 사람들의 손길이 내 이마에 닿을 때마다 눈물이 났어요. 내가 처음으로 맛본 혁명의 우정이었는데, 정말이지 모정을 능가하는 것이었습니다.

나는 글을 잘 써서 『기중도보』(冀中導報)와 『전선보』(前線報)에 종종 기고했고, 소설과 시가, 극본, 인물 인터뷰 등을 썼습니다. 내가 글을 얼마나 잘 쓰는지 내 입으로 감히 말할 수 없지만 매번 진심을 다했어요. 당시에 나는 현역 작가들을 만났는데, 그들은 나를 노동자·농민 작가로 대우해 특별 교육을 시켜 주었답니다. 정치부에서는 나를 전선 기자로 파견해 취재를 하게 했어요. 『전선보』에 내가 쓴 통신이 매일 실릴 때도 있어서, 신문지상에서 내 이름을 자주 볼 수 있었답니다. 조금 유명해진 셈이었죠. 자신감이 생긴 나는 다시 입당 의사를 밝혔고, 정치부 수장들도 아주 기뻐했습니다.

하지만 내가 어리석었어요. 내 당안이 아직 부대로 옮겨져 있지 않았던 거죠. 내가 입당을 요구하자 정치부에서는 나를 조사하기 위해 촌으로 사람을 파견해 내 자료들을 가져왔습니다. 먹구름이 다시 내 머리 위로 다가왔어요. 아무도 내 입당을 언급하지 않았고, 마침 허베이 지역의 보 진(泊鎭)과 칭 현(靑縣)에서 전투가 벌어져 전선 기자가 급하게 필요했음에도 나를 취재 현장으로 파견하지 않았습니다. 하루는 정치부 주임이 뒷짐을 지고 내 방으로 들어오더니 이렇게 말했어요.

"지금 적군과 아군이 아주 치열한 전투를 벌이고 있는데, 간첩이 우리 정치 기관 내부로 잠입했다."

나는 의아해서 이렇게 대꾸했어요.

"어떻게 그럴 수 있어요?"

정치부 주임은 눈을 번뜩이며 내 얼굴을 주의 깊게 살펴보고 반응을 관찰하더군요. 다행히 나는 그들이 나를 의심하고 있다는 사실을 몰랐는데, 그건 일종의 불시 조사였던 겁니다. 내가 의심을 받고 있다는 사실을 알았더라면, 아무리 결백할지라도 긴장으로 표정이 자연스럽지 못했을 것이고, 결국 그들은 내가 간첩이라고 확신해 잡아들였을 게 분명합니다. 나중에야 나는 허베이와 산둥 지역이, 캉성*이 주도하는 간첩 색출 운동의 시범 지역이었으며, 누구든 의심스러우면 당장 체포하고 있다는 사실을 알았어요. 다행히 그 정치부 주임은 대장정과, 옌안 정풍 운동,** 구제 운동,*** AB단 사건**** 등을 다 겪어 본 사람으로, 과거에 수많은 사람들이 누명을 썼다는 것을 알고 있었으며, 꾸밈없는 내 표정을 보고는 아무런 내색도 하지 않고 그냥 내 방을 나갔던 겁니다. 나는 암암리에 감시를 받고 있었고 일거수일투족이 당안에 기록되고 있었습니다.

1949년 군법처에서 나를 심사할 때에야 비로소 내 처지가 얼마나 위험한지 알았습니다. 동지들의 눈빛에서도 나에 대한 신뢰가 사라졌다는 것을 느끼고 있었어요. 물어볼 수도 없었고 변명할 수도 없었어요. 게다가 절대 변명하거나 물어봐서는 안 되었는데, 그랬다가는 오

● 캉성(康生, 1898~1975) : 중국 공산당 중앙정치국 상임위원 및 중앙 부주석 등을 역임했다. 문혁 기간에 장칭, 린뱌오 등과 더불어 문혁을 조직하고 확대시킨 주요 인물. 1975년 지병으로 사망했다. 1980년 중국 정부는 그를 재조사해 '장칭, 린뱌오 반혁명 조직'의 주요 성원으로 결론 내렸다. 당적을 박탈하고, 베이징에 있는 팔보산 혁명열사묘에 안장된 유해도 이장시켰다.

●● 옌안 정풍 운동 : 1940년대 중국 공산당의 혁명 근거지였던 옌안에서 3년 동안 진행된 정치 문화 운동. 주관주의·종파주의·형식주의를 타파하자는 것이 주요 구호였다.

●●● 구제 운동(搶救運動) : 옌안 정풍 운동 말기인 1943년, 캉성의 주도로 진행된 정치 투쟁 운동. 모든 사람에게 자신과 타인의 문제를 비판하고, 서로의 결점을 지적해 교정해 주도록 했다. 즉 병든 환자를 치료해 주는 것처럼, (올바른 정치적) 길을 벗어난 동지를 교정해 바른 노선으로 갈 수 있도록 돕자는 운동.

●●●● AB단 사건 : 'AB단'은 1926년 12월, 제1차 국공 합작 시기에 중국 국민당이 장시 성에서 공산당 세력을 약화시키고 자신들의 세력 기반을 확대하려 만든 단체. 'Anti-Bolševik' (반볼셰비키)의 약칭. 그 뒤 1927년 4월 2일 국민당 좌파와 공산당이 '4·2 폭동'을 일으켜 AB단을 궤멸시킨 것을 AB단 사건이라 한다.

히려 의심을 받게 되기 때문입니다. 나는 점점 더 예민해졌어요. 그들은 날 의심했고 나는 그들을 의심했습니다. 나를 대하는 그들의 태도가 진심인지 거짓인지 알 수 없었어요. 남을 의심한다는 것은 참 괴로운 일입니다. 결국 나는 신경과민 증상이 생겼고 모든 것을 의심하기 시작했어요. 불면증도 그때 생긴 것입니다. 나의 짧고 아름다운 봄은 그렇게 지나갔습니다.

1년 뒤, 나는 폐병에 걸려 허베이 군구의 허핑(和平) 병원에 입원했습니다. 막 입원했을 때만 해도 특별히 이상한 낌새를 느끼지 못했습니다. 물론 신체적인 감각이 아니라 정치적인 감각 말입니다. 얼마 지나지 않아 같은 병실에 있는 환자들이 눈에 띄게 나를 멀리하는가 싶더니 심지어 나와 바둑을 두려는 사람도 없었어요. 설을 쇠러 고향 집에 가는 길에 한 병사와 동행하게 되었습니다. 그는 예전에 내가 가르치던 학생이었는데 가는 동안 내내 한마디도 하지 않았어요. 헤어질 때 그는 여러 번 망설이더니 이렇게 말했습니다.

"당신이 괜찮은 사람인 것 같아 드리는 말씀이니 다른 사람에게는 절대 말해서는 안 됩니다."

내가 그러겠다고 약속하고 나서야 그는 다시 입을 열었어요.

"예전에 당신이 교사로 함께 일하던 장 선생님 기억나세요? 그분이 간첩이었고, 자살을 했답니다."

나는 깜짝 놀라서 말했어요.

"그 사람이 어떻게 간첩일 수 있지? 그 사람 아버지는 일본 폭격기의 폭격으로 죽었고, 혁명에 대한 충성심이 강했을 뿐만 아니라 행실도 발랐다고. 그때 마을의 촌 간부 하나가 여자와 놀아나고 공량(公糧)을 횡령했지만 아무도 감히 나서서 비판을 못 했는데, 그 사람이 실명은 거론하지 않고 비판 대자보를 썼다니까!"

그러자 병사 학생은 이렇게 말했습니다.

"듣자 하니 그 일 때문에 촌 간부가 그를 간첩 혐의자로 몰아 학교에서 쫓아내고 군부대 제약 공장 노동자로 보냈답니다. 나중에 부대에서 간첩 반대 운동을 벌일 때 자료를 조사하다가 그가 간첩 혐의자라는 사실을 알고는 거꾸로 매달아 폭행했는데, 결국 견디지 못하고 목을 매달아 자살한 겁니다. 그 사람 당안에 선생님 이름도 있었다고 해요. 그 사람과 선생님이 함께 간첩 활동을 했다는 거예요."

"무, 무슨 활동을 했다고?"

눈앞이 캄캄했어요. 그는 자기도 모른다고 했어요. 곰곰 생각해 보니 기억나는 것이 있었습니다. 장 선생이 무기명 대자보를 쓸 때 잉크가 없어서 나한테 빌렸거든요. 이튿날 마을의 공안원도 갑자기 내게 잉크를 빌리러 왔고요. 공안원이 왜 나한테 잉크를 빌리는지 의아했죠. 그 증거를 찾으러 온 것이었네요. 정말 소름이 끼쳤어요!

병사 학생이 또 물었습니다.

"한 달 전에 군구에서 어떤 사람이 선생님을 찾아와 얘기를 나눈 적이 있죠?"

"맞아, 특파원이었는데 아주 친절한 사람이었어. 내 가족사를 물었고, 내 건강에도 많이 신경을 써주더라고. 근데 왜?"

"특파원은 무슨 특파원입니까! 그 사람은 군구 보위처에서 나온 사람이에요. 지금 우리 부대에서는 다시 간첩 색출 활동을 하고 있는데, 과거 사건을 조사하다가 장 선생의 그 간첩 사건 파일에서 선생님에 관한 것을 찾아낸 거죠. 원래는 그날 병원에서 선생님을 체포하려고 했는데, 얘기를 나눠 보니 간첩 같아 보이지 않아서 그냥 갔다고 해요. 그때 전 병원 보위조(保衛組)에서 일을 보고 있어서 바로 그 소식을 들었고, 선생님이 걱정돼서 식은땀이 날 정도였다고요. 하마터면 체포될 뻔했다니까요."

그 당시는 한겨울이었는데 그렇게 추운 날씨는 아니었어요. 하지만 나는 이가 '덜덜'거릴 정도로 온몸이 바들바들 떨렸답니다. 그렇게 극도의 공포를 겪고 나니 오히려 두렵지 않아졌어요. 그리고 몇 년 동안 계속 내 등 뒤에 올라타고 있는 그 악마가 대체 어떻게 생긴 물건인지 한번 보고 싶었습니다. 또 당 조직 앞에 나 자신을 적나라하게 발가벗겨서 내 몸의 세포 하나하나까지 아주 투명하게 보여 주고 싶었어요. 그러고는 내가 과연 적인지 혁명가인지 말해 보라고요. 그 얼얼한 감정이 지나가자 다시 망연자실해졌어요. 나 자신을 증명할 방법이 없었으니까요. 나는 마치 쇠로 만든 아주 커다란 손바닥 가운데 붙잡혀 꼼짝달싹 못 하고, 그들 마음대로 좌지우지되는 것 같았답니다.

얼마 지나지 않아 해방전쟁이 시작되었습니다. 나는 군대를 따라 바이양딩(白洋淀)에 도착했어요. 『전선보』를 발행하는 신문사도 그곳에 있었는데 일손이 부족했어요. 마침 내가 그 신문사에서 기자로 오래 일했던 경험이 있었으므로 사장이 나를 신문사로 전보 발령하고 싶다며, 나더러 조직부에 가서 전하라고 했어요. 아주 기뻤지요. 하지만 조직부에 그 말을 전하면서 일이 또 꼬여 버렸습니다. 신문사로 전근을 가기는커녕 군정 간부 학교(軍政干部學校) 정당대●로 보내진 겁니다. 정당대는 문제 있는 사람들을 보내 문제를 해결하는 곳이었어요. 나는 그때까지도 너무 순진했어요. 마치 전통극 '삼당회심'●●에 나오는 것처럼, 일문일답을 통해 의심이 풀리면 모든 문제가 끝나는 줄 알았어요. 하지만 그곳에서는 '문제가 있는 사람들'이 서로 비판 투쟁을 해야 했어요. 내가 비판의 대상이 될 때는 내 문제를 스스로 사람들에게 말해야 하고, 다른 사람들도 마찬가지로 내게 자신의 문제를 말해 줘야 했는데, 서로 앞다퉈 발언권을 쟁취하려다 보니 분위기가 아주 살벌했답니다. 어느 날 밤, 어떤 청년과 함께 보초를 서게 되었어요. 그에게 말했습니다.

"도대체 내가 왜 의심을 받는지 알려 줄 수 있어? 너무 억울하다고. 나는 지금까지 한 번도 혁명에 대해 딴마음을 품은 적이 없는데 왜 나를 자꾸 적으로 모는지 모르겠거든."

그 청년은 시골 출신이었는데 참 착실했고 나한테도 잘해 주었어요. 그가 묻더군요.

● 정당대(整黨隊) : 정돈당원대오(整頓黨員隊伍)의 약칭. 공산당원들의 사상 및 작풍 등을 지도하고 교육하는 조직.
●● 삼당회심(三堂會審) : 공안·검찰·법원 등 세 기관이 중요한 사건(예컨대, 황실 내부 사건 등 비공개로 조사해야 하는 중대하고 민감한 사건)을 놓고 같은 장소에서 재판하는 장면을 경극으로 연출한 것.

"혹시 '5·1 대소탕' 때 고향에서 눈길 위에 반동 표어를 쓴 적이 있나요? 그리고 제8 분구 정치부에서 일할 때, 한 보위 간부에게 국민당 비행기가 날아와 폭격했으면 좋겠다고 한 적 있나요? …… 또 아내에게 보줘이(傅作義) 부대가 곧 허젠(河間)을 습격할 거라고 편지를 쓴 적이 있나요? 사람들은 당신이 어떻게 적의 행동을 사전에 알 수 있는지 의심한답니다."

이 밖에도 그는 다른 많은 일들을 말해 주었습니다.

나는 소름이 끼쳤어요. 어떻게 해도 내가 결백하다는 사실을 증명할 길이 없겠다는 생각이 들었어요. 왜냐하면 모두 배후가 있고, 심지어 사실과는 정반대로 왜곡되기도 했거든요. 예들 들어, 비행기 폭격 사건 같은 거예요. 내가 제8 분구 정치부에서 근무할 당시 다른 보위원과 함께 출장을 갔을 때의 일입니다. 그가 내게 물었어요.

"이 동무, 당신은 글을 참 잘 쓴단 말이오. 우리는 찾지도 못하는 자료를 당신은 어떻게 알고 글로 쓸 수 있습니까?"

바로 그때 국민당 폭격기가 날아가고 있기에 나는 그 비행기에 비유해서 설명했답니다.

"저기, 적의 폭격기가 날아다니는 것 보이죠? 그런 건 쓸 필요가 없는 거예요. 쓰더라도 아무 의미가 없지요. 만약 그들이 앞마을을 폭격했다면 그건 써도 된답니다."

보도할 가치가 있는 사건이 무엇인지를 말한 건데, 그걸 내가 적의 비행기가 폭격하기를 바란다는 뜻으로 왜곡해서 당안에 기록했던 것입니다. 또한 보줘이가 허젠을 습격한다는 소식은 부대에서 전해 준 것으로, 우리에게 전투준비를 하라고 했으면서 어떻게 적들에게 사전에 얻은 정보라는 겁니까? 더 무서운 건, 내가 아내에게 쓴 편지까지 검열했다는 겁니다. 만일 내가 진짜 간첩이라면, 그렇게나 많은 비판 자료가 있을 리 없습니다. 문혁 기간에, 한 조반파가 그러더군요.

"네 당안에 기록된 자료가 얼마나 많은지 알아? 차 한 대에도 다 못 실을 정도라고!"

나처럼 혁명에 충성하는 사람을 왜 그렇게 많은 시간과 품을 들여 감시하고 통제하고 조사하는지 도무지 이해가 되지 않았고 심지어 화가 났습니다.

이튿날 정당대 지도원이 나를 찾아와 협박하기에 더는 참을 수 없어 문을 박차고 나와 강에 투신하려고 했지만 제지를 당했어요. 지도원은 화가 나서 당장 '군정 간부 학교 전체 비판 대회'를 조직했고, 다음 날 나는 '현행 간첩'으로 간주되어 군구 군법처로 이송되었습니다. 군법처에서는 간첩 증거를 내놓으라고 강요했어요. 나는 나 자신이 혁명가라는 사실만 증명할 수 있으며, 만일 내가 간첩이라면 당신들이 증거를 제시해야 하는 것 아니냐고 말했습니다. 그렇게 나는 수갑을 차게 되었습니다. 태어나서 처음으로, 그것도 우리 부대에서 말입니다! 47일간 수갑을 차고 있었는데, 그동안 전국이 해방되었습니다. 그 소식을 듣고 너무너무 기뻤지만 수갑을 차고 있는 내 손과 철창을 보니 서글펐어요. 내가 수갑을 찬 채로 해방을 맞이하다니…… 마치 아주 어두운 그림자가 마음속 깊이 내려앉은 것 같았어요.

수십 년간 겪었던 경험은 내게 다음과 같은 사실을 가르쳐 주었습니다. 누군가 당신이 좋은 사람이라고 말하는 건 소용없는 일이다. 왜냐하면 그 말은 당안에 기록되지 않기 때문이다. 누군가 당신이 문제가 있다고 생각한다면, 설사 그것이 의심에 불과하더라도, 대부분 당안에 기록될 것이다. 일단 기록되고 나면 삭제하기란 매우 어려운 일이고, 그때부터 그 기록은 끊임없이 당신을 따라다닌다. 당안에 과연 좋은 사람으로 기록되어 있다고 자신할 수 있는가? 스스로 국가에, 그리고 자신의 일에 일편단심 충성하는 사람이라고 생각한다면 당신은 몸과 마음이 모두 투명하고 깨끗하다고 믿을 것이다. 하지만 두껍고 뻣뻣한 종이봉투 안에 있는 당안 속의 당신은 아마도 오점투성이인 전혀 다른 사람일 것이다. 결정적인 순간에 사람들은 그 '전혀 다른 사람'을 보고 당신을 판단하고 대하며 결정한다.

군법처에서는 기병대를 파견해, 내가 일했던 마을과 학교 그리고 부대를 샅샅이 조사했지만 내가 간첩이라는 확실한 증거를 손에 넣을 수 없었습니다. 다행히도 고향의 촌 간부가 바뀌었는데, 비록 왕씨 가문 사람이기는 했지만 나와 직접적인 이해관계가 없었던지라 나에 대해 좋은 말을 해줬어요. 결국 군법처는 나를 석방했어요. 결론은 다음과 같았어요.

"일하는 태도를 지켜보고, 태도가 좋으면 문제 삼지 않고, 태도가 불량하면 계속 그 짐을 감당해야 한다."

그렇게 해서 나는 분명하지도 않은 작은 오점을 가진 채 신중국을 맞았습니다.

해방 후 초기 몇 년 동안, 나는 여러 단위에서 일했지만 과거 문제가 말끔히 정리되지 않았기 때문에 중요한 직책을 맡지는 못했습니다. 자리나 직책에는 신경 쓰지 않고 그저 열심히 일하면서 실수하지 않기만을 바랐죠.

1955년 나는 B시의 한 출판사 편집부에서 일하고 있었고, 직무는 모호한 '책임자' 자리였지만 일은 아주 재미있었답니다. 그러다 갑자기 반동 숙청 운동이 벌어졌어요. 과거 문제가 다시 불거졌고 나는 아주 호된 비판과 심문을 당했습니다. 그리고 또다시 한바탕 거센 폭풍우 같은 투쟁을 겪어야 했어요. 고초를 겪었지만 이번에는 드디어 과거 문제들을 해결했습니다. 출판사는 네다섯 명을 윈난, 구이저우(貴州), 쓰촨, 네이멍구, 신장 등 전국으로 파견해 내 지인들을 샅샅이 뒤져서 나를 아주 철저하게 조사했어요. 나는 안핑 현 당 위원회를 통해 감사를 받았는데, 그들은 "반동들을 진압할 때 모든 현을 샅샅이 조사해 간첩 명단을 파악했는데, 그 사람은 없었어요!"라고 말했답니다. 그제야 내 누명이 벗겨졌고 다음과 같은 결론이 내려졌어요.

"조사 결과, ○○○의 간첩 혐의는 취소되어야 함."

1939년 어린이단에 가입한 뒤로 나는 '적'이 되었고, 1956년에야 적에서 동무가 되었습니다. 장장 17년간 내가 어떤 고초를 겪었는지 누구도 물어봐 준 적이 없습니다. 나 혼자 견뎌 냈을 뿐입니다. 간첩 혐의가 취소된 날, [취소를 선포하는] 단상에 서서 그저 식은땀만 줄줄 흘렸어요. 집에 돌아가서는 술을 마시며 축하하지도 않았고, 눈물을 흘리지도 않았습니다. 마치 죽었다가 다시 살아난 것처럼 나 자신이 누구인지를 몰랐어요.

나는 운명을 믿습니다. 미신처럼 들려도 할 수 없어요.

무엇이 운명입니까? 우리는 어둠 속에서 그것을 제압할 수 없고, 그것은 또 아주 강력한 힘으로 우리를 좌지우지할 수 있답니다. 행운이라는 것은 한 마리 새와도 같습니다. 내 머리 위에서 오래 머물지 않는답니다. 그것 역시 내 운명의 특징이자 전형적인 [운명의] 줄거리라고 말할 수 있습니다.

우리 출판사 당 총지부 서기는 측근을 등용하고 싶었지만, 나의 업무 능력과 직위가 걸림돌로 작용했어요. 그래서 그는 날 배척했습니다. 때마침 T시에서 출판사를 설립하려고 하던 참이었어요. 설립자는 나의 예전 상사였고요. 나는 전근을 요구했습니다. 본인이 자처해서 전근을 요구하는 경우에는 전근 처리가 쉬웠답니다. 나는 처음으로 [역사적] 사실관계가 들어맞는 당안을 가지고 다른 곳으로 전근을 갔습니다. 마음이 아주 홀가분했지요.

T시에 도착한 지 1개월이 되었을 때, 정풍 운동*이 시작되었습니다. 그때가 1957년이었어요.

갑자기 내가 근무한 적이 있는 B시 출판사에서, 원래 내가 있었던 편집부 당 지부의 명의로, 정풍 운동을 도와 달라는 편지 한 통이 왔습

* 정풍 운동: 1957년 4월 27일 『인민일보』는 "정풍 운동 지시에 관하여"라는 글을 발표했는데, '반관료주의, 반종파주의, 반주관주의' 정풍 운동을 진행한다는 것이었다. 1년 4개월 만인 1958년 8월 말에 끝났다.

니다. 당 조직의 요구는 거절하기 어려웠기 때문에 나는 원래 있었던 출판사로 돌아갔습니다. 나는 두 시간 동안 반동 숙청 운동 당시 내게 씌었던 누명에 대해 하소연했고, 당 지부 서기에 관해 몇 가지 의견을 제기했어요. 당 지부 서기는 현장에서 듣기만 했지만, 얼굴빛은 무서울 정도로 어두웠습니다.

그 두 시간 동안 했던 발언 탓에 나는 다시 20년간 비참한 운명을 겪어야 했습니다.

발언을 마치고 T시에 되돌아간 지 얼마 지나지 않아 반우파 운동 바람이 불어닥쳤습니다. 이번에는 원래 다니던 출판사 당 지부 명의로 나를 호출했습니다. 그들은 나를 우파 분자로 선포했어요. 그 편집부의 당 지부는 '반당 지부'(反黨支部)로 판정되었고요. 출판사 편집인 50여 명 중 25명이 우파로 몰렸습니다. 이들은 모두 총지부에 문제를 제기했다는 이유로, '당을 향해 총을 겨눈' 죄명으로 처분되었어요.

나중에야 당 총지부 서기와 당 지부 서기 사이에 갈등이 있다는 걸 알았지요. 정풍 운동 당시에 당 지부 서기는 당 총지부 서기를 제거하려 했지만, 내가 반동 숙청 기간에 조사를 받은 전력이 있었기 때문에 나를 제물로 쓰고 싶었던 겁니다. 반우파 운동이 시작되면서 나는 희생양이 되었어요. 예전 우리 고향 마을에서 벌어졌던 왕씨와 이씨 가문 사이의 투쟁과 다를 게 뭐가 있습니까? 지금 말로 하자면, 역사적인 악순환 또는 문화적인 악순환이겠지요. 그런 악순환이 언제 형성되었는지는 잘 모르겠지만, 나는 이미 그 악순환을 실감했습니다. 그뿐만 아니라 나도 모르는 사이에 한 발 한 발 그 [악순환의] 구덩이 속으로 빠져들어 가고 있었고, 그것은 두 번째였습니다.

돌이켜 보면, 1956년 반동 숙청 운동이 끝난 뒤 그렇게 쉽사리 T시로 오게 되었다고 기뻐할 게 아니었습니다. 실제로는 또다시 운명의 어두운 그림자가 나를 뒤덮고 있었는데, 내가 그 사실을 전혀 예감하지 못하고 있었을 뿐이에요. 내 당안이 T시로 옮겨진 뒤에, 당안에는 더 무거운 내용이 추가되었습니다. 애초에 받았던 간첩 협의는 그저 혐의에 지나지 않았지만, 이번에는 확실하게 우파로 찍혔거든요. 정말이지 숨 돌릴 틈조차 없이, 한 부류의 적에서 또 다른 부류의 적이 되어 버렸습니다. 이름만 바뀐 것이지요.

이제 문혁 이야기를 할게요.

문혁 때 당한 불운은 나 자신을 원망할 수밖에 없습니다. 나는 구우파이자 죽은 호랑이인지라, 누구를 비판 투쟁하는 자리이든 나는 분위기 띄우기용으로 함께 비판을 당하는 조연 역할을 했어요. 운동이 시작되었을 때, 서기는 사장을 제거하고 싶어 했어요. 왜냐하면 내가 그 출판사를 창립할 때 사장과 쿵짝이 잘 맞았기에, 사장을 비판 투쟁할 때 나는 사장이 '우파를 중용'했다는 증거로 이용되었어요. 나를 비판 투쟁했던 목적도 바로 사장을 제거하기 위해서였습니다. 나중에 자산계급 반동 노선 비판 투쟁을 할 때는, 반대로 사장파가 서기를 제거하려고 했어요. 그때는 괴롭힘을 당하거나 이용당할 일이 없었기 때문에 방관자가 될 수 있었습니다. 계급 청산 대오 운동을 할 때, 다시 서기파가 재기해 사장파를 숙청했어요. 하지만 나는 그 전에 사장 파벌에 관계하지 않았기에 서기파가 다시 나를 건드리지는 않았습니다. 그 당시 우귀사신에는 두 부류가 있었는데, 우붕에 갇힌 사람들과, 출퇴근하는 일명 '통근족'(走讀)이었습니다. 나는 후자에 속해서, [전자에 비해] 비교적 자유로운 편이었다고 할 수 있습니다.

출판사에는 업무 능력이 아주 뛰어난 여성 편집자가 한 사람 있었어요. 전남편이 과거에 국민당 군관 출신이었던지라 간첩 누명을 썼어요. 사실 그녀는 아무 짓도 하지 않았는데 말이죠. 그녀는 간첩이라는 이유로 주요 숙청 대상이 되었는데, 그 역시 사장의 죄를 가중시키기 위해서였어요. 사장이 비호하는 사람들이 모두 나쁜 사람들이라는 걸 보여 주려는 것이었죠. 애초에 '간첩'이라는 딱지가 붙은 사람들과 접촉하지 말았어야 했습니다. 하루는 퇴근길에 출판사 마당을 지나가고 있는데 마침 그녀가 마당을 쓸고 있었어요. 그녀는 주변에 사람이 없는 것을 확인하고는 나에게 쪽지 한 장을 건네주었어요. 집에 가서 펼쳐 보니 사위에게 전하는 말이었습니다. 자기 동생에게 말해서, 문혁 초기에 그녀가 쓴 대자보 원고를 단위 특별 안건 심사팀에 전달해 달라는 부탁이었어요. 나는 동정심에 그 사위에게 쪽지 내용을 전하러 갔습니다. 하지만 뜻밖에도 그녀는 고문을 받다가 그 쪽지 일을 발설했고, 나는 순식간에 간첩과 내통한 반혁명 현행범이 되고 말았습니다. 나는 우붕에 감금되어 갖은 고문을 당했어요. 깍지 끼운 손가락을 몽둥이로 때리는가 하면, 매달아 놓고서는 귀에 피가 나도록 팼죠. 그때 매달렸던 팔은 지금까지도 움직일 수 없답니다. 또 그녀 집에서 송신기와 비밀 기록 노트를 본 사실을 자백하라고 강요했어요. 나중에 그 여성 편집자는 고문에 못 이겨 담요를 찢어 목을 매 자살했습니다.

사람이 죽었음에도 그들은 계속 자백하라고 협박했어요. 왜 핵심과는 상관도 없는 일을 사실인 양 조작하려 하나 싶어 참 이상했습니다. 한 번은 내가 반동 숙청 기간에 용케 빠져나간 간첩이고, 나와 그 여성 편집자는 간첩 조직의 일원이었으며 그 조직의 우두머리가 바로 사장이라는 걸 인정하라고 강요했습니다. 그제야 나는 그들이 우리를 죽도록 괴롭힌 목적이 사장을 제거하기 위해서라는 걸 알았죠. 10년 동안 작별을 고했던 '간첩'이라는 이름이 다시 나를 찾아온 거예요. 또다시 역사의 악순환 속에 빠져들었고, 두 파벌 간 투쟁의 희생양이 된 거죠. 그것은 세 번째 악순환이었습니다. 늘 나도 모르는 사이에 소용돌이 같은 악순환 속에서 돌고 있었던 겁니다. 돌다가 빠져나오려고 하면, 완전히 몸을 빠져나오기도 전에 다시 더 깊은 곳으로 휩쓸려 들어갔어요. 물론 그것은 아주 작은 악순환일 뿐입니다. 린뱌오와 사인방 같은 무리들은 더 큰 악순환으로 장난질을 치지 않았습니까? 그리고 그런 거대하고 불가항력적인 악순환에 빠진 사람들은 바로 다재다난(多災多難)한 중국 민족이 아닙니까?

나는 중국 공산당 제11기 중앙위원회 제3차 전체회의에 진심으로 감사하고 있습니다. 그 회의는 재난의 역사, 황당한 역사의 한 단락을 종식시켰어요. 내 개인의 경험을 통해 독자들에게 어떤 교훈을 줄 수 있을까요? 과거 수십 년, 나아가 수백 년, 수천 년 동안 우리는 서로 상처를 주는 데만 골몰했어요. 원칙을 위한 투쟁은 필요하지만, 개인적인 감정이 결합되면 원칙의 신성함을 무너뜨릴 뿐만 아니라 나라와 백성을 그르칠 수 있습니다. 그것은 악순환이에요. 결국엔 지쳐 떨어진

자신의 모습만 확인할 뿐입니다. 말해 봐요. 이 악순환을 어떻게 끊을
수 있을까요?

문제는 역사의 악순환이다.

스물다섯 번째 이야기

63호 수용소

1968년, 계급 청산 대오 운동 기간에 중국 북방 지역의 한 대도시에 아주 유명한 공장이 있었습니다. 이 공장은 일명 63호라는, 나치 수용소와 비슷한 불법 감옥을 만들었어요. 수많은 지식인들과 간부들이 이곳에서 잔인무도한 박해를 당했답니다. 그로부터 10년 뒤 사인방이 잡히고 나서 얼마 지나지 않아 그곳에서 전시회가 열렸는데, 문혁 기간에 감옥에서 자행되었던 폭력의 실상을 폭로하는 내용이었습니다. 보기 드물 정도의 고문과 폭행, 잔인함, 삼엄하고 엄밀한 운영 방식 등이 사람들을 경악시켰어요. 지금은 감옥 자체가 철거되어 흔적도 남지 않았어요. 필자가 63호 수용소에서 운 좋게 살아남은 생존자들을 만났을 때만 해도, 그런 참혹한 일이 불과 수십 년 전에 중국 땅에서 벌어졌다는 사실을 믿기 어려웠습니다. 5천 년 역사를 자부하는 나라가 이성을 잃고 미치게 되면 놀랍게도 선사시대를 능가하는 야만의 상태가 되었던 겁니다. 몇몇 생존자들은 과거를 회고할 때마다 아직도 공포와 두려움으로 고통스러워했습니다. 마음에 난 상처에는 여전히 피가 흐르고 있었어요.

두 생존자 여인의 경험담을 듣기 전에, 63호 수용소에 대한 이해를 돕기 위해, 수용되어 있던 사람들의 증언을 먼저 살펴봅시다.

A : 63호는 원래 내가 일했던 공장의 계량기 작업장이었는데, 나중에 창고로 개조되어 사용되었습니다. 대략 2백 제곱미터 넓이의 큰 공동주택 형식이었고, 전통 극장과 비슷한 모양이었어요. 1968년 봄, 공장의 특별 안건 심사팀이 미장이와 목수를 불러서 내부를 여러 칸으로 나누게 한 다음 그곳을 우붕으로 사용해 사람들을 그 안에 가두었습니다. 한 칸은 6~7 제곱미터 정도였지요. 창문은 모두 막았고 유리는 페인트칠을 했어요. 창문 바깥쪽에는 쇠창살을 박았고 안쪽에는 감시를 위해 동전 크기만 한 구멍을 남겨 놓은 다음 막아 버렸어요.

B : 왜 63호라고 하는지 아세요? 구내전화 내선 번호가 63번이거든요.

C : 63호에는 엄격한 원칙이 있었습니다. 서로 이름을 부를 수 없었어요. '이것', '저것'이라고 불러야 했죠. 걸을 때는 머리를 숙여야 했어요. 1년 넘게 그곳에 갇혀 있었는데, 나 말고도 많은 사람들이 갇혀 있었는지는 몰랐어요. 특히 남쪽 가까이 붙어 있던 방에 누가 있었는지 지금까지도 아는 사람이 없습니다. 한 기술자가 있었는데, 부부가 63호에 따로따로 갇혀 있었어요. 남편이 죽은 지 1년이 지나도록 그 사실을 모르고 있던 아내는 다른 사람에게 부탁해 남편에게 성냥을 보냈답니다.

A : 63호 간수들은 3교대였는데, 한 팀이 일고여덟 명이었으니 모두 20~30명 정도였습니다. 수용소에는 건물 앞뒤로 1백 명 이상이 갇혀 있었어요. 중요한 사건이 두 개 있었는데, 그중 하나는 공장 기술자들과 전문가들이 연루된 '페퇴피 클럽'* 사건이었습니다. 다른 하나는 삼당 사건**으로, 주로 지도 간부들이 관련되었죠. 이른바 '삼당'이란 공산당이나 국민당이 아니라 공장 혁명위원회 사람들이 반대파를 제거하기 위해 날조해낸 죄명이었습니다. 이 두 사건에 관련된 사람들이 가장 무시무시하게 박해를 받았어요.

C : 그동안 파시스트 강제수용소를 다룬 영화들을 많이 봤습니다만, 63호 수용소는 그 어떤 파시스트 수용소보다 더 파시스트적이었다고 감히 말할 수 있어요. 어떤 형벌은 파시스트 수용소에도 없는 것이었습니다. 예를

- 페퇴피 클럽 : 1956년 헝가리에서 반정부 시위가 벌어졌을 당시 중요한 역할을 했던 조직. 헝가리 지식인들이 구소련의 내정 간섭 등에 반대하며 사회적·정치적 사안에 대해 자유롭게 토론하고 발언하고자 만들었다. 헝가리의 유명 시인인 페퇴피(Sándor Petőfi, 1823~49)의 이름을 땄다. 문혁 기간에 중국에도 지식인들을 중심으로 한 소규모의 페퇴피 클럽이 조직되었다고 한다.
- •• 삼당(三黨) 사건 : 삼가촌(三家村) 사건을 지칭하는 듯하다. 1961년 베이징 시 정부 간행물인 『전선』(前線)이라는 잡지에 "삼가촌 찰기"(三家村札記)라는 칼럼이 연재되었다. 이 칼럼은 당시 베이징 시 서기처 서기 덩투어(鄧拓), 부시장 우한(吳晗), 통전부 부장 랴오모샤(廖沫沙) 등 세 사람이 돌아가면서 썼다. 이들의 필명을 엮어 '우난싱'(吳南星)이라는 가명을 사용했다. 문혁 당시 이 칼럼은 큰 비판을 받았고, 이 세 명은 각각 '반당 집단'의 우두머리로 규정되었다. 문혁의 직접적인 도화선이 된 사건이다.

들어, '오리 헤엄치기'라는 고문은 사람을 바닥에 엎드리게 한 다음 쇠로 만든 솔로 발바닥을 긁는 것인데, 아프면서도 간지러웠어요. 도저히 참을 수 없어 팔다리를 움직이는 모습이 마치 오리가 헤엄치는 것 같다고 해서 '오리 헤엄치기'라고 부르게 되었답니다. 다른 하나는 '항문으로 담배 피우기'라는 고문입니다. 담배를 한 대 피워서 땅에 세운 다음, 바지를 벗게 하고 불이 붙은 담배 꼭대기를 항문에 정조준해 앉게 하는 것입니다. 보일러 전문 고급 기술자가 한 사람 있었는데, 비록 장애인이 되기는 했지만 [그 고문을 받고도] 현재 유일하게 살아남은 사람이랍니다. 하지만 감옥에서 나온 뒤로 계속 병원에 입원해 있는 상태예요. 원래는 [필자에게] 그를 소개하고 싶었는데, 의사가 반대하더군요. 당시 그는 열 손가락에 압정이 박혔고, 갈빗대도 전부 밟혀서 부러졌어요⋯⋯.

D : 나는 삼대가 혁명을 한 집안이라 출신 성분이 좋았기 때문에 잠시 박해를 받다가, 63호 수용소에 음식물을 배달해 주는 일과 똥오줌을 비우는 일, 야간 순시 등을 담당했습니다. 매일 아침 페인트 통을 복도에 가져다 놓고, 한 사람씩 볼일을 보게 했어요. 그런데 오줌통에 앉자마자 간수는 바로 "일어나!"라고 외쳤고, 똥 싸는 시간도 겨우 2분밖에 주지 않았답니다. 63호 감옥 안에는 빈대가 정말이지 바글바글했어요. 어떤 사람은 빈대에 물려 잠을 못 잤는데, 한번은 내가 그를 위해 1백 마리가 넘는 빈대를 잡아 준 적도 있습니다. 하지만 63호에서는 빈대를 없애지 말라고 했어요. 빈대도 인간을 괴롭히는 도구였기 때문이죠.

C : 노동자였던 한 사내는 아주 억울한 경우였어요. 그는 주택 문제로 혁명위원회와 다투는 바람에 63호에 갇히게 되었답니다. 그는 성격이 아주 거칠었어요. 침대 밑에 꼬꾸라질 때까지 흠씬 두들겨 맞고도 굴복하지 않았어요. 그래서 철사로 그를 걸상에 묶고 쇠로 만든 정으로 철사가 살을 파고 들어갈 정도까지 세게 조였어요. 지금도 목욕할 때면 다리에 깊이 팬 흉터를 볼 수 있습니다. 간수들은 또 나무 막대기로 그의 생식기를 피가 날 정도로 때렸어요. 후유증으로 그는 성 불구자가 되었지요. 노동자를 이 정도로 때리는데 지식인은 더 말할 것도 없지요.

A : 하루 24시간 내내, 그들은 형벌을 가하고 싶을 때면 언제든 한 사람을 끌고 나가, 그가 울부짖을 때까지 고문했습니다. 밖으로 소리가 새어 나가지 않도록 노래를 크게 틀어 놓고 말입니다. 손으로 돌리는 옛날식 축음기가 있었는데, 항상 같은 노래만 틀었어요. 톄메이(鐵梅)가 부르는 혁명 모범 가극 〈홍등기〉(紅燈記)였어요. 톄메이의 목소리가 흘러나오면, 누군가 고문을 당하고 있는 게 틀림없었습니다. 요즘 모범극을 부르는 게 다시 유행이지만, 나는 그 노래를 들을 때마다 사람들의 비명 소리가 들리는 것 같답니다.

C : 사람들이 고문과 형벌에 못 이겨 자살할까 봐, 수용소 측은 전기공을 시켜 전압을 220볼트에서 24볼트로 바꾸었습니다. 전구에는 덮개를 씌웠고 방에는 아무것도 없었어요. 물론 죽으려고만 하면 방법은 있기 마련이지요. 해방 전 [톈진 동쪽에 있는] 동구(東沽)에서 어떤 생선 장수는 해적으로

몰려 아주 끔찍한 고문을 당했답니다. 그는 우연히 땅에서 큰 쇠못을 발견해, 침대 다리를 받치는 벽돌로 그 쇠못을 자기 머리에 박았습니다.

D : 일흔 살이 넘은 기술자가 있었어요. 그 노인은 추운 겨울날 온종일 밖에 방치되었고 혼수상태에 빠졌습니다. 간수 두 명이 흰색 가운을 입고 노인의 방에 들어가서는, 연락을 받고 달려온 의사라고 거짓말을 했어요. 이들은 노인을 번쩍 들더니 '비행기를 태운다.'면서 노인에게 "기분 좋죠?"라고 묻기까지 했습니다. 그런 다음 노인을 땅에 처박고는 '안마를 한다.'며 발로 마구 짓밟았답니다. 한번은 간수가 다른 사람에게 그 노인을 비판하라고 했어요. 출신 성분이 안 좋은 사람들이 서로 비판 투쟁하는 것(老黑斗老黑)이지요. 나는 노인의 한쪽 팔이 축 늘어져 있는 걸 두 눈으로 똑똑히 봤는데, 마치 가짜 팔 같았어요. 노인은 나중에 정신이 좀 나가서 방 안에 똥오줌을 쌌는데, 악취가 장난이 아니었습니다. 간수가 나더러 노인을 목욕시키라고 해서 보니 온몸이 까만 부스럼 딱지투성이였어요. 팔도 탈골되어 있었고요. 치료해 줄 사람이 없으니 죽을 때까지 그 팔은 그렇게 축 처져 있었지요…….

A : 63호는 외부에 어떤 말도 흘러 나가지 않도록 철저히 통제했습니다. 그곳에서 나온 사람들은 모두 안에서 고문당해 봤기 때문에 63호를 두려워했어요. 그러니 누가 63호에 대해 말할 수 있겠습니까? 한마디라도 했다가는 다시 잡아들여 곱빼기로 형벌을 가했습니다. 외부 사람들은 63호를 지나게 되면 멀찌감치 돌아갔답니다. 어떤 사람은 감옥 근처에서 신발

끈을 묶다가 의심을 받아 바로 잡혀 들어가서 한바탕 얻어터지기도 했습니다. 2천여 명이나 있던 그 큰 공장에서 63호는 공포의 수수께끼였고, 비밀 지옥이었습니다.

A : 사람을 너무 많이 잡아들여 더 수용할 공간이 없자 그들은 공장에서 작은 창고를 찾아내 감옥 분소를 만들려고 했습니다. 미장이를 불러 창고를 2인용 침대 크기로 칸을 나눠서 작은 감옥 방으로 쪼갰어요. 한쪽에 여섯 칸, 다른 한쪽에 여덟 칸을 만들었지요. 나중에 미장이들이 일하면서 수군거리는 것을 보고는 문제가 될까 봐 다 지어 놓고도 사용하지는 않았습니다.

63호에서 사람이 죽었다는 소식이 베이징에 계속 전해지자, 1970년 6월 24일 [중국 공산당 중앙위원회 정치국 상무위원이었던] 천보다(陳伯達)와 시 혁명위원회 주임이 "혁명을 틀어쥐고 생산을 촉진하는"(抓革命, 促生産) 사업들을 점검한다는 명분으로 그 공장을 시찰하러 왔습니다. 그들이 떠나자마자, 63호에서는 슬그머니 사람들을 풀어 주기 시작했어요. 그 뒤, 과거 2년 동안 무고한 사람들을 수없이 학대해 온 악마의 소굴은 낡은 공장을 없앤다는 명분으로 철거되어 들판으로 변했답니다. 악마의 소굴은 사라졌지만, 악마의 그림자는 여전히 남아 있었어요. 사람들을 괴롭혔던 흉악범들은 그 뒤로도 오랫동안 자유롭게 활개치며 관직을 유지하고 승진했습니다. 63호의 철조망은 비록 사라졌지만, 사람들의 마음을 더 깊이 옭아맸습니다. 문혁이 끝나고 피해자들의 누명이 벗겨지고 나서야 비로소 63호의 주범들은 법적인 처벌을 받았습니다. 그러나 법은 죄인을 처벌할 수 있을 뿐, 고통 받은 사람들의 마음을 치료해 줄 수는 없었습니다.

지금부터 소개할 두 여인의 사연이 말해 주듯이 말입니다. 문자는 소리가 없어서 두 사람이 내게 들려준 이야기를 그대로 전해 줄 수 없는 것이 매우 유감입니다. 말할 수 없이 비참하고 피눈물 나는 마음의 소리였거든요. 도대체 어떤 재앙을 겪었기에, 20년이 지났음에도 여전히 그렇게 분노를 가라앉히지 못하고 격렬하게 성토하는 것일까요?

그 두 여인 중 한 사람은 희생자의 아내이고, 다른 한 사람은 63호에서 잔인하게 학대받다가 살아남은 장본인입니다.

1. 첫 번째 여인: 삶과 죽음이라는 의문부호

◆ 1968년 / 48세 / 여자 / K시 K구 무직

걱정하지 마세요. 말할 수 있어요. 그렇게 끔찍한 일도 견뎌 냈는데, 이야기하는 것쯤이야 괜찮아요. 당신이 찾아온다기에, 어떻게 말해야 할지 어제 밤새도록 처음부터 다시 한 번 생각해 봤는데, 전부 뒤죽박죽이 되었지 뭐예요. 아마 횡설수설할 거예요. …… 막상 이야기하려니 또 심장이 쿵쾅거리기 시작하네요.

우리 할아버지는 [청의 마지막 황제인] 푸이(溥儀)의 스승이었던 정샤

오센(鄭孝胥)입니다. 영화 〈마지막 황제〉에도 나오죠. 할아버지는 항상 황제를 모셔야 했기 때문에, 집안일에는 관심이 없었어요. 그리고 우리 같은 집안은 무슨 일이 생겨도 애들한테는 알려 주지 않았답니다. 그래서 문혁 때, 사람들이 내게 할아버지와 할머니에 관한 일을 캐물었지만 확실하게 말해 줄 게 별로 없었습니다.

남편 라오류(老劉)는 기술자였습니다. 베이양 대학(北洋大學) 기계학과를 졸업하고 줄곧 기술자로 일했지요. 하지만 그는 출신 성분이 나빴어요. 시아버지는 북양 해군 참모총장이었던 류관슝(劉冠雄)으로 구관료 출신이었습니다. 그런 출신 성분 때문에 우리는 특별 박해 대상이 되었어요.

남편은 사청 운동 시기에 감옥에 갇힌 적이 있는데, 나중에 말하기를 '목욕하고 내려왔'(洗澡下樓)으니 이제 괜찮을 거라고 오히려 나를 위로했어요. 하지만 곧이어 문혁이 세차고 맹렬한 기세로 불어닥쳤고, 우리는 무방비 상태였어요. 어느 날 갑자기 남편이 다니는 공장의 노동자 홍위병들이 우리 집으로 쳐들어왔습니다. 사람들이 아주 많았는데 큰 곡괭이를 들고 와서는 무기를 찾는다며 방바닥과 계단, 천장을 죄다 파헤치고 부쉈습니다. 칼로 소파를 전부 찢어 버렸고요. 우리 집에 있던 침대의 깔판에는 구멍이 두 개 나 있었는데, 그것이 어떻게 생긴 것인지 그때까지 한 번도 생각해 본 적이 없었어요. 그들은 총알이 뚫고 지나간 구멍이라며 총과 총알을 내놓으라고 했습니다. 정말 환장할 일이었죠. 남편이 무슨 잘못을 했는지는 모르겠지만 저녁이 되자 집에 돌아왔어요. 난장판이 된 집을 보며 그는 나를 위로했습니다.

"다른 집들도 모두 압수 수색 당했으니 너무 겁먹지 마."

그 말을 듣고는 안심이 되었어요. 나는 평생 일해 본 적이 없습니다. 시댁과 우리 집안은 대대로 친분을 맺어 왔고, 우리 두 사람도 어릴 때부터 죽마고우였어요. 스물두 살에 그에게 시집간 이래 계속 그와 함께였습니다. 남편이 늘 옆에 있어야 마음이 안정되었어요.

다음 날 그들이 또 쳐들어와 집을 뒤졌습니다. 우리는 신춘(新村)에 살았는데, 그곳에는 대부분 공장 기술자들이 살았지요. 그들은 우리를 끌고 거리를 돌아다니며 비판 투쟁을 했습니다. 목에는 쓰레받기나 작은 솥, 대야 등을 메고 막대기로 두드리면서 "우리는 우귀사신이다!"라고 말하게 했습니다. 그리고 당 위원회 서기를 데려와서는, 우리 이름이 적힌 붉은 종이우산을 들고 있게 했어요. 그것은 우리가 붉은 우산 아래 갇힌 우귀사신이라는 뜻이었죠. 너무 갑작스러운 일이라 사람들은 모두 어리둥절했습니다. 체면이 구겨진 건 말할 것도 없고, 우리는 그렇게 꼴사납게 대로를 걸어 다녔답니다.

우리 집은 잇달아 다섯 번이나 압수 수색을 당했어요. 서랍 속에 있던 물건들, 오랫동안 소중하게 간직했던 것들, 라오류의 책과 소지품, 일기 등 모든 것을 압수해 갔습니다. 남편은 사진 찍는 것을 좋아해서 사진이 특히 많았어요. 그들이 집 안을 뒤지고 간 뒤에는 땅바닥에 온통 찢어진 사진이 가득했습니다. 수색을 당하지 않은 집 아이들이 우리를 구경했어요. 나는 머리가 띵해져서 무슨 소리만 들려도 무서웠습니다. 우리는 신춘에서 쫓겨났어요. 마차 한 대가 오더니 우리더러 솥, 그릇, 국자, 사발 같은 생필품과 이불 따위를 가지고 차에 올라타라고 했습니다. 거울은 요괴를 비추는 '요괴 거울'이라며 가져가지 못하게 했어요. 우리는 강가에 있는 간이 가옥 앞에서 내렸지만, 그곳 마을 대표가 나와서는 "더러운 우귀사신은 안 받는다."라고 말하더군요. 그러고도 우리를 끌어내려 한바탕 비판 투쟁을 했습니다. 그런 다음 다시 마차를 타야 했고 결국 '쓰레기 건물'이라고 부르는 한 낡은 건물 안에 던져졌어요. 그때부터 10제곱미터쯤 되는 작은 방 한 칸에서 살게 되었습니다. 공장에서 매일 사람들이 나와 우리를 심문했습니다. 그들은 재주가 아주 좋았어요. 놀랍게도 T시에 있는, 라오류의 형님 집에서 시아버지가 해군 참모총장 시절 입었던 낡은 제복과 사진을 찾아냈습니다. 그러고는 라오류가 '쿠데타를 기도'했다고 모함했어요. 대체 시대가 어느 때입니까? 라오류가 설사 쿠데타를 기도했다 하더라도, 청나라 시대 옷을 입고 그럴 리는 없잖아요. 그들은 또 나더러 푸이에게 편지를 써서 옛날 사진들을 받아 내라고 협박했어요. 그 사진들을 증거로 우리가 구왕조의 복귀를 꾀했다는 걸 증명하고 싶었던 거죠. 다행히도 푸이는 그런 사진은 없다는 내용의 답장을 보냈습니다. 그러지 않았다면 우리는 더 심한 고초를 겪었을 겁니다. 그들은 이런 식으로 무슨 일이든 마음대로 꾸며 댔습니다. 모든 것이 당황스러웠고, 살아날 길이 없다고 생각했죠. 그런데 그렇게 야단법석을 떨고 우리를 못 살게 굴더니 갑자기 문제가 없다며 이제 괜찮다고 말하더라고요. 라오류의 손목시계도 돌려줬답니다. 그렇지만 우리가 한숨 돌리고 난 뒤 며칠 지나지 않아, 그들은 다시 태도가 돌변해 라오류가 '페퇴피 클럽'을 조직했다고 말했습니다.

나는 페퇴피가 누구인지도 모르고, 외국 사람 이름인 것 같은데 우리는 그런 사람을 만난 적이 없다고 말했어요. 나중에야 그것이 반혁명 조직이고 쿠데타를 꾀하는 조직이라는 사실을 알았습니다. 순식간에 초초함과 불안함이 목구멍까지 차올랐어요.

나와 남편은 신중국 건국 이전에 그 공장으로 왔습니다. 당시만 해도 아주 황량한 곳이었어요. 우리 같은 기술자는 월급이 아주 높았는데, 돈 쓸 데가 없어서 종종 공장 사람들과 함께 놀았습니다. 남편은 손님 접대를 좋아하고 사진 애호가였으며, 스키와 테니스를 즐기는 놀기 대장이었어요. 나는 전통극을 좋아했죠. 그리고 우리는 자식이 없었답니다. 기술자들 대부분이 신춘에 살아서, 늘 집이 넓은 우리 집에 모여서 놀았어요. 사청 운동이 일어나기 전까지 그렇게 지냈습니다. 사청 운동이 시작되고 나서는 그렇게 놀 분위기가 아니었죠. 그런데 신춘에는 국민당의 삼청단*에 참가한 적이 있는 사람이 살고 있었는데, 그는 문혁이 시작되자 자신의 안위를 너무 걱정한 나머지 대자보를 써서 우리가 '페퇴피 클럽'을 조직했다고 모함했어요. 그 일은 아주 심각한 문제였기 때문에, 우리는 처음부터 다시 조사받아야 했습니다.

남편은 두려워했어요. 그는 소심해서 자꾸 울었고, 급기야 녹내장이 생겼어요. 나는 늘 남편이 내 '안정제'라고 생각하면서 살아왔는데,

---

* **삼청단**(三青團) : 삼민주의청년단의 약칭. 중국 항일 전쟁 시기에 장제스(蔣介石)가 이끌었던 국민당 산하의 전국 청년 조직.

그런 모습을 보니 내가 남편의 안정제 역할을 해야 한다는 생각이 들더군요. 그래서 남편에게 말했습니다.

"우리는 짐승이나 마찬가지야. 맞아서 쓰러지면 다시 일어서면 돼. 우리는 그냥 사람들과 어울렸을 뿐 나쁜 일을 한 적이 없는데 무서울 게 뭐 있어."

사실 나는 그보다 더 무서웠어요. 처음 집을 수색할 때보다 무서웠습니다. 그때는 몽둥이로 마구 때렸고, 누구든 걸리면 맞아 죽었죠. 그 대신 걸리지만 않으면 탈이 없었는데, 이번에는 누군가를 겨냥하면 반드시 죽일 듯한 분위기였습니다. 나는 누가 우리 집에 쳐들어와 그냥 총 한 방으로 우리를 깨끗하게 죽여 줬으면 좋겠다고 생각했어요.

7월 3일 저녁, 그날은 아주 무더웠습니다. 남편과 나는 바람을 쐬고 집에 들어왔는데, 갑자기 사람들이 우르르 들어오더니 우리더러 길거리 맞은편으로 가서 앉으라고, 그리고 서로 말하지 말라고 했어요. 집 안에서는 물건을 뒤지고 때려 부수는 소리만 들렸는데, 소름끼칠 정도로 무서웠어요. 그런 다음 남편을 부르더니 데려갔어요.

남편은 내 손을 잡고 슬프게 울기 시작했습니다. 눈물이 내 손을 적셨지요. 울다가는 또 내가 마음 아파할까 봐 이러더군요.

"아무 일 없을 테니 걱정하지 마. 조사가 끝나면 바로 돌아올 거야. 당의 정책을 믿으라고."

마침 나는 부채를 들고 있었습니다. 부채 위에는 내가 붓으로 쓴 마오 주석의 시 구절 "매화를 시로 읊다"(咏梅)가 보였어요. 그는 "그걸 내게 줘."라고 말했습니다.

참 이상하지요. 남편은 왜 그 순간 그 부채를 달라고 했던 걸까요? 다시 집으로 돌아올 수 없다는 사실을 직감했던 건 아닐까요? 부채를 건네자 남편이 내 손을 힘껏 쥐었습니다. 꽉 쥔 손에 그의 마음이 담겨 있었지요. 그것이 영원한 이별이 될 줄 누가 알았겠습니까!

그가 떠나고 난 뒤 나는 멍해졌습니다. 그들이 묻더군요.

"어디로 갈 거요?"

"잘 모르겠어요."

"그럼, 우리랑 함께 갑시다. 같이 가면 남편 옷도 꿰매 주고 빨아 주고……, 남편 소식도 들을 수 있잖아요."

나는 그들을 따라가면 남편과 함께 있을 수 있고 소식도 들을 수 있으리라 생각했어요. 그들이 좋은 뜻에서 그런 제안을 했다고 믿었거든요. 하지만 사실은 나를 데리고 가서 남편에 관한 혐의를 더 쥐어 짜내고 싶었던 겁니다. 나는 차를 타고 공장에 들어갔고, 다시 큰 건물 안으로 들어갔는데 그곳이 바로 63호 수용소였어요. 그들은 나를 아주 작은 단칸방으로 밀어 넣었고, '쾅' 하는 소리와 함께 문이 닫혔어요. 땅바닥에 널브러져 있는 낡은 이불과 볏짚을 보고서야, 감옥에 갇혔다는 사실을 깨달았습니다. 바로 그날 밤 심문이 있었어요. 반혁명을 했다는 증거를 내놓으라는데 그런 게 어디 있겠어요. 나는 방 밖으로 끌려 나가 고문을 당했습니다. 그렇게 2년 반 동안 죽도록 두들겨 맞았답니다. 그들은 내 머리카락을 무더기로 뽑아 버렸어요. 나는 뽑힌 머리카락을 몰래 이불 밑에 쑤셔 넣었어요. 언젠가 감옥에서 나가게 되면 그들을 반드시 고소하리라 마음먹었거든요. 나중에 그런 날이 오기는 왔습니다. 사인방이 붙잡힌 뒤, 한 고위 지도자가 내게 그들을 규탄하는 연설을 하라고 했거든요. 한 시간 넘게 연설을 하면서 얼마나 가슴이 벅찼는지 모릅니다.

그들은 남편이 송신기 제조와 반동 회의 개최, 그리고 반동 선서문을 낭독했다는 사실을 인정하라고 협박했습니다. 내 옆에 오줌 세 병과 똥 한 통을 놓아두고는, 사실을 인정하지 않으면 바로 똥오줌을 먹였답니다. 게다가 갖가지 거짓말을 조작해 냈어요. 예를 들어, 남편이 반동 회의를 개최할 때 국민당 당기를 걸어 놓았다며 그 사실을 내게 쓰라고 했고, 거부하면 바로 때리고 욕을 했습니다. 그렇게 입에 담기도 힘든 쌍욕을 들어보기는 난생처음이었어요.

매일 밤 12시 이후에 취침 허가 통지를 받고 나서야 잠을 잘 수 있었고, 새벽 5시 정각에 일어나야 했습니다. 그들은 심문하고 싶으면 아무 때나 나를 끌고 나가 죽도록 팼어요. 어느 날은 건장한 남자 셋이 나를 바닥에 밀어뜨리더니 빙 둘러싸고 발로 마구 차더군요. 코피가 줄줄 흐르자, 그들은 내가 마오 주석의 '최신 지시'를 베껴 쓴 종이로 내 코를 틀어막더군요. 입이 부어터져서 며칠 동안 밥도 먹을 수 없었답니다. 맞을 때마다 나는 이번에는 죽고 말겠구나 생각했어요.

고문하는 방법은 아주 다양했습니다. 내 손에 쇠사슬을 걸고는 멈추지 말고 쓰러질 때까지 의자를 돌면서 뛰라고 했어요. 젊은 청년 둘이 가장 잔인했어요. 그들은 나를 들어 올려서 한 사람은 내 머리를 잡고, 다른 한 사람은 내 발을 잡고 마치 빨아 놓은 침대보를 비틀어 짜듯이 내 몸을 비틀었습니다. 온몸의 관절이 부러질 듯이 아팠고 너무 아파 소리를 지르면 그들은 축음기를 틀었습니다. 축음기 소리가 너무 커서 내 비명 소리는 들리지 않았습니다.

물론 나는 그들이 시키는 대로 인정할 수 없었어요. 내가 인정하면 그것을 증거로 남편을 협박할 것이고, 그러면 남편은 죽게 될 테니까요. 나는 내가 죽을지언정 남편을 죽게 할 수는 없다고 생각했어요.

나는 자주 굶었습니다. 먹을 것을 주지 않는 날이 많았습니다. 배가 너무 고파 볏짚을 입에 꾸역꾸역 쑤셔 넣으며 억지로 삼켰답니다. 가축이나 마찬가지였어요. 나중에는 요령이 생겨서, 식사 때 배고플 경우를 대비해 만두 반 개를 볏짚 안쪽에 숨겨 놓곤 했답니다. 하지만 곰팡이가 생긴 만두를 먹고 배탈이 나기도 했지요.

시간이 지나면서 나도 영악해졌습니다. 완강하게 버티지 않고 재빨리 둘러댔어요.

"반동 클럽에서 넌 누구랑 마작을 했지?"

"장제스와 쑹메이링(宋美齡)하고요."

"낡은 군복은 왜 남겨 놓은 거지?"

"매일 잠깐씩 입고 국민당을 기념하려고요."

그들은 내가 아무렇게나 말한다는 걸 알고는 더 끔찍하게 고문했습니다. 하루는 그러더군요.

"넌 승급했다. 오늘 널 총살할 거야!"

그러고는 내 머리에 솜옷을 뒤집어씌우고 지프에 태웠어요. 지프는 한 시간을 달렸는데, 사실은 공장 뒤편의 소금 개펄을 빙빙 돌았을 뿐입니다. 한참 뒤 그들은 나를 끌어내려 낡은 방으로 데려갔어요. 방 안에는 공장 관리자들이 있었고 군복을 입은 사람들도 있었습니다. 이들은 황당한 질문을 했어요.

"송신기는 어디 있어?"

"강에 던져 버렸어요."

"송신기 설계도는 어디서 난 거지?"

"신화 서점에서 샀죠."

내가 멋대로 지껄이는 걸 듣고는, 화가 난 세 사람이 큰 나무 몽둥이로 나를 사정없이 팼고 칼등으로 자근자근 내려찍었습니다. 그중에는 그동안 한 번도 때린 적이 없어 내게 우호적인 줄 알았던 사람도 있었는데, 그가 더 잔혹하게 때렸어요. 그들은 63호 수용소로 돌아온 뒤에도 나를 매달고 때렸습니다.

이튿날 말단 부하 한 사람이 내 방에 슬며시 들어왔어요.

"송신기가 없다면 언젠가는 결백하다는 게 밝혀질 것이오. 나는 의학을 배운 적이 있어요. 다리가 많이 부어올랐네요. 내가 치료해 주겠소. 하지만 다른 사람에게 알려서는 안 돼요."

나는 이 사람은 그래도 양심이라는 게 있구나 싶어 어떻게 감사의 말을 해야 할지 몰랐습니다. 하지만 그는 다리를 치료해 준다는 구실로 나를 성폭행했습니다. 구해 달라고 외쳐도 달려오는 사람은 없었어요. 죽을힘을 다해 저항했지만……. 정말 죽고 싶었답니다. 산다는 게 점점 더 비참해졌어요. 하지만 야간 경비를 서는 여성 노동자가 나를 설득했고, 남편 생각도 났습니다. 내가 죽으면, 남편이 감옥에서 나온 뒤 혼자 어떻게 살아가겠어요? 하지만 누가 알았겠습니까. 남편은 수용소에 갇힌 지 3개월 만에 가혹행위를 견디지 못하고, 침대 다리를 받치는 벽돌로 자기 머리를 내리쳐 이미 자살했다는 사실을요. 수용소에 들어온 지 얼마 되지 않은 어느 날, 두 사람이 남편을 끌고 가는 뒷모습을 문틈으로 봤던 기억이 있습니다. 그래서 나는 그가 살아 있는 줄로만 알았어요. 우리 두 사람은 63호에 있었지만 남편은 내가 그곳에 있는 줄 몰랐고, 나는 남편이 얼마 지나지 않아 죽었다는 걸 몰랐던 거죠. 남편이 이 세상에 없다는 걸 알았더라면, 굳이 살아남기 위해 그런 고통을 견딜 필요도 없었을 것입니다.

1971년 어느 봄날이었어요. 그들이 그러더군요.

"당신 남편은 1968년 9월 28일 스스로 인민들과 관계를 끊었어."

그다음 말이 어렴풋이 들렸어요.

"당신도 남편과의 관계를 청산해야 돼!"

아무 생각도 느낌도 들지 않았어요. 한참 뒤 그들이 다시 와서 남편과의 관계를 끊는다는 내용으로 각서를 쓰라고 했을 때, 나는 갑자기 뛰쳐나가 큰 소리로 울부짖으며 남편 이름을 불렀어요. 감정이 순식간에 폭발한 거죠.

머리가 온통 뒤죽박죽되어 자제할 수가 없었습니다. 문득 모든 것이 거짓말 같았어요.

'라오류는 죽지 않았어. 그는 순순히 자백해서 벌써 수용소를 나갔을 거야. 그리고 자전거를 타고 나를 데리러 올 거야…….'

둘이 함께라면 이곳저곳 유랑하면서 구걸하며 살아도 좋다는 생각이 들었습니다. 그러다가 또 갑자기 이 상황이 진짜라는 걸 깨닫고는 라오류를 부르며 통곡을 했습니다. 라오류가 눈앞에 있는 것처럼 한 번, 또 한 번 그를 불렀어요. 그런 내 모습을 본 63호 간수들은 귀신이 있는 줄 알았다고 하더군요. 정말이지 그들이 그렇게 비열한 짓을 하리라고는 생각도 못 했답니다.

그들은 말했습니다.

"우리 공장은 생산을 하는 곳이야. 언제까지 당신을 여기에 살도록 할 수는 없다고."

나도 더는 그 '쓰레기 건물' 안의 단칸방에 있고 싶지 않았어요. 그 곳의 풀 한 포기, 나무 한 그루만 봐도 미칠 것 같았거든요. 그들은 나를 다른 곳으로 보냈습니다. 내가 자살할까 봐 여성 노동자 두 명이 번갈아 내 옆을 지켰어요. 나중에야 알았는데, 63호에서 사람이 죽은 일로 조사받던 중이라 내가 자살하면 문제가 될까 봐 걱정했던 겁니다.

라오류가 사망했을 때 그들은 화장터로 보내지 않고 63호 수용소 안에서 땔감으로 태워 버렸답니다. 그러고는 대충 만든 상자에 유골을 담았던 거죠. 어느 날 그들이 흰색 보자기에 싼 상자를 들고 왔어요.

"이놈은 백번 죽어 마땅해!"

이렇게 말하고는 보자기를 풀어 상자를 땅바닥에 던졌어요. 라오류 였습니다! 나는 땅바닥에 쓰러져 "살려 내!"라고 외쳤어요.

그날부터 나는 큰 보따리를 뭉쳐 침대 위에 올려놓고 라오류라고 생각하기 시작했어요. 그의 옷과 모자도 입혀 주었어요. 온종일 그 옆을 지켰고, 그도 나를 지켰어요. 밥 먹을 때는 그의 젓가락도 차려 놓았어요. 그는 조금도 움직이지 않았고 한마디도 하지 않았습니다. 나도 조용히 있었고요. 하지만 그가 내 옆에 있는 것만으로 좋았습니다.

어느 날 네이멍구로 농촌 하방 활동을 갔던 딸아이가 돌아왔어요. 사람들이 나더러 그 보따리를 치우라고 하더군요. 딸아이가 놀란다고요. 그제야 그것을 다른 곳으로 옮겼답니다.

딸아이는 사실 수양딸이에요. 그 아이의 운명도 나보다 낫지 않았어요. 친아버지는 어릴 적부터 라오류와 제일 친한 친구였지요. 자식이 없던 우리 부부는 친구의 아이를 태어난 지 40일 만에 입양하게 되었어요. 친아버지 이름은 주원후(朱文虎)였는데, 라오류가 일했던 공장의 전기기계 기술자였어요. 예전에 자주 우리 집에 놀러 온 탓에 '페퇴피 클럽'의 2인자로 몰려 63호 수용소에 감금되었습니다. 그는 성격이 대쪽 같아서 더 심하게 얻어맞았답니다. 항문에 담배꽁초를 쑤셔 넣는 고문으로 대변을 보지 못하기도 했고, 장정들에게 밟혀 갈비뼈 세 대가 부러진 뒤 병원에서 죽었습니다. 그가 죽자, 수용소에서는 심장병으로 죽은 것처럼 사망 진단서를 위조했어요. 그리고 나중에 조사받게 될까 봐 부러진 갈비뼈를 찍은 엑스선사진을 다른 사람 것으로 바꿨습니다. 내 수양딸은 아버지가 둘이었지만 모두 63호에서 죽은 거죠.

나는 말이죠, 라오류가 죽었을 때, 그때 나도 죽어 버린 거예요. 내가 왜 아직까지 살아 있는지 잘 모르겠어요. 내가 왜 살아 있는지 말씀해 주실래요?

죽음은 수많은 질문을 던지는 의문 부호이다.

2. 두 번째 여인: 영원한 그리움

◆ 1968년 / 54세 / 여자 / K시 K구 모 중학교 교사

내가 바로 '죽은 사람에게 돈을 보낸 여인'이랍니다. 내 모든 고통이 이 말에 담겨 있어요. 이 말은 내게 아주 깊은 수렁과도 같아서, 평소에는 차분해 보일지 몰라도, 문득문득 그 수렁 속으로 깊이깊이 빠져든답니다.

남편은 1969년 12월 17일, 63호에서 죽었습니다. 나는 한 번도 63호에 가본 적이 없었어요. 훗날에야 그곳이 아주 끔찍한 곳이라는 것을 알았답니다. 기술자들 여럿이 그곳에서 죽었다고 하더군요. 내 남편 라오첸(老錢)은 말썽을 일으키는 사람이 아니었어요. 그는 공장에서 20년 동안 자재를 공급하는 일을 했는데, 집에는 아무리 필요해도 나사못 하나 공장에서 가져오지 않았어요. 그랬던 그가 왜 죽어야 했을까요? 그것도 그를 매달아서 때려죽였다면요?

우리는 어릴 때부터 아는 사이였는데, 그는 성격이 좀 급했지만 정직하고 일에 몰두하는 사람이었어요. 우리는 가난했지만 자부심이 있었습니다. 그는 늘 말단 업무를 묵묵히 담당하는 간부였어요. 나는 평범한 교사였고요. 우리는 아이가 다섯이나 됐기 때문에 수입의 대부분을 교육비로 지출했고, 그렇게 아이들을 모두 대학까지 보냈답니다. 문혁 때 집을 압수 수색 하는데, 우리 집이 가장 가난해서 벽을 파고 땅을 긁어도 값나가는 물건을 찾아낼 수 없었어요. 방은 텅 비어 있었고, 저금통장에 겨우 1백 위안 정도밖에 없었습니다. 고작 낡은 칼 한

개를 찾아내서는 그걸 비수라며 라오첸이 범죄를 저지른 증거로 전시했어요.

라오첸의 죄명은 라오류 집에서 조직한 '페퇴피 클럽'에 참가했다는 것입니다. 그놈들 말만 들으면 라오류 집에 진짜 무슨 반혁명 조직이 숨겨져 있는 것 같지만, 사실 그렇지 않았어요. 나도 자주 그 집에 가서 놀았거든요.

해방 초기에 그 지역은 온통 큰 물웅덩이였답니다. 공장을 지으려고 옌징 대학, 푸단 대학(復旦大學), 난카이 대학(南開大學)을 졸업한 사람들 가운데 3등 안에 드는 성적 우수자들을 모집했어요. 또한 고임금을 약속하며 각종 전문 기술자들도 초빙했고요. 한때는 인재가 몰려 있다고 해서, 저우언라이(周恩來) 총리도 그곳을 '기술 단지'라고 말했어요. 고급 인재들이 모두 신춘에 모여 들었고, 마당이 딸린 반듯한 집에서 살았습니다. 지식인들은 속성상 정신적으로 뭔가를 즐기는 걸 좋아하는데, 마땅한 오락 장소가 없었어요. 그때 마침 라오류 부부는 손님을 초대해 함께 시간 보내기를 즐겼고 집도 넓어서 우리는 자주 라오류 집에서 모임을 가졌답니다. 주로 전통 극을 하고 마작을 했지만 돈이 오간 적은 없었어요. 서로의 생일날이나 명절이 되면 각자 음식들을 하나씩 장만해 와 다 함께 놀곤 했습니다. 사이가 아주 좋았지요.

그 당시 우리 집은 신춘이 아니라 산자오디(三角地)에 있었습니다. 라오첸은 경극을 좋아해서 소생(小生)과 주유(周瑜)의 역할을 할 줄 알았고 호금(胡琴)도 잘 연주했습니다. 나는 청파* 역할을 했고요. 라오류 부부도 노래를 잘해, 우리는 자주 모여 경극 공연을 함께하곤 했답니다. 그런 단순한 모임이었어요. 하지만 지식인들은 출신 성분이 나빠서 이미 감시를 당하고 있었습니다. 한번은 다 함께 모여 있는데, 신춘의 가도 대표[한국의 동장(洞長)]가 나무에 올라가 집 안을 들여다보고 있더군요. 그때는 우리가 공연하는 것을 구경하는 줄 알았죠. 우리 작은아들은 라디오를 가지고 노는 걸 좋아해서 늘 지붕에 올라가 안테나를 잡아당기곤 했어요. 한번은 가도 대표와 경찰이 갑자기 찾아와선, 안전을 위해 전기회로를 검사해야 한다는 거예요. 나중에 '페퇴피 클럽' 사건을 조작하면서 라디오 전파를 찾아야 한다며, 전파를 찾으면 바로 베이징으로 가서 마오 주석에게 기쁜 소식을 전할 거라고 했습니다. 그제야 비로소 우리가 줄곧 감시 대상이었다는 것을 알았어요.

식은땀 나는 일이 또 있었답니다. 내 사위는 한국전쟁에 참전했다가 작은 이어폰 같은 미군의 전기 제품을 가져온 적이 있어요. 라디오를 좋아하는 작은아들이 나중에 신장으로 공부하러 떠나면서 모두 가지고 갔답니다. 만일 그러지 않았다면 일이 커졌을 거예요. 분명히 집에서 증거를 찾아냈을 것이고, 우리 집은 몰살당했겠지요. 돌이켜보면 지금도 식은땀 나는 사건들이 많답니다.

계급 청산 대오 운동을 시작할 때, 라오첸은 그 일로 조사를 받았습니다. 하지만 그는 구속되지는 않았기 때문에 매일 저녁 집에는 돌아

• 청파(程派) : 경극의 한 창법을 대표하는 문파. 중국 경극계의 4대 인물 가운데 하나인 청 엔치우(程硯秋, 1904~58)가 창시했고, 그의 성을 따서 청파라고 한다.

올 수 있었답니다. 그러던 어느 날 그가 집에 돌아오지 않았어요. 밤 12시까지 기다리다가 아무래도 불안한 생각이 들었습니다. 그래서 칠흑처럼 어두운 길로 나가 몇 바퀴를 돌았지만 인기척도 없었어요. 새벽 1시가 넘어 쾅쾅 문 두드리는 소리가 났습니다. 공장에서 한 무리의 사람들이 밀고 들어와 온 집 안을 샅샅이 뒤졌어요.

"라오첸은 왜 안 오는 거죠?"

"잠시 못 볼 거요."

그날 이후 다시는 그를 보지 못했습니다. 아침에 집을 나서 공장으로 향하던 그의 모습은 평소와 다름없었어요. 이별의 말 한마디 없이 그렇게 평범하게 출근했던 그는 돌아오지 못했습니다. 이별이라는 것이 어떻게 그렇게 간단할 수 있는지요.

그 뒤로는 거의 소식이 없었습니다. 그저 가끔 그가 아주 야위었고, 낯빛도 창백하며 빗자루로 마당을 쓸고 있는 모습을 봤다는 말만 들었어요. 사실은 그것도 거짓이었답니다. 그는 63호 수용소 안에서 고문을 당하고 있었어요. 나는 중학교 교사였고 직장이 있었기 때문에 수용소에 갇히지 않을 수 있었어요. 라오류의 부인은 직업이 없어서 63호에 갇혀 갖은 고통을 당했어요. 그들 부부는 같은 건물에 있었음에도, 남편인 라오류가 죽은 지 2년이 넘도록 부인은 그 사실을 알지 못했답니다.

내 경우는 조건이 비교적 좋았습니다. 문제 있는 사람들은 모두 월급이 깎였는데, 라오첸의 월급은 항상 똑같이 지급되었거든요. 처음에는 그에게 물건을 보내는 것도 허락되었답니다. 나는 담배, 치약, 비누

그리고 그가 좋아하는 간식거리 등을 사서 보내 주곤 했어요. 갈아입을 옷도 몇 벌 보내 줬고요. 매달 공장에 가서 그의 월급을 받아다가 그 가운데 40위안을 남편에게 보냈습니다. 늘 63호 수용소가 아니라 특별 안건 심사팀에 전달해 주면 그들이 다시 남편에게 전달해 주곤 했어요. 궁금하긴 했어요. 왜 유독 남편 월급만 그대로 지급하는지. 그의 죄가 가볍기 때문이라고 생각하면서, 그리고 그가 떠났을 때처럼 그렇게 평소와 다름없이 어느 날 문득 돌아올 수 있으리라 믿었답니다. 일종의 달콤한 환상이었죠.

1년 남짓 시간이 흘러, 1970년 설 연휴가 끝나고 학교에 갔는데 한 선생이 물었습니다.

"라오첸에게 무슨 소식이 있어?"

"아니."

그 선생은 목소리를 최대한 낮춰 말했습니다.

"라오첸이 죽었대."

"그럴 리가 없어. 사람이 죽었는데 어떻게 월급을 주고 가족들에게 말도 안 해주겠어? 며칠 전에도 월급을 받아서 그에게 보내 줬는데."

참 어리석게도, 나는 믿지 않았답니다. 사실 남편은 몇 달 전에 이미 죽었는데 말이죠. 내가 믿을 수 없었던 데에는 그럴 만한 이유가 있었습니다. 그 뒤로도 63호에서 사람이 나와서는 돈과 옷을 요구했거든요. 라오첸이 돈이 더 필요하다고 했다면서요. 게다가 나는 새 솜옷을 남편에게 전해 달라고 부탁까지 했답니다. 나는 월급을 계속 받았고, 일부를 특별 안건 심사팀에 전달했습니다. 그들은 매번 그 돈을 받앗는데, 조금이라도 망설이는 기색이 보였다면 의심을 했을 거예요. 어쩜 그렇게 표정 하나 변하지 않고 아무렇지도 않게 이 불쌍한 여인을 속여 왔던 것일까요. 정말 냉정한 사람들이었습니다. 내 돈을 받으면서 도대체 무슨 생각을 했을까요.

다시 서너 달이 지났고, 63호는 사람들을 풀어 주기 시작했습니다. 수용소에서 풀려난 사람들은 꼭꼭 숨어 버렸고, 다른 사람들과 말을 하지 않았어요. 한번은 거리에서 라오류의 아내를 봤는데 담벼락에 바싹 붙어서 다녔어요. 사람을 두려워하는 것 같았고 정신도 좀 없어 보이더라고요. 감히 다가가 물어볼 수가 없었어요. 혹시 폐를 끼칠까 봐서요. 그저 라오류네도 저렇게 무사한데 라오첸도 금방 나오리라 생각했답니다.

6월 말 어느 날, 공장에서 갑자기 사람이 찾아왔어요. 우리 학교 노동자 선전 대원도 함께였습니다. 그들은 차분하면서도 긴장한 얼굴이었어요. 잠시 앉아 있다가 입을 열었습니다.

"라오첸이 죽었습니다."

"언제요?"

나는 도저히 믿을 수 없다는 듯이 되물었어요. 1969년 12월 17일에 죽었다고 하더군요. 나는 최선을 다해 마음을 가라앉히고 나서 다시 물었습니다.

"어떻게 죽었나요?"

그들은 내 질문에는 대답하지 않고 이렇게만 말했습니다.

"당신 남편은 죽었지만, 아직 문제가 해결되지 않았기 때문에 명예 회복은 잠시 미뤄졌어요. 그는 산재 사망으로 처리되었습니다. 하지만 당신네 가족은 모두 직업이 있고 부양할 사람도 없기 때문에 보상은 없습니다. 월급도 이제 지급되지 않습니다."

"참 이상하군요. 나는 어릴 때부터 그이를 잘 알았고 양쪽 집안 대대로 친한 사이었어요. 같은 동네에서 함께 자랐고요. 대학을 졸업하자마자 한 직장만 계속 다녔어요. 그 정도 이력밖에 없는데 무엇이 확실하지 않다는 건지 이해가 안 가네요. 그리고 그 사람이 어떻게 죽었기에 산재로 처리한다는 거죠?"

아무리 물어봐도 그들은 대답해 주지 않았습니다.

내가 그때 왜 울지도 않고 소리도 치지 않았는지 잘 모르겠습니다. 울고불고 난리를 치는 게 당연했는데 말이죠!

'라오첸, 당신은 죽은 지 반년이 넘었는데 어떻게 꿈에도 나타나질 않는 거야? 설마 당신도 그들처럼 나를 속이고 어느 날 갑자기 찾아와서는 놀라게 하려는 거야?'

그때 군대 선전대가 공장에 들어가 있었습니다. 마침 사위의 친구 하나가 군선대원이었어요. 그를 통해 비로소 남편이 어떻게 죽었는지를 알아낼 수 있었습니다. 어느 날 라오첸이 발목과 손목을 묶인 채 구석에 매달려 구타를 당했다고 합니다. 그이를 폭행하던 놈들은 때리고 난 뒤 술을 마셨는데 다들 완전히 취해 버려 라오첸이 매달려 있다는 사실을 잊어버렸던 겁니다. 술에서 깨어났을 때는, 이미 남편의 두 팔과 두 다리가 구부러지고 오그라들어 있었다고 해요. 바닥에 내려놓았지만 그는 이미 죽어 있었답니다. 이것이 바로 그들이 말했던 '산재 사망'입니다!

봉건 시대에도 사사로이 비밀리에 불법 재판을 벌이는 것을 금했고, 법정에서 사람을 때려죽이면 관원을 면직했습니다. 그런데 어떻게 사람을 매달아서 때려죽일 수가 있으며, 죽은 지 반년도 넘었는데 가족에게 알리지도 않았단 말입니까? 그러고도 어떻게 우리 집에 와서 돈과 옷을 요구할 수 있었을까요? 나는 시 당국에 소송을 걸었고, 베이징까지 가서 소송을 했지만, 아무리 문제를 제기해도 대답은 한마디뿐이었습니다.

"문제가 너무 복잡해서 해결하기 힘들다."

사인방이 붙잡히고 난 뒤, 63호에서 억울하게 옥살이했던 사람들이 누명을 벗고 명예 회복을 했을 때에야 비로소 그 '복잡한 문제'의 원인이 모두 상부에 있다는 걸 알았습니다. 주모자와 주범은 잡혔지만, 라오첸이 어떤 고문을 받았고 그를 때려죽이는 데 누가 가담했는지 물어볼 곳이 없었어요. 문혁이 끝나고, 파괴된 가정은 파괴되었고 죽은 사람은 죽었지만 모든 책임은 사인방에게 씌워졌습니다. 사람들은 마치 아무 일도 없었다는 듯이 다시 서로를 향해 웃는 얼굴을 하고 있는데, 당시 고문했던 사람들을 도대체 어디서 찾을 수 있단 말입니까? 스스로 양심의 가책을 느끼고 반성하지 않는 한 말이에요. 하지만 양심의 가책을 느끼고 자신이 괴롭혔던 사람을 찾아가 회개한 사람이 있다는 말을 나는 한 번도 들어 본 적이 없습니다. 우리 집 식구들은 모두 책상물림이라 기관이나 사람을 찾아가 난리를 치고 책임을 따지는 일을 하지 못했어요. 그저 억울하게 죽은 라오첸과 그 모든 일을 마음속에 간직하는 게 고작이었죠.

여기저기 수소문한 끝에 겨우 라오첸의 유골함을 찾을 수 있었습니다. 일처리도 얼마나 경솔했는지, 유골함을 처리한 당사자도 그것을 어디에 뒀는지 잊어 버렸더라고요. 지금은 좋은 유골함으로 바꾸고 납골당 내부에 모셨답니다. 매년 청명절과 그의 기일인 12월 17일이 되면 우리 가족은 다 같이 그곳을 찾아가요. 음력 정월 16일, 그이의 생일에는 나 혼자 그를 보러 가고요. 우리는 종이를 태우지 않습니다. 가서 그냥 보고만 와요. 이 세상에서도 얻지 못한 행복을, 어디에서 얻을 수 있단 말입니까?

내가 담담해 보이지 않나요?

예전에 어느 잔치 자리에 갔는데 전복 삼계탕이 나왔어요. 나는 두 그릇을 달라고 하면서 이렇게 말했답니다.

"라오첸이 가장 좋아하던 음식이야. 그의 몫까지 두 그릇을 먹을 테야."

다들 조용해졌어요. 아무도 말하지 않았죠. 그런 일은 위로해도 소용없다는 걸 다들 알고 있었던 겁니다. 모두들 그저 "그래, 그래."라고 맞장구를 칠 뿐이었어요.

또 한번은 항저우(杭州) 시후(西湖)의 가로수 길을 혼자 산책할 때였어요. 뚜벅뚜벅 걸어가다가 갑자기 그이가 몹시 그리워졌습니다……. 그렇게 아름다운 곳에서 왜 그 사람이 생각났는지 모르겠습니다. 그 뒤로 마음먹었답니다. 아름다운 곳에는 다시 가지 않겠어…….

죄악의 결과는 영원한 고통이다.

고통 받았던 한 세대 모든 중국인을 위하여*

이 책을 집필하기 위해 신문에 문혁 경험담을 모집한다는 공고를 실었다고 들었습니다. 의도와 내용을 알고 싶습니다. 처음 구술 작업은 톈진 지역에서 진행되었던 것 같은데, 나중에는 전국적인 범위로 확대되었습니다. 이유는 무엇인지요?

펑지차이(이하 펑) : 모집 공고는 가장 먼저 톈진의 『금만보』(今晚報)라는 신문에 냈었고, 나중에는 중국신문사(中國新聞社)가 전재하면서 전국의 크고 작은 각종 신문사들이 서로 경쟁적으로 기사를 실었습니다. 당시는 문혁이 끝난 지 10년이 지났을 무렵이라 상처가 아직 아물지 않은 때였고 (문혁 때 겪은) 고초를 호소할 곳이 없었기에 반응이 아주 뜨거웠어요.

공고 내용은 크게 세 가지였습니다. 우선, 문혁으로 고초를 당한 사람들 내면의 역정(歷程)을 기록하고 싶었고, 둘째, 유명인이나 사회적으로

---

* 1995년 6월 5일, 러트거스 대학(Rutgers University) 디트리히 챤츠(Dietrich Tschanz) 교수와의 대담.

지위가 있는 사람들이 아닌 일반 서민만을 취재하고 싶었어요. 마지막으로, 글에서 증언자의 이름과 내용에 등장하는 지명 및 인명을 밝히지 않고, 절대로 외부에 발설하지 않겠다고 보장했습니다. 어느 시대라도 평범한 민중의 경험과 역사만이 그 시대의 진정한 역사이기 때문입니다. 하지만 역사는 늘 유명한 사람들을 편애하지요. 나는 세상에 알려지지 않은 민중과 울분을 참고 있는 수많은 대중을 만나고 싶었습니다. 또한 나는 내면이 말해 주는 것들을 중요하게 생각합니다. 내면의 체험이야말로 가장 심오한 경험이지요. 나는 작가이기에 사람들의 내면세계가 감내하는 것들을 중시합니다.

또 한 가지, 문혁의 시대는 지나갔지만 당사자들이 아직 살아 있고, 원한 관계도 아직 해결되지 않았으므로 취재원들의 비밀과 안전을 보장해야 했어요. 이런 내 생각이 사람들의 필요와 부합했기 때문인지 반응이 아주 뜨거웠어요. 그때부터 지금까지, 내게 대담을 요청하는 편지만 4천여 통에 달했는데, 너무 많아서 집에 보관할 수 없을 정도였어요. 대부분은 내가 잘 처리했어요. '공고'에서 말했듯이, 비밀을 엄수하겠다는 약속을 지키기 위해서였지요. 편지 내용 중에는 절대 쓸 수 없는 이야기들도 일부 있었습니다.

구술 작업은 톈진에 있는 이들부터 시작했습니다. 그곳에 살고 있었거든요. 하지만 다른 지역까지 빠른 속도로 확산되었어요. 사실, 이 작품을 구상할 때에는, 전국적인 범위를 염두에 두었습니다. 문혁은 중국 전역을 뒤덮었으며, 그 재난의 자장 밖으로 벗어난 사람은 한 사람도 없었으니까요. 마치 큰 바다가 바닷속에 있는 모든 것을 짜게 만드는 것과 같지요. 중국 전역에서 가장 심각하고 가장 구체적이며, 전형적이되 서로 중복되지 않는 사례들을 찾아야만 했습니다. 그래야만 그 전대미문의 재난이 갖는 범위와 깊이를 진정으로 묘사할 수 있으니까요.

취재는 어떻게 진행되었나요? 당신의 집, 아니면 취재원의 집에서 했나요? 취재 당시 제3자도 함께 있었습니까? [취재 과정에서] 얻은 자료에 대해 사실 확인이 필요했나요? 아니면 당신과 취재원 사이에 일종의 암묵적인 상호 신뢰가 있었던 건가요?

평: 취재 장소는 취재원이 선택하도록 했습니다. 예를 들어, 구술 내용이 지극히 사적이고 비밀에 가깝다면 그의 집이 불편했기 때문에 우리 집 혹은 다른 장소를 선택했어요. 지방에서는 내가 묵었던 숙소에서 진행하는 경우가 많았어요. 그런 취재는 신뢰를 바탕으로 한 진실한 대화여야 하니까요. 취재원들은 대부분 아주 다급한 심정으로 나를 찾아온 사람들이고, 내게 흉금을 다 털어놓으며 마음속 이야기를 전부 다 쏟아 냈습니다. 그래서 우리는 제3자가 있는 것을 좋아하지 않았어요. 두 사람일 때 비로소 자연스럽고 편하게 온 마음을 쏟을 수 있고, 기쁨과 슬픔을 이야기할 때도 느낌을 공유할 수 있지요. 나는 작품을 쓰기 위해 취재원에게서 글감을 얻으려고 한 것이 아닙니다. 일종의 책임감 때문인데, 달리 말하자면 인민을 대신해 쓰려는 마음이었어요.

　보통 취재 후에 그 어떤 사실 확인 절차도 밟지 않았습니다. 사실을 확인하다 보면 취재원의 신분이 드러날 수 있거든요. 취재원들은 모두 수단과 방법을 가리지 않고 자발적으로 나를 찾아왔고, 하고 싶은 말이 마음속에 가득했던 사람들입니다. 눈물을 흘리며 이야기하고, 가족과 친구들의 숨겨진 비밀까지 털어놓는 사람들이라, 사실 확인 절차라는 게 필요 없습니다. 그들은 이 취재가 자신들의 억울함을 풀어 주기 위한 것이 아님을 알고 있어요. 글에서도 실명을 밝히지 않았기 때문에 누구도 그들의 신분을 알 수 없었으며, [그들이] 비난한 사람들도 그것이 자기 이야기라는 걸 알 수 없는데 [취재원들이] 거짓말을 할 필요가 있겠습니까? 매번 취재하기 전에 나는 내가 왜 이 책을 쓰려고 하는지를 그들에게 설명합니다. **이 책은 나를 위한 것도 아니고 또 그들만을 위한 것도 아니며, 고통 받았던 한 세대의 모든 중국인을 위한 책이라고 얘기합니다. 이 모든 이야기를 후대에 알려줘야 하고, 다음 세대들은 우리가 겪었던 고통을 되풀이하지 않도록 해야 한다고요.** 이런 내 이야기에 모든 취재원이 공감하고 감동했죠. 나의 책임감을 그들의 책임감으로 변화시킬 때 비로소 진정으로 가치 있는 내용을 얻을 수가 있습니다.

취재 과정에서 어떤 질문을 하나요? 취재 방식을 알고 싶습니다.

펑 : 우선, 그들을 초청해서 마음을 열고 자유롭게 이야기합니다. 이것은 아주 중요한데, 질문에 대답하는 사람으로만 대하면 제게 거리를 느낄 것이고 마음속에 담아 뒀던 이야기를 털어놓고 싶은 마음도 생기지 않겠죠. 취재원들이 내 범위 안으로 들어오게 하는 것이 아니라, 내가 먼저 그들의 세계로 들어갑니다. 따라서 질문 방식은 그들의 기분과 정서에 따릅니다. 일반적으로 다음과 같은 몇 가지 질문을 합니다. 첫째, [취재원의] 경력과 [겪은] 사건의 내용, 둘째, 그 과정에서 느꼈던 솔직한 느낌, 셋째, 자신이

겪은 문혁 10년 동안의 경험을 지금 시점에서 회고했을 때 어떻게 생각하는지 등입니다.

취재 과정과 방식에 대해 말하자면, 누군가 나를 찾아왔다면 보통은 내게 할 말이 있다고 먼저 말합니다. 그 사람과 간단히 몇 마디를 나누면서 그가 말하고자 하는 열망의 정도와 대략의 내용을 들어요. 처음부터 이야기가 아주 감동적이고 독특하다면 바로 취재 대상으로 결정하고 다시 약속을 잡아요. 타지에서 어떤 사람이 나와 얘기하고 싶다고 편지로 청하면, 어떤 이야기를 나누고 싶은지 묻는 답장을 보냅니다. 이야기의 가치가 그다지 크지 않으면 다시 찾지 않습니다. 그 반대라면 그를 다시 만날 계획을 잡지요. 취재할 때는 녹음도 하고 필기도 합니다. 필기는 요점만 기록하고, 녹음을 통해 어감과 목소리 등 모든 것을 담죠. 이렇게 하면 글로 정리할 때 취재원들에게 좀 더 가까이 다가가는 데 도움이 됩니다. 이 책은 구술사입니다. 진실은 모든 것에 우선합니다. 나는 이 책에서 문혁을 '변형'시키지 않을 겁니다. 그렇게 하면 이 책은 진정한 가치를 잃게 되기 때문이죠.

취재한 뒤에는 곧바로 정리 작업을 합니다. 우선 이어폰을 꽂고 녹음을 들으면서, 내용 가운데 중요한 부분을 기록합니다. 그러고 나서 그 내용을 근간으로, 취재할 당시 기록했던 필기를 참조해 문학적인 수단을 이용해 글을 씁니다. 두 번째 과정은 시간이 좀 걸리죠.

한 사람을 보통 몇 번이나 취재하나요?
펑: 보통은 한 번이고, 대략 반나절에서 한나절이 걸립니다. 어떤 때는 이

틀이 걸리기도 하는데, 내용이 너무 많거나, 글쓰기 작업을 할 때 구체적인 줄거리가 부족할 때 그렇습니다.

"나는 도대체 죄가 있는 건가요, 없는 건가요?"를 취재할 당시 상황을 설명해 주실 수 있나요?

펑: 아이고! 정말이지 아주 잔인한 취재였습니다. 그녀가 먼저 얘기하자고 해서 약속을 잡았지만, 정작 만나서는 얘기하지 않겠다고 했어요. 소리 내어 울더군요. 취재는 취재원이 다니는 회사의 빈방에서 이루어졌는데, 본인이 직접 장소를 선택했어요. 나 역시 문혁 때 박해를 받아 봤기 때문에 상대방의 심정을 이해할 수 있었습니다. 그래서 오늘은 얘기하지 말고 다음에 다시 얘기하자고 했어요. 그러자 그녀는 다시 나를 붙잡고 이야기하기 시작했어요. 그때를 생각하면 지금도 마음이 아픕니다. 다음 날, 그녀가 먼저 전화를 걸어와서는 혈압이 올라가 침대에 누워 있다고 하더군요. 그 뒤로 장장 한 달 동안이나 누워 있었답니다. "다시 떠올리는 것 자체가 허물을 벗겨 내듯 고통스럽답니다."라고 그녀가 말했던 것처럼요. 그 뒤로는 노부인이 나를 찾아와 얘기를 청하다가 시작하기도 전에 감정이 먼저 복받쳐 오른다면 나는 절대 취재하지 않습니다. 그들의 입장에서는, 그런 이야기를 꺼낸다는 것 자체가 지난 10년 동안의 고통을 또다시 경험하는 것이기 때문에 아주 잔혹한 일이었지요. 하여간 그 뒤로는 연로하고 연약한 사람들은 취재하지 않았어요.

당신은 『백 사람의 십 년』 일본어판 서문에서 이렇게 말했습니다. "내가 가장 힘들었던 문제는, 자신의 경험담을 구술할 때 사람들의 말투와 표정은 나를 울렸지만 그들이 해준 이야기들이 생생하거나 독특하지 못해 정작 글을 쓸 때는 내용이 공허해져 결국 삭제할 수밖에 없었던 일들이다. 취재 분량을 늘려야 하고, 수많은 취재원들 중에서 끊임없이 취사선택을 해 가장 대표성이 있는 내용을 찾아야 한다. 의미가 깊으면서도 서로 차별성이 있어야 하고, 동시에 문학적인 시각을 더해 신중하게 선택해야 한다. 이는 한 편의 문학 프로젝트 작업이다." 선택의 기준이 무엇이었는지 이야기해 주십시오.

펑 : 대부분의 취재는 미리 선택해 이루어진 것이 아닙니다. 어떤 경우는 취재원의 표현력이 부족해 자신이 겪은 이야기를 능숙하고 구체적으로 이야기하지 못했고, 또 어떤 경우에는 내용이 서로 비슷비슷해서 고난을 당한 경험만 있을 뿐 더 깊은 함의를 끌어내기 어려웠어요. 이 책에서 선택한 구술이 최소한 수십 명이고, 관련 인물만 해도 1백~2백 명에 달합니다. 나는 그들을 문혁을 대표하는 한 세대로 그렸습니다. 10억 명의 중국인을 평균으로 나누자면, 최소한 한 사람이 1천 명을 대표해야 하므로 서로 같은 얘기가 반복되어서는 안 되지요. 비슷한 내용을 피하려면 사건과 인물, 내용이 모두 독특해야 했습니다. 그중에서도 가장 중요한 것은 내용의 독특함과 깊이입니다. 이것이 바로 내가 이야기를 선택한 기준이지요.

대재난은 천태만상의 사회현상을 만들어 냅니다. 만일 사건의 표면적인 특이함이나 잔혹함, 놀라운 이야기에만 관심을 가졌다면, 그저 사람들의 호기심만 만족시키고 진지한 고민과 깨달음의 가치는 상실했을 거예요. 나는 후대 사람들이 앞 세대가 겪은 고난의 경험을 신기하고 신비로운 체험처럼 여기는 것이 가장 두렵습니다. 하지만 문학은 중심을 잡아야 하고, 인물 또한 중심을 잡을 수 있는지를 고려해야 합니다. 따라서 취재 대상이 독립적인 사고, 독특한 사건과 경험, 줄거리를 가지고 있는지를 중요하게 생각합니다. 생생하고 독특한 줄거리가 없으면, 피와 살을 가진 인물이 되기란 불가능하죠. 그렇게 되면 이 취재 기록은 누군가의 일기를 읽는 것밖에 되지 않습니다.

그렇다면 당신이 선택한 스토리는 문학가로서의 선택이지 역사가로서의 선택은 아닌 건가요?

펑 : 여러 가지 의미가 있습니다. 첫째, 역사적인 의미가 있는데, 역사 기록으로서 객관적이고 충실한 역사관은 이 책의 창작 원칙입니다. 둘째, 사회학적 의미에서 봤을 때, 문혁은 중요한 사회정치적 사건으로서 풍부한 사회학적인 내용을 담고 있습니다. 사실 나는 『백 사람의 십 년』을 사회학자가 집필하는 것이 더 적합하다고 생각했어요. 그래서 취재원의 입에서 튀어나오는 사회학적 내용들에 깊은 관심을 가지면서 그런 이야기들을 써넣기도 했습니다. 셋째, 문학적 의미인데, 나는 한 사람의 작가로서 작가의 시선과 입장에서 벗어날 수 없습니다. 하지만 이 책은 소설이 아니라 '기록문학'입니다.

기록문학을 어떻게 정의하십니까? 기록문학과 소설의 관계를 어떻게 보는지요? 리젠쥔(李健軍) 선생은 "깨달은 사람의 우려와 당부"(醒悟者的憂患和叮嚀)라는 글에서 이 책을 소설이라고 했습니다. 동의하십니까? 이 책의 성격을 어떻게 볼 수 있을까요?

평 : 먼저, 신문 보도와 기록문학, 그리고 소설을 명확히 구별해야 합니다. 신문 보도와 기록문학의 관계를 보면, 둘 다 실제 사건과 인물에서 벗어날 수 없으며, 반드시 객관적인 사실에 충실해야 하고, 취재가 필요합니다. 하지만 신문 보도는 취재 후에 기사라는 형식으로 나가고 기록문학은 기록의 형태로 남게 됩니다. 전자는 문학이 아니며 절대 허구가 허락되지 않죠. 후자는 문학에 속하고 허구가 허락됩니다.

자, 이제 기록문학과 소설을 비교해 보자면, 기록문학은 실제 인물과 사건을 바탕으로 하며, 실제 사실에 입각한 창작입니다. 소설은 상상에 기반을 둔 창작이죠. 소설은 그 어떤 허구도 가능하며, 어떤 제약이나 한계의 구속을 전혀 받지 않습니다. 하지만 기록문학은 '제한적 허구'일 뿐이라는 겁니다. 소설처럼 스토리와 인물이 있지만 소설은 아닙니다. '기록소설'이라는 개념은 성립될 수 없어요. 여기서 말하는 '제한적 허구'란 실제 인물과 사건의 원형과 정신을 바꾸지 않는다는 조건으로, 사건과 인물을 더 심화·강화할 목적으로 허구가 쓰일 수 있다는 것이죠. 이는 허구적인 장소라든지 사건과 조연이 포함될 수 있고 필요한 줄거리를 첨가할 수 있다는 것 등등입니다.

허구는 순수하게 주관적인 행위입니다. 따라서 소설은 자유로운 주관이며, 뉴스는 주관이 절대 들어가서는 안 되고, 기록문학은 주관이 제멋대로여서는 안 되고 객관을 왜곡해서도 안 됩니다. 이 책『백 사람의 십 년』은 일반적인 기록문학과는 다릅니다. 나는 사물의 원상태의 진실을 최상의 가치로 여겼기 때문에, 글을 쓰는 과정에서 '제한적 허구'를 최소한으로 축소해야 했습니다. 심지어 조연과 환경, 장면 그리고 별로 중요하지 않은 부분이라도 허구를 가미하지 않았어요. 나는 모든 역량을 취재원에게 집중했습니다. 되도록 그들에게 더 많은 이야기를 하게 했고, 그중에서 가장 표현력이 뛰어나고 가장 생생하며 가장 독특한 부분과 줄거리들을 선택했어요. 예를 들자면 "사기당하기 딱 좋은 성격"(說不淸楚) 중에 등장하는, 굶어 죽은 죄수가 자신의 배 위에 메뉴판을 붙여 놓은 이야기라든지, "'미안하다'는 말 한마디"(苦難意識流)에서 파리를 먹고 자살하는 방법 같은 이야기들 말입니다. 모두 취재원들이 경험한 사실이죠. 나는 문학가의 시선으로 줄거리를 선택하는 것이지, 작가의 상상력으로 사건을 허구적으로 구성하는 게 아닙니다. 어떤 때, 특히 이런 대재난의 시대에는 삶 자체가 주는 충격이 그 무엇보다 강하다고 믿어요. 나는 취재 과정 자체를 문학작품을 구상하는 과정으로 여겼어요. 예를 들면, [한국어판에 수록되지 않은] "그림자 인간"(沒有情節的人)의 주인공을 취재할 때, 주인공은 이렇게 말했어요. 문혁 기간에 자신을 가까스로 '실종자'로 만들고 나서야 무사히 살아남을 수 있었다는 겁니다. 어떤 방법으로 자신을 실종시켰는지 물었더니, 그는 자신을 친구도 없고, 성격과 성질도 없는, 아무런 실체가 없는 그야말로 '아무것도 없는' 그림자로 변하게 했다고 하더군요. 나는 이런 이야기들이 여전히 충분하지 않다고 생각해서 꼬치꼬치 캐물었고, 드디어 그가 구체적인 이야기 한 토막을 들려주었습니다. 그는 되도록 다른 사람의 눈을 보지 않으려고 했답니다. 다른 사람의 눈을 보면, 그 사람이 자신을 기억할 수 있게 되니까요. 그런 이야기는 발자크(Honoré de Balzac)나 포크너(William Cuthbert Faulkner)라도 생각하지 못했을 겁니다.

나는 그렇게, 진짜 재료를 가지고 실제 인물들을 만들었고, 취재원들이 구술한 이야기를 가지고 인물의 형상을 보충해 갔습니다. 이는 마치 골동품을 복원하는 일과 같은데, 사용한 모든 재료는 반드시 그 시대의 원래 재료로 복원해야 하는 것이죠. 그렇게 해서 이야기의 원상태를 유지했어요. 또한 동시에 문학성도 갖췄고요.

둘째, 내가 아주 중요하게 생각한 것은, 모든 이야기에 내포된 깊은 의미를 밝혀내는 것이었습니다. 취재 과정에서, 나는 그 스토리에 깊이 내재된 독특함이 무엇인가에 특히 관심을 기울였어요. 예를 들면 또 다른 이야기를 취재하는 과정에서, 취재원이 내뱉은 첫마디는 이렇습니다. "나는 소요파(逍遙派)입니다." 나는 곧바로 그 이야기의 독특함을 간파했는데 그건 바로, 그가 소요파의 전형이라는 거죠. 소요파는 문혁 때 상당히 광범위하게 존재한 부류인데, 그들은 문혁에 대해 독특한 태도를 가지고 있었어요. 취재원은 자신이 홍위병이었을 때 마오 주석을 몇 번 접견한 장면을 말하고자 했지만, 나는 되도록 그가 광적인 혁명파에서 냉담한 소요파로 바뀌게 된 내면의 궤적에 대해 이야기하도록 유인했고, (그의 이야기를 통해) 인간의 본성을 탐구했습니다. 이렇게 취재 과정을 문학작품화의 과정으로 삼았어요.

기록문학은 실제 인물과 실제 사건을 문학으로 작품화시키는 것이라고 생각합니다. '기록문학'[紀實文學, 기실문학]의 '기'는 취재와 글쓰기이고, '실'은 실제 인물과 사건이며, '문학'은 바로 문학작품화를 말합니다. 나는 이 책을 쓸 때 나 자신에게 엄격하게 요구한 것이 한 가지 있어요. 그것은 최대한 취재원의 입에서 재료를 찾아내고, 그것을 이용해서 다시 이야기를 만든다는 겁니다. 그렇기 때문에 이 작품이 기록한 역사적 진실과 내면의 진실을 굳게 믿습니다. 스토리는 아주 엄격한 진실에서 비롯된 것입니다.

『백 사람의 십 년』 중국어판의 첫 번째 글이 "세상의 모든 종이를 주워 남편을 구하려 한 여인의 이야기"(拾紙救夫)인데, 의도적으로 배치된 듯한 인상을 받았습니다. 이 글에서 구술자(군관)의 역할이 마치 이 작품 전체에서 당신이 맡고 있는 역할과 같아 보이거든요. 글의 순서를 정할 때 어떤 의도가 있었나요? 혹시 순서와 구성을 통해 모종의 미학적인 효과를 만들려고 한 것은 아닙니까?

펑: 맞습니다. 그 글의 주인공은 현재 안후이에 살고 있고, 직접 여비를 들여 톈진까지 찾아와 이야기를 들려줬습니다. 그는 물론 이야기 속에 등장하는 군관으로, 그 사건을 경험한 지 족히 10년이 넘었지만 아직도 마음속에서 내려놓지 못한답니다. 그의 존경할 만한 정의감과 인도주의 정신은 바로 내가 이 책을 쓰면서 지키려고 하는 정신입니다. 그래서 나는 이 책을 읽는 독자들에게 그런 관점을 보여 주기 위해 그 이야기를 맨 앞에 배치했습니다. 이 책을 읽으려면 충만한 정의감과 [도덕적인] 양심이 필요하거든요.

당신은 이 책에서, 앞으로 중국인들의 내면의 역정을 기록하겠다고 했습니다. 왜 그토록 '내면'에 관심을 가지나요? 그 개념이 갖는 함의는 무엇입니까?

펑: 내면은 한 사람의 핵심입니다. 외부의 삶은 눈으로 볼 수 있지만 내면의 삶은 보이지 않습니다. 하지만 강렬한 외부의 삶은 마음속에 상처를 남

깁니다. 육체의 고통은 시간이 지나면 사라지지만 마음에 새겨진 상처는 지우기 어렵습니다. 사람이 겪는 생존의 어려움은 외부 환경과 내면의 고통 및 불안에서 오는 것입니다. 작가가 관심을 갖는 것은 사람이며, 모든 작가는 그 잠재된 내면에 더 많은 관심을 갖습니다.

당신의 작품이 '민중의 자아 반성과 자기 구원'에 어떤 역할을 할 수 있으리라 보는지요? 문혁의 비극이 다시는 발생하지 않으려면, 민중이 어떤 노력을 해야 한다고 생각하십니까?

펑: 나는 문학이 사회에서 아주 대단한 역할을 할 수 있으리라고 생각해 본 적은 없습니다. 작품은 사람의 정신세계에 영향을 미칠 수는 있지만 직접적인 효과는 만들지 못합니다. 작가가 작품에 거는 기대는 크지만 실제로 그런 바람은 이상적인 목표에 지나지 않습니다. 역사적으로 강렬한 충격을 주었던 그 어떤 문학작품도 사회를 변화시키지는 못했어요. 물론 문학작품은 사람의 정신에 커다란 영향을 미칩니다. 루쉰 선생은 1936년에 작고했지만, 그의 비판과 비타협 정신은 아직까지도 한 세대를 지나 또 한 세대의 중국 지식인들에게 영향을 미치고 있습니다. 문학에는 영원한 가치가 있다고 생각합니다. 하지만 이를 지나치게 크게 평가해서도 안 되고 지나치게 작게 평가해서도 안 됩니다. 문학의 가치는 작고 큰 것이 아니라 가깝고 먼 것입니다. 문학의 작용은 장구한 것이에요.

현재 중국 사회에서 [문혁을 옹호하고 지지하는] '문혁 잔당' 세력들로 인한 불안은 무엇입니까?

평 : 문혁 정치 세력들은 이미 존재하지 않습니다. 사인방 가운데 세 명이 죽었고, 미친 사람이 아니라면 "나는 문혁을 찬성한다."고 말할 수 있는 사람은 없습니다. 이처럼 겉으로는 문혁 잔당 세력이 없어 보이지만, 정신적으로는 문혁이 여전히 존재하고 그런 정신을 자라나게 하는 토양도 존재합니다. 예를 들어, 법제 의식의 부족과 인치, 봉건주의, 문화 멸시, 평균주의 등의 사상과 관념 같은 것들입니다. 표면적으로만 보면 이런 것들은 별개처럼 보이고 심지어 형태도 분명하지 않지만, 모종의 정치적 기후에서 한데 뭉쳐 반역사(反歷史)의 힘으로 변하게 됩니다.

앞으로 문혁 박물관이 생길까요? 그렇게 된다면 이 책의 원고와 녹음 본을 박물관에 기증하실 겁니까?

평 : 박물관은 역사의 기억입니다. 앞으로 분명히 문혁 박물관이 생기리라고 봐요. 만일 어느 날 문혁이 박물관으로 들어간다면, 우리는 다시는 그 어떤 근심도 겪지 않을 것이며, 고난을 받았던 세대의 영혼도 위로받을 수 있을 겁니다. 그때, 내 책과 그 모든 것은 박물관에 있는 아주 작디작은 부분에 지나지 않을 것입니다.*

---

* 2005년 1월, 광둥 성(廣東省) 산터우 시(汕頭市) 상무(常務) 부시장으로 재직하다 퇴임한 평치안(彭啟安) 선생에 의해 최초로 문혁 박물관이 건립되었다. 박물관이 자리 잡은 장소는 문혁 당시 청하이 구(澄海区)에서 억울하게 죽은 70여 명이 합동 매장된 곳이었다. 평치안은 이곳에 그들의 영혼을 기리는 탑을 세웠으며, 그 뒤 문혁 관련 자료와 사진 등을 모아 그 옆에 박물관을 세웠다. 정부 차원에서 건립된 문혁 박물관은 아직 없다.

이 책을 쓰게 된 이유

1967년 바람 부는 어느 엄동설한의 밤. 누군가 우리 집 문을 두드렸다. 그 당시 우리처럼 가택수색을 당한 집(被炒戶)들에 문 두드리는 소리는 불길한 소리였다. 하지만 그날 밤 그 소리는 아주 조용하고 가벼웠는데, 문을 열어 보니 친한 친구가 찾아온 것이었다. 그는 교외의 한 중학교에서 국어 선생을 했는데, 문혁 이후 반년 동안 통 소식을 듣지 못했다. 그 친구도 심한 박해를 받았으리라 추측만 하고 있었는데, 아니나 다를까 우붕에서 갓 풀려나온 터였다. 반년 동안 우붕에서 생활하면서 그는 잠을 거의 자지 못했다고 했다. 원래 잠꼬대를 하는 버릇이 있었는데, 평소에 그가 몹시 아끼던 제자들 몇몇이 그 사실을 알고는 매일 밤 그가 잠들기를 기다렸다가 돌아가면서 잠꼬대를 기록했다. 그러고는 다음 날 그 알쏭달쏭한 잠꼬대에 담긴 반동적 함의가 뭔지를 추궁했다고 한다. 그는 무서워서 감히 잠을 잘 수 없었고 급기야 수면 기능을 잃어버렸다는 것이다. 그 결과 몸과 마음이 모두 피폐해지고 말았다. 그날 밤 앞에 서있는 그를 보는 내 심정은 아주 심란했다. 그는 삐쩍 말라붙어 피골이 상접한 몰골이었다.

그 당시 나와 아내의 집안 모두 가택수색 및 가산 몰수로 빈털터리 상태였다. 다행히 [대중 무장 조직인] 가도 적위대가 사정을 봐줘서 몇 평 안 되는 단칸방이나마 얻어 결혼을 할 수 있었다. 정치적 성분 문제 때문에 우리 부부는 매일 문혁이라는 총구의 가늠쇠 안에서 극도의 공포감에 떨며 살고 있었다.

현실이 상상보다 더 가혹하다는 걸 누가 알았겠는가. 친구와 나는 반년 동안 소식을 모르고 지냈기 때문에 막상 만나서도 서로 말없이 담배만 뻑뻑 피워 댔다. 우리는 그 당시 '전투'로 이름이 바뀐 아주 질 나쁜 궐련을 피웠다. 방에는 말소리 대신 매캐한 담배 연기만 자욱했는데, 얼마나 줄담배를 피워 댔는지 서로 얼굴도 제대로 보이지 않을 정도였다. 밖에서는 지붕 위에 있던 오래된 회화나무의 잔가지들이 마치 큰 짐승이 '갈갈' 하고 이빨을 가는 듯한 소리를 내면서 바람에 흔들리고 있었다.

그가 큰 소리로 말했다.

"나중에 태어난 사람들은 우리가 이렇게 살았다는 걸 알 수 있을까? 이런 상황과 이런 비극을 말이야. 앞으로 세월이 흘러 우리가 모두 죽으면 우리 세대가 겪었던 일들을 누가 알 수 있겠어? 그렇게 되면 우리는 괜히 헛고생만 한 것 아니겠어? 지금 이런 일들을 기록하는 사람이 있기는 한 거야? 물론 없겠지! 그런 사람은 절대 없을 거야. 멸망을 자초하는 일이니까……."

자욱한 담배 연기에 눈이 따가웠지만 그는 눈을 크게 뜨고 있었다. 지난 반년 동안 잠과 사투를 벌여 온 그의 두 눈동자에는 무시무시한 실핏줄이 가득했다. 그는 비탄하고 절망했다.

그때부터 나는 몰래 주변 사람들의 이야기와 운명을 기록하기 시작했다. 나는 그런 글을 쓰는 것 자체가 사형감이라는 걸 알고 있었기 때문에, 인명과 지명을 모두 외국 이름으로 바꾸고, 시대 배경도 20세기로 바꿨으며 토마스 만(Thomas Mann), 알렉산데르 쿠프린(Aleksandr Kuprin), 앙드레 지드(Andre Gide), 존 스타인벡(John Steinbeck) 같은 외국 작가의 이름을 써 넣었다. 발각되면, 예전에 외국 소설을 베껴 쓴 것이라고 둘러댈 참이었다. 그리고 숨기기 편하게 작은 종잇조각들에 나눠서 썼다. 다 쓰고 난 다음에는 바로 땅에 파묻거나, 벽돌 밑 혹은 벽 틈이나 화분 안, 솜이불 사이에 숨겼다. 종이를 한 장 한 장 강력 풀로 붙인 다음, 겉에 마오 주석의 어록이나 문혁 포스터 등을 붙여 벽에 걸어 놓았다. 나는 온갖 궁리를 짜내어 그 대역무도하고 '반동적이기 그지없는' 글들을 숨겼다. 하지만 물건을 숨기는 사람 입장에서는, 숨기는 방법과 장소가 교묘하고 은밀할수록 사람들에게 발견되지 않을까를 더 걱정하게 된다. 그럴 때마다 나는 그것들을 꺼내서 다시 새로운 장소에 숨겼다. 아주 오랫동안 나는 한편으로는 글을 쓰면서, 다른 한편으로는 그것들을 숨기고 얼마 뒤 꺼내어 다시 새로운 곳에 숨기는 일을 반복했다.

한번은 체육관에서 열린 공개재판 대회에 동원되어 참관한 적이 있었다. 그날 참석한 사람들은 자신이 속한 단위에 따라 줄지어 서있었고, 앞에는 나무 막대기와 나무판자로 만든 아주 긴 무대가 있었으며, 그 위에 마이크와 고성능 확성기가 설치되어 있었다. 죄수들 22명이 끌려 나왔는데 모두 수갑과 족쇄를 차고 있었다. 무대를 향해 한 걸음씩 걸을 때마다 발에 채워진 철제 족쇄가 철컥철컥하고 울리는 소리가 확성기를 타고 대회장에 가득 울려 퍼졌다. 그 소리를 들으면서 사람들은 공포로 벌벌 떨었다. 잠시 후 판결인이 죄수 한 사람 한 사람에게 형량을 선고했다. 그들 가운데에는 몰래 반혁명적인 내용의 글과 일기를 썼다는 이유로 잡혀 온 사람도 있었다. 그날의 가장 가벼운 형량은 20년이었고 대부분은 총살형이었다. '반혁명적인 글'을 썼다는 사람에게는 무기징역이 선고되었다.

나는 집에 돌아와 아내를 쳐다보았는데, 갑자기 마음속에 슬픔 같은 것이 몰려들었다. 내가 그 사람처럼 무기징역을 선고받는 장면을 상상해 보았고, 그렇게 되면 '아내는 영원히 과부나 마찬가지인 신세가 되겠지.'라는 데까지 생각이 미쳤다. 과민한 상상이 아니었다. 재난의 시대에는 재난을 겪게 될 가능성이 얼마든지 있다. 나는 내가 썼던 종잇조각들을 최대한 모두 찾아내어, 그중에서 가장 중요한 내용들을 얇은 종이 위에 압축해 써놓은 다음, 원래의 종잇조각들은 폐기해 버렸다. 그 얇은 종이들은 둘둘 말아 기름종이로 잘 싸서, 자전거 안장을 빼 그 안에 숨긴 다음, 자전거를 창고에 처박아 버렸다. 그렇게 하고 나자 조금 안심이 되긴 했지만, 잠시 후 혹시라도 자전거를 잃어버리지 않을까 싶어 다시 걱정되기 시작했다. 그도 그럴 것이, 당시에는 단위에서 툭하면 사람들을 부추겨 서로서로 증거를 찾게 했기 때문이다. 나는 누군가가 자전거를 찾으러 뛰어들 것 같은 느낌이 자꾸 들어서, 나를 죽이고도 남을 그 글들을 창고에서 죄다 꺼냈다. 결국 나는 내면의 공포감을 이기지 못하고, 창고에 숨겨 둔 종이 뭉치들을 꺼내어 내용을 외운 다음, 태우거나 화장실에 버렸다. 그 뒤로 글 쓰는 방식을 바꿨다. 일단 생각나는 대로 써내려 간 다음, 한 편씩 외워서 기억한 뒤 태워 버려 어떤 흔적도 남기지 않았다. 문혁이 끝날 때까지 죽 그렇게 했다.

1976년 7월 28일 탕산 대지진이 일어났다. 엎친 데 덮친 격으로 집이 무너졌고, 우리 가족은 벽돌 더미를 헤치고 살아남았는데, 그 순간 폐허 더미를 정리해야 한다는 생각이 먼저 들었다. 우리 집의 벽돌 틈 사이에는 아직도 분명히 종잇조각이 많이 남아 있을 것이고, 절대로 다른 사람에게 발견되어서는 안 되기 때문이었다. 그렇다고 우리 집 폐허 더미에 머리를 묻고 마구 파헤칠 수는 없었다. 그러면 다른 사람들에게 의심을 사기 때문에, 나는 먼저 이웃집을 도우러 갔다. 그렇게 마지막까지 열심히 일을 하고 나서, 도와주겠다는 이웃들의 뜻을 거절하고 부서진 벽돌 조각들을 혼자 꼼꼼히 정리해 나갔다. 뜻밖에도 글자가 가득 써있는 종잇조각을 한 꾸러미나 주웠다. 1980년대 중반, 스위스 텔레비전 방송국에서 그 일화에 관한 사연을 찍으러 왔을 때, 기자가 내게 이런 질문을 했다.

"그 종잇조각들을 봤을 때 어떤 느낌이 들었나요?"

나는 이렇게 대답했다.

"책임감입니다."

'책임'이라는 두 글자는 오늘날 문학에서 버림받았거나, 지나치게 심각한 화두여서 회피하는 글자가 되었고, 일종의 고역 같은 것이 되었다. 하지만 나는 사방에 위기가 도사리고 있는 길 위에서 의지할 곳

없이 고독하게 10년을 걸어왔다. 나는 비문학의 시대에 문학의 진정한 가치를 발견했고 이는 생명을 담보한 것이었다. 그리고 어떤 실리적인 목적 없이, 한 시대 사람들을 위해 영혼(내면)을 기록한 '당안'을 만들고자 했다. 역사학자는 사건의 당안을 만들고, 문학가는 영혼(내면)의 당안을 만든다. 그것은 인류의 가장 숭고한 문자이며, 문자가 가진 가장 숭고한 함의이기도 하다.

1979년부터 나는 문학에 종사해 왔다. 비교적 소설을 많이 썼지만, 다양한 분야의 글을 썼고 스스로 영역을 제한한 적은 없다. 하지만 줄곧 마음속으로는 문혁 때부터 결심했던 그 일을 포기하지 않았다. 그것은 바로 한 세대의 평범한 중국인들을 위해 그들 영혼의 역정을 기록하는 일이다. 1986년부터 "백 사람의 십 년"이라고 이름 붙인 구술 기록 작업을 진행했다. 자신을 취재해 달라고 요청하는 편지만 4천 통넘게 받았고, 수백 명을 취재했다. 그 가운데 독특하면서도 깊이 있는 이야기들을 모아 책으로 엮었다. 올해는 문혁이 끝난 지 20주년이 된다. 올해로 이 작업을 끝내는 동시에, 이 책을 쓰게 된 이유도 밝히고 싶었다. 그리고 30년 전, 결코 가볍지 않았던 과거를 털어놓고, 내 마음속에 맺혀 있던 아주 오래된 응어리들을 떨쳐 내고 싶었다.

1996년 6월 2일 톈진에서

보통 사람들의 문혁을 기록하다

올해로 중국은 문화대혁명 50주년을 맞았다. 몇 해 전부터 중국의 주요 언론은 홍위병 출신 인물들의 집단 사과문을 비중 있게 보도했다. 그래서 (나를 비롯해) 많은 사람들은 문혁 50주년을 앞두고 중국 정부가 문혁이라는 비극의 역사에 마침표를 찍기 위해 그런 '퍼포먼스'를 하는 것이라고 해석했다. 하지만 결과는 의외였다. 문혁 50주년이 왔음에도 중국 정부는 아무것도 하지 않았다. 언론도 침묵했다. 10주년, 50주년, 1백 주년 등 상징적인 햇수로 역사를 기념하는 중국의 관습상, 50주년인 올해에는 어떤 방식으로든 문혁을 '털어 낼' 것이라고 추측했다. 하지만 여전히 숨기고 잊어버리거나 모른 체했다. 그러므로 '중국에서 문혁의 비극은 아직도 끝나지 않았다.'라고 말할 수 있다.

1

이 책을 처음 본 것은 2001년 무렵이다. 당시 베이징 대학 앞에 있는 사회과학 서점에 들렀다가 우연히 발견했다. 『백 사람의 십 년』이라는 제목에 끌려 책을 들춰 보았는데, 이야기들이 예사롭지 않다는 걸 알고 무슨 희귀본이라도 발견한 양 잽싸게 사 들고 왔다. 당시, 이 제 막 까막눈 신세를 면한 미천한 중국어 독해 실력으로 더듬더듬 읽 기는 했지만, 마치 해금된 영화를 보듯, 들어는 봤지만 도대체 잘 이해 되지 않았던, 문혁이라는 금지된 역사의 장막이 한 겹 한 겹 벗겨지는 느낌이었다. 과장된 표현이 아니다. 중국에 오기 전, 한국에서 석사과 정으로 중국 사회와 정치를 전공하기는 했지만 수업 시간에 문혁을 다 뤘던 기억은 없다. 부끄럽지만, 문혁은 마오쩌둥이 발동한 제2의 '내 부 혁명'이자 말 그대로 구시대 문화를 '혁명'하겠다는 '좋은' 의도의 혁명인 줄 알았다. 하지만 이 책을 읽고 문혁에 대한 그 미천하고 비루 했던 인식이 통째로 뒤엎어졌다. 그 뒤로 학문적인 호기심도 있었지 만, 인간이 인간을 개조할 수 있다고 믿었고, 그것을 극단적이고 비인 간적인 폭력의 방식으로 이루려 했던 마오식의 '문화대혁명'이 진심으 로 궁금해지기 시작했다.

2

문혁 40주년이었던 2006년, 운 좋게도 한국의 모 방송국이 제작하 는 문혁 특집 다큐를 기획하고 코디네이션을 하는 일을 하게 되었다. 석 달여의 취재를 통해, 문혁 당시 주요 홍위병 대장들 및 관련 인물들 상당수를 인터뷰했고, 홍콩 중문대학에서 문혁에 대한 방대한 자료와

영상 기록물도 볼 수 있었다. 그 과정에서 가장 인상 깊었던 일은, 문혁 때 펑더화이의 따귀를 때리고 옆구리를 발로 찼던, 당시 베이징 항공대학 조반파의 우두머리이자 베이징 내 조반파 5대 지도자 중 한 사람이었던 한아이징(韓愛晶)과, 중학생 홍위병 대장이었던 리동민(李東民), 베이징 대학에서 문혁을 주도했던 녜위안쯔(聶元梓)를 인터뷰했을 때다.

녜위안쯔를 제외하고, 한아이징과 리동민 등 대부분의 홍위병 출신들은 인터뷰 중에 예외 없이 눈물을 흘리거나 통곡을 했다. 특히 리동민의 경우, 갑자기 얼굴을 감싸고 폭풍 오열을 했는데, 그는 이렇게 말했다.

"그 당시 십대의 애송이에 불과했던 우리에게 누구도 그런 (때리고 부수는 등의 폭력적인) 행위가 패륜적이고 범죄적인 것이라고 말해 주지 않았다. 오히려 많은 어른들은 우리를 부추겼고, 우리는 그것이 정말로 위대한 혁명을 하는 일이라고만 여겼다. 하지만 문혁이 끝난 뒤, 우리는 마오쩌둥의 충실한 어린 혁명가에서 하루아침에 부모와 선생을 고발하고 학대한 패륜아가 되었다……."

조반파 스타 지도자였던 한아이징 역시 인터뷰 도중 눈물을 흘리면서 "세상에 태어나서 가장 후회하고 반성하는 일은 문혁 당시 펑더화이 장군의 따귀를 때리고 폭행했던 일이다. …… 하지만 당시에는 그렇게 하는 것이 가장 '혁명적인' 행위인 줄 알았다."라고 술회했다.

그 반면 베이징 대학에서 최초로 대자보를 붙이며 '사령부를 폭격했던' 당시 철학과 교직원 녜위안쯔는 구순을 바라보는 나이임에도 문혁 당시 자신이 했던 일들을 '변명'하고 '해명'하기에 급급했다.

"모든 일이 장칭과 캉성 등의 지시로 이루어졌다. 나는 그들의 지시를 충실히 따랐던 것뿐이다. 결코 폭력적인 해코지를 한 적이 없다."

당시 문혁에 관련된 수많은 인물을 인터뷰하고 취재하면서 공통적으로 들은 말은 대략 이렇다.

'누구도 우리에게 문혁이 구체적으로 무엇을 하자는 것인지 말해준 적이 없다. 그저 마오쩌둥 주석이 하는 일이니까 다 옳은 일인 줄로만 알았고, 그가 적이라고 지목하는 사람은 정말 인민과 계급의 적인 줄 알았다.'

문혁이 끝난 뒤, 사인방에 대한 재판이 시작되었을 때, 법정에 선 장칭이 했던 말도 이와 다르지 않다. 그는 쩌렁한 목소리로 이렇게 자신을 변론했다.

"나는 마오 주석의 개였다. 그가 누구를 물라 하면 가서 무는……."

3

1976년 사인방이 체포되면서 약 10년 동안 중국을 거의 '내란 상태'로 몰았던 문혁은 공식적으로 종결되었다. 중국 정부는 문혁 기간 중 3만4,800명이 죽었고 70만 명 이상이 박해를 받았다고 공식 발표했다. 또한 1981년 6월 27일, "건국 이래 약간의 역사적 문제에 대한 당의 결의"를 통해 "문혁은 마오쩌둥의 개인적 과오로, 린뱌오와 장칭 등 반동 세력에 의해 당과 인민들에게 많은 재난을 몰고 왔다."고 평가했다. 덧붙여, 문혁은 마오의 과오이기는 하나, 여전히 그는 과오보다는 공이 더 많은 혁명적 지도자라는 점도 강조했다.

그 뒤 문혁에 대한 중국 정부의 공식 평가는 이 틀에서 한 치도 벗어난 적이 없다. 다시 말해, 문혁은 마오의 일시적인 판단 착오로 발생했지만 그 과정에서 장칭 등 사인방 세력과 반동 세력이 상황을 잘못된 방향으로 악화시켰다는 것이다. 그 결과 대부분의 책임은 사인방과 반동 세력들이 뒤집어썼고, '혁명적인 마오쩌둥'은 지금까지도 여전히 인민들에게 '붉은 태양'으로 숭앙받고 있다.

하지만 여전히 남는 문제는 있다. 앞에서도 언급했듯이, 당시 '동원'되었던 대부분의 어린 홍위병들과 인민 대중의 마음속에 남아 있는 상흔에 대해서는 그 누구도 공식적인 사과나 반성을 한 적이 없다. 문화대혁명을 기획하고 이끌었던 마오쩌둥에 대해서는 공과를 명확히 구분하면서 공이 과보다 많은 위대한 지도자라고 평가했다. 그리고 문혁 때 마오쩌둥에 의해 '주자파'와 '당권파'로 몰려서 국가 주석에서 하루아침에 '인민의 적'이 되어, 허난 성 카이펑 시의 한 공장 건물에서 처참한 몰골을 한 '무명'의 시체로 발견되었던 류사오치 역시 '위대한 혁명가'로 명예를 회복했다. 하지만 '잃어버린 10년'을 고통스럽게 지나왔던 인민 대중에게는 그 어떤 구체적이고 공식적인 사과와 평가도 생략되었다.

"역사는 영원히, 오로지 큰 인물의 행동과 운명을 기록할 뿐이다. 많은 사람들은 역사란 인민이 만드는 것임을 인정한다. 그러나 그들이 역사를 서술하거나 기록할 때 '인민'이라는 개념에서 과연 생명이 있고, 감정이 있고, 개성이 있는 실체를 읽어 낼 수 있는 것일까?"

다이호우잉(戴厚英)의 문혁 후일담 소설 『사람아 아, 사람아』(人啊, 人)에 나오는 말이다. 중국이 지난 50년간 문혁을 뒤돌아보면서, 애써 무시하려 한 것도 어쩌면 '인민'이라는, 생명이 있고 감정이 있고 개성이 있는 실체가 아니었을까 하는 생각이 든다. 그런 의미에서 평지차이 선생의 『백 사람의 십 년』은, 이 구체적인 '인민'의 생명과 감정, 개성이 실린 문혁 구술담이다. 또한 어떤 '관점'이나 '입장'에서 문혁을 분석하고 평가한 책이 아니라, 한때는 '전체 인류를 해방하기 위해' '사생활도 계급투쟁과 노선 투쟁으로 가득 차있다고 생각했던', 1960년대 문혁 시기의 '독특한 인간 유형'이자 '비극적 인간상'에 관한 종합적인 기록이다. 따라서 이 책은 문혁에 대한 이야기라기보다는, '호모 소비에티쿠스'의 최후를 다룬 『세컨드핸드 타임』으로 2015년 노벨문학상을 수상한 스베틀라나 알렉시예비치(Svetlana Alexievich)의 말을 바꿔 표현하자면, '문혁이라는, 마오쩌둥이 기획했던 사회주의 연극에 출연했던 모든 등장인물의 의견을 정직하게 듣기 위한' 것이다.

이 책을 읽고, 번역하는 동안 줄곧 내 머릿속에서 맴돌았던 질문은 지극히 평범하면서도 상식적인 것이다. 그것은 다이호우잉도 『사람아 아, 사람아』에서 일관되게 말하는 주제다.

"인간 그 이외 무엇이 필요하단 말인가?"

문혁 일지

1959년 말 베이징 부시장인 우한(吳晗)이 희곡 〈해서파관〉(海瑞罷官)을 발표했는데, 명나라 때 청렴한 관리인 해서가 황제에게 파면당하는 과정을 그린 것이었다.

1965년 상하이 『문회보』(文匯報)에 야오원위안(姚文元)이 이 희곡에 대한 비판 논평을 게재했다. 해서는 (마오쩌둥에 의해 숙청된) 펑더화이(彭德懷)이고, 황제는 마오쩌둥(毛澤東)을 비유한다며, 결과적으로 〈해서파관〉은 마오쩌둥을 비판하는 희곡이라고 주장했다. 그 뒤 이 희곡을 둘러싼 논쟁이 확산되었다. 당시 베이징 시장인 펑전(彭眞)이 우한을 지지하며 비판자들의 확대 해석을 경계해야 한다고 주장했으며, 장칭(江靑)과 야오원위안이 이를 강력히 비판하면서 문화대혁명의 서막이 시작되었다.

1966년 5월과 8월에 열린 중앙정치국 확대회의, 제8차 11기 중앙위원회 전체회의에서 "5·16 통지"와 "무산계급 문화혁명 결정에 관하여"라는 문건이 발표되면서 문혁이 공식적이고 전면적으로 시작되었다. "5·16 통지"는 "무산계급 문화혁명의 깃발을 치켜들고, 반당반사회주의적인 '학술 권위'의 부르주아적 입장을 철저히 폭로 및 비판하고 학술계·교육계·언론계·문화계·출판계의 부르주아 반동사상을 철저히 비판해야 한다. 또한 그들이 문화영역에서 누리고 있는 권력을 탈취해야 한다. 동시에 반드시 당과 정부, 군대 및 문화 영역 등 각계에 스며들어 있는 이들 부르주아 대표 인물을 비판하고 솎아 내야 한다."고 밝혔다.

5월 28일 중앙문화혁명 소조(이하 중앙문혁소조)가 꾸려졌다. 천보다(陳伯達)를 조장으로 하고 캉성(康生) 등이 고문, 장칭과 장춘차오(張春橋) 등이 부조장을 맡았다. 중앙문혁소조는 중앙정치국 상무위원회 직속 기구로 편입되어 문혁을 실질적으로 지휘하는 기구가 되었다.

6월 1일 『인민일보』는 "우귀사신을 몰아내자"(橫掃一切牛鬼蛇神)라는 사설을 발표했다. 같은 날, 베이징 대학 철학과 교직원 녜위안쯔(聶元梓)가 베이징 대학 당 위원회와 베이징 시 위원회를 비판하는 대자보를 붙였는데, 이 대자보는 마오쩌둥의 비준을 거쳐 전국으로 배포되었다. 이를 계기로 베이징 시에서 문혁은 갈수록 혼란스러워지고 폭력적으로 변하기 시작했다.

6월 16일 『인민일보』는 사설을 통해 "반드시 혁명적인 방법으로, 모든 우귀사신들을 잡아내서 그들을 쓰러뜨려야 한다."고 말했다.

6월 18일 베이징 대학에서 학생들이 교직자들과 당 간부 등 40명 이상을 폭력적으로 비판 투쟁 한 사건이 발생했다. 당시 국가 주석이던 류사오치(劉少奇)가 베이징 대학에 '공작조'를 파견해 폭력 행위 등을 중단시켰는데, 장칭 등은 이를 '학생운동을 진압한' 사건이라고 비판했다.

7월 8일 마오쩌둥은 장칭에게 보낸 편지에서 "문혁은 천하 대란으로, 대란을 통해 천하 대치(大治)를 해야 한다. 7~8년에 한 번씩 문혁을 일으켜야 한다." "현재의 임무는 우파를 쓰러뜨리는 것이며, 7~8년 후에 다시 한 번 우귀사신 소탕 운동을 벌여야 하며 그 뒤에도 여러 차례 진행해야 한다."고 말했다.

7월 24일 중국 공산당 중앙과 국무원은 "대학교 신입생 모집 개혁에 관한 통지"(關于改革高等學校招生工作的通知)를 발표했다. "올해부터 대학교 신입생 모집 및 대학 입학시험을 취소하고 추천과 선발 방식을 활용한다."는 내용이었다.

7월 25일 마오쩌둥은 각 중앙국 서기와 중앙문혁소조 성원들을 접견한 자리에서 "공작조[당정 기관이 조직한 문화혁명 공작조]가 [대중들의 문혁을] 방해하고 있다. 공작조는 필요 없고 혁명 군중들이 스스로 혁명을 해야 한다."고 말했다. 즉 류사오치 등이 장악하고 있는 당과 정부의 당권파를 직접 겨냥한 것으로, 군중에게 '권력을 탈취하라.'는 메시지를 던진 것이었다.

8월 1일 마오쩌둥이 칭화 대학 부속중학교 홍위병들에게 "반동파들에 대한 조반은 일리가 있다"(對反動派造反有理)라는 내용의 편지를 보냈다. 홍위병들을 적극적으로 지지한 것으로, 그 뒤 중국 전역에서 홍위병 운동이 본격적으로 전개되었다.

8월 5일 마오쩌둥이 "사령부를 폭격하라: 나의 대자보"라는 글을 발표했다. 이 글은 류사오치를 직접 공격한 것이었다.

8월 8일 "무산계급 문화대혁명에 관한 결정"('16조'로 약칭)이 통과되었다. "당 내부에서 자본주의 길을 걷는 당권파를 숙청하는 것이 운동의 중점"이라는 내용이었다.

8월 18일 마오쩌둥이 톈안먼 광장에서 전국 각지에서 모여든 군중과 홍위병을 접견했다. 그 뒤 1967년 말까지 총 여덟 차례 베이징에서 홍위병들을 접견했다. 홍위병들은 린뱌오(林彪)와 장칭의 지시하에 '사구 타파'(四舊打破)를 구실로 각종 문화재를 파괴하고 불살랐다.

10월 9~28일 마오쩌둥이 주재하는 중앙공작회의가 베이징에서 열렸다. 이 회의에서 천보다와 린뱌오 등은 류사오치와 덩샤오핑의 이름을 거론하며, 이들이 잘못된 노선으로 문혁을 끌고 가고 있다고 비판했다. 이 회의 후 전국적으로 '자산계급 반동 노선'을 비판하는 운동이 고조되었다. 25일 이후 전국 각지에서 류사오치와 덩샤오핑을 타도하자는 시위가 벌어졌다.

11월 9일 왕훙원(王洪文) 등이 중심이 되어 '상하이 노동자혁명 조반 총 사령부'(공총사로 약칭)의 성립을 선포했는데, 선언문을 통해 "우리는 권력을 탈취할 것"이라고 밝혔다. 공총사는 베이징으로 가자며 상하이 외각의 안팅(安亭) 기차역에 집결해 베이징행 기차에 올라타려고 시도했다. 상하이 시 위원회가 이를 제지하자, 왕훙원의 지시로 철로에 드러누워 철도 교통을 30시간 이상 마비시켰다. 장춘차오가 중앙문혁소조를 대표해 '안팅 사건'의 처리를 위해 상하이로 왔다. 공총사의 행위는 '혁명적 행동'이었다며, 이들을 제지한 상하이 시장에게 공개 조사 및 사과를 요구했다.

12월 15일 "농촌 무산계급 문화대혁명에 관한 지시"를 발표했고, 도시에서 농촌으로 문혁이 전면 확대되었다.

1967년 1월 5일 장춘차오가 상하이의 조반파 조직 지도자들에게 "현재의 기본 문제는 주자파들의 손에서 권력을 탈취하는 것"이라고 말했다.

1월 6일 장춘차오와 야오원위안의 지휘하에, 왕훙원을 최고 지도자로 하는 상하이 조반파 회의를 개최해 상하이 시의 당정 권력을 탈취했다. 그 뒤 상하이를 중심으로 '1월 폭풍'(조반파들이 기존 당정 기관의 권력을 탈취)이 발생했으며, 전국적으로 '탈권' 투쟁이 격화되었다.

2월 11~16일 저우언라이(周恩來) 총리 주재로 군사위원회 회의가 개최되었다. 이 자리에서 예젠잉(葉劍英), 리푸춘(李富春), 리셴녠(李先念), 천이(陳毅) 등 원로 간부들이 린뱌오, 장칭, 캉성 등에게 문혁이 잘못된 방향으로 가고 있다고 비판했다. 2월 16일 장춘차오, 야오원위안 등이 회의 내용을 정리해서 마오쩌둥에게 보고했으며, 마오쩌둥은 문혁을 비판한 원로 간부들을 강력 비판했다. 그 뒤 '2월 역류'라는 죄명으로, 문혁을 비판했던 원로 간부들이 비판을 당했으며, 중앙정치국은 활동이 정지되고 중앙문혁소조가 중앙정치국의 역할을 대체했다.

4월 12~18일 『인민일보』를 필두로 류사오치 등에 대한 비판이 본격화되었다. 중앙군사위원회 확대회의에서 린뱌오, 장칭, 캉성 등이 류사오치와 덩샤오핑을 집중적으로 비판했다.

7월 18일 장칭, 캉성 등을 주축으로 류사오치와 그의 부인 왕광메이(王光美)에 대한 비판 투쟁 및 가택 압수 수색을 실시했다.

7월 22일 장칭이 허난의 군중 조직과 만난 자리에서 '문공무위'(文攻武衛, 글로 공격하고 무력으로 보위하라)를 언급해 무력 투쟁을 선동했다. 다음 날 『문회보』에 '문공무위'라는 구호가 공식적으로 등장했으며, 그 뒤 전국적으로 무력 투쟁이 본격화되면서 중국은 '전면 내전' 상태가 됐다.

1968년 7월 3일 중국 공산당 중앙과 국무원, 중앙군사위원회, 중앙문혁소조 명의로 여섯 개 조의 규정이 발표되었다. 주요 내용은 교통 시설을 파괴하고 군용 열차를 강탈하는 행위, 인민해방군 기관에 대한 공격 및 해방군 등을 살상하는 행위를 금지한 것으로, 중앙정부와 당 차원에서 폭력적인 무력 투쟁을 제지하려는 움직임이었다.

9월 16일 장칭이 주도해 만들어진 '류사오치와 왕광메이 전문조사팀'이 류사오치의 '범죄 자료'들을 정리해 보고서로 제출했다.

10월 중국 공산당 제8기 11중 전회가 열렸다. 이 회의에서 류사오치의 당적을 영원히 박탈하고 린뱌오를 '마오쩌둥 동지의 친밀한 전우이자 후계자'로 규정했다.

12월 22일 『인민일보』가 마오쩌둥의 지시 내용을 발표했는데, 지식 청년들은 농촌에 가서 가난한 농민들로부터 재교육받아야 한다는 것이었다. 그 뒤 전국적으로 지식 청년들의 농촌 하방 운동이 일어났다.

1969년 4월 중국 공산당 제9차 전체대표대회 개최. 린뱌오와 장칭 등이 중앙정치국원으로 진입했다.

11월 12일 류사오치 사망.

1970년 8월 23일 중국 공산당 제9차 중앙위원회의 제2차 전체회의가 루산(廬山)에서 열렸다. 이 자리에서 천보다가 이미 폐지된 국가 주석직을 부활시킬 것을 제안해 마오의 비판을 받았다. 마오와 린뱌오 간의 갈등을 암시하는 사건이었다.

1971년 9월 13일 린뱌오가 탄 비행기가 몽골 상공에서 추락해 탑승자 전원이 사망했다. '린뱌오 집단의 반혁명 쿠데타'가 진압되었다고 발표되었으며, 린뱌오 사후, 장칭은 장춘차오, 야오원위안, 왕훙원 등과 함께 사인방을 결성했다.

1973년 말 사인방의 주도로 '비림비공'(批林批孔, 린뱌오와 공자를 비판함) 운동이 전개되었다. 그러나 운동의 실제 목표는 저우언라이를 권력의 중심에서 끌어내리려는 것이었다.

2월 마오쩌둥이 자신의 후계자로 무명의 화궈펑(華國鋒)을 총리로 임명했다.

4월 5일 청명절에 베이징 톈안먼 광장에서 저우언라이에 대한 대규모 추모 행사가 벌어졌는데, 사인방에 대한 규탄 집회로 확대되었다. 사인방은 이 집회를 덩샤오핑이 배후 조종했다고 비판했으며, 덩샤오핑은 모든 직책에서 해임되고 가택 연금되었다.

1976년 1월 8일 저우언라이 사망.

9월 9일 마오쩌둥 사망.

10월 10일 화궈펑의 승인하에 예젠잉 등 원로 군 지도자가 주축이 되어 사인방을 체포했다. 이로써 문혁이 종결되었다.

후마니타스의 책 | 발간순

러시아 문화사 | 슐긴·꼬쉬만·제지나 지음, 김정훈·남석주·민경현 옮김
북한 경제개혁연구 | 김연철·박순성 외 지음
선거는 민주적인가 | 버나드 마넹 지음, 곽준혁 옮김
미국 헌법과 민주주의(개정판) | 로버트 달 지음, 박상훈·박수형 옮김
한국 노동자의 임금실태와 임금정책 | 김유선 지음
위기의 노동 | 최장집 엮음
다보스, 포르투 알레그레 그리고 서울 | 이강국 지음
과격하고 서툰 사랑고백 | 손석춘 지음
그래도 희망은 노동운동 | 하종강 지음
민주주의의 민주화 | 최장집 지음
민주화 이후의 민주주의(개정2판) | 최장집 지음
침묵과 열광 | 강양구·김범수·한재각 지음
미국 예외주의 | 세미무어 마틴 립셋 지음, 문지영·강정인·하상복·이지윤 옮김
조봉암과 진보당 | 정태영 지음
현대 노동시장의 정치사회학 | 정이환 지음
일본 전후 정치사 | 이시가와 마스미 지음, 박정진 옮김
환멸의 문학, 배반의 민주주의 | 김명인 지음
어느 저널리스트의 죽음 | 손석춘 지음
전태일 통신 | 전태일기념사업회 엮음
정열의 수난 | 문광훈 지음
비판적 실재론과 해방의 사회과학 | 로이 바스카 지음, 이기홍 옮김
아파트 공화국 | 발레리 줄레조 지음, 길혜연 옮김
민주화 20년의 열망과 절망 | 경향신문 특별취재팀 지음
비판적 평화연구와 한반도 | 구갑우 지음
미완의 귀향과 그 이후 | 송두율 지음
한국의 국가 형성과 민주주의 | 박찬표 지음
소금꽃나무 | 김진숙 지음
인권의 문법 | 조효제 지음
디지털 시대의 민주주의 | 피파 노리스 지음, 이원태 외 옮김
길에서 만난 사람들 | 하종강 지음
전노협 청산과 한국노동운동 | 김창우 지음
기로에 선 시민입법 | 홍일표 지음

시민사회의 다원적 적대들과 민주주의 | 정태석 지음
한국 사회민주주의 정당의 역사적 기원 | 정태영 지음
지역, 지방자치, 그리고 민주주의 | 하승수 지음
금융세계화와 한국 경제의 진로 | 조영철 지음
도시의 창, 고급호텔 | 발레리 줄레조 외 지음, 양지은 옮김
정치적인 것의 귀환 | 샹탈 무페 지음, 이보경 옮김
정치와 비전 1 | 셸던 월린 지음, 강정인·공진성·이지윤 옮김
정치와 비전 2 | 셸던 월린 지음, 강정인·이지윤 옮김
정치와 비전 3 | 셸던 월린 지음, 강정인·김용찬·박동천·이지윤·장동진·홍태영 옮김
사회 국가, 한국 사회 재설계도 | 진보정치연구소 지음
법률사무소 김앤장 | 임종인·장화식 지음
여성·노동·가족 | 루이스 틸리·조앤 스콧 지음, 김영·박기남·장경선 옮김
민주 노조 운동 20년 | 조돈문·이수봉 지음
소수자와 한국 사회 | 박경태 지음
평등해야 건강하다 | 리처드 윌킨슨 지음, 김홍수영 옮김
재벌개혁의 현실과 대안 찾기 | 송원근 지음
민주화 20년, 지식인의 죽음 | 경향신문 특별취재팀 지음
한국의 노동체제와 사회적 합의 | 노중기 지음
한국 사회, 삼성을 묻는다 | 조돈문·이병천·송원근 엮음
국민국가의 정치학 | 홍태영 지음
아시아로 간 삼성 | 장대업 엮음, 강은지·손민정·문연진 옮김
우리의 소박한 꿈을 응원해 줘 | 권성현·김순천·진재연 엮음
국제관계학 비판 | 구갑우 지음
부동산 계급사회 | 손낙구 지음
부동산 신화는 없다 | 전강수·남기업·이태경·김수현 지음, 토지+자유연구소 기획
양극화 시대의 한국경제 | 유태환·박종현·김성희·이상호 지음
절반의 인민주권 | E. E. 샤츠슈나이더 지음, 현재호·박수형 옮김
민주주의와 법의 지배 | 아담 쉐보르스키·호세 마리아 마리발 외 지음, 안규남·송호창 외 옮김
박정희 정부의 선택 | 기미야 다다시 지음
의자를 뒤로 빼지마 | 손낙구 지음, 신한카드 노동조합 기획
와이키키 브라더스를 위하여 | 이대근 지음
존 메이너드 케인스 | 로버트 스키델스키 지음, 고세훈 옮김
시장체제 | 찰스 린드블롬 지음, 한상석 옮김
권력의 병리학 | 폴 파머 지음, 김주연·리병도 옮김
팔레스타인 현대사 | 일란 파페 지음, 유강은 옮김

자본주의 이해하기 | 새뮤얼 보울스·리처드 에드워즈·프랭크 루스벨트 지음,
　　　　최정규·최민식·이강국 옮김
한국정치의 이념과 사상 | 강정인·김수자·문지영·정승현·하상복 지음
위기의 부동산 | 이정전·김윤상·이정우 외 지음
산업과 도시 | 조형제 지음
암흑의 대륙 | 마크 마조워 지음, 김준형 옮김
부러진 화살(개정판) | 서형 지음
냉전의 추억 | 김연철 지음
현대 일본의 생활보장체계 | 오사와 마리 지음, 김영 옮김
복지한국, 미래는 있는가(개정판) | 고세훈 지음
분노한 대중의 사회 | 김헌태 지음
워킹 푸어, 빈곤의 경계에서 말하다 | 데이비드 K. 쉬플러 지음, 나일등 옮김
거부권 행사자 | 조지 체벨리스트 지음, 문우진 옮김
초국적 기업에 의한 법의 지배 | 수전 K. 셀 지음, 남희섭 옮김
한국 진보정당 운동사 | 조현연 지음
근대성의 역설 | 헨리 임·곽준혁 엮음
브라질에서 진보의 길을 묻는다 | 조돈문 지음
동원된 근대화 | 조희연 지음
의료 사유화의 불편한 진실 | 김명희·김철웅·박형근·윤태로·임준·정백근·정혜주 지음
대한민국 정치사회 지도(수도권편) | 손낙구 지음
대한민국 정치사회 지도(집약본) | 손낙구 지음
인권을 생각하는 개발 지침서 | 보르 안드레아센·스티븐 마크스 지음, 양영미·김신 옮김
불평등의 경제학 | 이정우 지음
왜 그리스인가? | 자클린 드 로미이 지음, 이명훈 옮김
민주주의의 모델들 | 데이비드 헬드 지음, 박찬표 옮김
노동조합 민주주의 | 조효래 지음
유럽 민주화의 이념과 역사 | 강정인·오향미·이화용·홍태영 지음
우리, 유럽의 시민들? | 에티엔 발리바르 지음, 진태원 옮김
지금, 여기의 인문학 | 신승환 지음
비판적 실재론 | 앤드류 콜리어 지음, 이기홍·최대용 옮김
누가 금융 세계화를 만들었나 | 에릭 헬라이너 지음, 정재환 옮김
정치적 평등에 관하여 | 로버트 달 지음, 김순영 옮김
한낮의 어둠 | 아서 쾨슬러 지음, 문광훈 옮김
모두스 비벤디 | 지그문트 바우만 지음, 한상석 옮김
진보와 보수의 12가지 이념 | 폴 슈메이커 지음, 조효제 옮김

한국의 48년 체제 | 박찬표 지음
너는 나다 | 손아람·이창현·유희·조성주·임승수·하종강 지음
　　　　(레디앙, 삶이보이는창, 철수와영희, 후마니타스 공동 출판)
정치가 우선한다 | 셰리 버먼 지음, 김유진 옮김
대출 권하는 사회 | 김순영 지음
인간의 꿈 | 김순천 지음
복지국가 스웨덴 | 신필균 지음
대학 주식회사 | 제니퍼 워시번 지음, 김주연 옮김
국민과 서사 | 호미 바바 편저, 류승구 옮김
통일 독일의 사회정책과 복지국가 | 황규성 지음
아담의 오류 | 던컨 폴리 지음, 김덕민·김민수 옮김
기생충, 우리들의 오래된 동반자 | 정준호 지음
깔깔깔 희망의 버스 | 깔깔깔 기획단 엮음
정치 에너지 2.0 | 정세균 지음
노동계급 형성과 민주노조운동의 사회학 | 조돈문 지음
시간의 목소리 | 에두아르도 갈레아노 지음, 김현균 옮김
법과 싸우는 사람들 | 서형 지음
작은 것들의 정치 | 제프리 골드파브 지음, 이충훈 옮김
경제 민주주의에 관하여 | 로버트 달 지음, 배관표 옮김
정치체에 대한 권리 | 에티엔 발리바르 지음, 진태원 옮김
작가의 망명 | 안드레 블첵·로시 인디라 지음, 여운경 옮김
지배와 저항 | 문지영 지음
한국인의 투표 행태 | 이갑윤
그들은 어떻게 최고의 정치학자가 되었나 1·2·3 | 헤라르도 뭉크·리처드 스나이더 지음,
　　　　정치학 강독 모임 옮김
이주, 그 먼 길 | 이세기 지음
법률가의 탄생 | 이국운 지음
헤게모니와 사회주의 전략 | 에르네스토 라클라우·샹탈 무페 지음, 이승원 옮김
갈등과 제도 | 최태욱 엮음
자연의 인간, 인간의 자연 | 박호성 지음
마녀의 연쇄 독서 | 김이경 지음
평화는 어떻게 만들어지는가 | 존 폴 레더라크 지음, 김동진 옮김
스웨덴을 가다 | 박선민 지음
노동 없는 민주주의의 인간적 상처들 | 최장집 지음
광주, 여성 | 광주전남여성단체연합 기획, 이정우 편집

사람들은 어떻게 광장에 모이는 것일까? | 마이클 S. 최 지음, 허석재 옮김

감시사회로의 유혹 | 데이비드 라이언 지음, 이광조 옮김

신자유주의의 위기 | 제라르 뒤메닐·도미니크 레비 지음, 김덕민 옮김

젠더와 발전의 정치경제 | 시린 M. 라이 지음, 이진옥 옮김

나는 라말라를 보았다 | 무리드 바르구티 지음, 구정은 옮김

가면권력 | 한성훈 지음

반성된 미래 | 참여연대 기획, 김균 엮음

선택이라는 이데올로기 | 레나타 살레츨 지음, 박광호 옮김

세계화 시대의 역행? 자유주의에서 사회협약의 정치로 | 권형기 지음

위기의 삼성과 한국 사회의 선택 | 조돈문·이병천·송원근·이창곤 엮음

말라리아의 씨앗 | 로버트 데소비츠 지음, 정준호 옮김

허위 자백과 오판 | 리처드 A. 레오 지음, 조용환 옮김

민주 정부 10년, 무엇을 남겼나 | 참여사회연구소 기획, 이병천·신진욱 엮음

민주주의의 수수께끼 | 존 던 지음, 강철웅·문지영 옮김

왜 사회에는 이견이 필요한가(개정판) | 카스 R. 선스타인 지음, 박지우·송호창 옮김

관저의 100시간 | 기무라 히데아키 지음, 정문주 옮김

우리 균도 | 이진섭 지음

판문점 체제의 기원 | 김학재 지음

불안들 | 레나타 살레츨 지음, 박광호 옮김

스물다섯 청춘의 워킹홀리데이 분투기 | 정진아 지음, 정인선 그림

민중 만들기 | 이남희 지음, 유리·이경희 옮김

불평등 한국, 복지국가를 꿈꾸다 | 이정우·이창곤 외 지음

알린스키, 변화의 정치학 | 조성주 지음

유월의 아버지 | 송기역 지음

정당의 발견 | 박상훈 지음

비정규 사회 | 김혜진 지음

출산, 그 놀라운 역사 | 티나 캐시디 지음, 최세문·정윤선·주지수·최영은·가문희 옮김

내가 살 집은 어디에 있을까? | 한국여성민우회 지음

브라질 사람들 | 호베르뚜 다마따 지음, 임두빈 옮김

달리는 기차에서 본 세계 | 박흥수 지음

GDP의 정치학 | 로렌조 피오라몬티 지음, 김현우 옮김

미래의 나라, 브라질 | 슈테판 츠바이크 지음, 김창민 옮김

정치의 귀환 | 유창오 지음

인권의 지평 | 조효제 지음

설득과 비판 | 강철웅 지음